U0922572

ས་དགའི་ལོ་རིམ་མེ་ལོང་།

萨嘎年鉴

2017

（总第1卷）

中共萨嘎县委员会
萨嘎县人民政府　主办

萨嘎县地方志办公室　编

方志出版社
Publishing House of Local Records

数字萨嘎 2016

辖区面积：1.24万平方千米

年末常住人口：15741人

地区生产总值：3.59亿元

第一产业：0.6267亿元

第二产业：1.2386亿元

第三产业：1.7268亿元

全社会固定资产总额：5.33亿元

全社会消费零售总额：1.24亿元

地方公共财产预算收入：1420.04万元

工业增加值：0.0127亿元

农村居民人均可支配收入：6670.7元

县委书记　顿　珠

县委副书记、政府党组书记、县长　郭光成

县委常委、人大常委会党组书记、主任　阳　艺

政协党组书记、主席　吴　顿

2016年6月16日，西藏自治区副主席其美仁增（右四）到萨嘎县调研

2016年3月10日，西藏自治区人大常委会副主任、日喀则市委书记丹增朗杰（右二）到萨嘎县慰问边防检查站官兵

2016年3月10日，西藏自治区人大常委会副主任、日喀则市委书记丹增朗杰（右二）到萨嘎县调研

2016年2月5日，西藏自治区高级人民法院党组书记、院长索达（中右一）到萨嘎县雄如乡麻亚村检查指导驻村工作

2016年9月3日，日喀则市委书记张延清（左四）到萨嘎县调研

2016年9月3日，日喀则市委书记张延清（右三）到萨嘎县检查指导工作及慰问村级干部

2016年10月14日，日喀则市委副书记、市长刘虎山（中）到萨嘎县拉藏乡调研灾后重建工作

2016年7月29日，西藏自治区人民检察院党组副书记、常务副检察长汪留国（左三）到萨嘎县人民检察院检查指导工作

2016年9月26日，西藏自治区党委宣传部副部长嘎玛旦巴（左二）到萨嘎县中学调研

2016年8月15日，西藏自治区党委宣传部副部长、文明办主任仁青罗布（右二）到萨嘎县调研

2016年9月12日，西藏自治区教育厅党委副书记普布次仁（右二）到萨嘎县检查教育工作

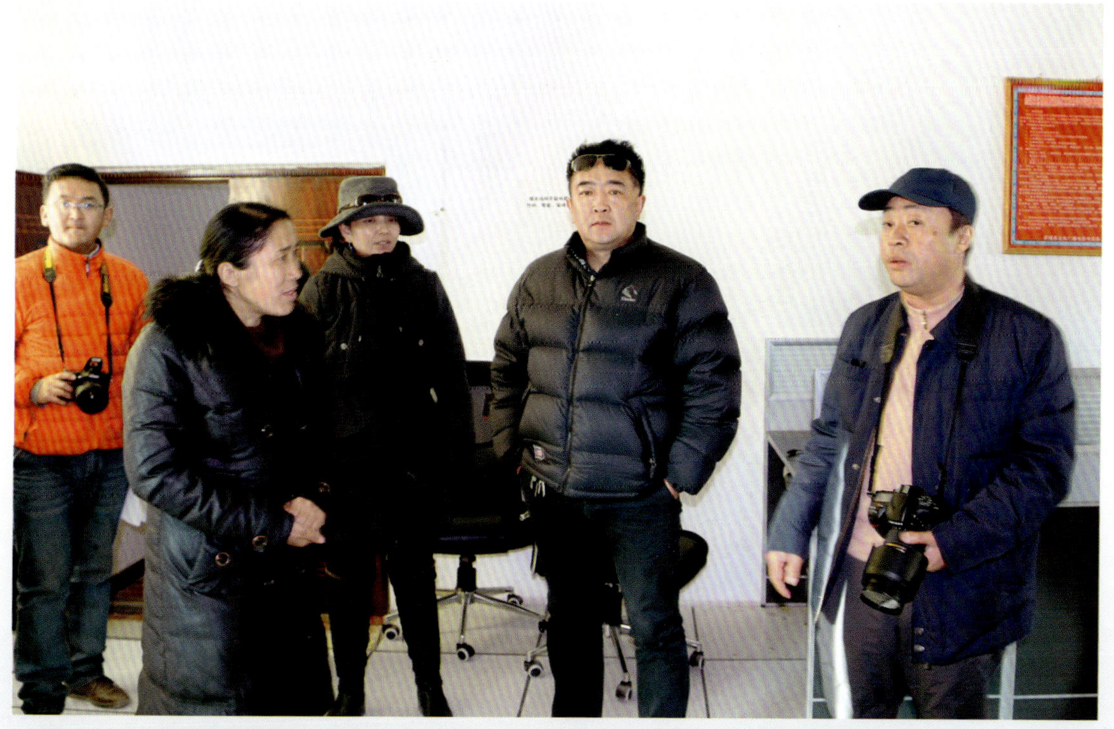

2016年8月20日，西藏自治区文化厅副厅长赵斌（右二）到萨嘎县检查督导文化工作

2016年12月3日，西藏自治区环保厅副厅长巢哲雄（前排左二）、日喀则市副市长李玉建（前排右二）到萨嘎县现场复核环境保护考核工作

2016年7月20日，日喀则市委副书记、常务副市长陈来尼玛（右四）到萨嘎县达吉岭乡检查扶贫易地搬迁工程建设情况

2016年6月16日，西藏自治区高级人民法院审判委员会高级委员巴顿（右一）到驻村点检查指导工作

2016年10月13日，西藏自治区发改委党组成员、巡视员马菁林（前排左二）到萨嘎县检查重点项目开展情况

2016年10月19日，日喀则市人大常委会副主任辛春弟（左二）到萨嘎县拉藏乡看望结对帮扶户

2016年6月10日，日喀则市副市长罗布松拉（右三）到萨嘎县达吉岭乡检查脱贫攻坚工作开展情况

2016年10月29日，日喀则市副市长桑珠次仁（左一）、自治区卫计委副处长果杰（左二）到萨嘎县卫生服务中心调研

2016年3月16日，日喀则市副市长姚常雨（左三）到萨嘎县昌果乡检查指导工作

2016年8月5日，日喀则市政协党组成员、副主席邱林（左三）到萨嘎县卫生服务中心调研

2016年6月15日，日喀则市政法委副书记、综治办主任次旦（右二）到萨嘎县检查指导综治“双联户”工作

2016年11月13日，日喀则市政法委副书记、综治办副主任格桑卓嘎（左四）到萨嘎县开展综治考评工作

2016年11月14日，西藏自治区鼠防所所长格隆（左四）一行到萨嘎县雄如乡检查鼠防工作

2016年9月12日，西藏日报社副社长吴冰（左二）到萨嘎县如角温泉调研

2016年8月11日，全国新媒体采风行活动媒体团对萨嘎县加加镇杰村新区进行新闻资源采访

2016年5月6日，县委书记顿珠到拉藏乡完小检查指导工作

2016年5月26日，县委书记顿珠到拉藏乡检查“4·25”灾后重建工作

2016年4月5日，县委副书记、县长李运生到夏如乡检查指导项目建设情况

2016年12月14日，县委副书记、政府党组书记、县长郭光成慰问贫困人员

2016年7月15日，302医院专家到萨嘎县救治贫困家庭包虫病患者

2016年9月1日，中国共产党萨嘎县第九次代表大会预备会隆重开幕

2016年9月3日，萨嘎县第十三届人民代表大会第一次全体会议隆重开幕

2016年9月3日，召开政协第二届萨嘎县委员会第一次会议第二次全体会议（选举会）

2016年7月1日，召开吉林省第六批援藏干部欢迎会

2016年6月11日，萨嘎县第十一个“文化遗产日”非遗项目展演

2016年12月25日，西藏公安边防总队驻古郁村工作队医协助村医改善农村医疗机构基础条件

2016年12月15日，西藏自治区高级人民法院驻雄如乡唐如村工作队为学龄儿童发放文具用品

2016年7月10日，西藏自治区编译局驻加加镇杰村工作队开展村干部文化素质提升课

2016年3月28日，萨嘎县举行“西藏百万农奴解放纪念日”升国旗仪式

2016年12月2日，萨嘎县教育“圆梦”基金启动仪式

2016年8月14日，萨嘎县如角乡首届伦布雪山文化艺术节

2016年11月26日，萨嘎县文广局民间艺术团“五下乡”活动

2016年8月10日，萨嘎县达吉岭乡赛马节

编辑说明

一、《萨嘎年鉴》2017年开始编纂，每年出版1卷，2017年卷为第1卷。

二、《萨嘎年鉴》以马克思列宁主义、毛泽东思想、邓小平理论、“三个代表”重要思想、科学发展观和习近平新时代中国特色社会主义思想为指导，始终坚持“实事求是、质量第一、存史资政、服务大众”的办鉴宗旨，全面、系统、翔实地记述萨嘎县上一年度政治、经济、文化、社会等各项事业的基本情况，为社会各界与国内外人士了解和研究当今萨嘎县提供翔实资料。

三、《萨嘎年鉴》分为正文与彩页两部分。正文采取分类编辑法，以类目、分目、条目为主要框架结构，个别包含多方面资料的条目，则在段落间加插楷体标题提示，方便读者查阅全书。

四、《萨嘎年鉴（2017）》载录萨嘎县2016年经济社会发展的基本资料，设有特载、综述、大事记、政治、武装、法治、经济管理、社会事业、城市建设·环保、邮政·通讯、金融、乡（镇）概况、附录等内容，通过这些内容，可以为人们了解萨嘎县、认识萨嘎县提供一个全新的窗口。

五、《萨嘎年鉴》的编辑宗旨，在于求真务实，力求真实生动地反映萨嘎县在改革开放和现代化建设中取得的崭新成就。

六、《萨嘎年鉴》所提供的内容和数据，分别来自于萨嘎县各有关部门和乡（镇）人民政府，经各级领导审核，但由于口径与统计方法不同，恐有不一致之处，使用时应以县统计局提供的数据为准。

《萨嘎年鉴》编辑部

2017年8月1日

《萨嘎年鉴》编纂委员会

主　　任：顿　珠

常务副主任：郭光成

副 主 任：卢百超

委　　员：

普琼次仁	董　行	边　巴（宣传部）	巴桑罗布	
格　桑	高志平	边　巴（人大办）	普　多	
欧坚桑珠	达　宗	央　吉	德　白	普　布
尼玛罗布	米玛其美	斯朗卓玛	贡布次仁	宋晓飞
加　布	普达瓦	扎　西	安兴华	贵　桑
永　珠	措　姆	白　珍	扎西顿珠	拉巴次旦
曲　珠	阿　琼	次　平	巴桑次仁	达瓦普尺
普　琼	达娃次仁	尼玛扎西	普　次	朗　加
顿珠平措	平　措	多　吉	普琼扎西	边巴次仁
唐世可	洛桑南加	黄光权	旦增欧珠	李先栋
拉巴次仁				

《萨嘎年鉴》编辑部

主　　编：卢百超

副 主 编：董　行

编　　辑：拉巴扎西　顿　珠　肖在富　李承江

　　　　　袁　方　曲　旺　索朗次仁　尼　玛

图片编辑：刘泽刚　杜红军

摄　　影：李祥政

图书在版编目（CIP）数据

萨嘎年鉴. 2017 / 萨嘎县地方志办公室编. -- 北京：方志出版社，2017.8

ISBN 978-7-5144-2491-1

Ⅰ. ①萨… Ⅱ. ①萨… Ⅲ. ①萨嘎县－2017－年鉴 Ⅳ. ①Z527.544

中国版本图书馆CIP数据核字(2017)第207507号

萨嘎年鉴（2017）

编　　者：萨嘎县地方志办公室
责任编辑：王　俊

出 版 人：冀祥德
出 版 者：方志出版社
地址　北京市朝阳区潘家园东里9号（国家方志馆 4 层）
邮编　100021
网址　http://www.fzph.org
发　　行：方志出版社发行中心
电话（010）67110500
经　　销：各地新华书店
印　　刷：河南匠心印刷有限公司

开　　本：889×1194　1/16
印　　张：22.5
字　　数：405千字
版　　次：2017年8月第1版　2017年8月第1次印刷
印　　数：001～500册

ISBN 978-7-5144-2491-1　定价：350.00元

目 录

特 载

综 述

大事记

政　　治

中共萨嘎县委员会

萨嘎县人民代表大会常务委员会

萨嘎县人民政府

中国人民政治协商会议萨嘎县委员会

中共萨嘎县纪律检查委员会（监察局）

中共萨嘎县委办公室

中共萨嘎县委组织部（编办）

中共萨嘎县委宣传部

中共萨嘎县委统战部

中共萨嘎县委政法委员会

萨嘎县总工会

共青团萨嘎县委员会

萨嘎县妇女联合会

萨嘎县人民代表大会常务委员会办公室

萨嘎县人民政府办公室

中国人民政治协商会议萨嘎县委员会办公室

萨嘎县创先争优强基础惠民生活动领导小组办公室

武 装

武警萨嘎县中队

萨嘎县公安边防大队

萨嘎县公安消防大队

法 治

萨嘎县公安局

萨嘎县人民检察院

萨嘎县商务局

萨嘎县安全生产监督管理局

萨嘎县国家税务局

萨嘎县工商行政管理局

萨嘎县旅游局

西藏自治区烟草公司日喀则市公司萨嘎配送中心

社会事业

萨嘎县民政局

萨嘎县人力资源和社会保障局

萨嘎县民族宗教事务局

萨嘎县卫生局

萨嘎县卫生服务中心

萨嘎县食品药品监督管理局

萨嘎县文化广播电影电视局

萨嘎县农牧局

萨嘎县扶贫开发领导小组办公室

萨嘎县林业局

萨嘎县水利局

萨嘎县科学技术局

萨嘎县教育（体育）局

萨嘎县藏语文工作委员会办公室

萨嘎县中学

萨嘎县完全小学

萨嘎县电力有限公司

城市建设·环保

萨嘎县住房和城乡建设局

萨嘎县环境保护局

交通·通讯

萨嘎县交通运输局

日喀则市交通运输局加加公路段

中国邮政集团公司西藏自治区萨嘎县分公司

中国电信集团公司日喀则分公司萨嘎县电信局

中国移动通信集团西藏有限公司萨嘎县分公司

中国联合网络通信有限公司日喀则市分公司萨嘎县营业部

金　融

中国农业银行股份有限公司萨嘎县支行

乡（镇）概况

加加镇

夏如乡

旦嘎乡

达吉岭乡

如角乡

拉藏乡

昌果乡

雄如乡

附　录

彩页目录

特　　载

努力拼搏 奋起直追
开启全面建成小康社会的新征程

——在中国共产党萨嘎县委员会第九次代表大会上的报告

中共萨嘎县委书记　顿　珠

（2016年9月1日）

中国共产党萨嘎县委员会第九次代表大会，是我县在“十二五”圆满收官、“十三五”顺利开局的重要时期，全面建成小康社会进入决胜阶段召开的一次重要会议。大会的主题是：高举中国特色社会主义伟大旗帜，坚持以邓小平理论、“三个代表”重要思想和科学发展观为指导，深入贯彻党的十八大、十八届三中、四中、五中全会和习近平总书记系列重要讲话精神，站在新起点，把握新机遇，团结带领全县各族干部群众，解放思想，凝聚力量，攻坚克难，奋力追赶，为到2020年与全国同步实现全面建成小康社会宏伟目标而努力奋斗。

一、过去五年的工作和主要经验

萨嘎县第八次党代会以来，八届县委团结带领各族干部群众，深入贯彻落实习近平总书记系列重要讲话精神，特别是“治国必治边、治边先稳藏”的重要战略思想和俞正声主席“依法治藏、长期建藏、争取人心、夯实基础”的重要原则，按照市委提出的打造“西部驿站”的战略部署，紧紧围绕“2235”工作思路，集中精力抓发展，全力以赴保稳定，千方百计惠民生，巩固发展民族团结，不断推动文化繁荣，切实促进宗教和睦，着力加强生态保护，全面加强党的建设，坚定不移地走有中国特色、西藏特点、符合萨嘎县情的发展路子。萨嘎县进入了历史上发展稳定最好的时期，在推进长足发展和长治久安的征程中迈出了坚定的新步伐，为实现全面建成小康社会奠定了坚实基础。

五年来，我们在相对薄弱的基础上奋起直追，经济社会持续健康发展。综合实力跃上新台阶，2015年全县生产总值、地方财政一般收入和社会消费品零售总额分别达到3.3亿元、1170万元和6500万元，同2010年相比分别增长96.2%、234.29%和16.99%。特色产业加快发展，三次产业结构由2010年的23：20：57调整到18：34：48。固定资产投资大幅增长，五年累计完成11.03亿元，比“十一五”增加7.16亿元。县城面貌明显改善，“西部驿站”空间格局初步形成。社会主义新农村建设扎实推进，农村道路、住房、能源、卫生、供水等设施条件得到明显改善。吉林省对口支援力度不断加大，五年累计投入资金5200多万元，为我县经济发展注入了新活力。

五年来，我们面对严峻形势坚定不移反对分裂，社会局势持续稳定。先后选派5批550名干部进驻38个行政村，实现干部驻村全覆盖。选派43名优秀干部进驻寺庙，实现干部驻寺全覆盖。建立3个便民警务站、5个公安派出所，实现城镇网格管理全覆盖。建立联户单位507个，实现“先进双联户”创评工作全覆盖。狠抓边境一线安全管控，确保了边境地区和谐安宁。紧抓安保、反自焚斗争、反恐怖工作、打击整治行动等专项活动，维护了社会持续稳定。狠抓维稳工作长效机制，平安萨嘎建设取得重大进展。

五年来，我们积极响应各族群众热切期盼，民生工作得到保障改善。城乡居民人均可支配收入分别达到8153元、6131.2元，年均分别增长9%、16.48%。城镇登记失业率控制在4.5%以内，转移农村富余劳动力30353人次，实现劳务收入3596.44万元。教育事业加快发展，办学条件有效改善，教育教学质量稳步提高。深化医药卫生体制改革，医疗服务水平明显提升。社会保障稳步推进，城乡低收入人群生活得到基本保障。扶贫工作深入推进，实现1107户5325人脱贫目标。创先争优强基础惠民生活动扎实推进，惠及全县各族群众。

五年来，我们大力弘扬社会主义核心价值观，群众道德观念不断进步。深入开展社会主义核心价值观体系建设，大力弘扬“老西藏”精神，倡导“爱国、敬业、诚信、友爱”的价值取向，激发了全县各族干部群众热爱萨嘎、建设萨嘎的巨大热情。深化文化体制改革，公共文化服务体系不断完善，全县广播电视覆盖率分别达到97.7%和98.8%。充分挖掘萨嘎文化资源，重点扶持了甲谐等一批非物质文化遗产，特色文化产业的影响力不断增强。

五年来，我们深入贯彻落实党的民族宗教政策，民族团结切实巩固。全面贯彻党的民族宗教政策，坚持和完善民族区域自治制度，围绕西藏百万农奴解放纪念日、西藏和平解放60周年、西藏自治区成立50周年，广泛开展民族团结教育和民族团结进步创建活动，表彰了60个模范集体和90名模范个人，各民族共同团结奋斗、共同繁荣发展的主题深入人心，各族人民和睦相处、和衷共济、和谐发展的局面不断巩固。

五年来，我们着眼生态萨嘎建设全力保护环境，生态环境持续良好。干部群众牢固树立“绿水青山就是金山银山”的理念，切实构建西藏生态安全屏障。大力实施退牧还草、植树造林、防沙治沙、水源地保护、水土流失治理、野生动植物保护等重点工程，加强了雅江上游和219国道沿线、农牧区的生态环境保护与建设，全县森林（主要为爬地松）覆盖率和城镇绿化率分别达到8.78%、17.9%。

五年来，我们凝心聚力扎实推进党的建设，党群干群关系更加密切。深入开展党的群众路线教育实践活动和“三严三实”专题教育，努力破除“四风”恶疾，听民意、解民忧，办实事、办好事，赢得了广大群众的满意和赞同。大力推进基层组织建设，在所有乡镇、行政村和机关企事业单位全部建立党组织，“六心”工程、“四联两发挥”“五有五好”“六小”工程等工作成效显著。全县党员、干部队伍建设全面加强，党员总数达到1729名，其中农牧民党员846名，五年来共调整提拔正科级干部161人、副科级干部272人，党对工会、共青团、妇联等人民团体和群众团体的领导进一步完善。认真履行党风廉政建设党委主体责任，党风廉政建设成效明显，预防和惩治腐败体系不断健全，反腐败斗争深入开展。深入落实中央八项规定、区党委“约法十章”“九项要求”，三公经费逐年下降。

过去五年成绩的取得，是党中央英明决策、区党委和市委坚强领导的结果，是吉林省人民无私援助的结果，是驻军部队、武警官兵无私奉献的结果，更是全县各族人民积极参与的结果。在此，我代表县委，向所有为萨嘎改革发展稳定做出贡献的各级党政组织、各条战线的同志们和社会各界人表示衷心的感谢！

五年的成功实践告诉我们：做好萨嘎工作，必须在政治上思想上行动上与党中央、区党委、市委保持高度一致，坚持实干兴业，不折不扣落实好各级党委的决策部署；必须坚持发展第一要务，把发展作为解决一切问题的手段和关键，不遗余力推进全县持续健康发展；必须坚持维稳第一责任，牢固树立稳定压倒一切的思想，警钟长鸣、常抓不懈，深入持久地开展反分裂斗争；必须全面贯彻落实党的民族宗教政策，推动各民族和睦相处、和衷共济、和谐发展；必须关心关注民计民生，维护好、发展好、实现好各族群众的根本利益，确保改革发展红利由人民共享；必须全面加强党的领导，密切党群干群关系，夯实党的执政根基，为改革发展稳定事业提供坚强保障。这些经验是指导我们工作实践的宝贵财富，必须一如既往地继承和发扬。

在充分肯定成绩的同时，我们必须清醒地认识到，我们还面临着许多突出困难和问题，主要表现在：总体经济实力较弱。经济发展长期滞后，经济总量小、人均收入低；农牧业基础薄弱，区域发展不平衡，城乡差距大，贫困人口多。经济发展方式粗放。我县属于投资拉动型经济，缺乏资源能源，产业结构单一，可持续发展的能力严重不足，一产水平不高、二产规模太小、三产经营分散，对财政贡献率低。基础设施建设缓慢。交通、水利、能源等基础设施落后，瓶颈制约未能得到根除。维稳形势依然严峻。我县地处边境，同时也是往来于阿里地区的交通要塞，地域广，外来人员多，地形复杂，管控难度大。党建工作基础薄弱。村级“两委”班子履职能力有待提升，个别基层组织软弱涣散，战斗堡垒和党员先锋作用发挥不好。干部作风有待改善。精神懈怠的危险、能力不足的危险和脱离群众的危险现实地摆在我们面前。对于这些问题，我们一定要高度重视，认真解决。

二、面临的机遇和未来五年的奋斗目标

今后五年，是我县实施新一轮脱贫攻坚、全面建设小康社会的关键时期，是继续追赶全国发展步伐具有决定性意义的重要时期。全县各级党组织和广大党员要切实增强责任感、紧迫感和使命感，认清形势、明确任务，抓住机遇、奋力追赶，推动小康萨嘎、平安萨嘎、和谐萨嘎、文明萨嘎、生态萨嘎建设不断迈上新台阶。

（一）把握难得机遇：一是政策机遇。“十三五”时期，在西部大开发战略新十年规划、中央第六次西藏工作座谈会以及对口援藏工作的部署下，中央给予西藏差别化政策的逐步实施，吉林省对口支援力度的不断加大，为萨嘎持续健康发展注入新的强劲动力。二是政治机遇。市委历来十分重视、关心支持萨嘎工作，提出把萨嘎打造成日喀则市“西部驿站”战略，为我们规划了蓝图、指明了发展方向，市委主要领导同志先后多次到我县实地指导工作、听取汇报。三是历史机遇。党中央大力支持“4·25”灾后恢复重建，新一轮扶贫开发工作的不断深入，“一带一路”战略构想的提出，区市两级对边境县扶持力度的进一步加大，为萨嘎创造了良好的发展环境。四是发展机遇。我县社会局势正从高压下的稳定走向持续稳定、长期稳定、全面稳定，为保持经济社会更好更快发展提供了一个良好的社会环境。同时，经过多年的不懈努力，我县发展基础更加坚实，全县各族群众思稳定、求发展、谋跨越、奔小康的愿望十分强烈，持续健康发展具有广泛的群众基础。这些都将给萨嘎带来新的发展机遇和有力条件，我们一定要抢抓机遇、乘势而上，在新的起点上开创我县长足发展和长治久安的新局面。

（二）明确指导思想：今后五年，我们要高举中国特色社会主义伟大旗帜，以邓小平理论、“三个代表”重要思想和科学发展观为指导，深入贯彻落实党的十八大、十八届三中、四中、五中全会、中央第六次西藏工作座谈会精神，贯彻落实习近平总书记系列重要讲话精神，牢牢把握

“四个全面”战略布局和“六个必须”的治藏方略，紧紧围绕灾后重建、精准扶贫、驿站建设战略部署，以改善民生为出发点和落脚点，紧紧抓牢发展和稳定两件大事，确保经济社会持续健康发展，确保各族人民物质文化生活水平不断提高，确保生态环境持续良好，努力建设团结、民主、富裕、文明、和谐的社会主义新萨嘎。

（三）落实奋斗目标：今后五年，我们要保持经济持续健康发展势头，农牧民人均可支配收入与全区平均水平的差距显著缩小，基本公共服务能力显著提高，生态环境进一步改善，基础设施建设取得重大进展，各民族团结和谐，社会持续稳定，全面建成小康社会。

——奋战五年，努力冲出“经济洼地”，经济实力跃上新台阶。实现“两高于、四翻倍、一优化”，即每年的经济增长速度高于西部县和我县以往水平；生产总值、地方财政一般收入、城镇居民人均可支配收入、农民人均可支配收入比2015年翻一倍，分别达到62950万元、2000万元、13740元、13420元以上；经济结构更加优化，三产结构调整为12：40：48。

——奋战五年，全力打造“西部驿站”，城乡面貌发生新变化。力争县城城区面积增加到5平方公里，城镇人口增加到8000人以上，城镇公共服务设施不断完善，城镇化率达到25%以上。统筹城乡一体化建设，改善农牧区广大群众生产生活条件，建成5-6个美丽乡村示范村。生态环境得到全力保护，全县森林（主要为爬地松）覆盖率和城镇绿化率分别达到11%和22%，雅江上游的生态环境进一步改善。

——奋战五年，全力总攻“绝对贫困”，社会事业得到新提高。坚决打赢新一轮扶贫攻坚战，确保到2020年“一个都不少”的要求，实现839户2834人的脱贫任务。社会事业全面进步，城镇登记失业率控制在1.5%以内，学前教育幼儿入园率达到85%，小学和初中入学率分别达到100%、99%，社会保障覆盖率达到100%，千人拥有医务人员数不低于10人。

——奋战五年，切实筑牢“维稳防线”，社会管理达到新水平。坚定不移开展反分裂斗争，各项维稳措施得到全面落实，实现“三稳定、三不出”目标，即全县社会局势持续稳定、长期稳定、全面稳定，确保大事不出、中事不出、力争小事也不出。

——奋战五年，着力构筑“精神高地”，群众观念取得新转变。大力加强群众观念教育，着力构筑“自觉自立自强、创先创新创优”的“精神高地”，切实消除“等靠要”的落后思想，凝聚起全县各族群众勤劳致富、奔向小康的强大精神动力。大力弘扬社会主义核心价值观，形成良好的社会风尚。健全公共文化服务体系，进一步加大文化产业在国民经济中的比重。

——奋战五年，广泛凝聚“发展合力”，民主法制建设取得新成效。基层民主制度更加完善，保障人民知情权、参与权、表达权、监督权，依法决策、民主决策、科学决策水平进一步提高。依法治县深入推进，群众权益得到切实保障。统一战线工作得到全面推进，各民族和睦相处、和衷共济、和谐发展的局面不断巩固。

——奋战五年，不断夯实“党建基石”，党的执政能力得到新提高。全面加强党的思想、组织、作风、制度建设和党风廉政建设，各级党组织的执政能力和领导科学发展的能力、创造力、执行力、公信力显著增强。党的优良传统作风进一步发扬，党群、干群关系进一步融洽。党的先进性和纯洁性建设取得显著成效，党员干部理想信念坚定、保持清正廉洁，党组织的战斗堡垒作用和共产党员的先锋模范作用得到充分发挥。

三、今后五年的主要工作

奋战五年，努力追赶，开启全面建成小康社会的新征程，是当前萨嘎的时代所赋、大局所在、民心所向。全县各级党组织和广大党员干部要抓住关键，以新举措落实新目标，以新作为创造新业绩。今后五年，要突出抓好以下八个方面工作：

（一）完善“西部驿站”发展框架。按照县城总体规划，把“西部驿站”新区建设用地列入县城规划范围，完善以老县城为核心、以新区为延伸的县城发展格局，力争到2020年把萨嘎建设成为日喀则市西部重要城镇。着力提升老城区品位。加大路网、水网、电网、下水管网等基础设施建设，进一步推动“美化、亮化、绿化”工程，着力整治居民区街道小巷，形成功能齐全、运转高效的市政设施体系和公共服务体系。鼓励和吸引企业、个人及外来资金参与城镇综合开发，加强标志性建筑建设，重点建设一批具有现代城市特点的休闲、娱乐、餐饮、住宿一体化工程，提高县城的宜居指数和现代魅力。着力抓好新区建设。以打造“西部驿站”为目标，以“出特色、上品位、有人气”为重点，围绕“旅游服务”和“仓储物流”两大产业支撑，有规划、分阶段建设包括雅江观景带、甲谐文化展览中心、物资仓库基地、物流集散中心、住宿餐饮项目等，切实提升新区的文化内涵和服务水平。紧紧抓住“4·25”灾后恢复重建的重大机遇，妥善安置周边易地搬迁群众，优化公共资源配置，增强新区功能的普惠性。着力提升县城管理水平。积极探索和完善县城管理机制，逐步健全城管队伍，实现县城管理全覆盖和管理水平大提升。认真开展县城环境卫生综合整治活动，教育引导群众广泛参与，共同建设文明宜居县城。同时，抓好以拉藏乡、加加镇为重点的小城镇建设。

（二）夯实可持续发展的经济基础。发展是时代的最强音，也是老百姓的最关心的问题。我们一定要牢固树立“执政一方，发展一方，造福一方”的意识，充分发挥自身优势和潜力，实现经济社会更好更快更大发展。不断巩固农牧业基础地位。加大农业投入，扎实做好良种推广工作，推进高标准农田建设，加快中低产田改造，开展农作物标准化生产，确保粮食增产丰收，力争到2020年全县粮食产量达到350万斤。抓好牧业综合开发的试点推广工作，加快畜种改良步伐，扩大良种养殖规模，提高规模化、集约化饲养水平。推动农畜产品深加工，力争培育2至3家有规模、上档次的深加工企业，增加市场占有率。推进农牧民专业组织合作社发展，力争每个乡（镇）至少培育2至3个规模较大的农牧民专业合作社。大力培育优势支柱产业。围绕全区建立“重要的世界旅游目的地”的目标，大力发展特色旅游服务业，成为全县经济社会发展的主导产业，力争到2020年实现旅游收入和接待旅游人数翻倍增长，分别达到3000万元和20万人次。积极发展商贸业，借助有利的区位交通条件，大力发展商贸业和物流业，拓宽农牧民群众增收渠道。不断壮大边贸业，促进双边、区域开放合作，力争到2020年边贸进出口总额突破3亿元。着力改善基础设施条件。牢牢把握机遇，积极向上争取资金，加紧完善水、电、路等基础设施，打破发展瓶颈制约。加快构建综合交通运输体系，力争到2020年全县实现100%的乡镇通油路、70%以上的行政村通油路。调整和优化能源结构，积极开展我县并入藏中电网前期工作，力争到2020年全县电力人口覆盖率达到100%。加强饮用水水源地保护和供水工程、防洪工程建设，完善现有农田水利工程设施的配套建设，实施牧区草场和饲草基地灌溉工程。完善市政基础设施，“十三五”期间力争完成投资3.5亿元以上，基本解决城镇居民吃水难、排水难、取暖难、停车难、如厕难等问题。加快信息化建设，争取到2020年实现行政村通宽带和通移动电话、具备条件的放牧点通移动电话。

（三）全力为广大人民群众谋福祉。民生连着民心，要着力办好民生实事。改善居住条件。扎实推进农牧民安居工程和农村危房改造工程，确保农牧民群众全部住进安全适用的房屋。推进城镇保障性住房建设，切实解决城镇困难家庭住房问题。结合灾后重建、安居工程、小城镇建设、新农村建设，稳妥推进扶贫易地搬迁。加快实施“八到农家”和农村人居环境综合整治等重点项目，解决农牧民群众饮水安全问题，从根本上改善农牧区生产生活条件。扩大城乡就业。把扩大就业、控制失业率放在经济社会发展的突出位置，加快建立服务、培训、维权“三位一体”的农牧区劳动力转移就业工作机制，重点援助“零就业”家庭、残疾人、刑满释放人员、“低保”家庭等重点对象的就业。健全社会保障。加快推进社会福利事业发展和建设，完善社会救助体系，健全城镇劳动者的社会统筹和个人账户相结合的基本养老保险、医疗保险、失业保险、工伤保险和生育保险制度，进一步发展商业保险。巩固和完善城乡最低生活保障制度，进一步完善农牧区特困群体生活救助制度和城乡医疗救助制度，加快推进农牧区养老保险制度建设。优先发展教育。始终把教育当做中心工作来抓，进一步调整优化教育结构，加大财政投入力度，落实义务教育“三包”、学生营养改善计划等各项教育政策，切实在加强学校管理、保证学生安全、健全教师队伍、改善教学条件、提升教学质量方面下功夫，尽最大努力补好教育这块“短板”，争取到2020年全县教育水平达到全市中上游水平。强化医疗卫生。加强县乡村三级卫生服务网络建设，实施8个乡（镇）卫生院改扩建及38行政村卫生室建设工程。建立健全覆盖城乡居民的基本医疗卫生制度，力争到2020年人民群众主要健康指标达到全市平均水平。加强扶贫开发。以精准扶贫、精准脱贫为抓手，落实“六个精准”要求，实施“九个一批”工程，确保到2020年实现全县贫困人口全部脱贫。推进灾后重建。紧紧围绕市委提出的“大干两年、三年见效、建设一个美丽日喀则”的总体要求，争取到2017年底前全面完成我县灾后恢复重建任务，将6个灾后重建点率先建成全面小康的示范区。

（四）切实巩固维护社会和谐稳定。落实习近平总书记“努力实现西藏持续稳定、长期稳定、全面稳定”的重要指示，坚持用好“两个抓手”，严格执行区党委十项维稳措施，切实维护社会和谐稳定。深入开展反分裂斗争。在反分裂斗争这个重大政治原则问题上，全县各级党组织和广大党员干部必须立场坚定、认识统一、表里如一、态度坚决、步调一致，深入开展反对达赖集团分裂活动的斗争，彻底粉碎一切破坏西藏稳定、危害祖国统一的图谋。夯实城乡基层基础。深化“创先争优强基础惠民生”活动，强化干部驻村“5+3”任务，构建城乡发展稳定的长效机制，筑牢反对分裂、维护稳定的社会根基。深化“先进双联户”创建评选工作，实现联户平安、联户增收。深化“红袖标”工程，加强“护边队、护校队、护村队”和“红袖标”队伍建设，巩固和加强群防群治格局。坚持依法管理寺庙。全面贯彻落实党的宗教工作基本方针和国家管理宗教事务法律法规，积极引导藏传佛教与社会主义社会相适应，确保宗教和睦、佛事和顺、寺庙和谐。突出干部驻寺工作，全面提升寺庙“六建”工程，将寺庙人、财、物、佛事权牢牢掌握在党和政府手中。落实各项利寺惠僧政策措施，深入实施“六个一”“九有”“一覆盖”等工程，改善僧尼修行生活条件。推进寺庙法制宣传教育，让他们自觉做到爱国爱教、遵规守法、崇尚和谐、祈求和平。加强和创新社会管理。着力强化网格化管理，发挥便民警务站和乡镇派出所职能作用，确保不留死角、不留盲区。着力强化边境管控，严格执行“两个一律”，确保边境安宁。着力强化社会面管控，抓好流动人口服务管理，加强社会治安巡逻，加强“护城河”检查。着力强化社会治安综合治理，抓好互联网、手机微信等媒体管理，及时排查调处矛盾纠纷，加强安全生产监督管理，维护公共安全。健全完善工作机制。健全完善党政军警民协调联动工作机制，形成反对分裂破坏活动、维护社会稳定、处置突发公共安全事件的强大合力。进一步加强政法维稳队伍建设，不断提高驾驭复杂局面的能力。严格落实维稳责任，各级各部门主要负责同志负起维稳工作的第一责任，维稳专门领导班子负起直接责任，一级抓一级、层层抓落实。

（五）积极做好宣传思想文化工作。文化是民族的血脉和灵魂，是经济社会发展的重要支撑。全面深化文化体制改革，推动文化大发展大繁荣。加强群众观念转变教育。始终把“转观念、改陋习、树新风”作为宣传工作、驻村工作、脱贫攻坚工作的核心任务来安排、来推进，坚持不懈、持之以恒抓好群众观念转变教育，不断夯实全面建成小康社会的思想基础。推进社会主义核心价值体系建设。深入开展中国特色社会主义理论体系、习近平总书记系列重要讲话学习教育，引导广大干部群众坚定中国特色社会主义道路自信、理论自信、制度自信。深入推动社会主义核心价值观建设，通过微观实践，逐渐转化为人民群众的内在信念和自觉行为。深入推进群众性精神文明创建工作，实现精神文明创建常态化。维护意识形态安全。坚持用社会主义先进文化占领城乡文化阵地，牢牢掌握意识形态工作领导权和主导权。深入揭批十四世达赖集团的“三性”反动本质，筑牢反对分裂、维护稳定的思想基础。坚持党管媒体原则，推动传统媒体和新兴媒体融合发展，把握正确舆论导向。加强网络建设，维护网络安全，坚决清缴“藏独”反动出版物及宣传品，筑牢意识形态领域反分裂、反渗透的铜墙铁壁。做强特色文化产业。坚持面向基层、服务群众，积极开展“五下乡”活动，扎实推进文化惠民工程。深入挖掘甲谐文化资源，重点发展文化创意、演艺娱乐、民族手工艺等文化产业项目，构建特色文化产业体系。

（六）奋力开创依法治县新局面。加强民主政治建设。坚持和完善人民代表大会制度，支持人大依法履行监督职能，保障人大代表行使监督职权。坚持和完善中国共产党领导的多党合作和政治协商制度，支持人民政协履行政治协商、民主监督、参政议政职能。坚持和完善基层民主制度，保障人民群众的知情权、参与权和监督权。全面推进依法治县。深入开展“七五”普法工作，大力推进执法规范化建设，推进依法行政，促进公正司法，维护社会公平正义，健全决策机制和程序，推进行政决策科学化、民主化、法制化。深入开展法制宣传教育，在全社会形成学法、知法、守法、用法的良好氛围。不断巩固民族团结。坚持和完善党的民族理论和民族政策，围绕各民族共同团结奋斗、共同繁荣发展的主题，广泛开展民族团结宣传教育和民族团结进步创建活动，巩固平等、团结、互助、和谐的社会主义新型民族关系，使各族群众牢固树立“三个离不开”的思想，推动各民族和睦相处、和衷共济、和谐发展。发展壮大爱国统一战线。高举爱国主义、社会主义旗帜，广泛联系各族各界，最大限度地团结调动一切积极因素，密切与党外人士的联系，加强党外代表人士队伍建设。重视发挥工商联的积极作用，巩固发展爱国统一战线。

（七）扎实推进全面深化改革。深化改革开放，是实现持续健康发展的重要途径。坚持以改革促开放，以创新促发展，不断优化发展环境，增强发展活力，实现改革推动、开放带动、创新驱动。加快行政体制改革。推进政府职能转变和机构改革，加大简政放权力度，建立公平性、差别化的管理机制，形成结构优化、行政高效、权责统一、分工合理、决策科学、执行顺畅、监督有力的行政管理机制。全面梳理政府部门行政审批权力清单和责任事项，制作权力运行流程图，向社会公布，接受监督。加快经济发展方式转变。以市场配置资源为核心，完善市场经济体制，使政府与市场关系更加协调，发挥市场在资源配置的决定性作用。积极拓宽产业发展的融资渠道，进一步引导和加强金融机构合作，发挥金融机构对我县产业发展的支持作用。建立健全县乡两级农牧业科技发展服务体系，完善产业发展的管理体制和管理模式。加快社会事业改革。紧紧围绕保障改善民生、增强经济社会发展和社会发展相协调，积极探索政府在教育、医疗卫生、服务“三农”等领域的深化改革，加强科技创新带动经济社会发展，完善科技服务机制。深化援藏工作。认真贯彻落实中央第六次西藏工作座谈会精神，高度重视援藏工作，切实做好经济援藏、教育援藏、科技援藏、就业援藏、干部人才援藏等受援工作。

（八）大力提升党的建设水平。推动萨嘎持续健康发展，必须充分发挥党的领导核心作用，全面加强党的思想、组织、作风和廉政建设。着力抓好思想政治建设。强化党员干部对中国特色社会主义理论体系的学习教育，不断巩固党的群众路线教育实践活动和“三严三实”专题教育活动成果，扎实开展“两学一做”学习教育活动，不断增强广大党员干部运用党的基本理论武装头脑、指导实践、推动工作的能力，坚定共产主义理想信念。着力抓好干部队伍建设。认真贯彻执行《干部选拔任用条例》，坚持“信念坚定、为民服务、勤政务实、敢于担当、清正廉洁”好干部标准，树好选人用人导向。坚持五湖四海，搞好团结，不搞团团伙伙，不以人划线。更加重视基层干部培养，注重在反分裂斗争一线、驻村驻寺、乡村基层、边境地区、急难险重岗位培养锻炼干部，发展使用实绩突出的干部。优化乡镇领导班子结构，加大县乡之间、高低海拔之间交流力度。认真落实老干部“两项”待遇，关心、尊重老干部。着力抓好基层组织建设。进一步加强农村、社区、学校、机关、国有企业等基层一线领域的党建工作，实现党的组织和党的工作全覆盖。强化村“两委”班子建设，加大选派机关干部、复员军人、大学生村官到村任职力度，严格素质标准，选好配强“第一书记”，选好配强村“两委”班子。进一步完善基层党建保障制度，健全村干部选拔、培育、管理、激励等制度，努力提高村干部待遇。强化党员管理，严格标准、严格程序，切实做好在基层农牧区和改革发展稳定一线发展党员工作，更加注重党员质量，坚决清除不合格党员，打造纯洁队伍。着力抓好党风廉政建设。严格落实党风廉政建设责任制党委主体责任和纪委监督责任，推动形成风清气正的党风、政风。认真贯彻执行中央八项规定和区党委“约法十章”“九项要求”，坚持从解决“四风”问题入手，以“三严三实”为准则，密切党群干群关系，努力改进工作作风。全面加强反腐倡廉建设，从严从重查处各类违法违纪行为。认真贯彻执行党的政治纪律、组织纪律，严格遵守反分裂斗争纪律，坚决贯彻执行中央、区党委、市委一系列决策部署，始终在政治上思想上行动上与党中央、区党委、市委保持高度一致。

同志们，美好的蓝图令人鼓舞，宏伟的目标催人奋进。让我们更加紧密地团结在以习近平同志为总书记的党中央周围，在区党委、市委的坚强领导下，团结带领全县各族干部群众，奋发向上，开拓进取，为推动萨嘎长足发展和长治久安而努力奋斗！

政府工作报告

——在萨嘎县十三届人大一次会议上

人民政府县长　郭光成

（2016年9月3日）

过去五年政府工作回顾

过去的五年是不平凡的五年，在区党委、政府、市委、市政府和县委的坚强领导下，在县人大、政协的监督支持下，在吉林省无私援助下，县政府紧紧围绕“2235”工作思路，解放思想，抢抓机遇，克难奋进，扎实工作，经济结构进一步优化，发展活力明显增强，人民生产生活条件不断改善，城乡建设加快推进，社会事业快速发展，对外开放实现新突破，社会局势持续稳定，圆满完成了各项目标任务，为全面建成小康社会打下坚实基础。

——发展方式加快转变，综合实力显著增强。始终坚持以经济建设为中心，以深化改革、扩大开放、对口支援为动力，以夯实基础、增强后劲、调整结构、培育产业为抓手，把握发展规律，创新发展理念，转变发展方式，实现了经济持续快速健康发展。2015年，实现生产总值3.3亿元，同比增长96.2%；地方财政一般预算收入达到1170万元，同比增长234.29%；社会消费品零售总额年均增长16.99%，达到6500万元；城乡居民人均可支配收入年均分别增长9%、16.48%，达到8153元、6131.2元；三次产业比例由2011年的23：17：60调整为2015年的18：34：48。累计接待国内外游客23.4万人次，实现旅游收入2449.97万元；进出口贸易总额达3.95亿元，年均增长10%。建成“万村千乡”市场工程配送中心，发展“万村千乡”农家店53家。吉林省累计投入资金5200多万元，实施了一批基础设施项目，助推了我县经济社会的进一步发展。

——基础设施日趋完善，城乡面貌焕然一新。累计完成固定资产投资11.03亿元，年均增长37.82%。西部驿站建设成效明显，完成市政道路和街景改造、文化广场建设、加布河治理等一大批基础设施建设，旅游服务中心建成并投入使用，县城综合服务功能不断完善，西部驿站空间格局初步形成。社会主义新农村建设扎实推进，全面推进“八到农家”工程，如角电站建成发电，全县电力人口覆盖率达74%；实施了1316户农牧民安居工程，完成安居工程危房改造528户、边境村民小组建设50个、农村危房改造建筑节能示范1570户；解决了13213人的安全饮用水问题，农村饮水安全人口覆盖率达85%。如角乡和雄如乡通乡油路建成，夏如乡大桥危桥改造完成，实现了62%乡镇通油路。邮电通讯快速发展，实现了乡乡通邮、村村通电话、乡乡能上网、60%的行政村通邮，移动用户达5446户，电信用户达7910户。县党政综合业务用房、乡镇基层政权业务用房、后勤业务用房建成并投入使用。生态保护与建设长效机制初步形成，生态环境监管和节能减排工作成效显著，雅江上游生态安全屏障进一步构建。

——社会事业蓬勃发展，群众得到更多实惠。教育事业加快发展，办学条件显著改善，设立教育奖励基金，实行奖励机制，通过了两基“国检”验收，全面推进了义务教育均衡发展，城镇学前三年、农牧区学前两年教育分别达到39.05%、58.1%，小学学龄儿童入学率达到99.73%，初中入学率达到98.29%，青壮年非文盲率提高到99%以上。文化事业得到进一步发展，基层文化设施得到改善，广播电视覆盖率分别达到97.7%和98.8%，完成了县民间艺术团组建工作，建成38个农家书屋和9个寺庙书屋。深化医药卫生体制改革，加大食品药品监管力度，改扩建了县卫生服务中心及乡（镇）卫生院等医疗机构，成立了食品药品监督管理局，新型农牧区合作医疗保险参合率达99.27%。社会保障稳步推进，新农保和城镇居民社会养老保险工作进展顺利，在编僧尼医疗保险参保率达100%，城镇职工养老保险参保率达100%，城乡居民养老保险参保率达到97.14%，实现有意愿五保对象集中供养率达100%。深入推进扶贫开发，设立每年80万元的脱贫奖励资金，累计投入资金2449.97万元，实施整乡推进项目76个、面上扶贫项目60个，实现1107户5325人人脱贫目标。本届政府以来，实现500人就业，转移农村富余劳动力30353人次，实现劳务收入3596.44万元，城镇登记失业率控制在4.5%以内。建成干部职工周转房647套，廉租房136套，公租房348套，配套实施了附属工程，干部职工、困难家庭和外来务工人员的住房条件和环境明显改善。扎实推进创先争优强基础惠民生活动，实施了一大批“短、平、快”项目。全面推进草原生态保护奖励机制，兑现2012-2014年“草奖”资金12140.52万元。

——维稳措施扎实有力，社会管理不断创新。牢固树立稳定压倒一切、长期作战思想，贯彻落实区、市系列维稳措施。深化干部驻村驻寺工作，建立健全“先进双联户”创评长效机制。加强和创新寺庙管理，深入实施“六建”“六个一”“九有”工程。推进城镇网格化管理，建立完善便民警务站工作机制，实现全县网格化管理全覆盖。全面贯彻落实党的民族宗教政策，深入开展民族团结宣传教育，广泛开展民族团结进步创建活动。坚决打击十四世达赖集团分裂渗透破坏活动，牢牢把握主动权，反分裂斗争取得了重大胜利。强化社会治安综合治理，严厉打击非法组织，加强对重点地区和“两边一线”的管控，加强矛盾纠纷排查调处，确保了社会面稳定。强化安全生产管理，遏制道路交通事故，深入开展消防排查，保障了群众生命财产安全。

——自身建设不断加强，执政能力明显提高。政府职能转变和行政管理体制改革步伐加快，公共服务意识不断增强，管理水平和效率进一步提高。民主监督机制进一步完善，行政透明度、重大决策民主化和科学化水平切实提高。建立健全了各类突发事件应急机制，取得了“4·25”抗震救灾重大胜利。圆满完成“六五”普法，干部职工法制意识明显增强。依法接受人大的监督，支持人大代表履行法定职权，累计办理人大代表意见、建议165件。认真贯彻落实中央“八项规定”、自治区“九项要求”，从严控制行政办公经费，大力压缩一般性支出。积极开展纠风和执法监察工作，加大查处违纪违法案件力度，“四风”问题得到有效遏制。深入开展党的群众路线教育实践和“三严三实”等活动，公务员队伍整体素质不断提高。

各位代表，我们欣喜地看到，在历届县委、县政府打下的坚实基础上，发展思路更加清晰，发展步伐更加坚定，经济更加繁荣，环境更加优美，社会更加和谐，开创了更好更快发展新局面。所有成绩的取得，是市委、市政府和县委的正确领导的结果，是对口援助单位大力支持的结果；是全县上下坚决贯彻区、市一系列方针政策，旗帜鲜明反分裂、坚定不移抓发展的结果；是全县各族人民艰苦奋斗、共同努力的结果。在此，我代表县人民政府向付出辛勤劳动、作出积极贡献的全县各族干部群众，表示崇高的敬意！向给予政府工作支持的人大代表、政协委员和退休干部职工，向对口援助单位，向无私奉献的部队官兵、政法干警，向所有关心与支持萨嘎发展的同志们、朋友们，表示衷心的感谢！

各位代表，成绩来之不易，经验尤为宝贵。总结五年，我们深刻体会到：必须始终坚持党的领导、改进作风，把夯实基础作为第一保障，才能走出有中国特色、西藏特点、符合萨嘎实际的发展之路；必须始终坚持围绕中心、服务大局，把加快发展作为第一要务，才能实现全县经济社会平稳快速发展；必须始终坚持解放思想、勇于创新，把改革开放作为第一抓手，才能增强经济社会发展活力；必须始终坚持结构调整、统筹兼顾，把科学发展作为第一责任，才能建设社会主义新萨嘎；必须始终坚持以人为本、执政为民，把群众利益作为第一追求，才能实现萨嘎跨越式发展；必须始终坚持社会和谐、民族团结，把维护稳定作为第一前提，才能实现社会局势长治久安；必须始终坚持求真务实、清正廉洁，把打造人民满意政府作为第一目标，才能赢得人民群众的信任和支持。

同时，我们也清醒地认识到，我县经济社会发展仍然存在不少困难和问题：一是总体经济实力较弱，财源匮乏、财政增收乏力，自我积累、自我发展能力弱。二是经济结构不尽合理。我县尚属投资拉动型经济，资源禀赋差，产业结构单一，可持续发展的能力不足。三是城乡统筹发展缓慢。城镇化率低，乡村建设缓慢，城乡统筹发展任重而道远。四是基础设施承载能力不足。交通、水利、能源、环保等基础设施落后，瓶颈制约未能得到根除，脆弱的生态一旦遭到破坏，将很难得到恢复。五是精准脱贫难度大。贫困面广，贫困程度较深，发展基础条件差，推进精准扶贫、打赢扶贫攻坚战任务十分艰巨。针对这些困难和问题，我们必须认真研究、更新举措切实加以解决，竭尽全力做好政府工作，努力推动全县各项事业再上新台阶。

今后五年政府工作的总体要求和目标任务

根据县第九次党代会的部署和要求，未来五年经济社会发展的总体要求是：高举中国特色社会主义伟大旗帜，深入贯彻落实党的十八大、十八届三中、四中、五中全会和中央第六次西藏工作座谈会精神，贯彻落实习近平总书记系列重要讲话精神，牢牢把握“四个全面”战略布局和“六个必须”治藏方略，坚持“创新、协调、绿色、开放、共享”发展理念，围绕“12345”的工作思路，着力强化创新驱动，促进产业结构优化升级；着力优化发展环境，激发经济发展活力；着力保障和改善民生，提升农牧民生活水平；着力建设生态文明，打造生态萨嘎，为实现全面建成小康社会宏伟目标而努力奋斗！

今后五年全县经济社会发展的主要奋斗目标是：全县生产总值年均增长保持在14%以上，人均生产总值年均增长10%，地方财政一般预算收入年均增长15%，城乡居民人均可支配收入年均分别增长11%、17%，社会消费品零售总额年均增长18%，城镇登记失业率控制在1.5%以内。保持经济跨越式发展势头，农牧民人均可支配收入与全区平均水平的差距明显缩小，基本公共服务能力显著提高，生态环境进一步改善，各民族团结和谐，社会持续稳定，圆满完成灾后重建、脱贫攻坚各项任务。要实现上述目标，必须着重做好以下六项工作：

一、更加注重经济发展，切实推进萨嘎跨越转型

一要深化投资拉动。根据国家、自治区和“十三五”规划投资导向，把握加快建设“西部驿站”有利契机，切实加大与区、市、援藏省市协调衔接力度，立足完成“十三五”规划项目，争取更多的计划外项目，集中财力实施一批自筹项目。建设完成新区大桥、物流中心、县城供暖供氧、市政道路规划建设、县城污水处理厂、草场灌溉、乡村路面通油等一批重点项目，加紧建设一批事关群众切身利益的民生项目。超前做好项目前期工作，切实做到“项目找资金”，完善项目工作联席会议制度，按照“续建项目抓投产、在建项目抓进度、开工项目抓保障、前期项目抓落地”的要求，加大项目全程精细化管理，努力实现“储备一批、开工一批、投产一批”的良性循环。进一步优化项目建设环境，加强项目后续管理，确保项目发挥最大效益。

二要壮大优势产业。以“一产优化、二产提升、三产主导”为基本方向，加快产业发展和产业结构调整，因地制宜，突出特色，不断壮大县域经济实力。提升农牧业。紧紧围绕“草”“畜”做文章，扎实做好良种推广，加快畜种改良步伐，改善农牧业生产基础条件。积极发展品质优良、特色明显、附加值高的优势农畜产品，因地制宜抓好牧业综合开发专项的试点辐射工作。加快推进农牧业向机械化、集约化、规模化、专业化、组织化发展。培育加工业。积极发展本地建材业，培育扶持民族手工业，大力发展农畜产品深加工，努力培育形成乡乡有主业，村村有特色，特色经济上规模。发展旅游业。围绕全区建立“重要的世界旅游目的地”的目标，提升旅游服务能力，深挖“甲谐”文化产业，建立文化旅游体系，狠抓宣传促销，促进旅游服务业快速发展。到2020年，力争实现旅游收入和接待旅游人数翻番增长，分别达到3000万元和20万人次。壮大边贸业。发挥交通枢纽作用、地域中心作用，建立服务本地并面向周边各县的商业网络；用活用足外贸扶持政策，抓住吉隆口岸开放机遇，进一步促进与尼双边、区域开放合作；加快成立边贸合作组织，推动边境贸易组织化和规模化。到2020年力争边贸进出口总额突破3亿元。

三要统筹城乡发展。坚持“以人为本、城乡同步、群众共享”的发展理念，科学合理统筹城乡发展、不断完善城镇基础设施、加快推进城镇化和新农村建设、创新城镇管理方式。做大做美西部驿站。按照“逐步改造旧城，加快建设新区，全面加强管理，打造精品驿站”思路，牢牢抓住国家“一带一路”战略布局和我县作为吉隆口岸仓储物流最大补充的有利机遇，加快推进新区建设；进一步抓好县城道路、供水、排污、绿化、美化、亮化、净化、休闲等市政公共设施建设，力争将县城建设成一个规划科学、设施完善、功能齐全、人居环境优美，集“吃住行游购娱”为一体的精品旅游服务驿站，实现“观雅江，宿驿站，赏甲谐”的发展格局。做特做优小城镇。高起点、高水平规划建设一批布局合理、功能完善、特色鲜明、环境优良的现代化边境重点小城镇，加快水、电、路、讯、邮等基础设施建设，合理安排产业布局，培育特色经济，大力推进农牧区人口城镇化，全面提升小城镇水平。做细做深新农村。着重抓好农牧民安居工程、农牧区人居环境建设和环境综合整治，美化农牧民生产生活环境，大幅提高乡村基础设施覆盖率。积极培养有文化、讲道德、守法纪、懂技术、会经营的新型农牧民，大力推进村务公开，提高农牧民自我教育、服务、管理水平，逐步实现农牧区“道路硬化、路灯亮化、房屋美化、四旁绿化、卫生洁化、秩序优化”。同时，扎实做好“4·25”地震灾后重建工作，大力推进易地搬迁工作，完善配套设施，改变分散居住情况，重点抓好国道沿线村整村推进工程，着力打造美丽乡村示范点。

二、更加注重民生保障，切实提高公共服务能力

一是狠抓扶贫攻坚。全面落实中央、区、市关于扶贫开发系列决策部署，牢牢锁定“2020年同步全面小康”目标，坚持“六个精准”，扎实推进“九个一批”，在抓重点、破难点、补短板上下功夫求实效。推进干部驻村帮扶，靠实工作责任，确保帮扶到村到户。健全扶贫开发公司，充分发挥效益，切实缓解县财政压力，助推脱贫攻坚及萨嘎经济社会发展。扎实做好扶贫开发攻坚工程、整村推进、面上扶贫、农牧综合开发项目、脱贫产业项目，加大劳动力转移，加快解决集中连片特殊困难点的贫困问题，基本解决上学、就医、住房、交通、社会保障等突出民生问题。坚持开发式、造血式扶贫，提高贫困人口生活水平和自我发展能力，努力缩小发展差距。确保到2020年全面实现839户2834人“三不愁”“三保障”。

二是扩大城乡就业。加强对本地农牧民合作企业的培养扶持力度，加强公共就业人才服务体系建设，积极推行灵活多样的就业方式和富余劳动力转移就业。加快建立服务、培训、维权“三位一体”的农牧区劳动力转移就业工作机制，推动创建农牧区劳动力转移就业示范乡镇。重点援助“零就业”家庭、残疾人、刑满释放人员、“低保”家庭等重点对象的就业。加强就业再就业的技能培训，积极落实农牧区劳动力转移就业和大中专学生返乡创业的政策措施。建立健全劳动关系调整机制，加大劳动保障监察执法力度，消除就业歧视，改善劳动条件，保障劳动者合法权益。

三是完善社会保障。健全城镇劳动者的社会统筹和个人账户相结合的基本养老保险、医疗保险、失业保险、工伤保险和生育保险制度，进一步发展商业保险。巩固完善城乡最低生活保障制度，完善生活、医疗救助制度，加快推进农牧区养老保险制度建设。切实保障老年人、妇女、儿童权益，建设完成县老年活动中心、残疾人康复中心、县优抚对象培训中心，完成县五保供养中心改扩建。到2020年，全县社会保障覆盖率达到100%，基本形成养老保险、补充养老保险、个人储蓄保险相结合，老、遗、残一体化的多层次养老保险体系。加大保障性住房建设力度，争取建设县乡廉租房和公租房516套、干部职工周转房建设830套。

四是大力发展教育。全面实施双语学前两年教育，实施农牧区幼儿园建设工程，到2020年达到85%以上。巩固提高义务教育，发展农牧区现代远程教育，完成青壮年脱盲工作，到2020年，小学适龄儿童入学率达到100%，初中入学率达到99%以上，脱盲率达100%。严格落实义务教育“三包”“两免”、学生营养改善计划等各项教育惠民政策，继续对农牧区中小学生实行助学金和奖学金制度，建立健全家庭贫困学生就学资助制度。弘扬尊师重教，改善教师工作、学习、生活条件，加大优秀教师、先进教育工作者的宣传表彰力度，加大教师的培训力度，完善教师考核机制，建设高素质专业教师队伍。建设完成7个乡完小、县中学、县职校改扩建和乡镇幼儿园建设工程，实施县第二幼儿园建设工程。加强寄宿制学校建设，继续推进县乡教师交流制度、推动基础教育均衡发展。进一步加强学校管理，切实保障在校学生安全。发展高原特色体育项目，完善城乡体育基础设施，广泛开展群众性体育活动，增强人民体质。

五是加快科技进步。坚持“自主创新、重点跨越、支撑发展、引领未来”的方针，加大科技投入，以科技项目为依托、体现科技智能，加强与对口援藏单位的科技交流，积极引进农牧业科技实用人才。采取进修学习、交叉培养等措施，加大本地人才的培养。积极举办各类科技服务培训，建立健全科技创新服务体系，提高面向农牧业生产服务能力，加快科技成果的推广应用，抓好昌果乡霍尔巴羊短期育肥基地、加加镇生猪育肥基地、旦嘎乡藏鸡养殖基地、夏如乡黑青稞连片种植示范基地等7个项目建设。加大科技知识宣传普及，到2020年全县科技普及率达到100%。

六是繁荣文广事业。进一步完善公共文化基础设施，大力发展公益性、经营性文化事业，加快城乡公共文化设施建设，繁荣文化市场，完善农牧民文化服务设施，加快建设农牧区文化小广场、宣传栏、文化室、农牧民文化家园、村级农牧民健身工程等文化服务设施，加大送文化、影视下乡工作力度，不断丰富人民群众业余文化生活；加大对非物质文化遗产的挖掘和保护力度，加强对国家级非物质“甲谐”文化遗产传承培养，进一步扩大“甲谐”文化影响力，做好寺庙宗教场所文物保护工作。抓好萨嘎县民族风情园“甲谐”园艺厅、数字电影院、75米高山台站、38个行政村的文化站建设。

七是提升医疗水平。深化医药卫生体制改革，加强县乡村三级卫生服务网络建设，提高疾病预防控制、医疗救治和卫生执法监督能力。加大传染病、地方病防治力度，突出抓好人畜共患疾病防治。全面加强公共卫生体系建设，健全完善医疗服务保障体系，加大乡村医疗机构基础设施建设，重点抓好传染病房改造、妇幼保健院、藏医院、卫生监督所、地方病防治所建设，实施8个乡镇卫生院改扩建、38行政村卫生室建设工程。加大培训培养，提高卫生队伍整体素质。建立健全药品供应保障体系，健全县、乡两级食品药品监管体系，逐步提高医药卫生信息化水平。加强碘盐推广巩固，继续保持100%的推广率。深入开展卫生保健，加大基本医疗卫生常识宣传力度。力争到2020年，人民群众主要健康指标与全国差距切实缩小，婴幼儿死亡率控制在10‰以内。

三、更加注重环境保护，切实筑牢和谐生态屏障

强化生态保护与建设。加快草地生态环境建设，严格执行草场承包责任制、草原监测等政策，进一步强化草场轮牧、休牧措施，实施600万亩草原鼠害治理工程和天然草原退牧还草工程，开展人工种草及饲草基地建设，加大草场灌溉建设力度。加强采石、采砂项目审批和管理，开展雅江源头沙地治理、防沙治沙植树造林工程，严厉打击各类对野生植被和树木采伐行为，到2020年全县森林覆盖率达到11%以上。实施县城及周边水土保持、夏如乡雅江流域、昌果乡库郁段雅江流域、雄如乡草场修复、多雄藏布流域、查西藏布流域综合治理水土保持项目，完成县城冲砂沟治理工程。进一步加强湿地项目申报工作，加快湿地自然保护区建设，实施加加镇加布河湿地保护、萨嘎县湿地保护建设项目。

强化环境治理与建设。加强农业源污染防治，倡导科学使用化肥、农药，加大土壤污染防治力度。加强水塘、水库和河流水质监测和水污染防治。实施农牧区清洁工程，开展垃圾集中收集处理和无污化处理，开展改厨、改水、改厕工作，切实改善农牧区卫生条件和人居环境。完善城镇公共基础设施、加快环境基础设施建设步伐，在旅游景区（点）、旅游线路上推进公共厕所、生态厕所及垃圾箱建设，鼓励庭院绿化工程、部队驻地绿化、机关大院绿化，提高城镇绿化率，到2020年城镇绿化率达到22%。

强化灾害防治与建设。完善灾害预警应急工作机制，加强山洪灾害和病险水库除险加固改造。加强水文、灾害、环境、农牧业、旅游地质勘查和重大建设项目工程地质等基础性、公益性地质工作。加快建立地质灾害易发区调查评价、监测预警、防治、应急等体系，完善地质灾害群测群防网络。增强重大建设工程、生命线工程、容易产生次生灾害的建设工程和学校、医院等人员密集场所的抗震设防。加大综合防灾减灾体系建设，重点建设农牧区防灾减灾设施，实施灾害预警服务信息村村通工程，加强高寒牧区牲畜棚圈等减灾设施建设和主要物资储备。推行自然灾害风险评估，科学安排危险区域生产生活设施合理避让，实施县城驻地、夏如乡夏如沟泥石流和旦嘎乡、拉藏乡山洪灾害综合治理工程。

四、更加注重改革开放，切实增强社会发展动力

一要加快行政体制改革。推进政事和政社分开，建设优化结构、提高效能、形成权责统一、分工合理、决策科学、执行顺畅、监督有力的行政管理机制，进一步简政放权，推进政府机构改革，建立公平性、差别化的管理机制。牢固树立过“紧日子”的思想，健全完善公共财政体制，调整财政支出，合理配置财政资源，逐步提高三农、卫生、教育、救济救助、维护稳定等方面支出比重，增强公共产品和服务的供给能力。完善多元化、多渠道的投融资新体制，调动全社会参与建设的积极性。改革财政投资管理制度，加快建立全面规范、公开透明的政府预算制度，深入推进预决算公开。

二要培育完善市场体系。以市场配置资源为核心，完善市场经济体制，理顺政府与市场关系，发挥市场在资源配置的决定性作用，积极规范市场主体行为，建立公平竞争的市场秩序，改革注册登记制度，促进多种经济成分共同发展，深化投资领域改革。认真贯彻落实鼓励发展非公有制经济政策措施，全面优化政策环境，改善农牧区金融环境。提高农牧民组织程度，促进合作经济发展。

三要推进社会事业改革。紧紧围绕保障和改善民生、增强经济发展和社会发展相协调，进行户籍制度改革，拓展居住证功能，到2020年基本形成以合法稳定职业为户口迁移基本条件、以经常居住地登记户口为基本形式城乡统一的新型户籍制度，积极探索政府在教育、医疗卫生、服务“三农”等领域购买公共服务和合作，提高基本公共服务信息化水平，完善历史文化遗产保护体制。

五、更加注重社会稳定，切实创造良好发展环境

一是加强社会治安管理。坚持打防结合、预防为主、专群结合、依靠群众的治安防控体系，加强基层治保组织建设，严厉打击各类违法犯罪活动。加强流动人口服务和管理，完善属地联保帮教机制。加快应急管理体系建设，积极预防和妥善处置群体性事件，健全突发事件预警和应急机制。正确处理人民内部矛盾，加大信访和司法调解工作力度，及时化解矛盾。完成五个乡镇的派出所和萨嘎县公安一级检查站、县城监控维修改扩建工程，抓好公安警营文化场所、公安民间训练场所、公安四级网络、乡镇监控设施、5个边境巡逻警务点建设，实施4个乡镇派驻检察室、3个乡人民法庭和6个乡镇的司法场所建设，建设乡镇综治、维稳、信访服务中心，切实提高社会综合管理能力。

二是深化民族宗教工作。全面贯彻党的民族宗教政策和民族区域自治法，坚持民族区域自治制度不动摇，牢牢把握各民族共同团结奋斗、共同繁荣发展主题，进一步巩固和发展平等、团结、互助、和谐的社会主义民族关系。巩固和壮大新时期爱国统一战线，团结社会各阶层力量，共同致力于我县全面建成小康社会的伟大事业。全面贯彻党的宗教政策，依法加强对宗教事务和宗教活动场所的管理，坚持不懈地开展寺庙爱国主义教育和法制教育，积极培养爱国爱教的宗教界代表人士，坚决抵制境外敌对势力特别是达赖集团利用宗教进行渗透，积极引导宗教与社会主义社会相适应，对各种非法宗教活动和邪教组织坚决打击、依法取缔。深入推进驻寺工作，坚持分级负责、属地管理原则，建立健全寺庙管理长效机制，完成9座宗教活动场所的维修加固。

三是深入开展反分裂斗争。全面贯彻“旗帜鲜明、针锋相对、掌握主动、争取人心、强基固本”方针，谋长久之策，行固本之举，始终保持对分裂势力的高压严打态势，严密防范和严厉打击渗透破坏、反动宣传煽动、聚众闹事、暴力恐怖等一切分裂破坏活动。加强以“四道防线”为主的边境管控工作，依法严厉打击非法出入境活动。坚持县级干部包乡、乡镇干部和驻村干部包村、“双联户”户长包单元制度，实现辖区安全稳定。全面落实“十项维稳措施”，不断完善和健全反分裂斗争的工作机制，牢牢掌握反分裂斗争的主动权。

六、更加注重自身建设，切实提升依法行政能力

建设法治政府。严格遵守宪法和法律，自觉运用法治思维和法治方式推动工作，坚持依法执政、从严治政，健全科学民主决策机制，深入推进政务公开，充分发挥传统媒体、新兴媒体作用，及时回应社会关切，使群众了解政府做什么、怎么做。自觉接受人大及其常委会法律监督，主动接受政协民主监督和社会各界的舆论监督，让权力在阳光下运行。

建设服务政府。深入践行“三严三实”，增强政治意识、大局意识、核心意识、看齐意识，加强作风和能力建设，优化经济社会发展环境，把市场主体满意、人民群众满意作为服务的最高标准，把服务市场主体、服务人民群众作为履职的根本责任，把安商、稳商、富商和便民、利民、惠民作为工作的第一要求，为市场主体和人民群众办实事，真正做到服务高效、工作快捷，形成诚心诚意办实事、尽心竭力解难事、坚持不懈做好事的良好风气。

建设廉洁政府。认真落实党风廉政建设责任制，深入推进反腐败斗争。狠抓廉政风险防范管理，从源头防止腐败。加大执法和效能监察，完善行政监督、审计监督，强化对重点工程、重点领域和重点环节的监管，坚决查处腐败行为。加强廉政教育，提高领导干部廉洁从政意识，树立清正廉洁、阳光高效的政府形象，努力实现干部清正、政府清廉、政治清明。

建设效能政府。深化政务公开，强化政务服务。推行重大项目和重点工作限时办结制，提高行政效能。加强公务员队伍的培训、管理，进一步推进事业单位改革，建立和完善科学、规范的人事人才管理制度，使全县公职人员具有更强的法治思想、更牢的公仆意识、更高的工作效率、更优的服务质量。

各位代表，回首过去，硕果累累；展望未来，豪情满怀。萨嘎新一轮的发展已经启航，使命责无旁贷，理应锐意担当，理想化为现实，尤须砥砺奋进，让我们在市委、市政府和县委的正确领导下，凝心聚力，恪尽职守，求真务实，开拓创新，为加速建设团结、民主、富裕、文明、和谐的新萨嘎而努力奋斗！

政府工作报告名词解释

12345的工作思路：紧盯全面建成小康社会这一总目标，把握科学发展和维护稳定两个关键，突出“三农”工作、项目投资和优势转换三个抓手，实施旅游强县、文化立县、科教兴县、城乡统筹四大战略，推进品牌创建、能源建设、扶贫开发、生态建设、民生改善“五大工程”。

“双集中”供养：五保老人集中供养、孤儿集中供养。

“四个全面”：全面建成小康社会、全面深化改革、全面依法治国、全面从严治党。

“六个必须”：必须坚持中国共产党领导，坚持社会主义制度，坚持民族区域自治制度；必须坚持治国必治边、治边先稳藏的战略思想，坚持依法治藏、富民兴藏、长期建藏、凝聚人心、夯实基础的重要原则；必须牢牢把握西藏社会的主要矛盾和特殊矛盾，把改善民生、凝聚人心作为经济社会发展的出发点和落脚点，坚持对达赖集团斗争的方针政策不动摇；必须全面正确贯彻党的民族政策和宗教政策，加强民族团结，不断增进各族群众对伟大祖国、中华民族、中华文化、中国共产党、中国特色社会主义的认同；必须把中央关心、全国支援同西藏各族干部群众艰苦奋斗紧密结合起来，在统筹国内国际两个大局中做好西藏工作；必须加强各级党组织和干部人才队伍建设，巩固党在西藏的执政基础。

“一带一路”：是指“丝绸之路经济带”和“21世纪海上丝绸之路”的简称。它将充分依靠中国与有关国家既有的双多边机制，借助既有的、行之有效的区域合作平台。

“六个精准”：扶贫对象精准、措施到户精准、项目安排精准、资金使用精准、因村派人精准、脱贫成效精准。

“九个一批”：发展生产脱贫一批、易地搬迁脱贫一批、生态补偿脱贫一批、发展教育脱贫一批、社会保障兜底一批、转移就业脱贫一批、信贷扶贫脱贫一批、医疗救助脱贫一批、灾后重建脱贫一批。

“三不愁、三保障”：不愁吃、不愁穿、不愁住，贫困地区义务教育、基本医疗、社会保障有保障。

在萨嘎县第十三届人民代表大会第二次会议上的讲话

县委常委、人大常委会主任　阳　艺

（2017年3月26日）

回眸2016年我们感慨万千；总结2016年，我们倍感骄傲。

一年来，县人大常委会在县委的正确领导下，全面贯彻落实党的十八大、十八届三中、四中、五中、六中全会精神，全面贯彻中央第六次西藏工作座谈会精神，依法履行职责，积极开展工作。一年来，共召开常委会议6次，主任会议8次，听取和审议专项工作报告12个，组织代表视察2次，开展专题调研5次，开展执法检查3次，任免国家机关工作人员66名。较好的完成了县第十三届一次会议确定的各项工作任务，为全县经济社会发展稳定工作做出了积极贡献。

一年来，我们紧扣大局，围绕中心，全面落实发展稳定各项重点工作职责。2016年，县人大常委会紧紧围绕全县经济社会发展稳定大局，议大事、助发展、促和谐，为推动全县深化改革、人民安居乐业尽职尽责。发挥人大优势，切实履行社会稳定工作职责。一年来，人大常委会及其党组，认真贯彻落实以习近平同志为核心的党中央治边稳藏重要战略思想，坚持依法治藏、富民兴藏、长期建藏、凝聚人心、夯实基础重要原则，始终坚持稳定压倒一切、维稳没有局外人思想，充分发挥人大自身作用和优势，把反对分裂、维护祖国统一和社会稳定作为人大工作的重要职责，深入基层、联系群众、服务中心、服务大局，认真落实各项维稳措施。坚定不移的开展反分裂斗争宣传，团结教育人民群众深刻认识“团结稳定是福，分裂动乱是祸”道理，树立“三个离不开”思想，自觉维护祖国统一，自觉维护民族团结，自觉坚决反对分裂。密切联系群众，全面落实惠民利民工作职责。县人大常委会组织县乡两级人大代表及相关部门负责同志深入基层、深入一线，广泛了解人民群众诉求，始终把为群众办实事、做好事、解难事，解决群众最关心最直接最现实的利益问题作为重要任务来抓，积极完成人大各项工作任务，为推进全县跨越式发展和长治久安奠定更加坚实的群众基础。特别是针对2016年易地搬迁、灾后重建、扶贫攻坚等重大民生项目予以跟踪视察，督促并建议政府有关部门把好从原材料采购进场到房屋建设的每一个环节关口，做到事前、事中、事后全过程的监督。开展调查研究，全面落实建言献策工作职责。一年来，人大常委会针对推进边境贸易、提高教育质量、从优待警、农网建设，民房钢架结构改造试点等事宜开展调查研究，形成建议意见7份，并及时提交区市两级人代会。结合实际，全面落实人大监督工作职责。一年来，常委会始终坚持党的领导、始终坚持依法履职、始终坚持问题导向、始终坚持服务监督有机结合，不断强化监督职责，不断提高监督工作主动性、针对性和实效性，不断加强对经济、民生、执法领域监督工作，依法审议专项报告，依法批准重大预算安排，依法按照相关程序任免干部，依法监督“一府两院”依法行政、公正司法，抽调骨干，认真开展环境保护迎检前期的监督自查工作，有效保证全县经济社会和稳定等各项工作有序推进。

一年来，我们丰富内容，强化平台，充分发挥人大代表代表作用

2016年，人大常委会及其党组不断提升代表履职能力、不断完善服务保障机制、不断创新服务载体，充分发挥人大代表主体作用，切实加强和改进代表工作。充分发挥人大代表代表作用。积极邀请人大代表参加县人大常委会组织的各项执法检查调研等活动，全年共邀请20名人大代表列席县人大常委会会议，30余名代表参加常委会组织开展的执法检查和专题调研。同时，坚持把办理代表建议、批评和意见作为支持和保障代表依法履职的重要环节，安排专人专班梳理代表议案，及时做好建议、批评和意见的整理和工作，并召开意见建议督办会2次，确保相关建议、批评和意见得到答复和落实。一年来，全县人大代表共提出建议意见132件，办理答复率达100%。充分发挥“人大代表之家”载体作用。不断巩固和拓展“人大代表之家”功能作用，积极为人大代表履职、学习培训、联系群众等搭建平台。制订“人大代表之家”“人大代表小组”学习计划方案，有效的促使了“人大代表之家”的作用发挥。组织代表学习培训。经市人大常委会、县委批准，常委会组织22名萨嘎县第十三届县级基层人大代表对桑珠孜区、白朗县、江孜县所属产业项目进行考察学习；组织新一届45名农牧民代表学习《中华人民共和国宪法》《代表法》《监督法》及《环境保护法》等相关法律知识。充分发挥乡镇代表联系基础作用。各乡镇人大主席团按照县人大常委会安排，积极组织乡镇人大代表开展对易地搬迁、灾后重建等项目建设情况的异地交叉视察，开展符合各自乡镇实际情况的监督视察和法律宣传工作。相关工作涉及学校教育、学生生活卫生情况视察，惠民资金兑现情况监督、农村环境保护工作、相关法律法规宣传等多方面。

一年来，我们强化学习，转变作风，着力加强自身素质建设

2016年，按照“视学习为政治、视学习为大局、视学习为常态”的要求，常委会及其党组引导代表不断加强政治理论学习，加强对习近平总书记系列讲话，特别是治国理政新理念新思想新战略的学习，加强对党的十八大、十八届三中、四中、五中、六中全会和中央第六次西藏工作座谈会精神的学习，牢固树立“四个意识”特别是核心意识、看齐意识，坚定不移维护以习近平同志为核心的党中央权威，坚定不移贯彻落实习近平总书记治边稳藏重要战略思想，坚持把党的领导贯穿于人大工作始终，做到忠诚于党、忠诚于核心。扎实开展“两学一做”学习教育和“讲学习、讲忠诚、正风纪、转作风、提效能”主题活动，全面系统学习《中国共产党章程》《党内政治生活的若干准则》等党纪党规，进一步统一思想，不断强化责任意识、担当意识，积极履行党风廉政建设责任制，不断严肃党内政治生活，锤炼广大党员党性修养，筑牢拒腐防变的思想防线，促进了人大机关纪律作风的转变。2016年人大常委会还对过去已形成的《萨嘎县人大制度汇编》和《人大代表之家制度汇编》等规章制度进行进一步的梳理，结合实践，去陈出新，修订和完善常委会议事规则和工作制度，确保了各项制度符合新的工作要求和目标，提高了常委会工作的科学化、规范化、民主化水平，自身素质建设得以加强。

一年来，我们加强指导、精心组织，圆满完成换届选举工作

2016年，我们“分步实施 稳步推进”县乡人大换届选举工作。依法选举出县级人大代表94人，其中党政代表43名、农牧民代表44名、宗教界1名、致富能手1名、退休1名、解放军1名、专业技术人员3名。县人大常委会组成人员22人，其中主任1人、副主任3人、委员18人。各乡镇也依法完成241名乡级人大代表的选举工作，其中党政代表48名、农牧民代表166名、宗教界代表5名、致富能手4名、专业技术人员18名。

此次换届选举工作，人大及其常委会在县委的领导下，坚持发扬民主，坚持依法办事，坚持保障人民选举权和被选举权，坚持对违规违纪违法问题“零容忍”，不断加强对选举工作的监

督，确保选举工作风清气正。加强统筹安排。根据区党委、市委相关文件精神，县人大常委会认真调研、提前谋划，从4月份着手筹备，成立专班、拟定方案、开展培训，认真开展县乡人大换届选举准备工作。加强业务指导。常委会安排专人对中央、自治区、市人大关于换届选举工作的指示精神、工作要求、方法步骤等进行系统学习，研究制订《萨嘎县县乡人大换届选举工作实施方案》，并指导乡镇人大规范工作程序、严肃工作纪律，着力营造风清气正的换届选举氛围。加强舆论宣传。县人大常委会紧扣各阶段工作重点，充分利用县电视台、政府网、萨嘎动态等媒体开辟专栏，通过印发资料、制作板报、悬挂横幅、张贴标语、在群众中宣传《中华人民共和国宪法》《选举法》《组织法》等法律法规等形式，让广大人民群众更直观了解选举的重要性和必要性。加强程序操作。人大换届选举工作政治性、法律性、政策性和程序性都很强。在选举各个环节，人大及其常委会坚持有法必依，严格执行法律和政策有关规定，确保换届选举规范有序进行。

各位代表，过去的一年，县人大常委会充分发挥地方国家权力机关作用，凝聚全县代表力量，同心协力推进工作落实，全面完成了全年的目标任务，成绩显著。这些成绩的取得，是县委正确领导的结果，是全体人大代表和常委会组成人员共同努力的结果，是“一府两院”密切配合的结果。在此，我代表县人大常委会向一直关心支持人大工作的各级领导、各位代表、各界人士表示衷心的感谢！

回顾一年来的工作，面对宪法和法律赋予的职责，面对新形势、新任务的要求，面对人民群众和人大代表的新期望，担子还很重、挑战还很多、困难还不少。监督工作的力度还有待于进一步加强，创新监督的举措还不足；人大工作的自身建设还有待于提高，能力培训还需加强；对乡镇人大工作的指导还不够、针对性还不强；对代表建议、批评和意见办理的督办力度还不大；“两学一做”学习教育和组织党员开展三会一课还不深等等。这些问题我们将在今后工作中认真研究、加以解决。

展望2017年，我们信心满满，扬帆再航

2017年是实施“十三五”规划的重要一年，是全面贯彻落实自治区第九次党代会精神的开局之年，也是我县全面建成小康社会阔步迈进的关键一年。

新的一年县人大常委会工作的总体思路是：高举中国特色社会主义伟大旗帜，以邓小平理论、“三个代表”重要思想、科学发展观为指导，深入贯彻落实党的十八大、十八届三中、四中、五中、六中全会和中央第六次西藏工作座谈会精神，深入贯彻习近平总书记系列重要讲话精神，特别是“治国必治边、治边先稳藏”的重要战略思想和“加强民族团结、建设美丽西藏”的重要指示，以区、市两级人大工作会议和县委相关会议精神为依据，围绕“十三五”的总体目标，紧抓发展大局、紧贴民生需求、紧扣公平正义，履行法定监督职责，为全面推进依法治县、建设幸福美丽萨嘎而共同努力、再展新作为。

坚定政治方向，把党的方针政策贯彻落实好。深入学习贯彻党的十八届六中全会精神，深入领会并贯彻习近平总书记新形势下坚持和完善人民代表大会制度、规范和监督党内政治生活等一系列重要部署，深入领会并贯彻自治区第九次党代会、市委一届五次全委会精神，扎实开展“两学一做”学习教育和“五五”主题活动，把“两学一做”学习教育和“五五”主题活动的目标任务落实好、践行好。树牢核心意识，做到绝对忠诚以习近平同志为核心的党中央，在思想上拥戴核心、政治上信赖核心、组织上忠诚核心、行动上捍卫核心，用对以习近平同志为核心的党中央绝对忠诚的实际行动，带头依法行权、依法履职，弘扬法治精神，全面落实依法治国基本方略。

坚定履职理念，把各项法定职权监督好。工作监督抓重点。常委会将坚持“围绕县委中心工作转、围绕经济建设干”的工作原则，把握人大工作和全局工作的最佳结合点，抓住全县经济社会中的重大事项、重点工作和人民群众普遍关注的热点、难点问题，切实加强监督工作。法律监督求实效。常委会将围绕全县工作大局，突出重点，积极探索和完善新的监督方式，持续加强对“一府两院”的法律监督和工作监督。运用开展司法监督、宣传宪法法规、专题视察、执法检查等形式，推动依法治县进程。人事任免抓规范，常委会将始终把人事任免工作作为一项基础性工作，认真贯彻组织法，总结经验，研究和探索新时期人事任免工作的方法和途径，通过规范人事任免程序，推动人事任免工作的创新开展，进一步促进干部队伍建设。

坚守主体地位，把代表作用充分发挥好。坚持为人大代表发挥主体作用完善机制，搭建平台，保障代表依法行使权力。探索建立代表议案建议考核机制，提高办理质量。拓展代表履职新途径，启动人大代表向选民述职制度，通过代表真实有效的“述”，选民恰如其分的“评”，实现代表与群众的双向互动。强化“代表之家”硬件建设，规范代表小组活动，确保代表就近参加视察、检查和各种履职活动，真正让代表“动”起来、作用发挥出来。进一步活跃闭会期间代表工作，组织人大代表进行多方面多领域的视察工作，认真开展对“一府两院”的法定监督，为萨嘎县的长足发展和长治久安，出好谋、建好言、献好策。努力争取县人大“一室三委”创建落实工作。加强对乡镇人大工作的指导，完善乡镇人大主席汇报机制，进一步提升全县人大工作的整体水平。

加强自身建设，把人大各项工作开展好。县人大常委会将以高昂饱满的精神状态，贯彻落实好区、市人大工作会议精神，组织召开好2017年县十三届人民代表大会第二次会议，深入开展好“两学一做”学习教育和“五五”主题活动，全面加强人大自身建设。抓学习。常委会将在闭会期间组织人大代表对习近平总书记系列重要讲话、从严治党、廉洁自律等课题进行深入系统地学习培训，全面提升人大代表履职尽责的工作能力。强自身。常委会将继续组织人大代表及机关工作人员进行异地视察学习，更多的参与市区两级人大组织的专项培训，为提高代表水平提供保障。重调研。扑下身子，深入基层，调查研究，听民声问民情，纳忠言汇民智，惠民生促发展。不断跟踪调研惠民政策落实情况，推动惠民政策更加完善。严作风。严格落实中央和区、市、县委各项规定，切实将人大的权力置于阳光透明的氛围当中，持之以恒抓作风建设，使好作风成为人大工作新常态。

各位代表，再创辉煌，自当扬帆破浪；任重道远，更须奋鞭策马，让我们在县委的正确领导下，无愧今天的使命担当，不负明天的伟大梦想，满怀信心，开拓创新，奋发履职，为全面推进萨嘎县改革发展稳定各项事业而努力奋斗！

中国人民政治协商会议
第二届萨嘎县委员会第一次会议闭幕会上

——政协第二届萨嘎县委员会第一次会议闭幕会议上

政协党组书记、主席 吴 顿

（2016年9月4日）

中国人民政治协商会议第二届萨嘎县委员会第一次会议，在中共萨嘎县委和大会主席团的领导下，经过与会委员和同志们的共同努力下，圆满完成了预定的各项议程，今天就要胜利闭幕了。会议期间，县委顿珠书记作了重要讲话，使委员们深受鼓舞、倍受激励。顿珠书记对新一届的县政协和委员们提出了新的要求和希望，我们要学习好领会好讲话精神，在今后的工作中认真贯彻、深入落实。

这次会议总结了政协第一届萨嘎县委员会的工作历程和成就，明确了今后五年县政协的工作任务和指导思想。通过大家的共同努力，顺利完成换届各项工作任务，衷心感谢各级领导和委员们为县政协事业发展做出的努力和贡献。

这次大会在民主协商基础上，选举产生了政协第二届萨嘎县委员会主席、副主席和常委会领导集体。在此，我代表政协第二届萨嘎县委员会常务委员会和主席班子，对各位委员的信任和支持表示衷心的感谢！我们一定不辜负组织的信任和委员们的期望，决心同各位委员一道，在县委的坚强领导下，在社会各界的大力支持下，团结奋斗、开拓创新，探索政协工作思路，创造政协工作新业绩，开创政协工作新局面。为此，我讲三点意见，与全体委员共勉。

一、把握大局，坚持正确的政治方向

人民政协是中国共产党领导的多党合作和政治协商的重要机构，政协工作是党的全局工作的重要组成部分。把握大局，坚持政协的政治方向，是人民政协的性质和地位决定的，也是政协工作适应新形式、实现新任务的根本保障。

一是始终坚持高举中国特色社会主义伟大旗帜。中国特色社会主义伟大旗帜，是当代中国社会发展的旗帜，是全党全国各族人民团结奋斗的旗帜，也是人民政协推进事业发展的思想政治基础。我们要坚定地以中国特色社会主义理论体系为指导，高举爱国主义和社会主义两面旗帜，坚定不移地走社会主义政治发展道路，坚定不移地推进我县政协各项事业不断向前发展。

二是始终坚持在党的领导下推进人民政协事业。历史和现实充分证明，没有党的领导，就没有政协的创立和发展；保证党的领导，才能确保政协事业的发展方向正确、生机勃勃。因此，我们必须深化思想认识，把坚持和保证党的领导贯穿于政协工作始终，自觉与区党委、市委和县委保持高度一致，始终做到与县委在思想上同心、目标上同向、工作上同步。

三是讲政治大局，满怀信心履新职。政协是在党的领导下有序开展政治协商、民主监督和参政议政重要平台和渠道，是团结有不同观点的人为共同目标而奋斗的统一战线组织。作为处于反分裂前线阵地的我们，必须要讲政治、站稳立场，必须牢固树立“发展是第一要务”“稳定是第一责任”的思想意识，必须坚持和善于从政治上、全局上考虑问题，识大局、顾大局，时刻绷紧政治这根弦，在思想上、政治上、行动上与党中央保持高度一致，要在反对分裂、维护祖国统一和民族团结这个大是大非问题上立场十分坚定，旗帜十分鲜明、行动十分坚决，确保跟党一条心、跟人民一条心。

二、围绕中心，同心协力推进经济社会全面发展

今年是我区“十三五”规划的开局之年，是实现“两个一百年”奋斗目标的关键之年，精准扶贫精准脱贫和灾后重建的攻坚之年，我们以此次会议为契机，为我县经济社会发展建睿智之言、献务实之策。

一要强化工作职责，群策群力谋划发展。我们要始终坚持以经济建设为中心，紧紧围绕全区“十三五”规划的实施，瞄准着力打造“西部驿站”的工作重点，调动一切有利于发展的因素，团结一切有利于发展的力量，尊重一切有利于发展的创造，把重心放在加快发展上来，把智慧用到科学发展上来，把力量聚到促进发展上来，努力实现萨嘎县经济社会持续发展。

二要发挥委员主体作用，同心协力推动发展。政协委员是政协工作的主体，充分发挥委员的主体作用，是做好政协工作、提高政协工作整体水平的基础和关键。要十分重视委员履职平台的搭建工作，采取多种形式、多种方式，让委员知情出力。要围绕发展这一履职重点，经常性地邀请党委、政府和有关部门领导通报经济建设、社会发展以及某项工作的开展情况，有计划地组织委员深入基层开展调查研究等活动，使委员知“上情”、熟“下情”，充分调动委员的履职积极性，使政协工作不断登上新的台阶。

三要关注民意民生，凝心合力维护发展。发展是硬道理。营造和谐稳定的环境是经济社会发展的基础和保障。政协联系广泛，包容性强，在维护社会稳定中条件独特、优势独厚。要充分利用这个条件和优势，把关注民生、保障民生、改善民生作为履行职能的重要内容，通过提案、社情民意等形式，及时准确地反映人民群众最盼望、最关注、最急需的重点、热点、难点、焦点问题，搭建党和政府联系群众的桥梁，以更大的热情，知民所想、思民所急、想民所爱、忧民所虑，以更高的目光关注弱势群体、关注民生工程，多做增进理解、扩大交流的工作，多做协调关系、理顺情绪的工作，多做化解矛盾、凝聚人心的工作，多为县委分忧，多为政府解难，努力营造祥和、安定的发展氛围。

三、与时俱进，开创政协工作新局面

人民政协事业是常做常新的事业。我们要在继承中发扬好传统，在开拓中发展新局面，努力使政治协商有新作为、民主监督有新进步、参政议政有新成效、自身建设有新提高。

一要做勤于学习的表率。从事政协工作每一位同志，都要自觉把学习作为一种政治责任、一种精神需求、一种思想境界，学以立德、学以增智、学以致用，突出抓好政治理论的学习，特别是要把学习贯彻十八大和十八届三中、四中、五中全会精神，作为当前的首要政治任务，开展形式多样、富有成效的学习活动，同时还要抓好各种业务知识的学习提高，努力做勤于学习、善于学习表率，不断提高自身素质和能力，更好地适应形势、履行职责，不负组织和人民的厚望与重托。

二要做求真务实的表率。求真务实，是人民政协一贯倡导的优良传统。各级政协干部和广大政协委员，找准自己的角色定位，提出一些科学合理、有利于发展、切实可行的意见和建议，重点要在提高提案、调研报告、反映社情民意的质量上，在提高民主监督、参政议政的实效上加大工作力度，整个政协工作力求精益求精，真正做到参政参到点子上、议政议在关键处。要进一步强化政协工作组职责，政协党组要有计划、经常性地组织委员开展学习、调研、视察等活动，积极引导委员为加快萨嘎发展献计出力。要进一步加强界别之间的协商与交流，不断促进社会的团结与和谐。要按照“政治坚定、作风优良、业务精通、服务一流”的目标，切实加强政协机关建设。要进一步加强“三化”建设，促进政协工作制度化、规范化、程序化，使政协工作效率更高，更加富有成效。

三要做亲民为民的表率。以民为本，是对每一位同志最根本的品质要求。政协委员在履行职责、服务社会过程中，要把以民为本贯穿始终，树立亲民为民作风，尽己所能，身体力行，为群众办好事、办实事、解难题。要多关心群众疾苦，多体现人文关怀，想问题办事情要站在群众立场上，更加关注贫困户、困难户、农民工等弱势群体，更加关注医疗、教育、安全等突出问题和群体性社会矛盾，努力把“人民政协为人民”的理念体现到履职的各项工作中，真正实现发展为了人民、发展依靠人民、发展成果为人民享受。

各位委员、同志们，美好蓝图激动人心，光荣使命催人奋进。让我们紧密团结在以习近平同志为核心的党中央周围，高举中国特色社会主义伟大旗帜，以邓小平理论和“三个代表”重要思想、科学发展观为指导，在中共萨嘎县委的坚强领导下，在县政府的大力支持下，围绕中心，服务大局，高质量地完成全会确定的各项任务，认真履行政治协商、民主监督、参政议政职能，充分发挥政协协商民主的重要渠道和专门协商机构作用，不断推动政协工作创新发展，为推进我县长足发展和长治久安做出新的贡献。

忠诚干净担当 忠实履职尽责
深入推进党风廉政建设和反腐败斗争工作

——在县委2016年第三季度党风廉政建设工作会议上的讲话

县委常委、纪委书记 多布杰

（2016年8月15日）

经县委批准，今天召开全县党风廉政建设和反腐败斗争工作会议，回顾总结2016年上半年我县党风廉政建设和反腐败工作开展情况，安排2016年下半年党风廉政建设工作和反腐败在斗争工作任务。一会儿，顿珠书记还要作重要讲话，希望大家认真学习，深刻领会，严格贯彻落实。

今年上半年以来，萨嘎县纪委在县委的正确领导和上级纪委的具体指导帮助下，认真贯彻落实十八届中纪委六次全会精神，深入学习贯彻八届自治区纪委七次全会、一届市纪委四次全会精神，紧紧围绕党中央、区党委、市委关于党风廉政建设和反腐败工作的重大决策部署，认真履行纪检监督职能，严肃监督执纪问责，有力地促进了我县各项工作的有序有效开展。现将上半年纪检监察工作情况及下半年工作安排汇报如下：

一、2016年上半年纪检监察工作情况

（一）强化组织领导，落实责任到位。一是把党风廉政建设和反腐败工作与全县经济建设和其他业务工作一起部署，一起检查，一起落实。在我县“两会”政府工作报告和全县年度工作会议上都对党风廉政建设和反腐败工作做了总结和安排部署，县委主要领导经常督促、指导和安排部署党风廉政建设工作。今年以来，县委主持召开了全县党风廉政建设暨纪检监察工作会议1次，及时听取汇报和安排部署各项工作，为更好的做好党风廉政建设和纪检监察工作指明了方向，给纪检监察工作鼓了劲、撑了腰，极大的调动纪检监察工作的积极性和主动性。二是按照党风廉政建设责任制要求，结合各自承担的职责，对党风廉政建设责任进行了细化、分解，层层签订党风廉政建设责任书，县委书记、政府县长与其他班子成员、各乡镇负责人分别签订责任书，县纪委与县直各部门主要负责人签订责任书，县纪委负责认真讲解和说明责任内容及责任要求，做到传递责任、传导压力。三是进一步健全完善“惩治和预防腐败体系2013-2017年工作规划”，着眼防范不同领域、不同行业、不同岗位廉政风险，细化分解任务，明确领导责任，落实责任单位和责任人，做到“谁主管、谁负责”，形成一级抓一级，层层抓落实的党风廉政建设工作新格局。

（二）强化纪律监督，确保政令畅通。一是加强对全县各级党组织执行政治纪律情况的监督检查，保证各级党组织在重大问题上旗帜鲜明、在关键时刻和重大事件中经得起风浪考验。在反对分裂、维护祖国统一这个大是大非面前，全县各级党组织和党员始终做到头脑清醒、立场坚定，旗帜鲜明、斗争坚决。二是以严明责任、严格监督、严肃纪律，确保上级党委政府和县委、县府各项决策部署有效落实。重点对春节、藏历新年、三月敏感期、五一、六一、端午节等重点节

点期相关制度、规定执行情况的监督检查，及时传达和转发上级重要文件通知精神，结合我县实际制订并下发通知，以明察暗访的形式积极开展相关规定执行情况的监督检查，有关苗头性、倾向性问题予以及时提醒和警示，确保上级和县本级各项决策部署和规章制度得到认真贯彻执行，切实做到令行禁止，确保政令畅通。

（三）强化制度建设，规范纪律审查。运用监督执纪“四种形态”，坚持把纪律和规矩挺在前面，切实履行管党治党职责，认真监督执纪问责，扎实加强纪律审查工作。一是进一步健全查办案件的组织协调机制，县纪委与检察、公安、组织、人社、财政等部门加强沟通和协调，形成了办案合力。二是建立和完善了信访接访制度，进一步畅通群众利益诉求表达渠道，着力解决群众反映的信访突出问题，把各种矛盾隐患解决在当地、解决在基层、化解在萌芽状态，促进社会和谐稳定。三是严格依法依纪办案。县纪委监察局全面履职尽责，严格执行纪律，保持查办违纪违法案件的工作力度，加强案件监督管理；严格执行案件线索在向同级党委报告的同时向上级纪检监察机关报告的规定，及时将案件审理情况上报市纪委审理室，并按照规定落实处分决定。

（四）强化风气监督，严明换届纪律。一是制订加强换届风气监督工作的实施方案，列出13项重点工作，9条工作任务和与之对应的工作期限，立“明规矩”、破“潜规则”，对委局机关的监督责任、组织部门的直接责任、人大政府政协党组和换届相关部门的重要责任具体到单位、细化到条目、规定到时限。二是实行“两项制度”建立快速查核机制。实行立项专办制度，对反映问题线索清楚、内容具体的举报，进行重点查办、限时办结；对换届选举期间当场发现的问题，立即制止、坚决纠正。实行查核工作责任制，举报查核情况报告由具体承办人和负责人签字背书，对查核工作中敷衍塞责、营私舞弊的，严肃追究相关人员责任。三是扩大监督渠道，强化监督检查。健全电话、信访、网络和短信“四位一体”的综合举报受理平台，对有关反映违反换届纪律的来电来信，实行第一时间登记、第一时间报告领导、第一时间调查核实、第一时间反馈结果；在县政府大院门口和各乡镇较为显眼位置设置21个举报信箱，随时受理群众来信举报；成立了1个县巡查组、8个乡镇督查组、38个村监督委，邀请8名退休老干部聘请为换届风气监督员，对换届全过程进行监督，构建了无缝覆盖、高效严密的县乡村三级监督网络；重点抓好6个查验，查验责任落实情况、查验教育宣传情况、查验监督查处情况、查验换届提名人选把关情况、查验代表委员资格把关情况、查验执行监督制度情况。四是坚持“一案双查”严肃追究问责。对领导干部因履职不力，导致换届风气不正、换届纪律松弛、换届选举出现非组织活动的，既查处当事人，又追究责任人，既查处选人用人违规违纪问题，又查处不负责任、不去监督的问题。

（五）强化正风肃纪，狠抓作风建设。一是深入开展中央八项规定、区党委“约法十章”“九项要求”以及县委、县府出台的各项制度、办法执行情况的监督检查，强化对茶馆、网吧、娱乐场所等重点区域的监督检查，加强对党员干部公务用车、上下班制度执行情况的监督检查。半年来，我委联合有关部门先后开展明察暗访24次，对1起违规使用公车问题进行了依规依纪处理，对相关人员进行了约谈，责令其作出书面检讨，并在全县范围内通报。二是联合县财政局开展县政府商品房管理使用及租金收缴检查工作，规范租赁行为，堵塞管理漏洞。三是加强干部任前教育管理，努力提高干部的思想素质和廉洁自律意识，促使干部尽快进入角色开展工作，着力促进干部健康成长，联合县组织部对全县新提拔和转任重要岗位的32名领导干部进行了任前廉政谈话和履职谈话。

（六）强化“三转”工作，推进体制改革。一是按照纪检体制改革和职能转变要求，调整定位、强化主业，该管的管、该放的放，切实把职能转向《中国共产党章程》规定的三大任务上来。同时，推进内设机构调整，抓好人员职责定位调整。二是进一步创新思路，理清职责，回归本职，把监督检查的切入点从配合相关职能部门开展业务检查，转变到对部门和个人履行职责的监督上来。三是将正常业务监督检查等职责交还给相关业务部门，纪委承担“监督的再监督”“检查的再检查”职责，不再越俎代庖，从而有效解决监督失之于软、失之于宽的问题，建立完善长效动态机制，提高严格执纪问责效果。

（七）强化自身建设，提升队伍水平。牢固树立“打铁还需自身硬”的思想，时刻注重干部职工政治理论和业务水平的学习。一是加强理论学习。组织纪检监察干部认真学习党的各类方针政策和纪检监察理论知识，通过集中学习、个人自学和岗位锻炼等方式，注重提高思想政治素质和政策理论水平，切实做到先学一步、学深一层。二是加强业务培训。年内选派5人次参加上级纪委举办的业务培训，增强了职责意识，提高了业务水平，丰富了工作经验，推动了各项工作。三是强化组织建设。认真落实《关于加强和改进基层纪检机关建设意见》，目前，在配齐乡镇纪委书记的基础上，又为各乡镇配备2名专职纪检干部，为更好开展纪检监察工作提供了人员保证。

今年以来，县纪委监察局按照党风廉政建设责任制和年度工作计划，紧紧围绕县委县府中心工作，积极开展了党风廉政建设和反腐败各项工作，也取得了一定的成绩，但仍存在着工作重点不突出、成绩不明显、还未形成反腐倡廉强大震慑等，我们将积极发扬成绩，弥补缺点不足，认真履职尽责，做到执好纪、问好责。

二、下半年纪检监察工作思路

下一步，县纪委监察局将认真贯彻落实十八届中纪委六次全会、八届自治区纪委七次全会、一届市纪委四次全会精神，紧紧围绕全县经济社会发展总目标，进一步增强做好党风廉政建设和反腐败工作的责任感和使命感，增强信心，振奋精神，积极做好党风廉政建设和纪检监察各项工作。

（一）严明党的纪律，坚持把纪律和规矩挺在前面

始终把严明党的政治纪律放在首位，加强对党的各项方针政策各项纪律贯彻执行情况的监督检查，坚决纠正上有政策、下有对策，有令不行、有禁不止的问题；加强对换届纪律执行情况的监督检查，充分发挥乡镇纪委和村民监督委员会的作用，确保换届环境风清气正；抓好新修订的《中国共产党廉洁自律准则》和《中国共产党纪律处分条例》学习贯彻，强化学习贯彻情况的监督检查，把新修订的“党内两项规则”分别成为广大党员自己的行为准则和不可触碰的底线，切实将《中国共产党廉洁自律准则》和《中国共产党纪律处分条例》要求落实到工作中、体现在行动上；配合有关部门抓好“两学一做”教育和监督工作，严肃整治软弱涣散基层党组织和不合格党员。

（二）强化责任担当，严格落实“两个责任”

继续督促各级党组织切实履行好党风廉政建设主体责任，纪委认真履行好监督责任，确保签字背书的内容与要求落到实处，推进党风廉政建设责任制全面执行。进一步创新党风廉政建设责任制落实情况的考核方式，强化考核结果运用，把责任制落实情况作为领导班子评价和领导干部业绩评定、奖励惩处、选拔任用的重要依据。加强监督和责任追究，坚持“一案双查”，对重大问题既要追究主体责任、监督责任，又要严肃追究领导责任。建立责任追究典型问题通报制度，用严格的问责和严肃的曝光推动责任有效落实。积极配合上级巡视开展工作，坚持问题导向，立行立改，扎实做好巡视组反馈意见整改工作。

（三）紧盯关键环节，推动作风建设

坚持盯住时间节点，以明察暗访、专项督查、联合检查等方式对执行中央八项规定、区党委“约法十章”“九项要求”和市委实施办法情况的监督检查，重点查处公款吃喝、公车私用、违规操办喜庆事宜造成恶劣影响、滥发津贴补贴、收送“红包”、聚众赌博以及违反上班纪律等问题，持续巩固深化落实中央八项规定精神成果，以优良的党风政风带动社风民风好转。

（四）用好“四种形态”，加大纪律审查

监督执纪“四种形态”，即让咬耳朵、扯袖子，红红脸、出出汗成为常态，党纪轻处分、组

织调整成为大多数，重处分、重大职务调整是少数，严重违纪涉嫌违法立案审查只是极极少数。运用“四种形态”，立足于把纪律和规矩停在前面，要求监督关口前移，抓好正风肃纪。要充分利用网络平台，创新监督方式，畅通线索渠道，强化查办案件力度，把违反“六大纪律”特别是违反政治纪律、组织纪律、廉洁纪律和中央八项规定精神问题作为审查重点，坚决发现一起，查处一起，形成震慑，不断形成不敢腐的氛围。

（五）加强专项监督，整治发生在群众身边的不正之风和腐败问题

随着党风廉政建设和反腐败工作重心下移，整治发生在群众身边的不正之风和腐败问题已经成为县乡两级纪检监察机关的重要工作任务，将以讲政治的高度，着力查处发生在群众身边的生冷硬推、吃拿卡要、与民争利、欺压百姓等“四风”问题。重点开展对支农惠农补贴资金拨付到位情况的监督检查，确保惠民政策落到实处；开展对工程建设领域和政府采购领域群众反映强烈的突出问题监督检查，推动提高资金使用效益、效果；开展对扶贫资金、低保资金、重建家园和整村推进、村容村貌整治资金管理使用情况的跟踪检查，早介入、早预防，防止资金截留挪用和贪污侵占；开展对全县教育“三包”经费和教育公用经费（包括教师公用经费和学生公用经费）的检查和调研，本着“预算到校、校财局管”的原则，帮助理顺关系，推动教育事业发展；开展对全县维稳专项经费、公安部门公用经费和县乡两级卫生院经费的专项检查和调研，查处存在的问题，规范资金管理行为；开展对乡镇财务（包括乡村集体经济、实体经济资金）监督检查，推动乡镇财务规范化；抓好对本级领导和干部职工的日常学习、教育和监督工作，做到教育为先、预防为主，推动干部作风建设。

（六）深化“三转”工作，加强自身建设

打铁还需自身硬。运用好监督执纪“四种形态”，转变工作理念、创新工作方法，积极选派人员外出培训、跟班学习和岗位锻炼，不断提高纪检监察干部的履职尽责能力和执纪办案水平。以深入贯彻落实相关文件精神为契机，加强纪检监察机关体制建设，积极协调充实内设机构和人员力量，完善工作机制，聚焦主业主责。广大纪检监察干部要带头学习法律法规，带头履职尽责，带头廉洁自律，以高度的政治责任感和历史使命感，勇于担当，乐于奉献，争做忠诚、干净、担当的纪检监察干部。

西藏自治区萨嘎县人民法院工作报告

——在萨嘎县第十三届人民代表大会第二次会议上

萨嘎县人民法院院长　扎西次仁

（2017年3月25日）

2016年主要工作回顾

2016年，在县委的领导、县人大的监督以及县政府、县政协和社会各界的支持下，我院紧紧抓住“司法为民、公正司法”主线，强化队伍建设，完善审判管理，狠抓办案质效，推进司法公开，努力在法院各项工作中“争先进位”，整体工作迈上新台阶。

一、依法履行审判职能，司法办案工作有新成绩

突出抓好审判执行第一要务，依法惩治刑事犯罪，努力化解社会矛盾，维护社会大局稳定，促进社会公平正义。全年共受理各类案件37件，结案35件，未结2件，结案率94.59%。

依法惩治刑事犯罪，服务平安社会建设。共受理刑事案件3件3人，审结3件3人，结案率100%，无超期羁押和上诉、抗诉案件。具体为；1起故意伤害案、2起交通肇事案。我院坚持以事实为依据，以法律为准绳，切实抓好审判执行第一要务。依法惩处犯罪，切实保障人权。紧密结合我县实际，严格遵循刑事司法理念，加强对刑事审判工作的组织领导，认真贯彻“打防并举”的方针，贯彻“宽严相济”的刑事政策。

依法审理民商事案件，服务经济社会发展。共受理民事案件30件，审结30件，调解结案26件，撤诉1件、判决3件，调（撤）率90%，诉讼标的总金额253.28万元。妥善审理涉及离婚、抚养、继承等婚姻家庭纠纷案件11件，促进家庭和睦。高效审理交通事故损害赔偿、劳动争议等涉及民生案件2件，依法保护当事人的人身权益和财产权益。公正审理借贷、买卖、承包等经济纠纷案件12件，倡导诚实守信，制裁违约欺诈，促进法治化营商环境建设。

依法加大执行力度，兑现当事人合法权益。共受理执行案件4件，执结2件，执结金额5.4万元，未结2件，（均为2016年12月20日以后受理）。我院不断深化主动执行改革，强化被执行人财产申报等制度，完善内外联动机制，组织开展专项行动，突出执行工作实效，力求实现了法律效果、社会效果和政治效果相统一。

二、深入开展反分裂斗争，维护稳定工作有新成效

我院牢固树立稳定压倒一切的思想，深刻认识以十四世达赖为首的分裂集团是影响我地区和谐稳定的总根源，充分认识反分裂斗争的长期性、复杂性、尖锐性，做到警钟长鸣。积极配合县委、县政府的维稳工作，继续加强维稳工作力度，确保了各敏感时段、重大节日、重要会议召开期间社会局势稳定。2016年，进一步完善了《维稳处突应急预案》《各敏感期维稳工作方案》等维稳工作机制，成立了护院队，安排全院干警24小时轮流值班带班，法院周围及办公大楼内安装了37个高清监控，确保了院内的绝对安全。按照县维稳指挥部的安排，积极参与社会矛盾纠纷排查化解，全年无一起涉诉信访案件；积极派出干警34人次驻守海拔4700米、战略位置极其重要的雄如雅江大桥，对过往车辆及行人进行严格的盘查和登记，确保无一人从我辖区逃往境外或潜入境，确保了大桥的绝对安全。

三、加强管理推进公开，司法公正水平有新提升

实施科学管理，以管理求质量，以管理提效率。以开展“规范司法行为年”活动为契机，创新审判管理机制。规范案件审批制度，严格案件报结流程，对办案流程关键节点实施有效管理和监控。健全案件质量评估体系，组织开展案件质量常规评查活动34次，并对二审改判案件开展专项评查2次。扎实开展庭审评查活动，庭审结束后当场评议，及时指出和纠正存在问题，促进法官办案水平的提高。加强案件信息录入工作，定期统计分析审判运行态势，推动审判工作良性健康发展。推进司法公开，以公开促公正，以公开树公信。坚持落实公开审判、举证质证、法庭辩论等诉讼制度，充分发挥庭审功能。加强信息网络建设，全面推动裁判文书上网，上网裁判文书7份，自觉接受社会监督。利用法院官方微信“萨嘎法院”主动公开审判信息45条，开展庭审直播6次。不断深化司法民主，启动人民陪审员“倍增计划”，10名人民陪审员均参与案件的审理（调解）。

四、践行司法为民宗旨，司法便民服务有新举措

开展司法便民服务，做好诉前调解工作，满足群众司法需求。不断总结诉前调解工作经验，健全诉前调解工作机制。全年共诉前调解各类纠纷23件，成功率100%，无一投诉、激化和上访案件。健全立案信访窗口的便民功能，开通12368热线，确保24小时有人接听，为群众提供便捷的诉讼服务。充分发挥“车载流动法庭”方便快捷的优势，开展巡回办案14场次，就地审结案件14件。主动参与社会管理，强化司法服务民生。全年共为16名家庭极其困难的当事人免交诉讼费4468元，决不让无钱的当事人打不起官司。通过公开开庭审理和“车载流动法庭”巡回办案、巡回宣传等形式，共开展“巡回法庭月”活动4次，开展法制宣传23场次，接受法律咨询195人次，发放宣传资料18500余份（册），受教育人数达12000余人次。结合司法办案就如何规范内部管理、预防法律风险等向有关单位提出司法建议5份。

五、坚持抓基层打基础，基层基础建设有新成效

加强人民法院建设，夯实科学发展基础。狠抓新建“世界海拔最高的乡镇法庭”（海拔4800米）昌果乡派出法庭的建设工作。该法庭占地面积2587.8平方米，建设内容主要为新建法庭用房（含驻庭宿舍、干警食堂）1030平方米，投资309万元。目前，昌果乡人民法庭主体工程已建设完工。积极筹措资金59万元，对科技法庭、视频会议室安装了吸音板，藏式会议室进行了装修，所有办公室进行了吊顶，对羁押室进行了软包装修，审判综合楼附近修建保坎进行加固，基础设施建设工作有了显著提升，为干警创造了更加舒适的工作环境。加强司法政务管理，提高后勤保障水平。推行归档结案制度，确保诉讼卷宗及时整理归档。严格车辆管理，规范公车、警车的使用。加强安保工作，保障审判执行工作安全有序。坚持收支两条线，科学理财，厉行节约，“三公”经费开支同比大幅缩减。

六、增强能力改进作风，法官队伍整体有新气象

坚持思想政治学习，坚定理想信念。组织干警深入学习党的十八大和十八届三中、四中、五中、六中全会精神，扎实开展“两学一做”学习教育、“讲学习、讲忠诚、正风纪、转作风、提效能”主题教育活动及“深化五项教育，增强五个意识”主题活动，要求认真学习领会习近平总书记系列重要讲话精神，不断增强“政治意识、大局意识、核心意识、看齐意识”，特别是“核心意识及看齐意识”，积极贯彻落实党中央、区党委、市委、县委的决策部署，使全院干警进一步坚定政治立场和法治信仰，牢固树立社会主义法治理念，准确把握法院工作面临的新形势，确保法院工作的正确方向。突出业务能力培养，提高办案水平。推进队伍正规化、专业化、职业化建设。建立科学的法官职业培训机制，全年组织干警参加各类培训共16人次。定期开展案例研讨、庭审观摩、法官讲坛等活动，强化业务训练和整改提高，全年共评查各类案件34件、庭审5

场、裁判文书34份，法官的业务素质和办案水平不断提高。强化纪律作风整治，树立法官形象。扎实开展“两学一做”学习教育活动、“规范司法行为年”等活动，严格执行中央八项规定，强化事前预警，开展警示教育，加强司法巡查和审务督查，坚决纠正“四风”。找准部分干警存在的态度冷硬、审判执行效率低下等突出问题，逐项整改，切实改进司法作风。全年没有发现干警违法违纪现象。完善绩效考核制度，激发干警活力。完善干警工作业绩考评机制，从审判工作实际需要出发，以办案质量和办案效率为主要考核内容，实行办案指标和其他工作指标量化考核，并注重考核结果的运用，使干警的工作积极性和创先争优的热情不减，2名干警被组织提拔使用。

一年来，我院高度重视县人大代表、政协委员对法院工作的监督。主动加强与人大代表、政协委员的沟通联络，积极邀请人大代表、政协委员参与庭审评查、庭审观摩等活动，并主动向人大常委会汇报工作，虚心听取代表委员们对法院工作的意见建议。

各位代表，过去的一年，我院取得了一定的成绩和进步，这是县委的正确领导、县人大的依法监督和县政府、县政协以及社会各界大力支持的结果。在此，我代表县人民法院，向各位代表、委员，以及所有关心和支持法院工作的各界人士，表示衷心的感谢，并致以崇高的敬意！

同时，我们也清醒地看到，法院工作仍存在不少问题和困难，如个别法官大局意识不强，办案机械化，研判新情况新问题还不够深入，司法能力水平有待进一步提高；少数干警对群众诉求消极冷漠，工作作风有待进一步转变；审判管理还存在薄弱环节，办案效率和裁判质量有待进一步改善；信息化建设，特别是信息平台及数字法院应用有待进一步加强。这些我们将争取各方支持，通过不懈努力加以解决。

2017年工作安排

2017年，我院的总体工作思路是：认真贯彻落实党的十八届三中、四中、五中、六中全会、区党委第九次党代会、市委一届五次全会以及各级政法工作会议精神，围绕“努力让人民群众在每一个司法案件中感受到公平正义”目标，加强队伍建设，完善审判管理，提高案件质效，为我县早日建成“西部驿站”提供有力的司法保障。

一是立足公平正义，强化审判职能。坚持在党委的领导下，依法独立行使审判权，严格依法办案。围绕党委、政府的中心工作，积极履行审判职责，维护社会公平正义，为我县社会稳定、经济发展提供良好的法治环境。

二是立足司法为民，深化便民服务。深入开展“深化五项教育、增进五个意识”主题教育活动，加强诉讼服务中心建设，优化立案、信访窗口服务。加大巡回审判和司法救助力度，方便人民群众诉讼。规范执行工作，大力开展反规避执行专项活动。推广“驻村法官”，促进基层矛盾预防和化解。

三是立足司法权威，推进司法公开。加强科技应用，充分利用法院门户网站、官方微信及手机平台等新媒体扩展司法公开渠道，不断推进审判流程、裁判文书和执行信息三大公开平台建设，自觉接受人大代表、政协委员和社会各界的监督。着力打造法院自主媒体与社会媒体优势互补、长短结合的多维立体宣传格局。

四是立足司法质效，坚持改革创新。完善审判管理和司法政务管理机制，推进审判权运行机制改革，优化配置法官、合议庭、庭长、院长、审判委员会等内部各主体的审判职责与管理职责。进一步完善审判质效评估、二审发改案件分析通报、庭审观摩评议和裁判文书评查等制度，提升案件质量管理水平。规范法官自由裁量权行使，狠抓办案过错责任追究机制的落实，努力提高案件质量。

五是立足公正廉洁，建设优良队伍。切实增强干警的政治敏锐性和政治鉴别力，充分发挥干警破解司法难题的创造力。引导干警学习新知识，形成符合时代要求的知识结构。增加对社情民意的了解，增进与人民群众的感情，注重听取社会各界的心声，不断满足人民群众对司法工作的新期待、新需求。加强反腐倡廉教育，健全司法廉政风险防控体系，确保司法为民、公正、廉洁。

六是立足领潮争先，强化基础建设。大力加强法院文化建设，积极弘扬政法干警核心价值观，充分挖掘和培养先进典型。全力完成昌果乡派出法庭建设任务，争取年内投入使用，加快完成诉讼服务中心前期准备工作，力争早日开工建设，彻底改善审判工作环境和群众诉讼条件。

各位代表，新的一年，我院决心更加紧密地团结在以习近平同志为核心的党中央周围，在县委坚强领导、人大有力监督、上级法院正确指导下，认真落实本次会议决议，进一步增强机遇意识和责任意识，以更加进取的精神、更加有力的措施、更加务实的作风，忠实履行宪法法律赋予的司法审判职责，努力为实现萨嘎长足发展和长治久安总目标提供更加坚强有力的司法保障，以优异成绩向党的十九大献礼！

西藏自治区萨嘎县人民检察院工作报告

——在萨嘎县第十三届人民代表大会第二次会议上

萨嘎县人民检察院检察长 尼 琼

（2017年3月25日）

2016年的主要工作

2016年，在县委和上级检察院的领导下，在县人大及其常委会的监督下，在县政府、政协及社会各界大力支持下，萨嘎县人民检察院深入学习贯彻党的十八大、十八届三中、四中、五中、六中全会和习近平总书记系列重要讲话精神，深入开展“两学一做”和“讲学习、讲忠诚、正风纪、转作风、提效能”活动，牢固树立“四个意识”，忠实依法履行检察职责，各项工作取得了新进展。

一、紧紧围绕落实治边稳藏战略，着力服务社会稳定发展

立足西藏战略定位，认真履行检察职能，综合运用打击、预防、监督、教育、保护等各种手段，服务我县长足发展和长治久安，依法开展反分裂斗争，严厉打击刑事犯罪，确保无罪人不受追究。全年共批准逮捕4人，提起公诉3人，不起诉1人。

（一）坚持把维护社会稳定作为首要任务，全力以赴保稳定。2016年，我院始终牢固树立稳定压倒一切的思想，按区、市、县三级年初维护稳定工作会议和主要领导的讲话精神，认真贯彻落实维护稳定工作各项措施的落实，及时成立维稳工作领导小组，制订《维稳工作方案》《应急处突预案》，明确了各项责任。一是全力做好敏感时段的维稳工作。在各大敏感日期，每天安排3名值班带班人员24小时不间断值班，特别是整个三月份，派出2名干警前往距县城150公里的与昂仁、吉隆、聂拉木、219国道、17道班通往夏如乡的必经之地蹲点设卡、开展各边境通道的堵截和检查。对夏如乡土钦寺、小学、电站进行维稳督导工作并提出了针对性建议和要求。二是充实一线维稳指挥部值班力量。2016年院领导在县维稳指挥部带班45人次，班子成员值班17人次。三是认真做好单位值班备勤工作。按照县委和市院的部署，进一步充实完善应急预案，深化社会治安综合治理，强化内部安保，严格落实零报告制度，确保全面稳定，持续稳定，全年稳定。2016年，在维护稳定工作中，共投入警力450余人（次），出动车辆100多台（次），安全行驶10万余公里，投入经费25万余元，特别是在夏如设卡期间共排查各种机动车100余车，检查过往人员100余人。为我县的经济社会发展、社会局势稳定、人民安居乐业保驾护航。

（二）坚持打击犯罪与化解矛盾并重，着力营造和谐稳定的社会环境。依法打击各类刑事犯罪，全年共受理公安机关提请批准逮捕案件4件4人，批准逮捕4件4人。受理公安机关移送审查起诉案件4件4人，提起公诉3件3人，不起诉1件1人。突出打击重点，对故意杀人、故意伤害、强奸等严重暴力犯罪和两抢一盗等多发性侵财犯罪应严必严，切实保护人民群众的生命财产安全。注重化解矛盾，对轻微犯罪及初犯、偶犯犯罪当宽则宽，切实减少社会对立。

（三）坚持惩防并重，加大查办和预防职务犯罪力度。我院从保障民生、服务民众出发，切实发挥检察职能，立足实际，将查办和预防涉农职务犯罪工作作为服务民生的重点来抓。一是积极预防职务犯罪。2016年我院按照市检察院相关文件精神，组织干警深入全县七乡一镇，对全县采砂管理、分布情况、数量等进行了调查摸底，存在的问题及时向相关单位提出整改建议，其次按照区市检察院关于预防扶贫领域职务犯罪的会议精神，专门制订了整治和加强预防扶贫领域职务犯罪专项工作实施方案、成立了领导小组，并与县扶贫部门联系，对专项资金落实情况进行监督。主要以加强重点领域预防，通过开展预警预测、及时发出检察建议等措施，努力预防职务犯罪的发生，为全县脱贫攻坚工作提供有力的司法保障。二是加大警示教育力度。2016年开展职务犯罪警示宣传教育10次，受教育人数达100余人，共派出干警20余人次，发放各类法律宣传资料600余份，受教育群众达1000余人次。

（四）坚持严格公正司法，着力强化对诉讼活动的监督。充分履行宪法和法律赋予检察机关的法律监督职能，依法加强对诉讼活动的监督，规范司法行为，防止冤假错案，维护公平正义。一是加强刑事诉讼监督。强化对侦查机关刑事立案和侦查活动的监督。2016年，我院对侦查机关出具法庭所需证据和视听材料及侦查活动过程存在的问题提出检察建议3次，强化刑事审判监督，坚持指控犯罪和诉讼监督并重，依法审查刑事判决4件。二是加强民事行政诉讼监督。通过完善办案机制、充实办案力量、细化专业分工，加大民事行政诉讼监督力度。2016年县法院民事判决3件6人，移送判决书3件，我院审查3件；法院共民事调解结案22件47人，移送调解书22件，我院审查22件，无裁定案件。在争议较大，比较复杂的民事案件调解过程中，我院始终派人到现场进行监督。

二、紧紧围绕县委、县府中心工作，着力提升检察综合能力

我院紧紧围绕我县中心工作，把广大群众利益放在首位，2016年，在“创先争优、强基础、惠民生”活动中，我院共派出3名干警驻进鲁嘎村，为当地老百姓理清发展思路，帮助制订乡规民约等各项制度，办实事好事解决他们眼前的困难。共走村入户接访12次；化解矛盾纠纷25起；开展新旧对比教育和“知党恩、跟党走”爱国教育等活动5次；帮助培养入党积极分子1名，发展党员1名；开展党员干部结对认亲活动，干警帮扶慰问5000元，8月底，院党组积极协调相关公益协会争取价值5万余元的衣物，发放给我院驻村点15个困难及贫困户。特别是在10月17日“扶贫日”我院干警募捐善款2200元。

三、紧紧围绕从严治党、从严治检要求、着力打造严守纪律的高素质队伍

牢牢把握“五个过硬”要求，坚持不懈抓队伍思想政治建设、能力建设和廉洁自律建设。

一是扎实开展“两学一做”学习教育。坚持把思想政治建设放在首位，通过检察长上党课、“三会一课”、召开专题民主生活会等方式，认真学习党章党规和习近平总书记系列重要讲话，增强干警党的意识和党员意识。

二是狠抓队伍素质能力建设。为进一步提升干警政治素质和业务能力，更好地开展检察各项工作，2016年我院在维稳任务繁重，警力缺少的情况下，先后选派16人次分别参加国家检察官学院，林芝检察官分院，自治区人民检察院等各类培训，不断提高干警理论、业务水平。

三是狠抓“两个责任”落实。按照上级院和县委的党风廉政建设统一部署，将党风廉政建设工作与本院工作同部署、同安排、同检查、同总结，签订目标责任书，细化工作措施，形成一级抓一级，层层抓落实的工作格局。特别是检察院作为促党风廉政建设的窗口单位，开展反腐倡廉工作先行一步，抓责任、全机制、重教育、强监督。2016年，我院以各类主题教育活动为抓手，认真学习党的章程、模范遵守党纪党规，进一步严明政治纪律和政治规矩，不断打牢忠诚为民，公正廉洁的思想基础；坚决抵制“四风”，严禁铺张浪费，严管资金使用，严格落实中央《八项规定》和区党委《约法十章》《九项要求》，努力把队伍打造成为执法为民、一身正气、维护正义、两袖清风的坚强队伍。

各位代表：过去一年检察工作取得的成绩离不开上级院及县委的正确领导，离不开人大及其常委会有力的监督，以及县政府、政协以及社会各界的大力支持和帮助。在此，我代表萨嘎县人民检察院全体干警，向县委、人大、政府、政协以及各位代表、委员表示诚挚的敬意和衷心的感谢！

在看到成绩的同时，我们也清醒地认识到自身存在的突出问题，主要是：一是近几年由于我院没有新进人员，调出人员较多，面对日趋繁重的维稳任务和驻村任务，人员紧缺问题相当突出，科室人员很难配齐，检察业务工作压力很大；二是专业人员匮乏，队伍整体法律基础差，执法水平不高，能力不强，与新形势下检察工作的需求存在一定的差距；三是查办职务犯罪案件力度不够、缺乏实践经验，发现线索、广辟案源、侦破案件的能力和水平不高，存在等案上门的现象；四是我院办案技侦用房发挥不了检察工作的需求存在诸多问题；五是由于我县地处离市区远、海拔高、气候恶劣等原因人才流失问题严重。对这些问题和不足，我们将紧盯不放，下力气加以解决。

2017年的工作安排

2017年，我们将全面贯彻党的十八大及十八届三中、四中、五中、六中全会精神，深入学习贯彻习近平总书记系列重要讲话精神，特别是“治国必治边、治边先稳藏”的重要战略思想和“加强民族团结、建设美丽西藏”的重要指示，认真落实县委和市院决策部署，紧紧围绕萨嘎长足发展和长治久安提供安全稳定的社会环境、公平正义的法治环境、优质高效的服务环境。

一是强化大局意识，提高思想政治水平。继续巩固和扩大“三严三实”“两学一做”教育活动的成果，深入开展“深化五项教育、增强五个意识”主题活动，认真学习贯彻党的十八大，十八届三中、四中、五中、六中全会精神和习近平总书记系列重要讲话精神，中央第六次西藏工作座谈会和区党委八届七次、八次会议和自治区第九次党代会精神，不断加大理论学习力度，制订每年政治理论学习计划，通过谈心得、论体会等多种形式积极推进我院干警的政治建设、组织建设和纪律作风建设实现全面更高层次发展。

二是强化维稳措施，全力推进长治久安建设。依法开展反分裂斗争，打击各类刑事犯罪，维护社会大局和谐稳定。强化法治思维和法治方式，更加注重化解矛盾、更加注重贯彻宽严相济刑事政策、更加注重创新社会管理，努力维护萨嘎持续稳定、长期稳定、全面稳定。

三是强化监督意识，努力维护司法公正。完善法律监督格局，加大检察监督力度，全面加强对立案侦查、审判、执行等活动的法律监督，切实尊重和保障人权，维护司法公正。

四是强化自身建设，大力提升司法办案水平。以“五个过硬”为根本要求，不断强化政治建检、业务立检、改革兴检、科技强检、从严治检理念，突出班子建设、突出专业化建设，全面强化从严治检，努力建设忠诚干净担当的高素质检察队伍。

五是加大查办和预防职务犯罪力度。为进一步做好自侦案件查处工作，紧紧围绕区党委十项惠民措施落实，深入开展集中整治和加强预防扶贫领域职务犯罪专项工作，重点查办和预防虚报冒领、截留私分、挥霍浪费扶贫资金的违法犯罪行为，严肃查处基层腐败犯罪。

六是加大“精准扶贫”专项资金的监督力度。认真落实市委和市政府关于打赢扶贫攻坚战的决定，充分认识检察机关服务和保障扶贫开发工作的重大意义，按照我院与县扶贫办联合制订的关于《检察院、扶贫办集中整治和加强预防扶贫领域职务犯罪专项工作的方案》要求，加强与扶贫部门协作配合，抓住扶贫领域腐败犯罪易发多发的重点和关键环节，针对重点单位和工程领域建设方面积极开展专项预防，努力做到在“精准扶贫”中加强“精准监督”。保障扶贫政策和资金落实到位，为打赢脱贫攻坚战提供强有力的司法保障。

各位代表：在新的一年里，我院将紧密团结在习近平同志为核心的党中央周围，在县委和上级检察机关的正确领导下，认真贯彻本次会议决议，履职尽责、真抓实干，努力为我县长足发展和长治久安当好维护稳定的排头兵、服务发展的保障作出新的更大贡献！

萨嘎县人民政府关于萨嘎县2016年国民经济和社会发展计划执行情况与2017年国民经济和社会发展计划草案的报告

——在萨嘎县第十三届人民代表大会第二次会议上

萨嘎县发展和改革委员会主任 普 布

（2017年3月25日）

一、2016年国民经济和社会发展计划执行情况

2016年，在县委、县政府的坚强领导下和县人大的监督下，全县上下认真贯彻落实党的十八大、十八届历中全会，中央第六次西藏工作座谈会，中央经济工作会议，中央扶贫开发工作会议和区党委八届七次、八次全委会、区市经济工作会议精神，紧紧围绕年初既定目标，扎实有效的推进2016年经济社会发展各项工作，全县经济社会发展总体保持平稳较快增长态势，圆满完成了县十三届人大一次会议确定的2016年国民经济和社会发展计划的各项目标，实现了“十三五”良好开局。

（一）主要经济指标持续稳健增长。2016年全县地区生产总值完成3.59亿元，人均生产总值达到22963元，同比分别增长8.46％、6.4％；全社会固定资产投资完成5.33亿元，同比增长62.13%；地方一般公共财政预算收入完成1420.04万元，同比增长21.37%；农村居民人均可支配收入达到6670.7元，同比增长8.8%；实现社会消费品零售总额1.24亿元，同比增长91%；实现旅游收入615.18万元，同比增长127.09%。

（二）产业结构进一步优化。坚持“增一产、保二产、提三产”经济发展战略，大力发展优势特色产业，不断调整产业结构，2016年一、二、三产业生产总值达到0.6267亿元、1.2386亿元、1.7268亿元，同比分别增长2.34％、11.14％、8.95％。一是农牧业基础地位不断巩固，大力推广青稞良种种植，加快畜种改良步伐。全县农作物播种7839.3亩，推广良种2200亩（其中，藏青2000品种200亩、喜马拉雅22号品种2000亩），粮食产量262.55万斤、油料产量21.23万斤、蔬菜产量120.01万斤、青饲料产量148万斤；全县牲畜存栏总数达到179447头（只、匹）、出栏78235头（只）。二是第三产业平稳推进。接待过往游客13.98万人次（其中国外游客约2.39万人次、国内游客约11.59万人次），实现旅游总收入601.68万元，同比分别增长394.78%、127.09%。

（三）重大项目建设步伐加快。今年我县开复工项目67个（其中，计划内项目53个、计划外项目14个），计划投资55953.05万元，已完成投资5.33亿元，全社会固定资产投资同比增长62.13%；投资500万元以上的重大建设项目28个，分别占2016年投资总数的41.79%；2016年灾后重建项目20个，总投资30162万元，开复工14个，完成投资1.88亿元，724户民房重建任务基本完成，2个特色小城镇（加加镇、拉藏乡）、6个整村推进（达桑

村、提吾卓纳村、达琼村、甲村、萨嘎村、溪果村）完成投资6454万元，占计划投资的73.17%，完成总投资的40～50%左右、寺庙维修加固工程已全部完成，其他灾后重建项目不同程度完成相关工作任务。

（四）财税金融市场平稳运行。不断强化税收征管力度，努力克服各种减收因素，促进了财政收入较快增长，地方一般公共财政预算收入完成1420万元，同比增长21.37%；不断加强金融市场监管，确保金融市场健康发展，全县金融机构各项存款余额达到27918万元，金融贷款余额为21914万元。

（五）社会事业不断完善。着眼保障和改善民生，全力推进社会事业全面发展。不断促进农牧民群众增收致富，2016年，实现劳务输出7481人，收入达2030.82万元，农村居民人均可支配收入达6670.7元，同比增长8.8%。城乡最低生活保障工作稳步开展，城镇低保对象255户544人，累计发放低保金79.78万元；农村低保705户2354人，累计发放低保金161.58万元；五保户对象120人，累计发放五保资金56.88万元，城乡医疗救助745人次，累计支出救助资金83.83万元。扎实推进农牧区合作医疗制度，参合人数不断增加，目前参合人数为13453人，参合率达到98.1%；广播、电视覆盖率分别达到99.9%、99.8%。

（六）经济体制改革稳步推进，市场活跃度较为平稳。一是非公经济加快发展，占GDP的比重逐年提高。截止目前，我县市场主体发展到1030家，注册资金1.83亿元，从业人员3679人，同比去年分别增长10%、6%、6%。二是消费品市场运行平稳，社会消费品零售总额不断提升。2016年预计实现社会消费品零售总额1.24亿元，同比增长91%。三是对外贸易市场交易额有所回升，实现对外贸易额8910万元。

（七）精准扶贫扎实推进。今年以来，我县紧紧围绕产业扶贫、易地扶贫搬迁等重点工作任务，采取有力措施，狠抓工作落实，脱贫攻坚工作取得了较好成就。扎实推进精准脱贫，实现214户、794人脱贫，超额完成83户、341人，加加镇杰村成功退出贫困村；开工实施153户、481人易地扶贫搬迁，竣工72户，入住率达44%；编制完成2016～2020年脱贫攻坚总体规划、产业规划、生态补偿规划、异地搬迁规划、转移就业规划；建立实施“3211”结对帮扶机制和一对一监督机制，建立贫困户健康档案，制订出台《萨嘎县贫困户管理办法》，完成县扶贫开发投资有限责任公司组建成立工作。同时，大力发展短期育肥、借母畜还子畜等扶贫产业项目，实施产业分红170.2万元。

（八）生态环境持续改善。认真落实自治区和市出台的环保法规政策和工作部署，坚守生态环保底线，严格项目准入，严把生态环境关、产业政策关、资源消耗关，严格落实“环保第一审批权”，切实加大环境保护督查力度，促进社会经济与环境保护协调发展。积极创建自治区级生态村，统筹推进美丽萨嘎建设，及时监测生态村环境质量。完成雅鲁藏布江源头国家级生态功能保护区（二期）建设工程、雅鲁藏布江源头县城段和县城垃圾填埋场环境综合治理网围栏项目。清理整顿水泥制品厂和采砂场，保护加布河及雅江上游沿岸的生态环境。认真开展水源地保护工作，完成加加镇自来水厂集中式饮用水源保护区保护项目和2015年农村饮用水源点环境保护工程项目，并争取到总投资90万元的农村水源点保护项目资金。加强公益林管护、森林防火与病虫害防治，兑现草原生态保护补助奖励机制资金3184.02万元、2015年森林生态效益补偿资金575.525万元。大力实施封山育林、防沙治沙等项目，萨嘎县2015年拉萨周边防护林工程项目、萨嘎县重点区域造林工程项目以及防沙治沙工程项目完成已全部完成。

（九）物价运行平稳，市场秩序良好。各节日期间，粮油市场、零售市场、燃油市场等商品销售价格稳定，货源充足，没有发现串通涨价、哄抬价格、变相涨价的现象，市场价格相对稳定。

二、2017年经济社会发展面临的形势

（一）面临的有利形势。一是中央第六次西藏工作座谈会精神的贯彻落实为我县的经济发展提供了新机遇；二是社会大局持续稳定、人民群众安居乐业、为经济社会发展提供了坚实保障；三是随着小康示范村建设规划的实施，必将全方位带动城乡基础设施建设和农村劳务经济快速发展，促进城乡居民收入快速增长；四是随着中央、区、市对产业发展的高度重视，产业发展将是今后一段时期经济发展的一项主要工作，这将进一步优化我县产业结构，促进我县经济社会协调发展。

（二）存在的主要问题。一是思想解放不够，改革创新意识不强，开放合作力度不大；二是交通、能源、水利、通信等基础设施依然薄弱；三是教育、医疗、卫生等民生事业发展滞后，基本公共服务水平较低；四是贫困人口多、贫困程度深、贫困面大的问题比较突出，减贫任务相当艰巨；五是工业基础依然薄弱，发展后劲不强，对GDP贡献度较低。

（三）2017年国民经济和社会发展总体思想和预期目标。2017年萨嘎县国民经济和社会发展总体思路是：更加紧密团结在以习近平同志为核心的党中央周围，全面贯彻党的十八大、十八届历次全会和中央第六次西藏工作座谈会精神，深入贯彻落实习近平总书记系列重要讲话精神，特别是“治国必治边、治边先稳藏”的重要战略思想和“加强民族团结、建设美丽西藏”的重要指示，坚持“五位一体”总体布局和“四个全面”战略布局，践行“创新、协调、绿色、开放、共享”发展理念，落实自治区第九次党代会精神和市委一届五次全委会精神，以自治区政府“663”发展思路和市委“6677”发展战略、市政府“12345”工作思路为指引，紧紧围绕全面建成小康社会这一总目标，突出精准扶贫和灾后重建两个关键，统筹抓好发展、民生、稳定三件大事，精心组织实施脱贫攻坚、产业发展、项目拉动、金融撬动、补齐短板、依法治县、生态文明建设七大战略，努力建设和谐文明幸福美丽萨嘎。

2017年萨嘎县国民经济和社会发展主要预期是：地区生产总值增长14%以上；地方一般公共财政预算收入增长45%左右；全社会固定资产投资增长25%以上；社会消费品零售总额增长18%以上；农牧民人均可支配增长17%以上；城镇登记失业率控制在2.5%以内。

三、2017年国民经济和社会发展主要任务和措施

在今年接下来的时间里，我们要继续在县委、县政府的坚强领导下，按照既定的经济工作思路和目标任务，以提高经济发展质量和效益为中心，锁定目标、强化措施、狠抓落实、开拓创新，确保全年目标任务如期完成。

（一）优化产业结构，推动县域经济提速跨越。按照一产上水平、二产抓重点、三产大发展的产业发展规划原则，坚持特色与规模并重，以市场为导向、科技为支撑、强化政府引导及服务职能，力争粮食播种面积达到7839.3亩以上，推广良种4200亩，实现粮食总产量290万斤以上；全年接待游客14万人次以上，旅游收入突破630万元以上。贯彻落实涉农惠民政策，最大限度地调动农牧民积极性，加快推进农牧业供给侧改革，加快发展现代农牧业，培育农业产业化龙头企业，切实提高农牧民收入，努力解决第一产业薄弱，经济结构单一问题，不断优化产业结构；立足县域优势资源，做强旅游业、做实县域品牌、做细民族特色手工业、不断壮大全县经济实力，推动县域经济提速跨越。

（二）加快基础设施建设，持续增强发展支撑力。不断优化我县经济发展环境，加快重点项目建设实施，牢固树立抓项目就是抓机遇、增投资、扩内需、促发展、谋跨越的理念，着力推进重点项目建设，充分发挥投资拉动作用；进一步加强领导和协调，落实好重点项目责任制，狠抓在建项目施工进度，确保完成年初制订的各项目投资计划；加快推进边境小康示范村建设，不断提升农牧民生产生活水平；扎实推进建设项目快建设、快竣工、快见效，力争全年完成社会固定资产投资达到6.7亿元。

（三）改善民计民生，不断完善社会保障体系。落实积极的就业政策，推动大众创业、万众创新，以创业带动就业，增强企业就业吸纳能力，促进群众就业增收，力争农牧民人均可支配收入增长17%以上，城镇登记失业率控制在2.5%以内；推进乡镇幼儿园建设，完善城乡教育基础设施，加强学校管理，全面提升教学质量，促进教育事业均衡发展，将小学、学前教育入学率控制在99.3%和62.6%以上；提高城镇城市化水平，提升城市形象；积极改善县、乡、村三级医疗卫生基础设施，完善三级医疗卫生服务体系；进一步扩大社会保障覆盖面，保障贫困群众基本生活，做到应保尽保；完善重特大疾病保障制度，筑牢城乡居民就医保障网。

（四）加大对外开放力度，继续推进经济体制改革。主动融入“一带一路”、南亚开放重要通道建设和吉隆口岸的对外贸易中，重点加强对外贸易，深化改革开放，最大限度地提高边境村居民参与度，促进边境村加快发展；全面改善边境贸易通道，边民互市贸易点基础设施和发展环境，重点建设昌果乡亚卡亚、日拉村边民互市贸易市场和通边道路建设；大力扶持县域民营企业，加大国有企业改革，大力发展市场多元化经济体制，为县域经济发展寻找新的经济增长点。

（五）狠抓重点，全力做好灾后恢复重建后续各项工作。认真贯彻落市委、市政府关于灾后重建的决策部署，按照重建规划，加快推进灾后重建建设项目施工进度，确保本年度完成各项灾后重建工作任务。

（六）扎实推进脱贫攻坚和社会发展，增进人民群众获得感。按照精准扶贫、精准脱贫的要求，紧紧围绕“六个精准”，实施“九个一批”，大力推进易地扶贫搬迁、转移就业、社会救助、整村推进等精准扶贫措施，努力做到“搬得出、稳得住、能致富”的目标，确保如期完成398户、1392人异地搬迁扶贫任务；加强贫困农牧民的思想教育，充分发挥主观能动性，用勤劳的双手改变落后面貌；统筹推进贫困地区基础设施建设、特色产业和公共服务发展，确保完成178户、565人年度脱贫任务。

（七）全力推进边境小康示范村建设，实现到2020年全面建成边境小康示范村的宏伟目标。我县边境共3个乡镇15个行政村，本着2017年边境小康示范村建设完成40％目标，已完成7个行政村测绘规划（亚卡亚村、昌果村、日拉村、久嘎村、玛奇村、卓巴布村、孜康村）等前期相关工作任务。

（八）建立健全生态环境考核机制，不断加强生态文明建设。牢固树立“冰天雪地是金山银山，碧水蓝天也是金山银山”的发展理念，建立健全环境保护考核机制，不断加强生态建设和环境保护，坚守生态保护底线，确保生态环境良好；继续推进人工种草工程，大力开发太阳能、风能等清洁能源；建立和完善自然灾害预警预报和防汛指挥系统，提高灾害防御能力；实行严格的环境影响评价制度，加大环境执法监管，依法严厉打击破坏生态环境的行为，保护好西藏的碧水蓝天，促进经济社会和环境保护协调发展。

（九）加强监督管理，确保市场经济健康发展。加强经济运行调节，加大价格监测调控力度，严厉查处价格违法行为，努力维护市场价格秩序；关注物价对低收入群体生活影响，切实维护全县人民群众的生活稳定，落实社会救助和保障标准与物价上涨挂钩联动机制，以居民生活必需品和重要生产资料为重点加强物价监测分析和成本调查。

各位代表，今年是实施“十三五”规划的关键之年，做好今年经济社会发展各项工作，任务艰巨、意义重大。让我们在县委、县政府的坚强领导下，在县人大、县政协的监督支持下，以更加奋发有为的精神状态，埋头苦干、扎实工作，加快推进萨嘎县跨越式发展和长治久安，为实现2020年与全国人民一道全面建成小康社会的宏伟目标而努力奋斗。

萨嘎县2016年财政预算执行情况和 2017年财政预算（草案）的报告

——萨嘎县第十三届人民代表大会第二次会议

萨嘎县财政局局长 米玛其美

（2017年3月20日）

一、2016年财政预算执行情况

2016年县财政局积极贯彻落实党的十八届五中、六中全会精神和习近平总书记系列重要讲话精神，以科学发展观为指导，紧紧围绕县委、县府的中心工作，积极优化收支结构，强化预算管理，深化财政改革，为全县推动改革、促进发展、改善民生、维护稳定提供了可靠的财力保障，财政预算执行情况良好。

萨嘎县第十二届人民代表大会第八次会议审议通过的我县2016年财政预算为：财政一般预算总财力安排36535.66万元。其中：地方财政一般预算收入1200万元，上级补助收入为35335.66万元。财政一般预算支出安排36535.66万元，当年财政收支平衡。

预算执行结果：我县2016年财政一般预算总财力为97881.43万元，比年初预算增加61345.77万元，增长168%。其中：地方财政一般预算收入完成1420.04万元，完成年初预算安排的118%，比上年实际收入增加250.04万元，增长21.37%，财政一般预算支出完成97881.43万元，比上年决算支出增加44944.25万元，增长85%。

政府性基金预算总财力为106.18万元，政府性基金预算支完成106.18万元，当年收支平衡。

二、2016年财政工作的主要措施与成效

（一）强化预算执行管理，圆满完成预算任务目标。地方财政收入持续稳步增长。2016年我县财政一般预算收入突破1420.04万元，创历史新高，收入规模迈上新台阶。其中：税收收入完成871.04万元，占总收入的61.3%，非税收入完成549万元，占总收入的38.6%。税收收入与非税收入比重为7：3收入质量进一步提高，收入结构进一步合理优化。

重点支出保障有力。2016年县财政部门不断优化财政支出结构，保障重点支出需要，今年农林水事务支出16623万元，教育支出14976万元，文化体育与传媒支出810万元，节能环保支出4167万元，医疗卫生支出2651万元，住房保障支出6400万元，国土海洋气象等支出1423万元，交通运输支出209万元，公共安全支出4585万元，以上支出占今年一般预算总支出的比重达到53%，支出结构进一步优化。

（二）充分发挥积极的财政职能，促进经济跨越式发展。支持重点项目建设。2016年落实资金2026万元，支持了西部驿站街景改造项目；建成了昌果乡雅江大桥使全县经济社会发展后劲不断增强。

支持生态文明建设。严格落实各项政策性补贴资金。落实资金3130.95万元，全面实施草原生态保护补助奖励机制；兑现森林生态效益补偿资金575.53万元，大力推进全县生态文明建设，为子

孙后代留下天蓝、地绿、水更蓝的生态环境。

（三）加大“三农”投入，促进农牧区经济社会发展。稳步推进扶贫开发。落实资金382.61万元，实施了加加镇（甲村）短期育肥、拉藏乡（门曲村）暖圈等12个扶贫开发项目，为脱贫致富提供有力保障。

加大强农惠农补贴力度。落实资金24.9万元，加大对种粮农民补贴力度，提高农民种粮积极性，促进农牧业稳产增收。落实资金49.8万元，加快农牧业政策性涉农保险，提高我县农牧群众抵御各种自然的能力，加快农牧业生产发展。

（四）改善和保障民生，促进各项社会事业发展。支持就业和社会保障。落实资金400万元，用于政府购买公益性岗位120名人员的支出；落实城镇低保资金162.41万元；落实农村低保资金242.2万元；“三大节日”期间落实资金53.33万元，为困难职工、驻村工作队、城乡低保对象、优抚对象、五保户等发放了慰问金；落实资金46.9万元，用于五保集中供养人员补助，各种社会保障体系和救助制度不断得到完善和健全。

支持教育事业优先发展。落实资金2626万元大力保障教育事业的优先发展，大大改善了义务教育阶段薄弱学校改造。全面实行了学前至初中阶段教育农牧民子女补助、“三包”和城镇困难家庭子女助学金政策。三包年人均达到3240元，惠及2505名学生，占在校生总人数的98.5%，为教育事业蓬勃发展提高有力资金保障。

支持医疗卫生事业发展。落实资金592.8万元，实施了新型农村合作医疗，将合作医疗标准从人均420元提高到435元；落实取消药品加成补助资金111.54万元，有效解决了群众看病难的问题。

支持文化事业发展。落实资金65万元，支持民间艺术团工作开展和购买着装；落实资金10.9万元，支持电影放映场资补助；落实资金74万元，免费开放县（乡）公共文化活动站；落实资金38万元，实施村级文化场所建设，为群众业余文化生活提供有力资金保障。

（五）加大维稳保障力度，促进社会和谐稳定。支持“创先争优、强基惠民”工作。以开展创先争优、强基惠民活动为契机，做好财政资金保障，落实驻村工作队办实事经费265万元，切实增加群众收入；落实资金172万元，在全县7乡1镇实施了短平快项目建设，切实改变以往农村基础设施落后、群众生产生活困难的实际问题；落实驻村工作人员生活补助227万元，有效保障驻村工作扎实有效开展。

完善维稳经费保障机制。国防支出为24.3万元。落实资金431万元，及时兑现政法系统2016年度维稳经费、办案（业务）经费和装备经费。建立武警消防、边防部队经费保障机制，落实业务及装备经费267.2万元。落实县本级财政安排的维稳补助资金181万元，着力提高公安机关安保能力，确保党的各项会议胜利召开及各项重大庆祝活动顺利开展。

（六）全面严肃财经纪律，切实加强党风廉政建设。一是牢固树立财政部门“不抓党风廉政建设是失职，抓不好党风廉政建设是不称职”的意识，加强财政作风建设，加强财政资金监管，确保资金安全有效运行。二是严格遵守党风廉政责任制各项规定，认真学习贯彻党风廉政建设有关规定，发扬艰苦奋斗的优良传统，自觉抵制不正之风，不断提高政治鉴别力和拒腐防变能力，确保财政人员、资金“双安全”。

（七）进一步提高预算编制水平 切实加快预算执行进度。一是提高年初预算编制完整性。认真总结历年经验，切实提高年初预算的预见性，对上级体制补助、均衡财力补助以及提前告知的各项补助等收入全额编入年初预算。二是进一步细化预算编制。坚持早编、细编项目支出预算，减少代编预算项目，将预算细化到具体支出和具体用款单位。三是对上级下达的专项补助资金和本级财政安排的专项资金，及时将资金计划安排到项目实施单位，尽早组织项目实施，切实加快专项资金支出进度。

（八）严格控制一般性支出，切实降低行政运行成本。一是本着“量入为出”的原则，树立“节俭持家、过紧日子”思想，认真贯彻落实中央和自治区关于厉行节约，反对铺张浪费的有关精神，从严控制“三公”经费。2016年全县“三公”经费实现了零增长的目标任务。二是加快各类专项支出执行进度，努力压缩年底专项资金结转、结余数量，切实规范结余结转资金管理，尽早发挥财政资金效益。三是加大暂存、暂付资金清理力度，建立往来账催缴收回台账，严格执行相关财经纪律，下大力气规范往来资金管理，全力以赴控制新增，截至2016年底，已收回干部职工个人工资预借款171万元。四是积极筹措财政资金，有保有压调度好支出，全力保障各项法定政策性支出、民生支出以及社会发展类等重要支出需求，规范支出预算管理，优化支出结构，加强项目支出的监管和跟踪问效，切实提高财政资金使用效益。

（九）强化惠民政策宣传，确保惠民资金发放到位。一是以综治宣传月为契机，采取多种方式，积极在全县范围内大力开展惠民政策宣传活动。并将自行搜集整理的惠民政策汇编成册及宣传单送到农牧民手中，提高农牧民群众对财政惠民政策的知晓度。真正做到财政惠民政策家喻户晓、人人掌握。二是惠农资金直接关系农牧民的生产生活，财政局将积极与相关行业部门通力协作，进一步严格惠民资金数据的真实性、准确性和落实的及时性。并与纪检部门成立联合督查组，对惠民资金落实、公开情况进行督促检查，年度不少于2次。

（十）加强国有资产管理，规范国有资产处置行为。一是2016年4月份开始在全县范围内开展行政事业单位国有资产清查工作，对全县现有的国有资产进行全面核实，重新登记，准确地掌握了解全县行政事业单位的资产数量、资产分布和资产结构等状况，确保国有资产的安全、完整。二是针对目前我县资产清查中反映的情况和问题，为保证国有资产安全完整，对发现的问题，及时整改，对账实不符，资产管理系统与资产实物不符的，及时按程序办理资产处置和下账，要求各单位在本年末实现资产财务账、资产管理信息系统、资产实物管理三相符。三是强化国有资产监督管理，规范国有资产处置程序，确保国有资产不流失，实现国有资产的保值增值。

（十一）认真做好预决算公开，细化公开内容。为进一步加强财务管理，提高民主理财的透明度，根据新《预算法》的规定，我县41家单位（除涉密单位）2015年度部门决算及2016年度部门预算、“三公经费”预算已全部在萨嘎县政府信息网进行了全面公开，公开面达到100%，公开内容均按照功能科目细化到经济科目。切实做到财政信息公开工作“公开为常态，不公开为例外”，进一步推动公众的知情权、参与权、监督权。

（十二）加强队伍建设，夯实财政基础。一是督促会计人员加强会计业务知识学习，确保会计人员具备岗位所需求的资质条件（会计从业证书），切实做好服务工作。二是积极选派财政干部参加区、市两级财政举办的各种培训，同时，重视乡镇财务人员培训，定期不定期组织乡镇财务人员开展财政业务知识学习培训，通过培训财政财务人员综合素质得到提升，推动我县财政各项事业再上新台阶。

回顾2016年，深深体会到取得的成绩来之不易，在看到成绩的同时，也清醒地认识到财政收支遇到的困难和问题。一是财政收支矛盾仍然突出，财政持续增收形势严峻，支出压力大；二是财政专项支出进度较慢；三是可调控财力增幅小，相应配套支出增多。对此，我们将进一步增强责任感、使命感和紧迫感，不断深化改革，壮大财源，加快发展，积极争取上级的资金支持和政策支持，促进萨嘎经济社会长远健康发展。

三、2017年财政预算（草案）

按照中央、自治区对2017年财政预算编制的要求，结合我县实际，编制完成了2017年萨嘎县财政预算（草案）。2017年财政工作的指导思想是：以科学发展观为统领，继续贯彻落实党的十八大精神对财政工作的新要求、新任务，以及区、市两级财政工作会议精神，结合实际，大力支持经济发展，着力培植骨干财源；强化收入征管，着力增强财政实力；优化支出结构，着力推进民生财政建设；深化财政改革，着力推进财政科学化、精细化管理，促进全县经济社会跨越式发展。预算安排的原则是："积极稳妥、统筹兼顾，量力而行、尽力而为，厉行节俭、收支平衡"。

（一）经济指标

根据上述指导思想以及经济社会发展预期情况，2017年，全县财政预算主要收支指标安排如下：

2017年全县财政总财力为38846.97万元，按可比口径计算，比上年年初预算增加2311.31万元，增长6.3%。其中：县本级一般预算收入任务为1440万元，增长20%，市政府下达任务为2059万元，增长45%，力争全年突破2060万元。上级财政补助收入37406.97万元，比上年增加2071.31元，增长5.9%。按收支平衡的原则，全县一般预算安排支出为38846.97万元，同比上年一般预算支出增长6.3%，全年实现收支平衡的目标。

（二）主要工作

认真贯彻党的十八大和十八届五中、六中全会精神，紧紧围绕县委、县政府的工作方针和重大部署，确保圆满完成全年预算任务，做好今年的财政工作，对于保持全县经济社会平稳较快发展意义重大。

1、进一步推进党风廉政建设。按照党风廉政建设总体要求，切实加强财政资金监管，严格落实反腐倡廉建设责任制，确保财政资金安全有效；深入开展廉政勤政教育，加强思想作风、工作作风、生活作风建设，筑牢拒腐防变的思想道德防线。一是认真做好党的十八届五中、六中全会精神的学习和贯彻；二是深入基层调研，面对面倾听群众意见，真正做到取信于民；三是强化会计管理，加大对会计人员进行务实清廉、财政业务、政策培训力度，努力提升为人民服务的工作水平。

2、着力挖潜增收，在组织收入上求突破。针对收支矛盾依然突出的情况，全力做好"营改增"分析工作，密切关注预算执行动态，努力挖掘潜力，确保增收。根据我县实际情况和经济社会发展现状，结合我县未来经济社会发展的战略部署，按照现行财政体制测算，2017年我县公共财政一般预算收入力争保持年增长20%以上水平。

3、统筹安排财政资金，优先保工资、保运转、保民生。一是加大对事关民生的农业、教育、社保、就业和再就业、公共医疗卫生、文化及公共安全等各项社会事业发展的投入，确保法定支出和政策性支出需要。二是在全县上下切实树立"厉行节俭"的思想，从强化预算约束入手，严格控制和压缩一般性支出，确保公务用车、公务接待等支出实现零增长，非特殊紧急情况，不追加预算支出。

4、加强对乡镇财务人员的培训指导力度。继续强化培训力度，不断向7乡1镇财政所压担子，进一步完善、加强各财务所各项制度建设，确保2017年8个乡（镇）财政所及县财政局均启动新财务系统（U8）上线培训工作。

5、继续加强固定资产清理工作。今年拟定4月份开始对县、乡固定资产进行全面清查，为确保本次资产清查工作有序开展，制订出台《萨嘎县行政事业单位国有资产清查实施方案》，按照"学习培训、单位自查、重点检查、整改落实"四个步骤，争取在10月底之前所有行政事业单位资产清查完毕，实现国有资产保值增值。

6、严格落实财政补贴资金"一卡通"制度。我县现行的财政补贴资金发放方式已不能适应新的形势需求，为全面落实国家各项惠农政策，加大强农惠农富农力度，让广大农牧民群众共享改革发展成果，让公共财政的阳光普照我县农牧民群众，按照财政厅文件要求，确保年内财政补贴资金通过"一卡通"及时、足额、准确发放到位。

7、强化措施，积极催收往来资金。加强往来账款管理，分析往来资金构成及余额情况，建立往来催缴收回台账，已清理出干部职工个人名义预借单位项目前期费、办实事经费等预付款1000余万元，下一步采取积极有效措施，该收回的资金及时组织清算和催收，控制往来资金规模。

8、继续加大财政存量资金清理整合力度。针对专户年底结余结转资金量较大这一现象，严格按照有关盘活存量资金要求，加大对各专户存量资金的清理整合力度，并将整合的存量资金进行盘活，大力支持精准扶贫、民生领域等方面。

9、重视项目库建设。积极沟通行部门做好项目储备工作，形成合力全力推进项目库建设，确保资金到位后能及时开展实施，使项目早日落地建设，避免“资金等项目”和资金躺在账上“睡大觉”的现象发生。

各位代表：2016年我县财力突飞猛进，本级财政收入突破1400万元大关，这一切都来源于县委、政府的坚强领导和人大、政协的正确指导以及各部门的通力协作。做好2017年的财政工作，任务相当艰巨，责任十分重大。我们财政局全体干部职工将不辱使命、振奋精神，坚定信心，真抓实干，为加快建设经济强县做出新的更大的贡献。

综 述

萨嘎县概况

【历史沿革】 萨嘎县历史悠久，早在旧石器时代就有人类活动。公元1354年帕竹王朝统治者在西藏推行农奴主溪卡（封建庄园）制度的同时建立了地方行政单位“宗”（“宗”的建制相当于现在的县），并派出一批上层僧侣担任地方行政官员，确立了“政教合一”的封建农奴制度，并使其日臻完善。当时的萨嘎宗取名为“萨嘎敦巴宗”。其宗本（僧官与俗官）由噶厦政府从拉萨的哲蚌寺、色拉寺和大昭寺中直接任命派遣。西藏和平解放后，1960年4月，正式建立萨嘎县人民政府，由日喀则地区管辖，建制沿袭至今。旧萨嘎宗（县）政府驻地在萨嘎地方。1974年10月14日，县城正式迁至加加地方（现在的县城驻地加加镇）。

【地理概况】 萨嘎县位于喜马拉雅山北麓，冈底斯山脉以南，雅江上游。地处北纬28°80′～29°80′、东经84°～86.3°之间，东与昂仁县、西与仲巴县、北与措勤县、东南与聂拉木县、吉隆县为邻，西南与尼泊尔共和国接壤，边境线长约105公里。全县平均海拔在4600米以上，最低海拔4300米，最高海拔7095米，县人民政府驻地加加镇海拔4513米。全县总面积约为1.24万平方公里，境内219国道贯穿全县东西，县城驻地加加镇距日喀则市市区约450公里，距拉萨市市区约720公里，是往来拉萨和阿里的重要节点，具有重要的政治、经济、军事和交通地位。

萨嘎县地貌类型属高原山地类，地势由北向东倾斜，西北有冈底斯山脉，南面有喜马拉雅山脉。全境被世界最高最大的喜马拉雅山脉和冈底斯山脉环抱，夹隔着强拉山、伦布康日、新摘拉山、旭尺拉、库拉山、擦角拉山、驼让拉山、查藏拉山等众多高山。

萨嘎县地势高，自然环境特殊，气候恶劣，高寒严酷，属内陆干燥高寒气候。空气稀薄，日照充足，昼夜温差大，既旱又寒，只有暖季、寒季之别，没有明显的四季之分，构成了独特的自然环境和气候。萨嘎县年平均气温零下3℃，一月平均气温在零下8℃到10℃之间，七月份气温平均10℃，5℃以上的延续期为120天左右，一般年份无霜期农区为120天，牧区为90天。没有绝对无霜期。全县日照日数长，辐射强度大，年平均日照一般在3000～3400小时之间，日照率达70%～80%，辐射总量达180～200千卡/平方厘米。由于地理地貌和大气环流的作用，全县基本属于干旱半干旱地区，尤其牧区，降水少，蒸发量大，气候干燥，每年1～5月为季风期。旱季与雨季分明，雨季基本集中在7、8、9月，平均年降水量仅200毫米左右，年相对湿度只有35%—45%。

【行政区划】 全县下辖7乡1镇，即昌果乡、拉藏乡、如角乡、达吉岭乡、雄如乡、旦嘎乡、夏如乡和加加镇（其中雄如乡、拉藏乡、昌果乡为边境乡），共38个村委会。

【民族与人口】 萨嘎县是一个以藏族为主的少数民族地区，全县总人口为15571人。

【土地资源】 萨嘎县天然草场1297.75万亩，可利用草地面积1257.51万亩。高寒草甸草原亚类草原面积1533105亩，占全县可利用草场面积的12%，其中可利用草场面积1502415.3亩，占全县可利用草场面积的12%。高寒草原亚类草原面积6311122.5亩，占全县草场面积的49%，其中可利用草场面积6082987.9亩，占全县可利用草场面积的49%。高寒草甸草场4604405.7亩，占全县草场面积的35.89%，其中可利用草场面积4501872.2亩，占全县可利用草场面积的36.2%。低地高寒沼泽化草甸亚类草场面积377250亩，占全县草场面积的2.9%，全县森林面积116万亩（主要树种为爬地松），耕地面积7142.45亩，平均亩产粮食426.2斤。

【矿产资源】 县境内自然资源丰富，矿产资源有铁、钢、铅、金、硝、硫磺、花岗石、水晶石、碳石等。2016年，所有矿点密藏地下，尚未开发利用，许多矿种有待进一步勘探。萨嘎县旦嘎乡磨刀石在旧社会就驰名卫藏，矿点在擦角拉山西处，储量不大，交通不畅，只有民间以人工少量开采，无加工习惯。

【水利资源】 萨嘎县水利资源丰富，境内河网密集，湖泊星棋罗布。境内大小河流有10余条，总长度5000公里，其中，雅鲁藏布江发源于邻县仲巴境内，流经萨嘎县320公里，年流量在120亿立方米左右，自西向东，弯曲伸延，纵贯全县。此外，尚有加达河、曼曲河、萨曲河、强雄河、吾木曲河、雪德河、查西河、如角藏布、虾给藏布、攫规藏布、洛雄藏布、拉纠普布等众多河流。其中年流量在1亿立方米以上的有：加达河，年流量3.5亿立方米；曼曲河，年流量2.4亿立方米；萨曲河，年流量1亿立方米；强雄藏布，年流量25亿立方米。其中发源于萨嘎县境内的有曼曲河、萨曲河、强雄藏布，这些河流均穿行于崇山峡谷之间，带有明显的季节性，多数水源为雪融流水，及雨雪积水，秋冬河水清澈见底，浮鱼游姿清晰可见，河水清寒刺骨，春夏河水污浊不堪，流量增大，季节差别非常明显。据估算，全县水能资源蕴藏量90万千瓦，年经流量300亿立方米，河网密度0.2公里/平方公里，全县境内有10余个小湖泊。

【主要物产】 农作物资源主要有青稞、小麦、豌豆、油菜、春小麦、土豆、萝卜、白菜等。动物资源主要有野牦牛、野驴、黄羊、羚羊、豺狼、猞猁、岩羊、马鹿、狐狸、草狐、獐子、狗熊、云豹、旱獭、水獭、鼠兔、黄鼠狼、温泉蛇、藏鹤、大雁、雪鸡、山鹰、野黄鸭、斑头雁、鱼鸥、红嘴乌鸦、鸽子等。萨嘎县查明的鱼类有铲齿裂腹鱼、双须重唇鱼、裸裂尾鱼、斑切胸鱼等；植物资源有爬地松、雪莲花等。

【民风民俗】 萨嘎县藏族人民在漫长的生活和生产劳动中，积累了丰富的生产和生活经验，创造出光辉灿烂的历史文化，民歌就是其中之一。民歌的主要类别有拉伊（情歌）、祝酒歌、劝酒歌、洗衣歌、劳动号子、喜庆歌、放牧歌等。县境内舞蹈以藏族舞为主，是一种载歌载舞的民族舞蹈，舞姿丰富多彩，活泼洒脱，气势粗犷，表现了藏族人民豪放，刚强、坚毅的性格。萨嘎县藏戏主要以甲谐为主。萨嘎甲谐于2008年6月被评选为国家级非物质文化遗产，曾代表日喀则地区参加自治区文艺演。2011年，萨嘎甲谐还参加庆祝西藏自治区和平解放60周年庆典汇演。

【旅游资源】 如角雪山位于县城北部约60公里，素有“小冈仁波钦山”之美名，以陡、峻、险、奇而饮誉区内外。山脚下方圆20平方公里内分布着10余个大小湖泊。6处地热温泉，主要分布在如角、卡古、嘎学、达孜、康来等地，其中如角温泉尤为出名，泉池面积约有30平方米，位于平顶山头上，形如碗口，热气冲天，大团气雾犹如白色烟雾，映衬着蓝天，景色极为玄妙，当地群众常用泉水洗浴，重要的是用以医治常见疾病固症，如胃病、皮肤病、关节炎等，疗效颇佳，有不少外地游人不辞辛苦慕名而至。

【宗教情况】 萨嘎县信仰藏传佛教群众占全县人口的绝大多数。萨嘎县现有5座寺庙，2座拉康，2座日追。

（朱孟超）

大事记

1月

1日 萨嘎县妇联到各乡（镇）开展2015年度考核工作。

2日 萨嘎县各乡（镇）陆续兑现2015年度村干部基本报酬及业绩考核奖金共计100万元。

3日 达吉岭乡组织工作人员为全乡98户低保户发放了低保物资大米999袋、面粉731袋、清油324桶，折合人民币共计233277元；为未能享受国家低保政策的50户贫困户发放了50袋面粉和50袋大米，折合人民币共13000元。

4日 萨嘎县重建办开展“4·25”地震灾后重建维修加固核对验收工作。

5日 萨嘎县慰问组到各乡（镇）开展“三大节日”慰问活动，送去慰问金共计1523700元。

6日 县委常委、人大常委会党组书记、主任拉巴次仁主持召开萨嘎县十二届人大常委会第二十六次会议，会议审议通过了关于平措、边巴罗杰、潘克祥的干部任职通知。

7日 萨嘎县各乡（镇）陆续兑现低保户慰问金共计315.774万元。

8日 萨嘎县安监局开展节前烟花爆竹安全检查；全县广大农牧民群众喜迎后藏新年。

9日 萨嘎县各乡（镇）陆续开展“草奖”工作总结及安排部署会。

10日 夏如乡开展村级班子座谈会；达吉岭乡公安派出所开展安全隐患排查工作。

11日 萨嘎县22道班公安一级检查站开展“送温暖献爱心”活动。

12日 萨嘎县驻拉藏乡溪果村工作队开展户情档案整理工作。

15日 自治区公安边防总队驻加加镇杰村工作队与村民共度藏历新年；自治区高级人民法院驻雄如乡6个村工作队为491户群众发放价值122750元的物资。

16日 萨嘎县民间艺术团到各乡（镇）开展节日慰问演出活动。

17日 拉藏乡开展动物疫病防治工作。

18日 自治区高级人民法院驻雄如乡卓巴布村工作队开展寒假补习活动。

20日 萨嘎县各乡（镇）陆续做好防抗灾工作。

21日 日喀则市扶贫办驻达吉岭乡萨拉村工作队实地了解牧道、暖圈修建和牧民饮水情况。

22日 萨嘎县驻如角乡贡热村工作队开展送温暖活动。

23日 夏如乡达孜村组织开展青年读书活动；夏如乡赤姆村为群众排除交通安全隐患。

24日 日喀则市扶贫办驻达吉岭乡萨嘎、帕顿、萨拉三个村工作队为182户群众发放价值55178元节前慰问物资。

26日 萨嘎县公安局组织学习全市公安机关会议精神，安排部署近期安保工作。

27日 整理、上报市级非遗“格萨尔王”申报自治区非遗名录。

28日　日喀则市公安局国保支队宗教大队大队长扎西多吉一行工作组到萨嘎县国保大队检查指导工作。

29日　萨嘎县文化市场综合执法大队开展节前文化市场安全检查工作。

30日　萨嘎县开展节前寺庙消防安全大检查活动，县委常委、组织部部长边巴慰问全县“三老”人员及离退休干部。

2 月

1日　夏如乡召开2016年度安全生产工作安排部署会。

2日　县委书记顿珠看望慰问基层干部。

3日　萨嘎县人民法院召开会议安排部署近期工作。

4日　萨嘎县开展节前市场专项检查活动。

5日　自治区高级人民法院党组书记、院长索达一行到雄如乡麻亚村检查指导驻村工作及开展节前慰问活动。

6日　萨嘎县开展节前安全生产大检查活动。

8日　中国武警总医院为萨嘎县包虫病患者救助行动；县委常委、政法委书记、公安局局长侯荣看望慰问节日期间坚守岗位的公安民警。

17日　萨嘎县驻如角乡擦让村工作队为群众发放生活用品。

19日　“网信萨嘎”微信公众号正式开通；全县各级驻村工作队多措并举积极开展慰问活动。

20日　萨嘎县强基办积极创建微信交流群，助推驻村工作效率。

21日　夏如乡开展交通违法违章整治工作。

22日　组织萨嘎县公安局干警、达吉岭乡派出所民警，全力维护达吉岭寺佛事活动期间维稳安保。

23日　萨嘎县22道班公安一级检查站及时解救被困车辆；县3号便民警务站开展“元宵节”期间辖区消防安全隐患排查工作。

24日　萨嘎县驻旦嘎乡坚巴奴村工作队举办村“两委”班子成员理论水平培训班；拉藏乡对67名草场监管人员兑现2014年度草场监管人员补助金共计361800元。

25日　旦嘎乡顺利开展接羔育幼工作。

28日　雄如乡召开党委班子会议，安排部署各项工作。

29日　日喀则市、县两级法院交叉考评组一行到萨嘎县人民法院检查指导工作。

3 月

1日　节后收心聚力，共谋工作新局面——萨嘎县各乡（镇）陆续召开节后收心会。

3日　萨嘎县教育局召开2016年春季开学工作部署会；夏如乡组织开展灾后重建宣传工作；县驻加普村工作队召开2015年驻村工作总结暨2016年驻村工作部署会。

4日　县委常委、统战部部长巴多一行到驻村点指导驻村工作；县驻夏如乡赤木村工作队开展夜校培训活动；雄如乡组织乡农牧技术人员召开设岗定责制会；加加镇农牧技术人员走村入户宣传“草奖”相关政策。

5日　副县长普琼到旦嘎乡检查指导林业工作；副县长边巴罗杰到达吉岭乡督导扶贫工作；县总工会开展“弘扬雷锋精神，萨嘎青年在行动”活动。

7日　萨嘎县召开扶贫工作会议；县扶贫办组织举办建档立卡“回头看”工作培训班；雄如乡召开党风廉政建设专题会议。

8日　萨嘎县各乡（镇）陆续召开2016年扶贫工作安排部署会议。

9日　萨嘎县妇联召开2016年“三八”表彰会议；各乡（镇）陆续开展庆祝“三八”妇女节系列活动。

10日　自治区人大常委会副主任、日喀则市委书记丹增朗杰到萨嘎县督导调研，并看望加加镇加普村贫困户顿珠，并送去慰问金；县文化市场综合执法大队召开《文化娱乐场所安全管理目标责任书》签订会议。

11日 县委书记顿珠到夏如乡赤木村检查指导工作；副县长潘克祥到县司法局调研司法行政工作。

12日 萨嘎县广电系统召开2015年度工作总结暨2016年度工作部署会议；副县长邱东军到拉藏乡指导灾后重建及特色小城镇建设工作。

13日 萨嘎县各乡（镇）相继开展教育工作专题会议；拉藏乡开展商品房整体规划布局专题会。

14日 副县长张斌到拉藏乡巡查各驻村工作开展情况及牧民群众生产生活情况。

15日 副县长邱东军实地勘察整村推进进点规划工作；雄如乡组织召开参加萨嘎县“两会”前期提交提案准备会议；日喀则市扶贫办驻萨嘎县达吉岭乡萨嘎村工作队邀请老党员开展“新旧西藏对比”讲座会。

16日 副县长边巴罗杰到各乡（镇）检查指导建档立卡“回头看”工作；县工商局开展“3·15”消费者权益日活动。

17日 县委书记顿珠到夏如乡赤木村督导检查整村规划工作；县委副书记、县长李运生到加加镇检查指导灾后重建工作；日喀则市春季开学督导综合检查组到昌果乡检查指导教育工作；人大常委会副主任巴桑次仁到雄如乡检查指导教育工作。

18日 县委常委、纪委书记加措到旦嘎乡检查指导各项工作；副县长边巴罗杰到门曲村检查指导扶贫工作；县民政局开展农村低保对象入户调查工作；加加镇开展“惠民政策深入人心”主题宣传活动；县驻拉藏乡门曲村工作队举办“藏汉”双语培训班。

19日 县委书记顿珠看望慰问“结对认亲”帮扶对象；加加镇开展“情景模式，拓展训练”活动；旦嘎乡全面开展春耕工作。

20日 萨嘎县农牧局工作人员到各乡（镇）开展“草奖”验收工作；各乡（镇）相继开展适龄儿童信息采集工作；申请并开播“驿站视听”广播节目。

21日 副县长朴洙满到拉藏乡走访慰问贫困群众。

22日 萨嘎县圆满完成建档立卡“回头看”工作；加加镇召开萨嘎县“两会”工作筹备动员会及留守儿童摸底调查工作。

23日 萨嘎县召开项目建设领域突出问题专项整治行动动员部署会；萨嘎县全面打造“四强”驻村干部及开展校园周围打字复印店专项整治活动；宣传非遗“格萨尔王”并进行展演工作。

24日 萨嘎县卫生局开展“3·24”世界结核病宣传日活动；夏如乡开展春耕备耕农田用水检查工作。

25日 萨嘎县组织召开灾后恢复重建座谈会；萨嘎县开展“加强民族团结 建设美丽萨嘎”主题“双语”演讲比赛；萨嘎县有序开展直播卫星“村村通”用户信息录入上传工作。

26日 22道班公安一级检查站站长、公安局政委次旺扎西到局属各部门检查指导工作；县委宣传部安排部署庆祝“3·28”系列活动及萨嘎县“两会”期间宣传报道工作。

27日 萨嘎县各乡（镇）集中学习《人大代表大会职责》相关内容。

28日 萨嘎县举行“升国旗”仪式隆重庆祝西藏百万农奴解放纪念日；召开萨嘎县2016年度党风廉政建设暨纪检监察工作会议；召开萨嘎县2016年度宣传思想工作暨文明创建表彰会。

29日 召开萨嘎县2016年基层党建工作暨组织工作会议；召开萨嘎县2016年县委理论中心组第一季度第一次集中学习会；召开萨嘎县2016年党建工作培训交流会。

30日 召开萨嘎县2016年度全县经济工作会议；政协第一届萨嘎县委员会召开第十次常委会；参加政协第一届萨嘎县委员会第五次会议的委员报到处报到。

31日 中国人民政治协商会议第一届萨嘎县委员会第五次会议隆重开幕；政协第一届萨嘎县委员会第五次会议召开第一次分组讨论会；萨嘎县第十二届人民代表大会第八次会议举行预备会议大会主席团举行第一次会议。

4 月

1日　萨嘎县第十二届人民代表大会第八次会议隆重开幕；萨嘎县第十二届人大第八次会议召开分组讨论会；政协第一届萨嘎县委员会召开第十一次常委会；政协第一届萨嘎县委员会第五次会议召开第二次分组讨论会。

2日　中国人民政治协商会议第一届萨嘎县委员会第五次会议胜利闭幕；萨嘎县第十二届人民代表大会第八次会议举行第二次全体会议；萨嘎县第十二届人民代表大会第八次会议举行分组讨论会。

3日　萨嘎县第十二届人民代表大会第八次会议胜利闭幕；县委书记顿珠主持召开全县教育工作专题会议。

4日　萨嘎县各乡（镇）相继开展传达学习萨嘎县“两委”精神。

5日　萨嘎县各乡（镇）陆续兑现养老保险金。

6日　县委书记顿珠主持召开民房重建施工座谈会；萨嘎县顺利通过市级草原生态保护补助奖励验收；萨嘎县制订《萨嘎县2016年地质灾害防治方案》和《萨嘎县地质灾害群测群防管理和考核办法》。县财政预算20万元，开展乡、村地质灾害监测员、巡查员培训和演练；与各乡（镇）签订《萨嘎县2016年地质灾害工作目标责任书》。健全完善了县、乡、村、组四级地质灾害监测体系，建立了地质灾害防治工作管理台账；“4·25”地质灾害排查了195个点，对夏如乡达孜村等10个重灾村再次开展了地质灾害危险性评估工作，同时将“日阿2号”等8个隐患点分两批列入“4·25”灾后治理项目。

7日　萨嘎县各乡（镇）陆续开展拆迁户思想教育工作；旦嘎乡全面检查财务账目管理情况。

8日　如角乡召开“整村推进　整乡提升”基层党建工作动员部署会议；县攻坚办加强扶贫项目后续管理，打好脱贫攻坚战工作。

9日　萨嘎县直机关各单位（党组）召开传达学习县“两会”精神；萨嘎县顺利输送2016年上半年精准扶贫技能培训学员；拉藏乡开展“乡村结合全面检查征求意见”活动；雄如乡召开党建工作安排部署会；夏如乡召开村干部素质能力提升工作部署会议。

10日　副县长普琼到夏如乡检查指导植树造林工作；达吉岭乡全面开展牲畜春季口蹄疫苗注射工作。

11日　召开萨嘎县政法（综治）工作会议；如角乡召开第十三届人民代表大会第七次会议；萨嘎县基层劳动就业社会保障公共服务平台基本建成并投入使用。

12日　萨嘎县项目建设领域突出问题专项整治办公室召开专项通报会；副县长潘克祥到如角乡检查指导灾后重建工作。

13日　如角乡召开2016年度第一学期家长会；夏如乡落实灾后重建征地补偿政策。

14日　政协副主席、加加镇党委书记普琼扎西到实地勘察灾后重建施工砂石开采点选址工作；拉藏乡召开灾后重建暨小城镇建设工作动工专项会议；萨嘎县开始向对外租赁竞标旅游服务中心。

15日　召开萨嘎县脱贫攻坚指挥部第二次会议；县委副书记、县长李运生到夏如、旦嘎两乡检查指导各项工作开展情况；萨嘎县顺利完成人民警察警衔津贴标准调整工作。

16日　政协副主席、加加镇党委书记普琼扎西到加加镇卫生院检查指导工作；拉藏乡召开畜种改良工作安排部署会。

17日　县委副书记、县长李运生到拉藏乡检查指导灾后重建民房建设放线交桩工作。

18日　萨嘎县凝心聚力突进“六个精准”全力以赴打赢脱贫攻坚战；加加镇达琼村召开整体搬迁工作群众征求意见会。

19日　萨嘎县召开雄如乡羊毛加工厂竞标现场会；萨嘎县实施五项措施，推进精准扶贫工作；县民间艺术团知识培训班正式开班；县普法办举行法制副校长聘任仪式。

20日　拉藏乡开展灾后重建暨整村推进项目采砂点定点工作；加加镇召开建档立卡“回头看”工作第二次会议；县国税局召开“营改增”政策解读培训会。

21日 自治区司法厅党委委员、副厅长于续文一行调研组到萨嘎县调研社区矫正工作。

22日 日喀则市党风廉政办公室主任达瓦次仁一行“建档立卡”回头看工作督导组到萨嘎县检查指导“建档立卡”回头看工作开展情况；副县长普琼到昌果乡昌果村检查指导人工种草基地选址进度情况；县总工会对通过全区乡（镇）规范化建设达标单位举行授牌仪式；加加镇开展小城镇（新区）建设暨灾后重建放线交桩工作。

23日 加加镇召开2016年安全生产工作专题会议；加加镇加布村组织开展“万民村干部素质能力提升工程”活动。

24日 县委常委、组织部部长边巴主持召开全县换届工作安排部署会；市农机推广站技术员到夏如、旦嘎两乡开展农技推广培训工作。

25日 县交警大队开展安全百日严打整治行动；加加镇召开人大换届前期工作部署会；夏如乡召开农机安全集中整治暨驾驶员培训会；昌果乡实施精准教育，帮教贫困学生。

26日 日喀则市残联在加加镇举行残疾人康复辅助器具发放仪式；副县长普琼到日拉村检查人畜饮水情况；萨嘎县开展庆祝中国共青团成立94周年系列活动；夏如乡召开“手抄党章100天”活动动员会。

27日 日喀则市公安局扎寺派出所所长次仁带领市局监管支队、基建办、武警支队等部门工作人员到萨嘎县检查指导看守所改扩建情况；县委常委、统战部部长巴多到拉藏乡检查指导灾后恢复重建民房建设工作开展情况；副县长边巴罗杰主持召开扶贫工作会议；政协副主席、加加镇党委书记普琼扎西到达琼村检查指导灾后重建工作。

28日 政协副主席、加加镇党委书记普琼扎西检查指导民房拆除重建工作开展情况；县农牧局开展春季农业生产工作；昌果乡统筹兼顾做好“333”创建评选工作。

29日 日喀则市发改委副主任巴桑一行工作组到萨嘎县检查指导易地扶贫搬迁工作开展情况；夏如乡拉亚村贫困妇女巧手编织踏上致富之路。

30日 县委常委、组织部部长边巴，人大常委会副主任平措，22公安一级检查站、公安局政委次旺扎西到加加镇检查指导换届前期工作开展情况；副县长边巴罗杰主持召开低保兜底数据衔接会议。

5 月

1日 日喀则市表彰第一届劳动模范和先进工作者，萨嘎县22道班公安一级检查站阿旺多吉获得先进工作者；县委常委、纪委书记加措，副县长边巴罗杰到达吉岭乡检查指导小城镇建设工作。

3日 县委常委、统战部部长巴多组织涉宗部门召开会议并安排部署近期统战民宗各项工作。

4日 自治区公安厅交警总队总队长德庆洛桑一行工作组到萨嘎县公安局交警大队检查指导工作，全面检查公安局交警大队“三项整治”等工作开展情况；萨嘎县召开人大代表换届选举工作培训会；团萨嘎县委举行超龄团员退团仪式及开展以“共青团和你在一起”为主题的慰问活动；旦嘎乡采取三项措施，扎实推进扶贫工作；夏如乡召开人大代表换届工作部署会议；县林业局多措并举，保护植树造林各项工作取得实效；县总工会开展“五一”国际劳动节送温暖活动。

5日 县委书记顿珠到部分乡（镇）检查指导灾后重建工作；政协副主席、加加镇党委书记普琼扎西主持召开加加镇换届工作安排部署暨培训会；县公安局举行出入境基础业务培训开班仪式。

6日 县委书记顿珠主持召开县委理论中心组第二季度第一次集体学习会议，并强调各级领导干部要端正学习党风廉政建设的态度；萨嘎县基层藏汉“双语”翻译骨干培训正式开班；副县长边巴罗杰主持召开各乡（镇）扶贫转人员培训会。

7日 西藏自治区公安厅党委委员、副厅长柯磊，武警西藏总队总队长、西藏自治区公安厅监管总队总队长巴桑次仁等调研指导组在日喀则市公安局副局长杨光、日喀则市公安局监管支队政委尼玛次仁陪同下，到萨嘎县调研指导监管场所建设情况；西藏自治区民宗委党组成员、副主任拉巴次仁，日喀则市民宗局局长旺堆一行工作组到萨嘎县检查指导“4·25”灾后寺庙恢复重建工作开展情况。

8日 县委常委、纪委书记加措，副县长边巴罗杰到达吉岭乡召开灾后重建、小城镇建设、异地搬迁工作推进会议；副县长普琼，22道班公安一级检查站站长、公安局政委次旺扎西到加加镇联系村检查指导工作。

9日 人大常委会副主任巴桑次仁主持召开县十二届人大常委会第二十七次会议，会议审议通过了2016年萨嘎县财政收支预算安排，审议通过了关于提请次旦卓玛任命萨嘎县人民检察院检察委员会委员的报告；日喀则市委党校讲师刘建红为萨嘎县全体党员作了《认真学习党章 严格遵守党章》的辅导报告；日喀则市委党校高级讲师旦真罗布为萨嘎县全体党员作了以《“四个全面”引领西藏经济发展》为主题，从“四个全面”的由来和提出的意义，“四个全面”的科学内涵，“四个全面”战略布局的逻辑关系等三个方面进行了授课；县委副书记、常委副县长王学伟主持召开团县委工作总结。

10日 萨嘎县召开“两学一做”学习教育动员部署会，标志着全县“两学一做”学习教育活动正式启动，县委书记顿珠从“两学一做”主要内涵、针对的现实问题、学习教育活动开展的目标等方面作了报告；县委常委、统战部部长巴多到拉藏乡检查指导灾后重建及异地搬迁工作；副县长普琼，22道班公安一级检查站站长、公安局政委次旺扎西到加加镇达桑村检查指导工作；副县长朴洙满主持召开萨嘎县旅游服务中心招标现场会，最终确定萨嘎县雅鲁藏布江大酒店法定代表琼达为中标者，中标价为150万元。

11日 县委书记顿珠一行到加加镇辖区检查指导灾后重建和新城镇建设相关工作；日喀则市林业局检查组到萨嘎县检查2013年至2015年度重点区域造林建设工程；县委常委、统战部部长巴多看望慰问结对帮扶对象；副县长潘克祥主持召开萨嘎县地质灾害防治和农村宅基地确权登记相关知识培训会。

12日 萨嘎县中学迎来第十一届学生运动会；萨嘎县开展“5·12”防灾减灾日宣传、演练活动。

13日 副县长普琼检查指导昌果乡人工种草项目；副县长潘克祥到联系单位检查指导工作；县农牧局以“三学”推进“两学一做”教育活动。

14日 西藏自治区新闻出版广电局处长张百忍一行到萨嘎县检查指导软件正版化工作开展情况；副县长普琼到加加镇杰村检查人畜饮水项目施工进度。

15日 萨嘎县疾控中心开展“防治碘缺乏病日”宣传活动。

16日 萨嘎县公安局开展安全隐患排查工作；加加镇开展生态保护与灾后重建要双赢工作；夏如乡开展村级后备干部考察工作。

17日 县委常委、纪委书记加措开展结对认亲工作；人大常委会副主任巴桑次仁、副县长潘克祥到萨嘎县新区检查指导工作。

18日 县委书记顿珠主持召开县乡换届暨严守换届纪律集体谈话会；县委副书记、县长李运生到拉藏乡检查指导灾后重建工作；副县长邱东军到拉藏、达吉岭两乡检查指导灾后重建工作。

19日 西藏自治区高级人民法院驻萨嘎县雄如乡第五批工作队队长巴登到6个驻村点传达区高院党组对驻村工作的新要求；加加镇排查安全隐患，保障项目进度；拉藏乡逐渐排查全乡7个地质灾害隐患点；县食药局与县卫生服务中心、县卫生局及辖区2家药店，1家诊所签订了《医疗器械质量安全承诺书》。

20日 萨嘎县专项办组织召开地材运输市场秩序及指导价格征求意见会；县公安局举行“严谨、务实、创新、清廉”主题演讲比赛；如角乡开展换届选举“四必看”专题学习会；昌果乡开展科技特派员种植技术培训会。

21日 萨嘎县公布选区推荐初步代表候选人名单；萨嘎县驻村干部当好“四员”助推精准扶贫出成效。

22日 萨嘎县多措并举实施万名村（居）干部素质能力提升工程；县电视台工作人员到旦嘎乡为该乡三个行政村更换卫星接收器。

23日 加加镇开展“十荣”“十不容”宣传活动。

24日 日喀则市第一个乡（镇）党委换届在夏如乡隆重举行，日喀则市人大常委会副主任江措出席会议；县委书记顿珠检查指导萨嘎新城区规划落实情况。

25日 县委常委、统战部部长巴多到拉藏乡检查指导换届工作；县安监局开展建筑安全隐患排查整治工作；县食药局开展守护学生“舌尖”安全活动。

26日 县委副书记、县长李运生到加加镇看望慰问结对帮扶对象；县委常委、组织部部长边巴到加加镇召开新一届镇“两委”班子成员见面会；旦嘎乡正式开展人大代表选举工作；萨嘎县顺利完成人事人才信息系统维护数据汇总审核工作；萨嘎县开展法制进校园活动。

27日 县委书记顿珠到达吉岭乡检查指导脱贫攻坚工作；副县长潘克祥到各乡（镇）调研农村公路建设情况。

28日 中国共产党萨嘎县加加镇委员会党员大会胜利召开；昌果乡选举产生县乡两级人大代表36名；达吉岭乡开展人大代表换届选举工作。

29日 中国共产党萨嘎县拉藏乡委员会党员大会胜利召开；日喀则市国土局环境科科长消志忠到加加镇检查指导国土地质灾害防汛工作；萨嘎县人大常委会副主任巴桑次仁主持召开县十二届人大常委会第二十八次会议，会议审议通过了关于普次、加布、唐世可、拉巴次仁的免职提请；关于宋晓飞、巴桑次仁、普次、加布的任职提请。

30日 县委书记顿珠到加加镇达琼村检查指导灾后重建和整村推进工作。

31日 萨嘎县各乡（镇）顺利召开完第十四届人民代表大会第一次会议。

6 月

2日 日喀则市设计院工作组调研加加镇达琼村修建桥梁地质情况。

3日 国家能源局电力司副处长郑忠锋带队的国家能源局电力司、国家电网公司、电力规划设计总院、西藏自治区能源局、国网西藏电力有限公司、西南电力设计院、日喀则市发改委相关工作人员及专家到萨嘎县调研电力发展情况，并到达吉岭乡热嘎村对500KV变电站站点进行实地勘察。

4日 萨嘎县专项办联合县公安局到萨嘎新区建设工地，对新区外来务工人员开展项目建设领域突出问题专项整治和法律、消防、安全生产知识宣传教育，并对外来人员进行身份核对、照片采集、填写暂住人员登记表，集中为外来务工人员办理暂住证200余人次。

5日 达吉岭乡为该乡10名转移就业技能培训人员签订《2016年贫困户转移就业技能培训管理目标责任书》，确保贫困户转移就业技能工作有效开展。

6日 萨嘎县以“零容忍”“零懈怠”的政治态度，坚决打赢换届风气监督硬战。

7日 县委书记顿珠主持召开全县上半年经济运行情况汇报，并指出举全县之力，集全县之智，实现2016年经济增长目标；县委常委、统战部部长巴多一行到加加镇考核第一届政协委员履职能力及摸底调研下一届政协委员初步人选；萨嘎县第二批农村公路项目审查工作顺利完成。

8日 萨嘎县努力塑造高素质政协委员队伍；拉藏乡玛奇村优质畜种改良基地举行揭牌仪式。

9日 人大常委会副主任巴桑次仁主持召开萨嘎县第十三届人大代表选举会议；县委常委、统战部部长巴多调研昌果乡政协委员队伍建设情况。

10日 县委常委、副县长次仁旺拉到拉藏、达吉岭两乡调研灾后恢复重建、精准扶贫和小城镇建设情况；副县长普琼主持召开牧道桥梁工程建设。

11日 萨嘎县文广局负责人到夏如、旦嘎两乡检查指导文化综合服务中心工作；旦嘎乡召开“两学一做”学习教育活动第二次专题讨论会议。

12日 萨嘎县开展第十一个“文化遗产日”系列活动；萨嘎县组织考察组赴江孜、白朗两县参观民族手工业和项目档案及精准扶贫工作；雄如乡召开基本草原划定工作总结暨信息公示会。

13日　政协副主席次朗到昌果、雄如两乡检查指导政协委员政审情况；县脱贫攻坚指挥部全面建立全县干部与建档立卡贫困户结对帮扶机制；萨嘎县顺利完成离退休人员和养老保险参保人员基本信息数据采集工作。

14日　副县长潘克祥到旦嘎、夏如两乡实地检查专项整治工作；团萨嘎县委负责人到如角、达吉岭两乡检查团建工作；县财政局开展对县政府商品房管理使用及租金收缴情况的监督检查工作。

15日　日喀则市副市长罗布松拉到萨嘎县检查指导专项整治工作；县委常委副书记王昕到雄如乡看望慰问结对帮扶对象；县委常委、统战部部长巴多到拉藏乡检查指导灾后恢复重建工作；副县长潘克祥到夏如乡检查环境污染和生态破坏防治工作。

16日　自治区副主席其美仁增到萨嘎县考察工作；日喀则市政协督导组到萨嘎县检查指导政协换届筹备工作；萨嘎县多部门联合开展“安全生产日”宣传活动；县驻拉藏乡溪果村工作队开展上半年星级户评选活动。

17日　县委常委、统战部部长巴多主持召开2016年萨嘎县统战民族宗教会议，县委书记顿珠出席会议并作了重要讲话；加加镇兑现灾后重建民房建设资金；如角乡开展“学党章 谈心得 说体会”活动。

18日　日喀则市旅游局党组副书记、纪检组长强巴丁真到加加镇检查指导换届工作。

19日　副县长潘克祥到各乡（镇）检查指导人力资源和社会保障基层公务平台规范化建设工作；县人社局开展项目建设领域拖欠工程款和民工劳动合同签订情况排查工作。

20日　西藏自治区政府副主席其美仁增一行调研考察组到萨嘎县调研指导灾后重建、整村推进、异地搬迁等各项工作开展情况；副县长朴洙满到拉藏乡亚曲村看望慰问结对认亲帮扶对象。

21日　萨嘎县举行吉林省第五批援藏干部欢送仪式；县委常委、纪委书记多布杰到昌果、雄如两乡调研工作；副县长普琼到夏如乡检查水利项目施工进度情况；县卫生服务中心开展城镇居民免费体检活动。

22日　县法院党支部召开“两学一做”第一次专题会；旦嘎乡召开新一届“两代表一委员”座谈暨培训会。

23日　县委常委、组织部部长边巴主持召开县委理论中心组第二季度第二次学习会暨“两学一做”第一专题学习讨论会，县委书记顿珠出席会议并做了重要讲话；政协副主席、加加镇党委书记普琼扎西召开加加镇庆祝“七一”筹备会。

24日　萨嘎县灾后恢复重建工作取得阶段性成效；副县长贡桑曲珍主持召开萨嘎县文广系统工作总结暨经验交流会；萨嘎县组织爱心妈妈开展向贫困学生发放爱心衣物活动。

25日　萨嘎县举行农牧民编织技能培训班；县灾后重建办、发改委工作人员到拉藏、如角两乡检查灾后重建工作；加加镇开展城乡居民社会养老保险待遇领取人员生存认证工作。

26日　萨嘎县财政局组织开展结对认亲慰问活动；拉藏乡召开庆祝建党95周年活动安排部署会。

27日　县委常委、人大常委会党组书记、主任阳艺到各乡（镇）检查指导乡（镇）人大工作开展情况；县委常委、纪委书记多布杰到加加镇调研纪检监察队伍检查情况；副县长贡桑曲珍慰问结对帮扶对象；加加镇召开评选“两优一先”推荐会。

28日　县纪委审查加加镇财务工作；萨嘎县开展文物安全保护检查工作；县公安局开展“两学一做”学习教育知识竞赛活动；萨嘎县致富带头人为夏如乡完小捐赠爱心物资。

29日　县委常委、政法委书记、公安局局长侯荣主持召开县公安局迎“七一”活动安排部署会。

30日　萨嘎县公布各乡（镇）“手抄党章”优秀作品；萨嘎县圆满完成2016年植树造林工作；萨嘎县举办入党积极分子培训班。

7月

1日　吉林省第六批援藏干部及陪送团抵达萨嘎县；萨嘎县隆重举行“七一”升国旗仪式；萨嘎县举办党员义诊下基层，健康送到家门口服务说动；县疾控中心举办“消灭脊灰与疫苗转换工作”培训班。

2日 县退休第一党支部召开“两学一做”学习教育专题会；县强基办开展驻村督导检查工作。

3日 副县长普琼慰问结对帮扶对象；副县长边巴罗杰到达吉岭乡检查指导各项工作；萨嘎县完成出生缺陷干预救助活动。

5日 萨嘎县召开扶贫规划征求意见会；副县长普琼到加加镇民房建设点检查水泥电线杆移动情况；萨嘎县普法成员单位开展“法制讲课”进基层宣传教育活动。

6日 萨嘎县隆重召开庆祝中国共产党成立95周年大会；县委书记顿珠到各乡（镇）看望慰问“三老人员”和困难党员；县重建办组织开展灾后民房重建施工阶段性观摩检查学习交流活动。

7日 日喀则市广播电视局副局长多布拉带队的户户通清流和新增设备检查验收组到萨嘎县检查指导工作；萨嘎县召开太阳能光发电站建设项目磋商会；萨嘎县开展法治宣讲活动；萨嘎县开展敬老院食堂卫生检查活动；政协副主席、加加镇党委书记普琼扎西看望慰问结对帮扶对象。

8日 日喀则市人大常委会副主任余德平一行到萨嘎县对县人民法院、检察院规范司法行为工作进行了专题调研并召开了座谈会；政协党组书记、主席吴顿到乡、村、户调研结对认亲活动开展情况；县委常委、组织部部长边巴调研选址萨嘎县村委会活动场所；人大常委会副主任多吉，政协副主席次朗，22道班公安一级检查站站长、公安局政委次旺扎西分别到各联系点看望慰问结对帮扶对象。

9日 萨嘎县各乡（镇）开展征兵工作宣传活动；加加镇召开规范最低生活保障政策落实工作动员会。

10日 自治区编译局驻加加镇杰村工作队开展村干部文化素质提升课；达吉岭乡召开“双联户”户长现场培训暨“双联户”户长考核会。

11日 萨嘎县完成2016年上半年医疗生育保险报销支付审核工作；县驻溪果村工作队为该村学生发放临时性教育补助金。

12日 政协党组书记、主席吴顿到昌果乡库郁寺检查指导工作；副县长边巴罗杰到昌果乡调研精准扶贫工作；萨嘎县及时输送2016年第四批精准扶贫技能培训学员。

13日 日喀则市委副书记、常务副市长陈来尼玛一行到萨嘎县调研灾后重建工作；政协党组书记、主席吴顿到雄如乡检查精准扶贫工作；人大常委会副主任巴桑次仁，22道班公安一级检查站站长、公安局政委次旺扎西到如角、达吉岭两乡检查指导派出所工作；副县长边巴罗杰到夏如乡调研牧道项目建设与选址工作。

14日 萨嘎县开展鼠疫防控工作；县疾控中心开展预防艾滋病宣传活动。

15日 县公安局召开“两学一做”学习教育第二次专题研讨会；县委常委、人大常委会党组书记、主任阳艺到加加镇调研指导人大工作；副县长边巴罗杰到各乡（镇）指导精准扶贫工作；县公安局开展防范打击“盗抢骗”宣传活动。

16日 县委书记顿珠召开萨嘎县灾后民房重建阶段性总结会；县环保局检查辐射安全防护工作；各乡（镇）陆续开展党风廉政建设工作。

17日 日喀则市委常委、纪委书记马陵田到萨嘎县检查指导工作。

18日 副县长普琼到旦嘎乡检查灌区工程建设情况。

19日 副县长边巴罗杰到拉藏乡检查指导精准扶贫工作；县司法局开展矛盾纠纷排查工作；雄如乡召集村第一书记举行农村经济合作组织周转资金发放暨签约仪式。

20日 县人大常委会委员视察各乡（镇）灾后重建专项工作；副县长张斌到各乡（镇）调研卫生院工作开展情况；萨嘎县公安局推出五项便民措施。

21日 萨嘎县举办基层农牧专业技术人员培训，县委书记顿珠出席会议并作重要讲话；吉林省四平市第六批援藏干部到七乡一镇开展调研工作；县委常委、组织部部长边巴到夏如乡慰问结对帮扶对象；副县长边巴罗杰到加加镇调研牧道项目建设。

22日 萨嘎县公布2016年上半年综治、“双联户”、平安建设考核结果；县委常委、人大常委会党组书记、主任阳艺主持召开萨嘎县召开第二季度党风廉政建设和反腐败工作专题会议，县委书记顿珠出席会议并提出了具体要求；县委副书记、常务副县长卢百超到县人民法院检查指导工作。

23日　萨嘎县召开防汛抗洪和道路交通工作部署会。

24日　加加镇开展村干部素质能力提升工程。

25日　县委常委、组织部部长边巴到各乡（镇）检查指导党建工作；县司法局开展“道路安全”法制宣传活动。

26日　副县长普布旦增到昌果乡检查指导教育工作；各乡（镇）陆续开展防汛安全排查工作；加加镇、夏如乡开展贫困户信息核实统计工作；加加镇顺利完成2016年养老保险收缴工作。

27日　萨嘎县努力提升政府机关食堂服务水平；加加镇、旦嘎乡召开党风廉政建设工作专题会；雄如乡顺利召开第十四届人民代表大会提案意见答复会议。

28日　副县长普琼、政协副主席次朗到雄如乡调查草原虫害情况；萨嘎县开展农村公路安全隐患排查治理工作；县农牧局到各乡（镇）开展疫苗接种及疫苗防控工作。

29日　县委书记顿珠主持召开县委理论中心组2016年度第三季度第二次集体（扩大）学习会暨“两学一做”学习教育活动第二专题学习研讨会；县委常委、纪委书记多布杰一行到加加镇达琼村检查指导灾后重建工作；达吉岭乡开展“十三五”精准脱贫生态就业岗位需求统计工作。

30日　萨嘎县人民法院联合县发改委、施工单位组成工作组对西藏海拔最高法庭萨嘎县昌果乡法庭顺利完成放线工作。

31日　县委书记顿珠到雄如乡检查指导防汛工作。

8 月

1日　旦嘎乡开展实地规划扶贫异地搬迁工作。

2日　萨嘎县举行“妇女儿童维权岗”揭牌仪式；萨嘎县召开综治工作培训暨上半年考评通报会；县委常委、人大常委会党组书记、主任阳艺，检察院检察长尼琼分别走访慰问结对帮扶对象；拉藏乡开展抢险救灾工作。

3日　县委常委、纪委书记多布杰主持召开全县党风廉政建设警示教育暨严禁党员领导干部违规大操大办工作部署会；西藏自治区公安边防总队驻亚卡亚村工作队为农牧民群众解决汽车驾驶培训；拉藏乡召开2016年“草奖”前期工作动员会。

4日　日喀则市环保局副局长罗布一行到萨嘎县检查指导环境保护工作；吉隆县委副书记何晓浩，吉隆县委常委、组织部部长高峰到萨嘎县考察西部驿站大酒店建设运营情况；县人大常委会监督检查灾后重建项目整改情况；县委常委、统战部部长巴多到雄如乡布扎寺检查指导寺庙灾后重建工作。

5日　日喀则市政协党组成员、副主席、旅发委党组书记邱林一行到萨嘎县检查指导基层医疗卫生队伍建设情况；县委副书记、政府党组书记、县长郭光成看望慰问结对帮扶对象；萨嘎县兑现上半年市、县两级和谐模范寺庙暨爱国守法先进僧尼表彰奖金；县人社局开展核查城乡居民养老保险待遇领取人信息资格认定工作。

6日　县委书记顿珠看望慰问萨嘎县参加第十四届珠峰文化旅游节演职人员；县委副书记、政府党组书记、县长郭光成到加加镇检查指导灾后重建和异地搬迁工作；副县长边巴罗杰到各乡（镇）督查精准扶贫工作开展情况。

7日　萨嘎县各乡（镇）积极开展防汛抗洪工作。

8日　县委副书记、政府党组书记、县长郭光成到雄如乡检查指导防汛抗洪工作；县卫生系统驻溪果村工作队开展单亲贫困母亲慰问活动；昌果乡开展育肥绵羊清点防疫工作。

9日　副县长潘克祥主持召开萨嘎县房屋出租管理工作；县公安局全力开展泥石流灾害抢险救灾工作；如角乡顺利完成异地搬迁规划选址工作。

10日　达吉岭乡赛马节隆重开幕；法院院长扎西次仁检查指导昌果乡法庭建设情况。

11日　县委副书记、政府党组书记、县长郭光成到县脱贫攻坚指挥部要求全县脱贫攻坚时间紧、任务重，要积极探索经验，尽早实现脱贫目标；“全国新媒体采风行活动”媒体团在日喀则市网信办副主任高斌的带领下到萨嘎县采风点开展采访报道工作；法院院长扎西次仁到如角乡开展结对认亲帮扶活动。

12日　县委副书记、政府党组书记、县长郭光成到拉藏、如角两乡检查指导灾后恢复重建、异地搬迁、防汛抗洪等各项工作；县委常委、副县长李志涛慰问结对帮扶对象；副县长潘克祥到如角乡擦让村调研指导工作；萨嘎县科技特派员参加日喀则市西部县科技特派员技能培训班。

13日　山东省精神卫生中心专家组到萨嘎县开展障碍患者筛选诊断复核工作；副县长普琼到各乡（镇）监督检查项目进度工作。

14日　拉藏乡门曲村以绿色奶茶加工食品促进村办集体经济不断壮大；雄如乡羊毛加工厂继续增收致富；如角乡举办伦布雪山艺术节。

15日　西藏自治区党委宣传部副部长、文明办主任仁青罗布在日喀则市宣传部副部长米玛的陪同下到萨嘎县督导调研精神文明建设工作；县公安局召开2016年上半年党风廉政建设工作总结暨“两学一做”知识竞赛颁奖会；县人社局举行昌果乡农牧民汽车驾驶员培训开班仪式；县扶贫办举办异地搬迁项目监督人员培训班。

16日　22道班公安一级检查站站长、公安局政委次旺扎西到22道班公安一级检查站安排部署安全保卫工作；萨嘎县组织施工人员到邻县开展施工交流活动。

17日　萨嘎县开展供水工程给水管网定位放线工作；加加镇达桑村举办赛马节；如角乡“冬圈夏草”试点工作取得初步成效。

18日　日喀则市副市长嘎玛洛穷一行工作组到萨嘎县检查指导防汛抗洪救灾工作；日喀则市卫生局局长罗布一行到萨嘎县检查指导卫生领域工作；县脱贫攻坚指挥部召开“五个一”政策培训暨安排部署会；县防汛抗灾核实工作第四小组成员到加加镇检查核实群众受灾情况。

19日　西藏自治区高级人民法院党组成员、副院长勇扎，审判委员会专职委员巴登一行到萨嘎县人民法院检查指导工作；县委常委、纪委书记多布杰主持召开全县乡（镇）纪委书记培训交流暨乡（镇）纪委工作汇报会；萨嘎县成功举办2016年村干部文化素质提升集中培训班开班仪式。

20日　西藏自治区高级人民法院天平艺术团在雄如乡开展文艺演出活动；县食药局正式启动“食品经营许可证”发放工作；县中学科技馆正式开馆。

21日　县委常委、武装部政委文平学一行到加加镇开展2016年应征青年政治审查工作。

22日　县委常委、副县长次仁旺拉一行到各乡（镇）开展地质灾害隐患排查工作；县食药局开展食品安全检查工作；县民政局工作人员到各乡（镇）摸底调查残疾人生活状况。

23日　日喀则市农牧局副局长索多一行到旦嘎乡检查基本草原划定工作开展情况；县委常委、副县长次仁旺拉到各乡（镇）调查灾后重建进度情况；县公安局交警大队获赠“人民好警察”锦旗。

24日　萨嘎县总工会开展“健康进企业”体检活动；加加镇召开讲廉政党课会；夏如乡坚巴夏村异地搬迁项目正式防线开工。

25日　萨嘎县举办脱贫攻坚政策培训班。

26日　西藏自治区新闻出版广电局印刷发行处副处长索朗玉珍，西藏自治区新华书店副总经理尼玛次仁到萨嘎县调研指导新华书店开展情况。

27日　萨嘎县举行大学新生欢送暨贫困学生助学金发放仪式；萨嘎县举办包虫病防疫培训。

29日　萨嘎县卫生局开展年中督导考评工作；夏如乡人大代表到达吉岭、加加镇考察学习项目建设经验。

30日　西藏自治区纪律检查委员会党风政风监督室副主任刘逢春在日喀则市纪委常委、副书记张春峰的陪同下，到萨嘎县调研督导案件查办工作。

31日　中国共产党萨嘎县第九次代表大会举行预备会；参加中国共产党萨嘎县第九次代表大

会代表们陆续报道；中国共产党萨嘎县第九次代表大会召开各代表团召集人会议；县委常委、组织部部长边巴主持召开代表资格审查委员会会议；中国共产党萨嘎县第九次代表大会各代表团召开第一次会议。

9 月

1日　中国共产党萨嘎县第九次代表大会隆重开幕；中国共产党萨嘎县第九次代表大会各代表团第二次会议讨论县委、县纪委工作报告；中国共产党萨嘎县第九次代表大会主席团召开第二次会议；举行中国共产党萨嘎县第九次代表大会主席团第三次会议；中国共产党萨嘎县第九次代表大会各代表团召开第三次会议；中国共产党萨嘎县第九次代表大会召开各代表团团长会议。

2日　中国共产党萨嘎县第九次代表大会胜利闭幕；中国人民政治协商会议第二届萨嘎县委员会第一次全体会议隆重开幕；中国共产党萨嘎县第九届委员会举行第一次全体会议；中国共产党萨嘎县第九届纪律检查委员会召开第一次全体会议；中国人民政治协商会议第二届萨嘎县委员会第一次会议召开预备会主席团第一次会议。

3日　日喀则市委书记张延清一行到萨嘎县检查指导工作；萨嘎县第十三届人民代表大会第一次全体会议隆重开幕；中国人民政治协商会议第二届萨嘎县委员会第一次会议召开第一次小组讨论会；萨嘎县第十三届人民代表大会第一次会议举行第二次全体会议；萨嘎县第十三届人大代表大会第一次会议举行各代表团第二次会议；政协第二届萨嘎县委员会第一次会议召开第二次常务主席会议；政协第二届萨嘎县委员会第一次会议召开主席团第三次会议。

4日　中国人民政治协商会议第二届萨嘎县委员会议第一次会议胜利闭幕；萨嘎县第十三届人大第一次会议胜利闭幕；萨嘎县第十届人民代表大会第一次会议召开代表团第二次会议；萨嘎县召开第十三届人民代表大会第一次会议举行第三次全体会议；政协第二届萨嘎县委员会第一次会议召开第二全体会议；萨嘎县第十三届人民代表大会第一次会议召开主席团第三次会议。

5日　萨嘎县重建办组织召开第一次特色小城建设项目推进会；县妇联牵头到麻亚村实地检查“母亲水窖”项目运行情况。

6日　夏如乡组织开展“双联户”户长业务培训；县检察院组织开展献爱心、送温暖活动。

7日　吉林省援藏包虫病调查专家组到萨嘎县开展包虫病流行情况调查工作；日喀则市人社局党组成员、纪检组长普布卓玛一行检查组到萨嘎县加加镇和夏如乡，以实地走访、面对面调查等方式，督导检查两乡（镇）居民养老保险各项工作开展情况；县委常委、宣传部部长米玛到如角乡了解伦布岗日雪山资源开发情况；如角乡开展教育督导检查工作；县政协召开二届一次会议提案交办会。

8日　政协副主席、昌果乡党委书记边巴次仁在昌果乡检查在建项目情况；法院院长扎西次仁到昌果乡检查昌果乡法庭建设工程质量及进度；夏如乡组织签订《搬迁工程监督协议书》。

9日　县委书记顿珠到昌果乡调研指导人工种草项目运行情况；副县长边巴罗杰到各乡（镇）检查异地搬迁实施情况和因灾受损房屋情况；副县长潘克祥到夏如乡检查水利项目建设情况。

10日　县委书记顿珠到县中小学召开第32个教师节慰问会；县委常委、组织部部长边巴召开萨嘎县新录用干部座谈会；萨嘎县开展文化市场安全生产整治行动。

11日　萨嘎县各乡（镇）陆续召开新分配干部见面会。

12日　西藏自治区教育工委副书记、教育厅党组书记普布次仁，日喀则市教育局局长索旺一行调研组到萨嘎县检查指导教育工作；西藏日报社副总编益西加措、吴冰一行到萨嘎县伦布岗日雪山、如角温泉等开发自然资源进行采访调研。

13日　西藏自治区人大常委会副主任李文汉一行“中华环保世纪行——西藏行”活动检查组到萨嘎县检查；县委书记顿珠到昌果乡检查指导

工作；县委副书记、常务务副县长卢百超到雄如乡检查指导工作。

14日 日喀则市环保局副局长邱东军一行到萨嘎县验收自治区级生态村（萨嘎村、热嘎村）；萨嘎县自治区级生态村创建工作顺利通过验收；萨嘎县召开2016年秋季开学情况反馈会。

15日 萨嘎县发改委同志到昌果乡完小检查指导灾后重建项目建设情况。

17日 西藏自治区公安厅警务保障总队总队长肖旭东一行工作组到萨嘎县检查指导县公安局关于“思想建设”“两限一警”工作开展情况；夏如乡开展与施工单位签订异地搬迁合同书。

19日 县委书记顿珠到加加镇达琼村调研高原“铁姑娘”精神教育基地建设情况；县委常委、副县长李志涛到雄如乡调研萨嘎县湿地保护建设情况；副县长贡桑曲珍到加加镇调研科技工作；县扶贫办负责人到加加镇检查指导扶贫工作；萨嘎县开展第26个“民族团结月”宣传活动。

20日 萨嘎县公安局开展“两学一做”学习教育第三专题研讨会。

21日 共青团日喀则市委副书记巴顿一行调研组到加加镇调研各项工作开展情况；达吉岭乡监督检查乡完小“三包”经费使用情况；加加镇开展村干部“一对一结对帮教”活动。

22日 拉藏乡开展村党支部第一书记期满民主测评；昌果乡开展食品安全检查工作。

23日 萨嘎县扶贫办工作人员到各乡（镇）检查脱贫攻坚相关工作。

24日 日喀则市党组副书记、局长旦增加布一行到萨嘎县检查指导就业再就业服务工作和社会保障工作开展情况。

25日 日喀则市政法委副书记、综治委副主任格桑卓嘎一行调研组到萨嘎县加加镇检查指导社会治安综合治理及平安建设工作开展情况。

26日 西藏自治区党委宣传部副部长嘎玛旦巴，日喀则市委宣传部副部长米玛一行到萨嘎县调研藏语文宣传管理、国防教育、新旧西藏对比教育等工作开展情况。

27日 西藏自治区人大民宗外侨委副主任委员朱朗时一行到萨嘎县开展调研工作；日喀则市农机推广站书记扎西平措一行工作组到萨嘎县督促检查农机购置补贴工作落实情况。

28日 副县长边巴罗杰主持召开萨嘎县农牧工作；达吉岭乡开展村级先进“双联户”评选工作；萨嘎县以找准“五大抓手”，深入推进强基惠民活动。

29日 日喀则市水利局局长邓永彬一行到萨嘎县检查小农水利工程项目点及灾后重建工作完成情况；县纪委组织全县公车统一粘贴喷漆标识；县工商局办法首张“五证合一、一照一码”营业执照。

30日 萨嘎县召开县委理论中心组第三季度第四次学习会议；县委常委、副县长李志涛到旦嘎乡调研土地开发项目。

10月

1日 萨嘎县各乡（镇）举行国庆67周年升国旗仪式；县人社局推动城乡居民社会养老保险信息系统上线工作。

2日 日喀则市扶贫办党组副书记、扶贫办主任旦增一行到萨嘎县慰问驻达吉岭乡3个行政村驻村工作队并召开座谈会；日喀则市公安局督察支队副支队长次多一行到萨嘎县对国庆节期间维稳安保工作部署情况进行了专项督导。

3日 夏如乡开展“草奖”工作；昌果乡开展村级“双联户”评选工作。

4日 萨嘎县公安局3号便民警务站开展辖区道路交通违法整治行动；旦嘎乡开展异地搬迁工作。

5日 萨嘎县强基办到实地严督实导各驻村工作队工作开展情况；拉藏乡开展2016年乡村两级先进“双联户”评选工作；县驻溪果村工作队开展精准扶贫工作；夏如乡召开项目部署会；如角乡对拟享受2016年城乡低保对象开展民主评议工作。

6日 加加镇、旦嘎乡开展村级先进“双联户”评选工作。

7日 昌果乡组织“双联户”开展“反违法、防事故、共建平安昌果”主题活动。

8日　日喀则市人大常委会党组副书记、副主任尼玛仓一行调研组到萨嘎县开展调研工作。

9日　县委宣传部举行中宣部支持西藏基层宣传思想文化工作设备发放仪式；旦嘎乡开展党员民主讨论会。

10日　县委副书记、政府党组书记、县长郭光成到县敬老院看望慰问孤寡老人；县委常委、统战部部长巴多到旦嘎乡检查指导统战民宗工作。

11日　加加镇组织召开党风廉政建设工作推进会；昌果乡亚卡业村开展采购短期育肥活羊为切入点，逐步推进产业发展，不断壮大村办集体经济；昌果乡开展短期育肥基地活畜出口试点工作。

12日　萨嘎县公安局圆满完成新建业务楼搬迁任务；夏如乡举行村干部素质能力提升第二次集中模拟考试。

13日　县委常委、政法委书记、公安局局长侯荣到雄如乡了解“联户增收”工作开展情况；政协副主席、昌果乡党委书记边巴次仁到昌果乡库郁寺调研洪灾受损维修工作；萨嘎县开展非法卫星电视接收设施专项整治工作。

14日　西藏自治区发改委党组成员、巡视员视员马菁林，西藏自治区发改委地区经济处处长次旦多吉，日喀则市副市长邓江陵等一行督察组到萨嘎县检查指导“十二五”期间援藏项目实施情况及灾后重建工作开展情况；县委理论中心组召开2016年第四季度第一次集体学习暨“两学一做”学习教育活动第三专题学习研讨会；县委副书记、政府党组书记、县长郭光成主持召开2016年全县项目建设进展情况专题会议；星月公司开展“百企帮百村”精准扶贫慰问活动。

15日　西藏自治区团委权益部部长泽仁扎西一行到萨嘎县调研基层共青团委员会各项工作开展情况；县公安局与西藏阿里地区措勤县公安局在县公安局110指挥中心举行了警务合作座谈会，并签订了警务合作协议书。

16日　萨嘎县开展灾后民房城建初步验收工作。

17日　萨嘎县扶贫办组织开展“扶贫日”募捐和扶贫宣传活动。萨嘎县开展医疗废物处置工作；拉藏乡举办灾后恢复重建入住仪式。

18日　西藏自治区新闻出版局纪检书记次仁央宗一行到萨嘎县检查指导广电工作开展情况；日喀则市公安局便警支队政委旦增一行到萨嘎县公安局检查指导便民警务站突出问题专项整治工作。

19日　西藏自治区边防总队政治部文工团到萨嘎县开展“情满经营润兵心，赞歌高奏铸忠诚”主题慰问演出活动；县委常委、人大常委会党组书记、主任阳艺到拉藏乡检查指导工作；县委副书记、常务副县长卢百超到加加镇提布卓那村检查指导各项工作开展情况；萨嘎县召开2016年度第五批驻村（居）考评安排部署会议。

20日　萨嘎县召开2016年脱贫攻坚前三季度工作总结暨第四季度工作安排部署会议；日喀则市中级人民法院立案庭副庭长拉巴次仁一行到萨嘎县人民法院检查指导立案、涉诉信访工作开展。

21日　日喀则市人大常委会副主任辛春弟到拉藏乡开展结对认亲活动；如角乡开展基础设施建设项目前期勘察工作。

22日　萨嘎县人大常委会选派各乡（镇）群众代表以及人大专干到江孜县、白朗县、桑珠孜区进行特色产业发展交流学习。

23日　日喀则市交通运输工作组到萨嘎县检查指导两条通乡公路工程建设情况；萨嘎县召开2016年信访工作会议；县政府副县长边巴罗杰到昌果乡调研产业扶贫项目开展情况。

24日　西藏自治区档案局副局长王冰一行到萨嘎县检查指导档案局各项工作开展情况；县委常委、人大常委会党组书记、主任阳艺主持召开县十三届人大常委会第一次会议；副县长边巴罗杰到如角乡开展异地搬迁项目调研工作；萨嘎县举办基层医疗卫生机构管理信息系统项目建设培训班；昌果乡开展2016年度村党支部书记述职述廉考核会议。

25日　县委书记顿珠谈“领会会议精神 制订规划 推进产业发展”专题。

26日　政协副主席次朗带队的二届政协委员共5个界别的16人，到山南市和林芝市考察学习。

27日　西藏自治区公安厅监管总队副总队长才旺一行工作组到萨嘎县公安局检查指导看守所

改扩建项目建设情况；日喀则市水利局工作组到夏如乡实地调研水灾冲毁堤坝和水渠受损情况。

28日 县委副书记、常务副县长卢百超到雄如乡羊毛加工厂检查指导工作；县卫生局开展安全用药宣传月活动。

29日 西藏自治区健康西藏建设调研组到萨嘎县调研医疗卫生工作；萨嘎县召开“4·25”灾后重建工作汇报会；日喀则市高新雪莲水泥有限公司工作组到夏如乡调研指导工作。

30日 萨嘎县各乡（镇）陆续召开脱贫攻坚政策巡回宣讲活动；达吉岭乡召开产业利润分配研究讨论会。

31日 昌果乡与尼泊尔国代表协商鲁谷拉边贸市场建设工作。

11月

1日 萨嘎县举行“4·25”灾后重建民房搬迁入住仪式；县委副书记、常务副县长卢百超到夏如乡拉亚村妇女编制合作社检查指导工作；副县长边巴罗杰主持召开县脱贫攻坚指挥部办公室专班会。

2日 日喀则市委副书记、政府市长刘虎山一行到萨嘎县开展调研工作；县委理论中心组召开第四季度第二次会议；县委常委、宣传部部长米玛到各乡（镇）检查指导乡村学校少年宫项目建设及运转情况；政协副主席、加加镇党委书记普琼扎西检查加加镇今冬明春防抗灾物资筹备情况。

3日 日喀则市司法局党组书记周先荣一行到萨嘎县司法局检查指导司法行政工作；萨嘎县召开“讲学习、讲忠诚、正风纪、转作风、提效能”主题活动动员部署大会；达吉岭乡隆重举行灾后重建、异地搬迁、整村推进入住仪式。

4日 萨嘎县组织观看反腐专题“永远在路上”；萨嘎县开展反宣品专项检查行动。

5日 西藏自治区文明办未成年人工作组组长杨华，日喀则市宣传部副部长米玛一行工作组到萨嘎县检查验收2015年乡村学校少年宫建设项目。

6日 昌果乡亚卡亚村“两委”组织党员和“双联户”户长开展道路维修工作。

7日 西藏自治区高级人民法院院长索达慰问第五批雄如乡驻村工作队；萨嘎县第十三届人大代表培训正式开班；萨嘎县圆满完成2016年政协委员视察工作任务。

8日 萨嘎县召开第17个记者节暨新闻年会；萨嘎县召开农电工作会议。

9日 萨嘎县召开2016年第二次信访工作联席会议；县公安局联合相关部门开展消防安全隐患排查整治工作。

10日 日喀则市中级人民法院党组成员、副院长康春生一行考评组到萨嘎县人民法院考评2016年工作目标责任书完成情况；县委理论学习中心组召开第十八届六中全会精神专题学习会暨“讲学习”环节专题研讨会；县妇联联合县纪委组织副科级以上党员妇女干部，开展廉政文化进家庭活动。

11日 日喀则市监测站检查组到萨嘎县检查辐射工作情况；萨嘎县第五批驻村工作队采取七项措施助推精准扶贫工作。

12日 萨嘎县教育局开展“颂诵感恩情怀，书写诗意校园”主题活动。

13日 日喀则市公安局法制支队副支队长格桑一行考评组到萨嘎县公安局开展2016年度执法质量考评工作；萨嘎县开展“全民阅读，书香萨嘎”阅读活动。

14日 县委常委、副县长次仁旺拉为发改委党支部讲党课；副县长贡桑曲珍到昌果乡检查指导工作；22道班公安一级检查站站长、公安局政委次旺扎西为22道班公安一级检查站民（辅）警讲党课；拉藏乡党委政府为乡完小168名学生赠送价值8千多元的过冬衣服。

15日 日喀则市人大常委会副主任辛春弟到拉藏乡检查指导工作；政协副主席、加加镇党委书记普琼扎西为加加镇全体党员讲党课；县安监局工作人员到各乡（镇）开展安全生产法制宣传活动。

16日 中共日喀则市委第四巡察组巡察萨嘎

县民政局动员部署会在萨嘎县召开，标志着中共日喀则市委第四巡察组对萨嘎县民政局为期两个月的巡察工作正式启动并向纵深发展；萨嘎县召开基层党建推进暨组织部长党课报告会；萨嘎县举办电子阅览室管理系统培训班。

17日　西藏自治区抗灾办主任席琼一行到萨嘎县检查指导今冬明春农牧业防灾减灾工作落实情况；副县长贡桑曲珍为司法党支部讲党课；加加镇杰村召开2016年脱贫攻坚工作总结大会。

18日　萨嘎县纪委在各乡（镇）全面考核2016年党风廉政建设工作；政协副主席、昌果乡党委书记边巴次仁为昌果乡全体党员讲党课。

19日　县委常委，统战部部长巴多到拉藏乡检查指导工作；加加镇召开“入党为什么、在党干什么、为党做什么”主题党性分析会；法院院长扎西次仁到联系乡检查指导工作。

20日　日喀则市文化局局长旺堆一行到萨嘎县检查指导2016年度文化文物工作开展情况；昌果乡召开2016年度劳务输出最佳先进个人表彰会。

21日　萨嘎县召开2016年度民族团结先进表彰大会；人大、政协群团党支部走访慰问困难老党员。

22日　日喀则市民族宗教局副局长扎西顿珠一行到萨嘎县检查指导民族宗教领域维稳工作及民族团结示范点创建工作开展情况；县委常委、宣传部部长米玛到昌果乡检查指导文化站工作开展情况；县委常委、纪委书记多布杰到拉藏乡检查指导纪检工作；县委常委、副县长李志涛检查2015年萨嘎县防沙治沙工程建设情况。

23日　萨嘎县召开党员干部大会，县委书记顿珠作重要讲话；萨嘎县举行县气象局揭牌仪式；加加镇正式成立“科技特派员之家”；萨嘎县开展“百企帮百村”精准扶贫捐赠活动；县脱贫攻坚办全面考核2016年各乡（镇）精准扶贫工作开展情况；夏如乡召开2016年村“两委”班子考核工作动员部署会。

24日　西藏自治区副主席多吉次珠，日喀则市政协副主席、市农牧局党组书记达娃占堆一行到萨嘎县检查指导工作；日喀则市食品药品监督管理局食品科科长普珍一行到萨嘎县检查指导食品药品安全管理监督工作开展情况。

25日　县委理论学习中心组第四季度第七次集体学习会；县委常委、统战部部长巴多到旦嘎乡开展绩效考核工作。

26日　萨嘎县举行“五下乡”活动；县完小举办第十一届冬季爬山比赛；拉藏乡开展贫困户动态信息采集工作。

27日　萨嘎县召开重点项目梳理论证分析会，县委书记顿珠作重要讲话。

28日　中共日喀则市委宣传部外宣办副主任田冰一行到萨嘎县各乡（镇）采访报道脱贫攻坚、灾后重建、产业发展等情况；萨嘎县各乡（镇）陆续开展西藏自治区第九次党代会精神传达会；萨嘎县整理完成了藏汉双语版《后藏服饰》《后藏民间传统娱乐游戏》两本文史资料书。

29日　副县长潘克祥为政府办党支部、工商税务党支部和国企党支部讲党课；县脱贫攻坚指挥部召开2016年各乡（镇）脱贫攻坚工作考核情况通报会；各乡（镇）陆续开展2016年国民经济统计汇总工作。

30日　日喀则市公安局绩效考评组到萨嘎县公安局开展2016年度绩效考评工作；萨嘎县举行“大地之爱·母亲水窖”项目开工仪式。

12月

1日　日喀则市委政法委副书记、副市长，市公安局党委副书记、局长、督察长次仁扎西一行到萨嘎县公安局检查指导工作；萨嘎县召开2016年环境保护现场复核工作安排部署会议；萨嘎县召开退休干部座谈会；2016年度萨嘎县公示综治、维稳、“双联户”考核结果。

2日　萨嘎县举办教育“圆梦”基金启动仪式；县公安交警大队开展“122全国交通安全日”宣传活动；县法院召开法官入额考试前动员部署会。

3日　西藏自治区环保厅副厅长巢哲雄、日喀则市副市长李玉建到萨嘎县现场复核环境保护考核工作；中共萨嘎县委宣讲组到各乡（镇）开展党的十八届六中全会暨自治区第九次党代会精神宣讲活动。

4日 日喀则市公安局党委委员、副局长汪志忠，日喀则市公安局法制支队副支队长格桑一行工作组到萨嘎县公安局检查指导办案中心和派出所办案场所精细化改造情况；萨嘎县开展“124国家宪法日暨全国法制宣传日”活动。

5日 召开萨嘎县2016年度和谐模范寺庙暨爱国守法先进僧人表彰大会；日喀则市副市长李玉建为萨嘎县党员领导干部讲党课。

6日 萨嘎县灾后恢复重建工作取得显著成效；县脱贫攻坚指挥部召开2017年异地搬迁工作专题部署会议。

7日 县委书记顿珠到昌果乡看望慰问联防队员；加加镇举办“村干部素质能力提升工程”第二次摸底考试。

8日 日喀则市考核组到萨嘎县考评统战民族宗教工作；县科技局到加加镇检查科技特派员工作开展情况。

9日 萨嘎县召开2016年基层党建工作述职评议会；萨嘎县开展城区清理专项整治行动。

10日 县委书记顿珠主持召开萨嘎县“增强四个意识、树立四个自信、做合格党员”专题研讨会；法院院长扎西次仁为县法院党员讲党课；县科技局到各乡（镇）开展年度考核工作；萨嘎县组织“巾帼志愿者”开展爱心物资发放活动。

12日 萨嘎县召开创先争优强基础惠民生活动第五驻村工作总结表彰暨第六批驻村工作动员部署会；萨嘎县开展第六批驻村工作队长培训会；县安监局、妇联到各乡（镇）开展2016年度考核工作。

13日 萨嘎县召开党的十八届六中全会和自治区第九次党代会精神宣讲报告会；县委常委、统战部部长巴多到雄如乡检查指导统战工作；县委常委、副县长次仁旺拉到各乡（镇）指导市政基础设施建设项目设计方案制订工作；雄如乡召开脱贫攻坚工作总结暨脱贫摘帽会；县教育局到各乡（镇）完小检查“三包”政策落实情况。

14日 萨嘎县各乡（镇）召开“两学一做”专题研讨会。

15日 日喀则市佛教协会宣讲组到萨嘎县开展“爱国爱教”宣讲活动；西藏自治区法官学院党委书记拉吉，日喀则市中级人民法院党组成员、副院长央珍到萨嘎县法院检查各项工作；副县长潘克祥到旦嘎乡验收旦嘎罐区项目；萨嘎县第五批驻村工作队以“四个坚持”“四个明显”助推驻村工作结果；自治区高级人民法院驻雄如乡唐如村工作队为学龄儿童发放文具用品。

16日 日喀则市人民政府副市长、脱贫攻坚指挥部指挥长罗布松拉一行到萨嘎县调研精准扶贫工作开展情况；西藏自治区新闻出版广电局副局长刘俐一行到萨嘎县开展广电项目验收工作；萨嘎县召开十三届人大常委会第三次会议。

17日 萨嘎县举办农牧民钢筋工、混泥土工技能培训。

18日 中央媒体、自治区媒体团采访萨嘎县门曲村村办集体经济（奶渣合作社）；萨嘎县召开2016年综治、维稳、双联户工作表彰大会。

19日 萨嘎县公安局开展应急处突演练，确保辖区持续稳定。

20日 西藏自治区高级人民法院党组书记、院长索达到萨嘎县雄如乡检查驻村工作；县法院召开第五批驻村工作总结暨第六批驻村工作、守桥设卡动员部署会；萨嘎县开展低保专项整治活动；县农普办举办第三次全国农业普查乡（镇）普查员培训。

21日 萨嘎县以“四个到位”认真开展第五批强基惠民资金落实情况检查工作。

22日 萨嘎县档案局到各乡（镇）考评档案管理工作。

23日 夏如乡召开次仁曲珍先进事迹报告会；日喀则市城乡低保交叉考核组到萨嘎县检查考核工作；县总工会看望慰问全国劳模和企业困难职工。

24日 西藏自治区公安厅治安总队总队长祁元方一行调研组到萨嘎县22道班公安一级检查站调研检查工作开展情况及设备运输情况。

25日 县委书记顿珠，县委副书记、政府党组书记、县长郭光成等10名代表参加中共日喀则市第一届委员会第五次全体会；各乡（镇）陆续召开2016年度“双联户”工作总结暨2017年工作安排部署会；西藏自治区公安边防总队驻古郁村工作队医协助村医改善农村医疗机构基础条件。

26日 参加中共日喀则市第一届委员会第五次全体会的萨嘎代表团进行分组讨论；日喀则市卫生局副主任尼玛次仁一行考评组到萨嘎县考评2016年度卫生工作。

27日 中共日喀则市第一届委员会第五次全体会议胜利闭幕。

28日 日喀则市领导看望慰问萨嘎县出席日喀则市一届人大四次会议代表；政协第一届日喀则市委员会第四次会议隆重开幕；县农牧局工作人员到各乡（镇）开展暖圈项目验收工作。

29日 日喀则市第一届人民代表大会第四次会议隆重开幕；日喀则市第一届人民代表大会第四次会议萨嘎县代表团举行小组会议；县委常委、政法委书记、公安局局长侯荣到如角乡派出所检查指导工作；县委常委、宣传部部长米玛到拉藏乡溪果村督查指导驻村各项交接工作。

30日 萨嘎县进行永久基本农田划定，聘请国测三队完成萨嘎县永久基本农田划定工作，初步任务8710.06亩，确定永久基本8210.05亩，分布于萨嘎县旦嘎乡、夏如乡、加加镇；萨嘎县收到拉萨晚报特派专人专车送来的扶贫物资；县民宗局开展2016年度统战民宗绩效考核工作；县公安局开展烟花爆竹安全大检查活动。

31日 日喀则市第一届人民代表大会第四次会议胜利闭幕；雄如乡召开第十四届人大代表意见建议座谈会；政协第一届日喀则市委员会第四次会议胜利闭幕。

政 治

中共萨嘎县委员会

【概况】 中共萨嘎县委员会现有县级干部13人，正职4人（其中援藏1人），副职9人（其中援藏2人）。全县生产总值3.59亿元，同比增长8.46%；地方一般公共预算收入达到1420.04万元，同比增长21.37%；完成全社会固定资产投资5.33亿元，同比增长62.13%；社会消费品零售总额增长91%，达到1.24亿元；农村居民人均可支配收入增长8.8%，达到6670.7元。

【精准扶贫】 实现214户、794人脱贫，超额完成83户、341人，加加镇杰村成功退出贫困村；开工实施153户、481人易地扶贫搬迁，竣工72户，入住率达44%；编制完成2016-2020年脱贫攻坚总体规划、产业规划、生态补偿规划、异地搬迁规划、转移就业规划；建立实施“3211”结对帮扶机制和一对一监督机制，建立贫困户健康档案，制订出台《萨嘎县贫困户管理办法》，完成县扶贫开发投资有限责任公司组建成立工作。同时，大力发展短期育肥、借母畜还子畜等扶贫产业项目，实现产业分红170.2万元。

【产业发展】 第一产业产值0.6267亿元，同比增长2.34%；第二产业产值1.2386亿元，同比增长11.14%；第三产业产值1.7268亿元，同比增长8.95%。

【加强“两新”组织管理】 延伸党团工作触角，确保具备条件的“两新组织”单独建立党团组织，实现党团工青妇组织的全覆盖，为“两新组织”健康发展注入了新的活力。管理与服务并重，把握“两新组织”管理着力点，依法按制度管理，形成民政、工商等部门统一登记、分类管理、行业指导、综合监管的社会组织管理体制和运行机制。

【推进平安建设】 加强基层综治队伍建设，围绕推进平安萨嘎建设，按照“乡乡有中心、村村有站点”的工作目标，初步推行和实现了县、乡、村综治组织“五有”“三上墙”“两齐全”，整合双联户长、摩托车联防队、“红袖标”等基层群防群治组织2200余人，切实形成了社会治安联防、基层平安联创、社会管理联抓的工作格局。

【综治宣传教育】 强化宣传，2016年开展综治宣传教育活动14次，悬挂横幅77条，发放各类宣传单（册）5300余份，接受群众咨询300余人次。开展培训，对辖区507名户长开展了3期“三抓三增”专题学习培训会，对综治工作人员开展了1次业务培训。加强交流，为进一步提高全县综治、双联户工作整体水平，切实拓宽乡镇综治工作人员对综治、双联户工作的全面深入了解，组织县辖8个乡镇16名综治干部到萨嘎县综治先进乡开展了观摩学习交流活动。

【落实综治维稳责任制】 加强组织领导，县委、县政府坚持将政法、综治、维稳工作纳入全县经济社会发展总体规划和年度目标管理之中，制订了长期规划、年度计划和阶段性工作重点，并与经济工作同安排、同部署。落实工作责任，各级党政主要领导履行保一方平安、维护一方稳定的政治责任，定期研究全县政法、综治、维稳各项工作，解决突出问题，形成了主要领导亲自抓、分管领导具体抓、其他领导配合抓的齐抓共管工作格局。加强经费保障，2016年县财政共投入综治维稳专项经费189万元。其中维稳经费120万元、综治各项经费29万元，双联户经费40万元，各项工作经费均大幅提高。

【开展民族团结宣传教育活动】 全年共印发宣传单1100余份，宣传手册300份，宣读相关文件4份，在县城各街道悬挂横幅4条，营造了浓厚的民族团结氛围。深入开展民族团结进步创建评选表彰活动，采取自上而下、逐级推荐、好中选优、综合平衡的办法评选模范集体和个人。2016年县委、县政府表彰模范集体10个和模范个人15名，共发放表彰奖金11万元。

【落实党建工作责任制】 按照区市两级下达的“任务书”、列出的“时间表”、划定的“路线图”，因地制宜、因情施策，及时召开年初党建工作专题会，明确2016年党建10项重点工作。县委与各乡镇、各乡镇与各村党支部层层签订目标责任书，细化量化全年党建工作各项任务。进一步调整充实党建工作领导小组成员，从严从实落实领导干部联系基层工作和党员干部结对帮扶制度。坚持真督实导，县委先后下派3批党建工作和强基惠民工作专项检查组，对7乡1镇38个行政村党建工作进行多轮次检查，及时开出整改清单、跟踪督促整改落实情况，确保了年初有部署、年中有检查、年终有考核。

【加强基层干部队伍建设】 萨嘎县把村干部素质能力提升摆在2016年党建工作重点任务，层层制订萨嘎县万名村干部文化素质提升工程任务分解表，依托驻村工作队员或本村能人，大力开展村级夜校、短期集训、结对帮教、驻村工作队带学等活动，认真做好备课、常态布置作业、定期举办测试。结合实际，制发《萨嘎县集中考察确定村级后备干部方案》，明确考察范围、考察条件和培养教育、激励措施，建立完善260人的村后备干部库，并与村干部一同参加学习培训和实践锻炼。率先实施村干部、村后备干部建档立卡工作，将村干部和后备干部的每年年度考核表、健康档案、党员档案、工作经历、能力素质提升测试成绩、毕业证书等纳入建档立卡范畴，以机关化标准规范管理。继续加强第一书记、大学生村官的选派，落实政治、生活待遇，对期满第一书记进行严格考核，评选优秀6名。坚持因村派人和人岗适宜相结合，继续择优选派38名新一轮村第一书记，确保第一书记、大学生村官在基层待得住，有干劲。统一制发《萨嘎县村干部考勤登记表》，严格记录村干部出勤情况，综合平时考勤、乡镇评价考核、述职评议结果，分好激励考核“蛋糕”，村干部履职尽责、创先争优的主动性和积极性明显提高，群众满意率高达89%。

【党风廉政建设】 加强组织领导。县委及时调整充实党风廉政建设责任制领导小组，坚持一把手负总责，班子成员分工负责，加强对党风廉政工作的领导。年内，县委召开常委会2次和专题会议4次，认真总结和安排部署每个阶段党风廉政建设工作，全面落实各级党委、纪委的重要会议和文件精神。同时，县委书记充分发挥表率作用，带头讲廉政党课1次，带头公开廉政承诺3事项，带头对下廉政谈话12人次；分解落实责任。县委及时制订《中共萨嘎县委关于履行党风廉政建设党委主体责任的实施方案》和《萨嘎县2016年度党风廉政建设和反腐败工作主要任务分解表》，进一步理清党委领导班子集体责任、主要负责人第一责任、领导班子成员分管责任。县委与班子成员、各乡（镇）、各部门层层签订《党风廉政建设目标责任书》，把党风廉政建设责任制任务分解细化到各乡（镇）、各部门，落实到人，传递责任、传导压力，形成一级抓一级、层层抓落实的工作格局。

【思想政治建设】 县委坚持履行意识形态工作主体责任，及时出台《萨嘎县贯彻落实自治区〈党委（党组）意识形态工作责任制实施细则〉的方案》，县委常委会研究审定《2015年度县级精神文明评选名单》《萨嘎县对外宣传奖励办法》等涉及意识形态领域工作的文件，对全县意识形态工作进行专题安排。县委宣传部切实履行意识形态工作直接责任，制订出台《意识形态工作监督考核办法》《意识形态工作责任追究办法》等有关制度，扎实组织推动全县意识形态工作。

【其他工作】 认真贯彻落实市委“6677”发展战略，贯彻落实全市农村工作会议、产业发展大会精神，农工办紧紧围绕“三农”工作，充分发挥职能作用，狠抓“三农”工作开展，因地制宜、因情施策，积极探索、深入调研，坚持以“涉农强农惠农”政策为契机，以提高粮食综合生产能力、发展现代农牧产业、促进农牧民增收为首要任务。坚持“发挥优势，突出特色，相对集中，高产高效”的原则，以提高质量，优化结构为重点，把农牧业产业结构调优、规模做大，推动农牧业产业化不断向深度进军，力争两、三年内建成有规模有品牌的牧业大县。以加速推进农牧业产业化、加强农牧业基础设施建设、深化农村改革、保障农牧产品质量安全、切实解决民生问题为核心目标，始终把稳定发展粮食生产、稳步提升畜牧产业和振兴萨嘎经济作为工作方向，积极谋划推动有机种养+产业发展，大力扶持民族特色手工业，全力打造“一村一品”示范乡、村，鼓励组建农牧民专业合作社，逐步推进大棚蔬菜种植，把萨嘎县霍尔巴羊、山羊、牦牛繁育三维一体基地建设项目作为全县产业化发展的主导产业，做大做强。进一步提升农牧业综合生产能力，进一步深化农村改革，不断增强发展活力，进一步突出特色优势、大力发展产业化经营，进一步完善支持保护政策、拓宽农牧民增收渠道，进一步推进新农村建设，促进农牧业增产增效、农牧民持续增收。加快产业结构调整，大力实施产业项目建设，推进农牧区结构改革，加快补齐农牧业现代化短板，推进农牧业供给侧结构性改革，在提升农牧业产品质量、提高产量上下功夫，在增加农民收入、保障有效供给上做文章，逐步拓宽销售渠道，加大市场供给力和竞争力，在农牧业转方式、调结构、促改革等方面进行积极探索，向追求绿色生态可持续、更加注重满足质的需求转变，实现农业增效、农民增收、农村增绿。

（肖在富）

【领导名录】

县委书记　顿　珠（藏族）

县委副书记、县长

李运生（8月免）

郭光成（8月任）

县委常务副书记

王　昕（7月免，吉林援藏）

郭光成（8月免）

县委副书记、常务副县长

王学伟（7月免，吉林援藏）

县委常务副书记

张　崇（满族，7月任，吉林援藏）

县委副书记、常务副县长

卢百超（7月任，吉林援藏）

萨嘎县人民代表大会常务委员会

【概况】 萨嘎县人大常委会成立于1954年。第十三届人大常委会于2016年4月换届产生，换届选举共产生区、市、县、乡人大代表335名，其中自治区人大代表1名，市人大代表13名，县人大代表94名，乡镇人大代表241名。常委会实际领导指数4名；主任1名，副主任3名；平均年龄为45岁，大专学历3名、中专1名。2016年，共召开常委会议6次，主任会议8次，听取和审议专项工作报告12

个，组织代表考察2次，开展专题调研5次，开展执法检查3次，任免国家机关工作人员66名，办理代表意见建议132件，为全县经济社会发展稳定工作做出了积极贡献。

【重大事项决定】 严格法律程序，正确处理县委决策、人大决定和县政府执行的关系，依法对县人民政府工作报告等重大事项做出12项决定，确实把党的主张转换为人民的意志，保证人大工作与县委的决策部署同心、同向、同步。

【人事任免】 常委会坚持党管干部和人大依法任免的有机统一，讲政治、顾大局，充分发扬民主、严格依法办事。完善任免程序，对常委会任职人员颁发任命书、组织任职发言、举行宪法宣誓仪式，进一步增强被任命人员的大局意识、公仆意识、担当意识和主动接受人大监督的自觉性。严格按照法律程序任免国家机关工作人员，常委会共依法任免国家机关工作人员66名。其中免去23名，任命43名。此外，根据市人大代表终止情况和市人大常委会工作安排，依法补选市四届人大代表4名。

【监督工作】 年内，萨嘎县人大常务委员会在行使监督职权过程中，始终坚持党的领导、坚持依法履职、坚持问题导向、坚持服务和监督有机结合；紧扣全县中心工作和群众关心的热点、难点问题，以集体监督的方式作为实际问题切入点，不断强化监督职责。通过听取审议报告、调研视察、执法检查等监督形式，较好促进了“一府两院”工作的顺利开展，推动了民生工程的实施进程，确保法律法规地贯彻执行。

【代表工作】 年内，充分发挥人大代表的主体地位，不断提升代表履职能力、完善服务保障机制、创新服务载体，切实加强和改进代表工作。发挥代表的主体地位。坚持人大代表列席县人大常委会会议制度，积极邀请人大代表参加县人大常委会；组织各乡镇人大代表对易地搬迁、灾后重建等项目的建设情况进行监督检查、开展《西藏自治区湿地保护条例》执法检查等活动，全年共邀请20余名人大代表列席县人大常委会会议，40余名代表参加常委会组织开展的执法检查和交叉学习。督促代表意见建议的办理。常委会坚持把办理代表建议、批评和意见作为支持和保障代表依法履职的重要环节，安排专人专班梳理代表议案，及时做好建议、批评和意见的整理和工作，并召开意见建议督办会2次，确保相关建议、批评和意见得到答复和落实。年内，全县人大代表共提出建议意见132件，办理答复率达100%。组织代表学习培训。为切实增强人大代表履职能力，维护人大代表的先进形象，经市人大常委会、县委批准，常委会组织22名萨嘎县第十三届县级人大代表对桑珠孜区、白朗县、江孜县所属产业项目进行了考察学习；组织新一届45名农牧民代表学习了《中华人民共和国宪法》《代表法》《监督法》及《环境保护法》等相关法律知识；通过开展视察培训活动，进一步规范人大代表的工作程序，加强作风建设，提高代表的服务质量和办事能力。

【“人大代表之家”】 为不断巩固和拓展“人大代表之家”功能作用，积极为人大代表履职、学习培训、联系群众等搭建平台，制订“人大代表之家”“人大代表小组”学习计划方案，有效地促使“人大代表之家”的作用发挥。

【换届选举】 2016年，“分步实施、稳步推进”县乡人大换届选举工作。依法选举出县级人大代表94人，其中党政代表43名、农牧民代表44名、宗教界1名、致富能手1名、退休1名、解放军1名、专业技术人员3名。县人大常委会组成人员22人，其中主任1人、副主任3人、委员18人。各乡镇也依法完成241名乡级人大代表的选举工作，其中党政代表48名、农牧民代表166名、宗教界代表5名、致富能手4名、专业技术人员18名。常委会在县委的领导下，坚持发扬民主，坚持依法办事，坚持保障人民选举权和被选举权，坚持对违规违纪违法问题“零容忍”，不断加强对选举工作的监督，确保选举工作风清气正。加强统筹安排。根据区党委、市委相关文件精神，县人大常委会认真调研、提前谋划，从4月份着手筹备，成立专班、拟订方案、开展培训，认真开展县乡人大换届选举准备工作。加强业务指导。常委会安排专人对中央、自治区、市人大关于换届选举工作的指示精神、工作要求、方法步骤等进行系统学习，研究制订《萨嘎县县乡人大换届选举工作实施方案》，并指导乡镇人大规范工作程序、严肃工作纪律，着力营造风清气正的换届选举氛围。加强舆论宣传。县人大常委会紧扣各阶段工作重点，充分利用县电视台、政府网、萨嘎动态等媒体开辟专栏，通过印发资料、制作板报、悬挂横幅、张贴标语、在群众中宣传《中华人民共和国宪法》《选举法》《组织法》等法律法规等形式，让广大人民群众更直观了解选举的重要性和必要性。加强程序操作。人大换届选举工作政治性、法律性、政策性和程序性都很强。在选举各个环节，人大及其常委会坚持有法必依，严格执行法律和政策有关规定，确保换届选举规范有序进行。

【自身建设】 2016年，按照“视学习为政治、视学习为大局、视学习为常态”的要求，萨嘎县人大常务委员会及其党组引导代表不断加强政治理论学习，加强对习近平总书记系列讲话，特别是治国理政新理念新思想新战略的学习，加强对党的十八大、十八届三中、四中、五中、六中全会和中央第六次西藏工作座谈会精神的学习，牢固树立“四个意识”特别是核心意识、看齐意识，坚定不移维护以习近平同志为核心的党中央权威，坚定不移贯彻落实习近平总书记治边稳藏重要战略思想，坚持把党的领导贯穿于人大工作始终，做到忠诚于党、忠诚于核心。扎实开展“两学一做”学习教育和“讲学习、讲忠诚、正风纪、转作风、提效能”主题活动，全面系统学习《中国共产党章程》《党内政治生活的若干准则》等党纪党规，进一步统一思想，不断强化责任意识、担当意识，积极履行党风廉政建设责任制，不断严肃党内政治生活，锤炼广大党员党性修养，筑牢拒腐防变的思想防线，促进了人大机关纪律作风的转变。2016年人大常委会还对过去已形成的《萨嘎县人大制度汇编》和《人大代表之家制度汇编》等规章制度进行进一步的梳理，结合实践，去陈出新，修订和完善常委会议事规则和工作制度，确保各项制度符合新的工作要求和目标，提高了常委会工作的科学化、规范化、民主化水平，自身素质建设得以加强。

【党风廉政建设】 按照党风廉政建设有关规定，严格执行中央“八项规定”、区党委“约法十章”“九项要求”及市委“八项要求”，严守公务用车、公务接待、公务经费管理规定。严格落实“三会一课”工作制度，积极组织常委会组成人员、人大机关干部职工及人大代表对《中国共产党廉洁自律准则》《中国共产党纪律处分条例》进行学习培训，切实落实党风廉政建设主体责任，营造廉洁自律文化氛围，筑牢反腐倡廉的思想防线。

（杨　佳）

【领导名录】

党组书记、主任
　　拉巴次仁（藏族，4月免）
　　阳　　艺（9月任）
副主任　多　　吉（藏族，9月任）
　　巴桑次仁（藏族）
　　平　　措（藏族，1月任）

萨嘎县人民政府

【概况】 萨嘎县人民政府现有县级干部10人，正职1人，副职9人（其中援藏2人）。2016年，实现全县生产总值3.59亿元，同比增长8.46%；地方一般公共预算收入达到1420.04万元，同比增长21.37%；完成全社会固定资产投资5.33亿元，同比增长62.13%；社会消费品零售总额增长91%，达到1.24亿元；农村居民人均可支配收入增长8.8%，达到6670.7元。2016年，开复工项目67个（其中，续建10个、新建57个），计划投资5.6亿元，完成投资5.33亿元，同比增长62.13%。重点推进昌果乡雅江大桥建设项目，G349岔口至旦嘎乡公路，萨昌公路岔口至布扎村、唐如村、卓巴布村公路建设，旦嘎灌区、县城供水（二期）、县城排水工程，2016年公共租赁住房、县直周转房建设项目等一大批涉及交通、水利、城镇基础设施等民生项目，有效改善了农牧区基础设施条件，推动了县域经济的快速发展。深入开展项目建设领域专项整治，切实解决项目建设领域出现的各类问题，全县项目建设领域秩序井然。

【产业结构不断优化】 三次产业分别达到0.6267亿元、1.2386亿元、1.7268亿元，同比分别增长2.34%、11.14%、8.95%。农牧业基础地位不断巩固，推广良种2200亩，实现粮食产量1312.75吨、油菜产量106.15吨、蔬菜产量600吨、青饲料产量1340吨；牲畜存栏总数达到17.94万头（只、匹）、出栏7.83头（只）、牲畜短期育肥9500只。第三产业显著提高，共接待过往游客13.98万人次（其中国外游客2.39万人次、国内游客11.59万人次），实现旅游总收入601.68万元，同比分别增长394.78%、127.09%；边境贸易平稳恢复，进出口总额实现8910多万元，同比增长46.5%。非公经济加快发展，市场主体发展到1030家，注册资金1.83亿元，从业人员3679人，同比分别增长10%、6%、6%。

【灾后重建全面铺开】 牢牢把握“4·25”灾后恢复重建有利时机，坚持以人为本，科学规划城镇布局，着力推进“西部驿站”、特色小城镇建设。2016年，开工实施灾后重建项目14个，完成投资1.88亿元，其中，投资1.086亿元的724户民房重建全部建成，90%受灾群众搬入新居；总投资4200万元、2016年投资2520万元的6个整村推进（萨嘎村、达琼村、达桑村、提布卓纳村、甲村、溪果村）完成投资1680万元，占计划投资的67%；总投资1.05亿元、2016年计划投资6300万元的加加镇、拉藏乡特色小城镇完成投资4774万元，占计划投资的75.8%。

【精准脱贫】 2016年，实现214户、794人脱贫，超额完成83户、341人，加加镇杰村成功退出贫困村；开工实施153户、481人易地扶贫搬迁，竣工72户，入住率达44%；编制完成2016~2020年脱贫攻坚总体规划、产业规划、生态补偿规划、易地搬迁规划、转移就业规划；建立实施“3211”结对帮扶机制和一对一监督机制，建立贫困户健康档案，制订出台《萨嘎县贫困户管理办法》，完成县扶贫开发投资有限责任公司组建成立工作。同时，大力发展短期育肥、借母畜还子畜等扶贫产业项目，实现产业分红170.2万元。

【公共服务切实提高】 深入贯彻落实脱贫攻坚工作部署，着眼保障和改善民生，全力推进社会事业全面发展。不断促进农牧民群众增收致富，开展劳务技能培训238人次，实现劳务输出7481人次，收入达2030.82万元。城乡最低生活保障工作稳步开展，累计为255户544人城镇低保对象，发放低保金79.78万元；为705户2354人农村低保对象，发放低保金161.58万元；为120个“五保”对象，发放五保资金56.88万元；城乡医疗救助745人次，累计支出救助资金83.83万元。扎实推进农牧区合作医疗制度，不断增加参合人数，参合率达到98.1%；完成包虫病筛查工作，共筛查3096人次，确诊123例，实现83人免费手术；全力做好妇幼卫生工作，住院分娩率达到95%。强化师资队伍管理，逐步改善办学条件，加大薄弱学科攻坚工作，加强本级财政投入，投入资金257.4万元，达到本级财政收入的22%以上，成立萨嘎“教育圆梦”基金，筹集资金达165.65万元。持续加强文化基础设施建设，积极开展文化下乡活动，深挖“甲谐”“铁姑娘”文化内涵，扎实做好文物保护，基本实现“户户通”全覆盖，广播电视覆盖率分别达到99.9%、99.8%，圆满完成市第十四届珠峰文化旅游节参演活动。

【生态屏障积极构建】 认真落实环境保护法及

区、市出台的环保法规政策和工作部署，坚守生态环保底线，严格项目准入，严把生态环境关、产业政策关、资源消耗关，严格落实“环保第一审批权”，切实加大环境保护督查力度。积极创建自治区级生态村，统筹推进美丽萨嘎建设，及时监测生态村环境质量。实施完成雅鲁藏布江源头国家级生态功能保护区（二期）建设工程、雅鲁藏布江源头县城段和县城垃圾填埋场环境综合治理网围栏项目。清理整顿水泥制品厂和采砂场，有效保护加布河及雅江上游沿岸的生态环境。认真开展水源地保护工作，扎实开展环境综合整治活动，切实改善县城环境，提升县城形象。加强公益林管护、森林防火与病虫害防治，兑现草原生态保护补助奖励机制资金3184.02万元、2015年森林生态效益补偿资金575.525万元。大力实施封山育林、防沙治沙等项目，重点区域造林532亩、拉萨周边防护林造林2000亩、封育5000亩。

【社会治理不断创新】 坚决贯彻落实习近平总书记“治国必治边、治边先稳藏”的重要战略思想和中央第六次西藏工作座谈会精神，认真落实区党委维稳“十项措施”，全面打赢“三节”“两会”“三月敏感期”和“12·8”等敏感时段安保攻坚战。加强社会治安综合治理，完善“平安萨嘎”社会视频监控系统和便民警务站管理，切实提高社会稳控能力。深入开展打击整治专项行动，严厉打击各类违法犯罪活动。加强社会全面管理和防范，着重加强特殊人群服务管理。完善应急管理体系建设，健全突发事件的预警和应急机制，进一步提高应对突发公共事件的能力。加强民族宗教工作，巩固和发展民族关系，依法管理宗教事务，健全完善寺庙管理长效机制。及时化解人民内部矛盾，为萨嘎县的发展稳定营造安定祥和的社会环境。

（朱孟超）

【领导名录】

县委副书记、县长

李 运 生（9月免）

郭 光 成（9月任）

县委副书记、常务副县长

王 学 伟（9月免，吉林援藏）

卢 百 超（9月任，吉林援藏）

县委常委、副县长

朴 洙 满（9月免，吉林援藏）

次仁旺拉（藏族，9月任）

韩 若 文（9月任，吉林援藏）

李 志 涛（9月任）

副县长 邱 东 军（9月免）

次 旺（藏族，9月免）

琼 达（藏族，9月免）

普 琼（藏族，10月免）

张 斌

边巴罗杰（藏族，1月任）

潘 克 祥（1月任）

普布旦增（藏族，9月任）

贡桑曲珍（女，藏族，9月任）

中国人民政治协商会议萨嘎县委员会

【概况】 萨嘎县政协于2012年7月成立。2016年1月主席1名，副主席2名，办公室主任1名，副主任1名，科员1名。2016年9月至12月31日，主席1名，副主席3名，办公室主任1名，副主任1名，副主任科员1名，科员1名，都为党员。政协第二届萨嘎县委员会委员共67名（预留党外副主席1名，党内委员1名），实际选举产生65名委员，共分8个界别。

【全体委员会议】 一届五次会议政协第一届萨嘎县委员会第四次会议于2016年3月31日至4月2在萨嘎县召开，应到40人，实到35人。会议听取并审议了《政协第一届萨嘎县委员会常务委员会工作报告》《政协第一届萨嘎县委员会第四次会议以来提案工作情况的报告》；补选1名政协副主席；审议通过《政协第一届萨嘎县委员会第五次会议的政治决议》《常委会工作报告决议》《提案工作报告的决议》《政协第一届萨嘎县委员会第五次会议提案审查情况的报告》。共收到提案36件，立案36件。

二届一次会议政协第二届萨嘎县委员会第一次会议于2016年9月2日至9月4在萨嘎县召开，应到65名，实到65名。会议听取并审议《政协第二届萨嘎县委员会常务委员会工作报告》《政协第一届萨嘎县委员会第一次会议以来提案工作情况的报告》；选举产生1名主席，3名副主席；审议通过《政协第二届萨嘎县委员会第一次会议的政治决议》《政协第一届一次会议以来常委会工作报告决议》《政协第一届一次会议以来提案工作报告的决议》《政协第二届萨嘎县委员会第一次会议提案审查情况的报告》。共收到提案72件，立案65件。

【第十次常委会议】 政协第一届萨嘎县委员会常务委员会第十次会议（一届最后一次常委会议）于2016年7月20日在萨嘎县主席会议室召开，县政协副主席次朗主持会议。会议审议通过审议通过全委会日程（草案）、审议通过政协第二届萨嘎县委员会第一次会议各次大会执行主席和主持人名单（草案）、审议通过政协第二届萨嘎县委员会第一次会议大会副秘书长名单（草案）。

【第一次常务主席会议】 政协第二届萨嘎县委员会常务主席第一次会议于2016年9月2日在政府会议室召开，县政协主席吴顿主持会议。审议提交主席团第二次会议审议的选举办法（草案）、审议提交主席团第二次会议审议的主席、副主席、常务委员候选人名单（草案）、通过政治决议（草案）、通过常务委员会工作报告的决议（草案）、通过提案工作报告的决议（草案）。

【第二次常务主席会议】 政协萨嘎县委员会常务主席第二次会议于2016年9月3日在政府会议室召开，县政协副主席普琼扎西主持会议。会议听取各小组讨论情况的综合汇报、审议通过总监票人、监票人名单（草案）。

【强化政治理论学习】 常委会深入学习贯彻中共十八大和十八届六中全会和中央第六次西藏工作座谈会、中央统战工作会议精神，深入学习贯彻习近平总书记系列重要讲话精神，学习贯彻2016年全国“两会”和自治区政协十届四次会议精神、自治区第九次党代会和市委一届五次全委会等一系列重要会议精神，以及县委第九次党代会精神，教育引导广大政协委员增强对中国特色社会主义道路、理论、制度、文化“四个自信”，牢固树立“四个意识”，高举爱国主义和中国特色社会主义旗帜，统一思想，凝聚共识，认清达赖集团分裂本质，坚决维护祖国统一、民族团结和社会稳定，始终在思想上政治上行动上与县委、县政府保持高度一致，自觉维护市委、县委的权威，始终与党同心同向同步同力，进一步增强了做好新形势下政协工作的信心和决心，不断巩固了团结合作的思想政治基础。

【加强提案办理落实工作】 2016年在政协一届五次和二届一次会议期间共收到委员提案110件，审查立案103件，立案率达到92.7%。提案内容，涵盖了萨嘎县社会、经济、文化和社会生活等各个方面，集中反映了各界人士和广大群众的意愿和诉求。2016年，先后对委员以会议代训的方式进行2次培训，大大提升了委员们的提案书写和提案质量，提案参与率达到98%以上。委员的提案从数量看，呈现逐年增加趋势，从办理结果看，县委、县政府及有关部门对提案办理高度重视，采取有效措施，给予了认真办理，立案提案办复率、满意率均达到98%。

【完成各项专题调研】 协助区、市政协组织就社会稳定、教育卫生、基层人才队伍建设、生态环保等方面重点工作进行调研，完成《2016年维护社会稳定调研报告》《萨嘎县民族工作和流动人口管理工作调研报告》《基层医疗卫生队伍建设工作的调研报告》《促进边缘乡镇人才培养使用的专题调研报告》《萨嘎县关于环境监测和监管执法能力建设专题调研报告》5篇调研报告。

【开展考察活动】 2016年10月25日至11月2日，在县委、县府的坚强领导及大力支持下，由县政协副主席次朗带队，组织18名二届县政协委员，利用为期9天时间到林芝市和山南市开展考察学习活动。期间，委员们通过现场观摩、访谈、召开座谈会、听取汇报等形式，围绕新农村建设、特色农产品产业发展、生态环保、维护社会稳定工作、创新寺庙管理工作、精准脱贫、易地搬迁、旅游发展、政协机关建设等方面进行考察学习。通过视察学习，开拓了政协委员的视野、理清了思路、取得了预期的效果，及时起草并向县委、县政府呈报《关于萨嘎县政协委员到林芝市和山南市考察学习的情况报告》。

【围绕精准脱贫议政建言】 常委会和广大政协委员围绕精准脱贫工作，深入基层察民情、听民声，谋良策、献良计，倾注了为民爱民情怀。围绕“实施精准脱贫战略，提高扶贫措施的有效性”主题，2016年7月7日至7月10日，政协主席带头，常委会成员深入7乡1镇，听取各个乡镇精准脱贫工作开展情况和下一步工作措施，并根据各乡镇的基本情况提出了具体工作要求，为萨嘎县精准脱贫工作献智出力。

【切实履行政治责任】 常委会坚持把维护社会和谐稳定作为第一责任，全面贯彻落实党的治藏方略和区党委“十项”维稳措施、市委、县委维稳决策部署，在重要敏感时段，县政协主席班子成员认真落实县级干部维稳包乡责任制，深入重点乡、学校、寺庙，全程督导维稳工作，并为长期坚守在最基层维护社会和谐稳定的驻村、驻寺干部和爱国守法的寺庙僧人共送去4500元的慰问金。认真学习贯彻中央、全区民族工作会议精神，围绕各民族“共同团结、共同奋斗、共同繁荣”为主题，深入开展“三个离不开”思想教育。进一步加强与少数民族界和宗教界委员的联系，通过走访、慰问、座谈会等活动，认真宣传贯彻党的民族宗教政策，促进了社会和谐稳定。

【开展结对认亲和帮扶活动】 认真贯彻落实县委关于“党员干部走村入户，结对认亲交朋友”活动和党员干部3211结对帮扶机制要求，政协党组成员和干部职工深入各自结对帮扶点了解贫困户生产生活情况，慰问贫困群众，制订帮扶计划。2016年，政协主席班子成员和机关党员干部为帮扶对象捐款共计6500元，并送去5000元慰问物资，进一步密切了党群、干群关系。2016年刘明超等5名经济界委员为萨嘎县教育“圆梦”基金共捐款23.7万元。2名经济界委员和3名农牧界委员给6个乡镇部分村无偿修路、桥、公厕，慰问贫困户共计折合人民币37.9万元。

【加强政协自身建设】 根据中央、区党委、市委和县委的统一安排部署，县政协党组以开展“两学一做”学习教育和“讲学习、讲忠诚、正风纪、转作风、提效能”主题活动为载体，全面加强委员和政协机关作风建设工作，着力提高政协工作水平。

【严格落实党风廉洁建设责任制】 常委会坚决贯彻执行中央八项规定、区党委“约法十章”“九项要求”和市委、县委的各项规定要求，坚持精文减会，厉行勤俭节约，践行群众路线，简化工作程序，改进工作作风，提高了工作效能。

（格　桑）

【领导名录】

党组书记、主　席	索　朗（藏族，3月免）
	吴　顿（藏族，9月任）
党组成员、副主席	次　朗（藏族）
	普琼扎西（藏族，3月任）
	边巴次仁（藏族，9月任）

中共萨嘎县纪律检查委员会（监察局）

【概况】 中共萨嘎县纪委与监察局合署办公，在县委、县政府和日喀则市纪委、监察局双重领导下工作。中共萨嘎县纪委（监察局）现有科级干部2人（其中虚职1人），科员6人。萨嘎县纪委、监察局紧紧围绕党的十八大、十八届五中、六中全会精神和十八届中纪委六次全会精神，八届自治区纪委七次全会、一届市纪委四次全会精神，按照全县党风廉政建设责任制工作总体部署，与时俱进，突出重点，强化教育，立足防范，标本兼治，惩防并举，注重预防的方针，严抓党风廉政建设责任制，全面推进惩治和预防腐败体系建设，确保了萨嘎县纪检监察工作的全面、协调、健康、可持续发展；充分发挥纪委教育、监督、保护、惩处职能；全面落实“三转”要求，做好干部监督制度化建设，经常开展警示教育活动，深入推动“两学一做”主题活动，将“讲学习、讲忠诚、正风纪、转作风、提效能”主题活动纳入工作学习议程，同时创新举措、狠抓落实，各项工作取得明显成效。

【制订目标方案】 根据日喀则市委的有关要求，加强萨嘎县惩治和预防腐败体系建设，深入推进党风廉政建设和反腐败斗争，制订和印发《萨嘎县贯彻落实〈建立健全惩治和预防腐败体系2013～2017年工作规划〉实施方案》的通知，将党风廉政建设责任制列入县委、县政府的重要议事日程，层层分解，责任到人，党政一把手亲自抓。认真贯彻落实“党委统一领导，党政齐抓共管，纪委组织协调，部门各负其责，依靠群众的支持和参与”的反腐败领导体制和工作机制。建立健全改进作风的常态化机制，完善党风政风建设社会评价机制，制作党风廉政建设工作台账登记表。2016年党风廉政建设责任制延伸到基层党支部和机关全体工作人员，延伸到人、到岗；形成全方位预防和治理腐败的新局面。

【签订目标责任书】 年内，为扎实推进萨嘎县惩治和预防腐败体系建设，进一步加强党风廉政建设，年初和县级领导班子、县直机关各部门主要负责人、7乡1镇负责人共83人签订《2016年党风廉政建设和反腐败责任制工作目标责任书》；加强党风廉政建设，促进萨嘎县县直机关党政领导班子、7乡1镇领导干部在党风廉政建设和反腐败工作中认真履行职责，保证萨嘎县党风廉政建设各项工作任务的贯彻落实。县委党风廉政建设领导小组召开党风廉政建设责任制工作专题会议4次，反腐败工作领导协调小组召开反腐倡廉专题内会议2次，促使党员干部严格落实党风廉政建设工作和反腐倡廉工作的要求，同时健全领导干部廉政档案信息管理制度。2016年上半年共新建廉政档案53份，建立存档萨嘎县党员干部述职述廉报告45份。

【党风廉政审查】 开展拟提拔干部职工的党风廉政审查，根据《中国共产党章程》及《中国共产党党员领导干部廉洁从政若干准则》、党风廉政建设内容，从党纪、政纪、法纪、政治纪律、组织纪律、工作作风、生活作风、廉政意识、“四风”9个方面进行谈话了解审查。在审查中以张贴公示、组织审查、群众了解、组织谈话相结合的方法进行，谈话层次面广，涉及各单位行业领域，既有县级领导干部，也有科级干部、一般干部、技术员，谈话人达到116人，是拟提拔干部的两倍之多；公示期间无任何电话举报和信件来访举报；准确地了解54名人员的党风廉政廉洁自律等方面情况，联合县委组织部对全县新提拔和转任重要岗位的23名领导干部进行任前廉政谈话和履职谈话。

【加强干部作风建设】 为进一步加强各单位效能建设，萨嘎县纪委、监察局制订和完善各项规章制度。制订下发《中共萨嘎县纪委谈话函询办法（试行）》《中共萨嘎县纪委诫勉谈话办法（试行）》《乡镇纪检监察信息考核办法》《乡镇纪委办案补贴发放办法》《乡镇纪委向县纪委报告工作制度》《乡镇纪委书记向县纪委书记述职述廉制度》《乡镇纪检监察干部外出及请销假报备制度》《萨嘎县领导干部廉政审查制度》《公务用车车辆管理规范制度》等，完成萨嘎县42个党政机关、企事业单位114辆公务用车的统一标识工作；以及制订和完善委、局周例会、月例会和7乡1镇纪检干部请销假制度等；制订制度后，变为事先抓防范、事中抓规范、事后全过程监督，使教育、制度、监督融为一体，从源头上遏制腐败现象的发生，极力地促进萨嘎县纪检监察人员工作积极性和主动性，有力地促进萨嘎县的党风廉政建设。严格执行上下班纪律等。杜绝部分干部职工上下班纪律散漫、工作不实的现象。强化县直机关领导干部下乡制度。对部分领导干部，不深入基层，不深入群众、调查研究不够、工作作风不扎实等问题，萨嘎县纪委、监察局要求县直部门领导班子成员每月至少下到联系乡镇2次，经常性深入到群众中去，驻村工作人员至少每月回县一次向县强基办上报驻村开展工作情况，并将此项工作列入年度党风廉政建设责任制工作考核评优条件。

【以廉政文化为抓手】 为提升萨嘎县干部职工服务群众的意识和能力，增强“敢干事、干成事、敢担当、有作为”的作风，以深入开展“两学一做”“讲学习、讲忠诚、正风纪、转作风、提效能”教育实践活动为契机制订学习计划。通过发放一批《习近平总书记系列重要讲话读本》《党的十八届六中全会资料汇编》《党风廉政建设》《守纪律 讲规矩》《论群众路线》《损害群众利益–典型案例剖析》等学习材料，组织萨嘎县党员干部学习《中国共产党章程》《党员干部廉洁从政若干准则》《中国共产党纪律处分条例》《两项规则》等相关法律法规和条例，要求每个干部职工做好学习笔记、形成相关资料，观看警示教育片《作风建设在西藏》《永远在路上》等多种方式相结合，加深萨嘎县干部职工对“人民公仆”的理解，清正廉洁、担当作为，树立全心全意为群众服务的宗旨意识。

【开展反腐倡廉教育】 组织全体县直机关、7乡1镇干部职工共计1500人次集体观看《永远在路上》8集警示教育记录片，充分运用典型的腐败案例对全体党员干部进行警示教育，使广大党员干部举一反三，切实受到廉政文化教育；积极完成组织萨嘎县全体纪检监察干部职工共15人次，到内地、自治区、市委党校和上级纪委部门参加培训学习等。向全体党员干部职工转发《关于对五起违反中央八项规定精神问题通报》等文件共10份，印发各环节重点节假日和敏感期严肃纪律等相关通知共13份。通过开展专项监督检查、反面典型案例学习后，极大地教育广大党员干部，促进萨嘎县风清气正、清廉务实的工作作风。

【强化岗位廉政风险责任意识】 为深入推进惩治和预防腐败体系建设，加大从源头上预防和治理腐败工作力度，提升党员干部特别是领导干部的廉政风险防控能力，萨嘎县廉政风险防控反腐败工作领导协调小组依据年初方案和相关法规政策，制订萨嘎县廉政风险防控反腐倡廉工作计划。自2015年以来，通过自身查找、群众评议、群众建议、案例分析和组织审定等方式全面查找廉政风险点，共查找廉政风险点3个，中级廉政风险点2个、低级廉政风险点1个；提出制度化防控措施11条，其他防范措施5条，信息化防控措施3条。通过开展廉政风险防范管理工作，优化了权力结构、推进权力公开透明运行和加大治本力度，进一步强化关键岗位人员的责任意识和廉政从政意识。

【廉政文化进家庭】 年内，开展萨嘎县廉政文化进家庭活动，下发萨嘎县妇联《廉政文化进家庭活动》实施方案的通知，全县副科级及以上妇女干部和领导干部家属参加活动，活动中宣读廉政文化进家庭活动倡议书和家属承诺书；发放家庭助廉读本54本，签订44份家属承诺书，观看警示教育片。

【开展对各乡镇财务专项资金清查】 2016年6月，对7乡1镇进行财务专项检查，检查中发现报账不严、原始单据审核不严、部分票据无清单、做账不规范等问题，对存在的问题当面一一详细地指出，并要求在规定的期限内整改落实，并将整改情况上报萨嘎县纪委监察局办公室，对专项检查中存在问题的两个乡（镇）进行了通报批评。

【严格“三公”经费管理】 根据市纪委《关于对“三公”经费管理使用存在问题移送处理的函》，对萨嘎县财务清查过程中发现的个别乡镇和个别单位报账不严、做账不规范、无明细清单及公车豪华装修等问题，要求及时整改、并全县范围内进行通报批评。针对存在的问题进行检查核实，对存在问题的7个单位，在全县范围内通报批评。组织相关部门对惠民资金落实情况进行专项督导检查对于存在问题的单位和个人，情节较轻的进行教育批评和指正，要求限期整改，情节严重的追究有关人员的责任，绝不姑息。

【加大信访工作力度】 年内，萨嘎县纪委、监察局高度重视信访工作，积极主动作为，拓宽信访举报渠道，将萨嘎县纪委监察局办公电话作为信访举报专定举报电话，同时开通电子邮箱举报，在全县范围内设立举报箱共14个，对所有的信访件都认真地进行登记、分析、核实。截至2016年10月底，接到群众举报1人次，电子邮件1封，主动出击在检查中发现问题线索2起，市纪检信访室转办信访件1件已办结；协助市纪委办理2起违纪案件，维护社会和谐稳定；坚决查处萨嘎县党员干部违纪违法行为。

【严明政治纪律、强化管理措施】 9月30日，市纪委要求针对不良视频事件进行核实，萨嘎县纪委、监察局全力配合，对12名人员进行谈话并给予批评教育，并于2016年10月29日上报市纪委。在此次事件中萨嘎县12名党员干部受到党纪政纪处分，在事后对其12人进行组织教育。为杜绝此类事情的发生，萨嘎县及时对每个干部职工的微信群、QQ群、用户终端等进行登记造册管理，将安全文明规范使用网络作为政治纪律风险防控工作的重点来抓，把此次网络媒体传介安全工作涉及的人纳入风险防控工作的管理对象进行经常教育，做好监督管理，通过加强对各个环节上的监督和防控，超前预防风险；要求萨嘎县广大干部职工时刻提高政治敏锐性、警觉性、政治辨别力，杜绝类似的事件发生。

【聚焦主业转职能转方式转作风】 年内，按照纪检体制改革和职能转变要求，调整定位、强化主业，该管的管、该放的放。全面排查梳理近年来县纪委监察局参与的议事协调机构，经清理，取消或退出议事协调机构51个（含办公室设在县纪委监察局需撤销的议事协调机构3个），保留10个，进一步突出和明确纪检监察工作的重点和主要任务；进一步创新思路，理清职责，回归本职，把监督检查的切入点从配合相关职能部门开展业务检查，转变到对部门和个人履行职责的监督上来；将正常业务监督检查等职责交还给相关业务部门，纪委承担“监督的再监督”“检查的再检查”职责，不再越俎代庖，从而有效解决监督失之于软、失之于宽的问题，建立完善长效动态机制，提高严格执纪问责效果。

【建全纪检监察工作保障机制】 萨嘎县逐步完善纪检监察组织工作保障机制，纪检监察室的业务装备及办案工作的硬件设施基本达到了“十有”标准；完成“金纪”工程所有的前期建设工作。

【强化纪检监察干部业务素质】 为全面落实从严治党新要求，切实增强萨嘎县纪检监察干部队伍的纪律观念，县纪委组织县纪检监察工作人员10人，开展“对党忠诚、严守纪律、秉公执纪”主题教育活动。通过学习教育、深化剖析，撰写心得体会，查摆问题等方式，使队伍的理想信念进一步坚定，纪律进一步增强，秉公执纪意识进一步提高。

【日常办公保密工作】 台式电脑作为日常办公使用，并要求在内网状态下处理文件材料。笔记本电脑主要作为写材料或下乡考察、调研、出差时使用，也同样要求不能在连接互联网状态下处理文件材料。专用电脑主要作为信访信息系统、案件信息系统和网络密码机使用，都为单机状态，不与其他网络连接。同时要求纪检监察干部在案件审理中，严格遵守相关保密工作纪律。

【严格工作汇报制度】 8月份，组织召开县乡交流干部任职集体谈话会议和乡镇纪委书记培训交流暨乡镇纪委书记述职述廉、乡镇纪委工作汇报会；在县乡交流干部任职集体谈话会议上对新任职的49名人员提出具体要求，在乡镇纪委书记培训交流暨乡镇纪委书记述职述廉、乡镇纪委工作汇报会上，听取各乡镇纪委对上半年工作总结和下半年工作计划的汇报，审查7乡1镇纪委书记的述职述廉报告。

【严格部门学习制度】 年内，认真抓好单位人员学习和教育，及时组织传达学习中纪委、自治区纪委、市纪委有关会议和文件精神。开展了“两学一做”“讲学习、讲忠诚、正风纪、转作风、提效能”主题教育活动，集中观看警示教育片、保持共产党员先进性等主题教育活动。

【保持惩治腐败强劲势头】 年内，案件办理实现“零”突破，形成极大的震慑力。在实际工作中，注意研究新形势下违纪违法案件的特点和规律，不断探索办案思路，创新办案方法，把案件检查贯穿到纠风、效能建设、执法监察等项工作之中，通过办案，推动各项工作深入开展。截至2016年10月底，萨嘎县纪委、监察局在检查工作中发现问题并查处2起违规违纪案件。

【深化民主评议】 年内，在对38个县直单位和7乡1镇普遍评议的同时，选择政法3个与群众切身利益密切相关的单位进行重点评议，并针对部门和行业特点确定专题，力求评深评透。对县直单位、7乡1镇，开展了明察暗访发生在群众身边的“四风”问题和腐败问题线索情况3次，对全县公务用车乱停乱放现象、公车私用情况专项检查7次，对国家公职人员上班工作纪律、上班期间出入公共娱乐场所、茶馆专项检查4次，开展公款吃喝、公款送礼和对遵守中央八项规定情况专项检查7次，对全县驻村、驻寺严格遵守工作纪律和节假日维稳值班、维稳纪律值班带班专项督导检查13次；同时，紧紧围绕群众关注的热点问题，加大纠风专项治理力度。

【开展专项资金综合治理】 年内，根据萨嘎县委的年初工作安排和要求，2016年6月和10月份分别对行政事业单位房租收入管理使用情况进行全面的清查，并催收萨嘎县部分未能收回的房租租金共计叁拾万捌仟元整（308000.00），同时房租签约合同情况进行再次整改和查漏补缺；6月份对7乡1镇财务管理运行情况进行一次全面专项检查，检查中发现的问题及不足点提出意见建议，要求及时整改，其中2个乡镇在全县范围内进行通报批评；9月份重点对7乡1镇惠农资金兑现落实情况进行专项检查核实，要求对存在的问题及时整改到位。在工作中，坚持做到严格自查、严格督查、严格审核、严格追究和整改，逐笔逐项认真核对，发现问题及时纠正。在专项整治中共收回违反财经纪律、违规使用鼠害治理专项资金伍拾壹万叁仟陆佰贰拾柒元整（513627.00），已上交本级财政，对在治理中发现的问题全部整改到位。

【加强纪检监察队伍建设】 年内，顺利召开中国共产党萨嘎县第九届纪律检查委员会第一次全体会议，会议选举产生中国共产党萨嘎县第九届纪律检查委员会委员和书记、副书记，完成在全县换届中的监督工作。以“团结、创新、尽责、为民”为理念，以打造“学习型、创新型”为目标，先正己然后正人；注重规范管理，实现各项管理工作的规范化；打铁还需自身硬，注重提高干部整体素质。明确学习任务，有效地提高了乡镇纪委成员的政治素质和业务素质，促进了萨嘎县7乡1镇纪检监察工作的顺利开展。

（次仁多吉）

【领导名录】

书　记　加　　措（藏族，6月免）
　　　　多 布 杰（藏族，6月任）

副书记、监察局局长
巴桑仓决（女，藏族，11月免）
副书记 普琼次仁（藏族）

中共萨嘎县委办公室

【概况】 中共萨嘎县委办公室下设档案室（事业单位）和机要局，现有科级干部5人（其中虚职1人），科员10人。2016年，县委办公室紧紧围绕县委中心工作，坚持高标准、高质量、高水平、高效率，深化“三服务”，全面提高办文、办会、办事水平，不断强化管理、转变作风、锐意进取，各项工作全面上水平，服务质量整体上台阶，较好地发挥了以文辅政、参谋助手和综合协调作用。县委办公室作为县委的综合办事机构和重要工作部门，最根本的任务是围绕中心、服务大局，最重要的职能是当好参谋、做好助手，为县委决策和工作落实提供优质高效的服务。

【综合协调服务】 始终站在县委工作的全局高度，思考、筹划、安排和处理问题，协调县委领导之间、县委与各大班子之间、县委与各级党委之间、办公室与各部门之间的工作关系，保证县委领导班子意图的顺利实现和全局工作的协调运转，保障政令畅通。同时，办公室合理确定内部分工，对信息调研、督促检查、文稿起草、公文处理、会议安排、行政后勤、机要保密、信访文印等各项工作明确任务、职责，不断简化程序，提高服务质量，确保了各项工作高效运转。

【办文办会】 进一步建立健全办文、办会责任制，严格按照“服务、精简、高效”的原则，对会议通知、文件起草、修改、校对、翻译、印发、会场布置、会后反馈每一个环节层层把关，确保万无一失，不断提高办文、办会质量。年内，围绕县委各项工作的贯彻落实，坚持在参与政务上尽职，在管好事务上尽责，在搞好服务上尽心，充分履行了职能。先后组织筹备党代会、人代会、政协会、全委（扩大）会、常委会、视频会等各类会议150余场。坚持以文辅政，发挥参谋助手作用，始终把文稿材料作为办公室的头等要务，紧扣全县中心工作，深入贯彻领导意图，撰写一批领导满意、社会肯定、群众认可的文稿材料。起草印发萨委文件123件、萨委办文件40件、会议纪要26件，收办传阅各类文件500余件。起草修改审定讲话稿、汇报材料、调研报告、情况报告各类文稿160余篇，公文差错率控制在0.2%以内，办文、办会质量和效率逐步提高。

【综合信息】 坚持及时、准确、全面的原则，以县委中心工作为主线，围绕改革发展稳定中的大事、要事，围绕领导和群众关注的热点、难点，将信息任务量化分解到每一位同志和信息工作人员，督促指导信息收集和编报工作，坚决纠正在信息工作中报喜不报忧的现象，大胆反映工作中的真实情况，努力做到深入开发、综合利用、及时上报，为市委、县委及领导科学决策发挥参谋助手作用，全年共编辑报送信息812期。

【督查工作】 为深入贯彻落实市委、市政府各项决策部署，贯彻落实县委、县政府总体部署和要求，以指导为方法、检查为手段、落实为目的，采取明察暗访的方式，本着公平公正、高度负责、严督实导的原则，通过实地督导查看、听取汇报、查阅资料等形式，督促指导各部门、各乡镇扎实推动当前各项重点工作，坚决确保各项决策部署得到不折不扣的落实。结合当前形势和工作需要，进一步完善督查工作机制，不断加大领导批示、交办事项查办力度，特别是加强县委重大决策、重点工作部署落实和群众来信来访反映强烈问题的督查，“批必查、查必果、果必报”的督查运行机制基本形成，做到件件有着落，事事有回音。

【维稳工作】 认真贯彻落实中央第六次西藏工作座谈会精神，贯彻落实习近平总书记系列重要讲话精神，特别是“治国必治边、治边先稳藏”的重要战略思想和“加强民族团结、建设美丽西藏”的重要指示，贯彻落实区党委、市委、县委维稳工作决策部署，严格落实维稳工作制度。始终把维护稳定作为压倒一切的硬任务和第一责任，坚持把维稳工作与办公室日常工作同安排、同部署、同落实，深入开展反分裂斗争教育，积极组织开展法制宣传教育活动，全力解决向县委反映的涉诉信访、热点、难点问题，紧紧围绕打赢3月敏感期维稳攻坚战目标和全年“三无”目标，与全县并肩作战。制订完善综合办公楼带班值班制度，每月按时制订值班表，合理安排、综合协调各单位带班领导、值班人员，坚持24小时值班制度，督查带班值班情况，坚持维稳“零报告”制度，及时向县维稳指挥部报送当天值班情况。

【党风廉政建设】 全面贯彻落实中央纪委第五次、六次、七次全会精神和习近平总书记系列重要讲话精神，贯彻落实中央“八项规定”、区党委“约法十章”“九项要求”，贯彻落实党中央、区党委、市委一系列决策部署，始终把从严治党作为最大的政治任务来抓，始终把纠正“四风”和不严不实问题作为2016年正风肃纪的重要内容。将党风廉政建设纳入到工作议事日程，全面贯彻落实党风廉政建设责任制，明确领导职责分工，责任分解到人。将党风廉政建设与日常工作结合起来，做到一起部署、一起落实、一起考核，并作为干部考核、述职评议的重要依据。将党务事务公开作为加强自身建设和管理创新的重要举措，以“抓内容、抓平台、抓机制、抓特色”为基本思路，全面加强公务透明度建设，自觉接受广大干部职工的监督。坚持个人有关事项报告制度，办公室副科级以上领导干部如实上报《个人有关事项》，带头执行廉洁自律相关规定。坚持重大事项研究通报制度，完善党支部议事规则，做到“三重一大”事项集体研究、民主决策。坚持“三公”经费和公务用车管理使用制度，始终做到按规定按程序办事，实报实销、实事实用、公事公办，在群众中树立了廉洁从政的良好形象。

【作风效能建设】 以咬定青山不放松的毅力和勇气，以久久为功的态度和决心狠抓作风建设，持之以恒改进作风，坚持问题导向，进一步明确工作方向、细化工作措施、落实工作责任，防止作风问题反弹。组织开展“庸、懒、散、拖”自查自纠，及时查摆在学风、思想观念、工作纪律、工作效能、服务质量、廉洁自律等方面存在的差距和不足，针对问题，全面进行整改。

【党组织建设】 严格落实党要管党、从严治党、依规治党要求，深入推进党组织建设，加强支部制度建设。坚持落实党支部“三会一课”、民主生活会、民主评议党员制度，不断强化党员的教育、监督和管理，着力打造忠诚、干净、担当的干部队伍。深入践行“两学一做”学习教育及“讲学习、讲忠诚、正风纪、转作风、提效能”主题活动，以学、做、改为主线，带着问题学，带着问题改，聚焦理想信念、政治纪律、政治规矩、责任担当、作风建设等方面，开展批评和自我批评，深入查找问题，深刻剖析原因，认真整改落实，在学习、担当、纪律、作风、效能等方面不断加强自身建设，服务大局的凝聚力和战斗力不断增强。认真落实驻村工作，扎实开展“结对认亲”帮扶活动，深入农牧民群众家中倾听群众心声、了解群众疾苦，为驻村点落实解决办实事惠民资金15万元，为联系点帮扶贫困户捐赠生产生活物资合计2万余元。参与献爱心活动，累计捐赠款物5000余元。

【机要密码工作】 县委、县政府主要领导高度重视和关心支持机要密码工作，坚持“党管密码”原则，按照统一领导、归口管理、分级负责要求，始终把机要密码工作摆在核心位置，牢固树立生命线、保障线、指挥线意识，在科学运用和安全防范上下力气，在健全管理体制和完善制度上下功夫，在提高人员素质和督促检查上下力度，规则制度逐步健全，保密观念日益增强，安全措施不断完善，配置配齐机要计算机房和重点部位“三铁”“四防”措施，严格机要文件审阅、回收、存档、注销等程序，始终做到密码电报在收发、传阅、保管等各个环节登记明确、交接清楚、专人负责，形成人防、物防、机防相结合的综合防范体系，确保绝对安全、绝对畅通。

【档案管理】 紧紧围绕强化档案工作职能、强化档案服务功能，加快档案工作规范化、制度化、科学化管理，切实履行“为党管档、为国守史、为民服务”的岗位职责，把档案工作列入重要议事日程，列入工作计划和发展规划。按照档案管理工作要求，切实加强对档案的保管、保卫和保密工作，坚持每月清洁库房一次、打虫一次，做好防火、防盗、防虫、防霉等预防工作；坚持检查信息保存情况，做到防磁化、防碰撞，定期对档案工作实施全面检查，特别是对档案管理的制度落实、安全防范、正规化建设等方面进行重点检查，做好档案利用工作，一方面对未利用档案进行妥善保管，另一方面对可利用档案按照审批、登记、发出等程序向社会提供利用服务。全年移收档案共462件，接待查阅者67余人次，提供档案资料125多卷（件），复印档案资料315页，整理历年档案共2315件，档案归档完成90%。档案专项经费由2015年的6万元提高到2016年的10万元，为档案管理工作提供了强有力的资金保障。总投资196万元的新建档案馆建设项目，建筑面积700平方米及附属设施工程，档案馆设计3层（含有库房、机房、阅览室、办公室、值班室等），新建档案馆于2015年6月份开工建设，已基本完工，预计2017年正式投入使用。

【地方志工作】 县委、县政府十分重视地方志工作，把地方志工作列入重要议事日程，及时为方志办解决人员、设施等各方面的困难，调整充实萨嘎县地方志编纂委员会工作领导小组，按照地方志工作“一纳入、八到位”的要求，纳入全县经济社会发展规划和年度目标考核内容。坚持一把手总体抓、分管领导具体抓的责任制，与各乡镇、各县直部门一一签订目标责任书，明确各级各部门责任，推动地方志工作深入开展。办公人员得到充实，县委根据人员变动情况和工作需求，2016年专门从乡镇和部门抽调3名优秀干部充实县方志办，专职工作人员数量由2人增加到4人，工作队伍力量得到充实和提高；办公设施等到完善，2016年前，萨嘎县地方志办公室与县委办合署办公，2016年县委专门为地方志办公室配置了1间办公室，还配置了电脑、打印机、办公桌、文件柜等必要设施，逐步改善了办公条件；办公经费得到保障，按照“修志经费由地方各级政府负责”的原则，2016年县财政预算安排地方志工作专项经费10万元。《萨嘎县志》第一轮修志工作自1997年启动以来，在历届县委、县政府的高度重视下，在区市两级史志部门具体指导下，在史志工作人员的辛勤努力下，已完成复审、修改及终审工作，志书较全面系统地反映萨嘎县本县政治、经济、教育、文化、军事、地理、资源、民族、人口、风俗民情等方面的历史和现状。

【保密管理】 始终把保密管理工作作为一项重要政治任务常抓不懈。本着“控制源头、加强检查、明确责任、落实制度”的指导思想，以涉密人员、涉密载体、涉密计算机、涉密重要部门、涉密要害部位保密管理为重点，各保密单位齐抓共管，各负责人各尽其责。调整充实县委保密委员会工作领导小组，以高标准、严要求对文件接收、办理、传阅、归档、销毁等进行严格检查。严格管理全县密码设备使用、接收、保管、更换、登记、清退等，规范涉密载体、纸介质、磁介质使用，始终做到电报和文件审签、传阅、印发、归档、销毁等程序规范、过程清晰、责任明确，始终做到涉密计算机不联网，涉密文件不上网，设备和报警装置，密码电报和文件在收发、传阅、使用、保管等各个环节做到登记明确、交接清楚，对绝密电文实行专人登记、专人负责，严禁擅自扩大传阅范围，形成了人防、物防、技防相结合的综合防范体系，不存在在互联网等非涉密网络存储、传输、发布涉密文件和涉稳涉宗敏感信息资料；不存在复印、汇编和随意丢弃、变卖文件信息材料；不存在擅自公开报道涉稳涉宗事项和擅自采编、发布涉稳涉宗方面的信息；

不存在非保密场所和信息渠道谈论保密事项，非保密载体上存储、传输和处理涉密文件和涉稳涉宗敏感信息资料等，严格控制涉密文件和涉稳涉宗敏感信息资料知悉范围。

【全面深化改革工作】 2016年是“十三五”规划启始之年，是全面建成小康社会决胜阶段的开局之年，是全面深化改革从胜利走向胜利的关键之年，按照市委、市政府的决策部署，在县委的坚强领导下，在市委全面深化改革领导小组的具体指导下，县改革办紧紧围绕全面深化改革工作要点，不断强化领导组织，加大宏观调控和科学指导作用，坚持以科学发展观统领全局，紧紧围绕本年度改革发展稳定各项目标任务，认真履行部门职能，努力创新工作方式，准确把握改革发展新常态，开拓创新、真抓实干，推动各项改革工作稳步有序进行。经过广泛深入调研和反复研究论证，结合县情实际，提出了《萨嘎县关于深化政府机构改革的调研报告》，对8个单位和部门进行了机构改革；出台了《萨嘎县深化改革畜牧业推进霍尔巴羊基地试点建设的方案》，积极打造“霍尔巴经济圈”；印发了《中共萨嘎县委关于调整充实全面深化改革领导小组的通知》，健全完善了《县委全面深化改革领导小组工作规则》《县委全面深化改革领导小组专项小组工作规则》《县委全面深化改革领导小组办公室工作细则》《萨嘎县2016年全面深化改革工作计划》《萨嘎县2016年全面深化改革任务分解表》，健全出台2016年度全面深化改革工作要点、任务分解、工作计划，细化了经济体制、民主法制体制、生态文明体制等7个方面改革多项重点任务，明确了各项改革任务的具体领导、牵头部门、配合部门，全县各项改革事业取得显著成效。

（肖在富）

【领导名录】

主　任　董　　行（11月任）

副主任　拉巴扎西（藏族）

段 佳 均（6月免）

副主任科员

陈 艳 玲（女，11月免）

中共萨嘎县委组织部（编办）

【概况】 中共萨嘎县委组织部（编办）下设县委党校（事业单位）、电子政务中心（事业单位）和老干局，现有科级干部4人（其中虚职2人），科员8人（其中事业技术人员6人）。2016年，萨嘎县委组织部紧跟全面从严治党坚定步伐，切实增强政治意识、大局意识、核心意识、看齐意识，聚焦主业、攻坚克难，改革创新、狠抓落实，党建、组织、机构编制、老干等各项工作有了提质增效的明显进步，为实现“十三五”良好开局提供了坚强的组织保证。

【组织工作责任制】 按照区市两级下达的“任务书”、列出的“时间表”、划定的“路线图”，因地制宜、因情施策，及时召开年初党建和组织工作专题会，明确重点工作。县委与各乡镇、各乡镇与各村党支部层层签订目标责任书，细化量化全年各项任务。进一步调整充实党建工作领导小组成员，从严从实落实领导干部联系基层工作和党员干部结对帮扶制度。多次召开县委常委会、党建工作领导小组会议和调度会，研究重点问题，部署重点任务，层层传导责任。坚持真督实导，下派多批组织工作和强基惠民工作专项检查组，对7乡1镇38个行政村党建和组织工作进行多轮次检查，及时开出整改清单、跟踪督促整改落实情况，确保了年初有部署、年中有检查、年终有考核。在原有党建组织经费基数之上为每乡镇、每村分别增加2万元、1.5万元，为各乡镇强基办解决2万元办公经费，强化了工作保障。明确“深化工作机制，实施双提工程，推进规范化建设”的基层党建工作总体思路，建立健全《县委议事规则》等12项规章制度。

【干部人事工作】 着眼优化县乡科级领导班子结构，统筹全县干部资源配强县乡二级班子，把精兵强将选配到领导岗位。2016年共开展2批干部选拔任用工作，涉及人员146名。有序推进干部交流，换届人事调整中共36名干部进行了县乡、乡乡交流，将符合条件的15名汉族干部选配到乡镇任职。乡镇班子中汉族干部比例达到了30%。扩大选拔视野，2015年换届中从乡镇事业编制人员、优秀村干部、大学生村官中选拔乡镇领导班子成员，配备“三类人员”共21人。注重在维护稳定和反分裂一线、驻村驻寺工作、艰苦边远乡镇、急难险重岗位中培养锻炼、选拔使用干部，对长期在基层工作的汉族干部、优秀女性干部大胆使用。

【干部监督管理】 严格执行《萨嘎县干部职工请销假暂行办法》和考勤登记上报制度，落实惩罚措施。发挥日常监督警钟作用，对有苗头性倾向性问题的干部及时予以提醒和诫勉谈话，抽查多名干部的个人事项报告，落细落小干部能上能下工作机制，树立能者上、平者让、庸者下的干部用人导向。严格按照《干部选拔任用工作条例》等政策性文件规定，落实选人用人责任，坚持做到考察对象档案必审、个人有关事项报告必核、纪检监察机关意见必听、线索具体的信访举报必查。强化干部档案专项审核的“清淤”作用，聚焦“三龄两历一身份”，反复核实并经个人签字画押确认，力求核查工作“零失误”，从源头上杜绝档案材料不齐全、不真实、管理不规范等现象。坚持严管与厚爱相结合，推进职务与职级并行工作，落实干部待遇。切实保障干部职工休假权益，根据休假计划予以电话提前提醒。

【干部教育培训】 从严从实贯彻《干部教育培训工作条例》，采取集中办班、跟班学习、以会代训、流动党校等形式，抓紧抓好党员干部教育培训工作，突出精准扶贫、灾后重建、“两学一做”、换届、发展党员工作、“五大发展理念”、机关公文写作、藏汉翻译等重点课题，共举办各类培训65场次。重点举办村党支部书记、村委会主任、乡镇党委副书记、组织员、县直机关支部成员的党务知识集中培训，精准选派干部参加上级党校等各类培训机构举办的调训。

【党员队伍建设】 举办2期发展党员工作业务培训，明确发展党员“四不三硬两强”（即：政治不合格不发展、带头作用不明显不发展、入党动机不纯不发展、有违纪违规前科不发展；能力过硬、素质过硬、条件过硬；致富带富能力强、发挥作用强。）标准，全年共发展党员106名，其中农牧民党员54个，有“双带”能力的占80%，党员质量不断提高、学历结构不断优化。表彰优秀党员16个、优秀党务工作者8个、先进基层党组织8个，召开党课95人次。认真开展“组织关系集中排查”工作，对2个党总支、8个党委、54个机关党支部、38个村党支部和1729名党员逐一进行核对。10名失联党员取得了联系，规范管理流动党员10名。畅通党员“出口”，依规依据扎实开展处置不合格党员工作，共处置6名不合格党员。全力推进党费收缴专项检查工作，逐一对2008年以来的党员收缴党费进行了专项检查，整改未缴纳或按期不缴纳党费问题，追缴党费2万余元。狠抓党员档案规范化建设，全面排查党员党表填写有误、材料不齐全、建档不规范等问题。

【党建薄弱领域建设】 进一步优化县直机关、国有企业、非公经济组织、学校党支部设置。选优配强支部成员。结合“两学一做”学习教育，继续实施基层党建工作规范化建设。紧紧围绕“打基础、抓规范、强功能”目标，细化完善《基层组织规范化建设实施方案》，编印下发《党组织工作规范化手册》，量化党建工作各项任务，用台账式纪实基层党支部日常工作情况和各项制度落实情况，实现“工作流程化、考核指标化、管理动态化”。扎实完成8个乡镇、92个机关和企事业、非公党组织换届工作，配齐配强支部成员370人。按照不低于10%的比例，结合2015年度村级考核结果，对全县村级组织重新分类定级，确定拉藏乡门曲村、旦嘎乡坚巴奴村、昌果乡古郁村、夏如乡坚巴夏村4个较差村，坚持注重实际、突出问题导向，制订“一村一策”，聚焦问题、对症下药，认真抓好总结验收，整改销号，4个村实现晋位升级。

【村干部文化素质提升工程】 结合村干部文化底子实际，“量体裁衣”“对症下药”，采取驻村日常抓、乡镇全程抓、组织部辅助抓方式，层层制订萨嘎县村干部文化素质提升工程任务分解表，明确学习课程和时间安排，依托驻村工作队员或本村能人，大力开展村级夜校、短期集训、结对帮教、驻村工作队带学等活动。从县中学、各乡镇完小聘请授课经验丰富、长期教学藏汉数三门科目的教师，组成师资队伍，各乡镇选派1名带队跟踪管理员，举办为期10天的集中培训班，切实抓好素质提升工作。同时，通过驻村工作队与村干部结成帮带帮教对子形式，传授基层党建、精准扶贫、群众工作、新农村建设等工作“秘方”，逐步练就过硬本领。制发《萨嘎县集中考察确定村级后备干部方案》，建立完善260人的村后备干部库。率先实施村干部、村后备干部建档立卡工作，将村干部和后备干部的每年年度考核表、健康档案、党员档案、工作经历、奖惩证书、能力素质提升测试成绩、毕业证书等纳入建档立卡范畴，以机关化标准规范管理。继续加强第一书记、大学生村官的选派，对期满第一书记进行严格考核，评选优秀6名，继续择优选派38名新一轮村第一书记。

【村级活动场所标准化建设】 突出抓好前期调研，精心考虑规划选址、注重完善功能布局，由组织部牵头，整合发改、民政、财政、住建等单位，做到一村一方案、一活动场所一图纸。结合灾后重建，精准扶贫工作，总投资2099.48万元，县财政配套1000万元，全力实施加加镇杰村、达琼村和达桑村，夏如乡赤姆村、达吉岭乡萨嘎村，拉藏乡溪果村、久嘎村8个村级活动场建设项目，8个项目均已落地，切实打造“样板”工程。县、乡、村和驻村队联动整治其他村级活动场所“脏、乱、差”问题，筹集资金为每个村新建厨房和燃料库，建好、管好、用好村级组织活动场所，推动村级活动场所转化升级。

【村干部激励考核】 配套100万元资金，落实好村干部报酬待遇，以村正职900元、副职500元标准为村干部统一购买养老保险，继续强化村干部考核激励工作。出资35万元，落实村民监督委员会激励待遇。统一制发《萨嘎县村干部考勤登记表》，严格记录村干部出勤情况，综合平时考勤、乡镇评价考核、述职评议结果，分好考核激励“蛋糕”，村干部履职尽责、争先进位的主动性和积极性明显提高，群众满意率高达89%。

【党建促脱贫】 以结对帮扶促脱贫。建立“3211”（即市级领导帮扶3户、县级领导帮扶2户、科级干部帮扶1户、一般干部每两人帮扶1户）结对帮扶机制，共有1073名干部和15家当地农牧民施工队参与帮扶工作，帮扶覆盖率达100%。以壮大村集体经济促脱贫。投入200多万元资金，大力实施“一乡一品”“一村一特”。运用“支部+合作社”“支部+贫困党员”“支部+贫困户”等模式，千方百计壮大如角乡擦让村业余编织合作社、夏如乡拉亚村妇女编织合作社、昌果乡统购统销、达吉岭乡鲁嘎村采石场、加普村温室大棚、绵羊繁育基地等村集体经济。2016年村集体经济累计收入达78万元，解决就业45人。育好扶贫队伍促脱贫。结合换届，调整了部分工作相对滞后的领导班子，抽调6名优秀干部强化脱贫攻坚指挥部人员力量，配齐配强和育好育强乡镇扶贫分管领导和专职人员。

【改善乡镇条件】 持续加大基层党建工作投入力度，实施乡镇“六小二化”（小食堂、小温室、小澡堂、小猪圈、小活动室、小暖廊，乡镇机关院内硬化、净化）工程，竭尽全力改善乡镇干部工作和生活条件。新建和改扩建乡镇干部活动室、周转房、阳光棚等设施，切实优化乡镇干部工作生活环境。认真落实村级组织工作经费、大学生村官创业经费、扶持集体经济经费等本级配套资金。

【机构编制工作】 围绕全县改革发展稳定工作实际，按照精简统一效能原则，最终确定23家政府工作部门。新组建了卫生和计划生育委员会、文化新闻出版广电局、统计局等机构，对部分单位进行了撤销和重组，对部分单位的职能进行了划转整合。为新成立机构调配了编制和领导职数，配备了工作人员。制订下发《萨嘎县推行政府工作部门权责清单工作方案》，组建审改工作专办。多次召开推进会，明确责任、细化目标任务，确保权责清单工作有力有序推进。按照“三上三下”要求，反复审核反馈给各单位。市审改办、县审改办、市直部门权责清单负责人员，采取集中会议审查方式对县政府工作部门进行了集中审核。通过27天时间，对全县29家单位进行了详细审核，县权责清单事项由原来的1719项增加到3464项，权责清单得到“质”和“量”的明显提升。坚持实名制系统月更新制，变动信息及时在台账数据和机构编制实名制数据系统中更新，2016年共更新600余条信息数据。实现对机构、行政事业编制、实有人员变化和个人信息变更的动态监测与管理。

【援藏干部服务管理】 积极与援藏干部派出单位和市委组织部共同做好第五批9名援藏干部的考核工作，做到了如实、公正地评价援藏干部。在各级宣传媒体上广泛宣传援藏工作成效和援藏干部先进事迹，展示援藏成果和援藏干部良好形象。周密制订援藏干部迎送方案，确保第五批援藏干部走得顺心、安心和舒心，积极为第六批援藏干部搞好后勤服务，努力营造舒适的工作生活环境，切实解决援藏干部后顾之忧。对援藏干部坚持做到政治上充分信任，工作上大力支持，生活上热情关心，管理上严格要求。发挥好援藏干部“生力军”作用，助推援藏干部在萨嘎县经济建设、社会事业、党的建设、基层政权建设、干部队伍建设和社会稳定等方面做出应有的贡献。

【老干部工作】 列出专项资金10万元用于老干部活动经费和慰问经费，帮助长期住院治疗的离退休干部。坚持每逢“七一”“三大节日”期间统一对老干部进行慰问。2016年，在市委拨付的慰问金基础上，县里投入128600元资金为每位离退休干部增加800元节日慰问金。积极为安置在市、县两级的离退休干部解决活动场所，配备相关设备。多次举办文艺汇演、小品、红歌比赛等各类形式多样、丰富多彩的活动。按照就近就便原则，建立老干部支部3个。以《萨嘎县党支部规范化建设手册》为平台，力推老干部党支部规范化建设。为3个离退休党支部下拨活动经费15000元，为支部成员发放通讯补助4500元。认真落实定期联系离退休干部工作制，动态掌握思想动态、生活情况、身体状况等。邀请德高望重的离退休干部大力开展“老干部现身说法”和“老干部谈新旧西藏”等活动。结合“两学一做”学习教育，发放《中国共产党章程》《中国共产党纪律处分条例》《中国共产党廉洁自律准则》《习近平系列讲话》、“两学一做”学习笔记400余本，指导离退休干部学党章党规、学系列讲话、做合格党员。落实离退休干部外出请假报批制度，要求离退休干部始终以身作则，带头践行党纪党规。充分利用离退休干部熟悉维稳工作形势、维稳工作经验丰富、应急处突能力强的优势，积极参与“双联户”工作。精心选派离退休干部代表，参与县“两会”等重大会议，鼓励离退休干部积极建言献策。

【“两学一做”学习教育】 制发“两学一做”实施方案，创新“三学”（即下乡送学、驻村工作队督学、村官领学）自选载体，把学习教育内容细化量化，列出具体学习篇目，制订全年学习教育计划表、讲党课安排表和督导工作方案。向全县883名机关党员发放《中国共产党章程》《中国共产党廉洁自律准则》《中国共产党纪律处分条例》《萨嘎县基层党组织规范化建设工作手册》《中国共产党发展党员工作细则（藏汉双语版）》和“两学一做”学习教育笔记本等材料共10300余本，发放党徽883个，组织集体学习570余场次，制作宣传横幅45条，LED标语95条，宣传50场次，受教育干部群众达1万余人。对全县机关党员干部进行集中授课6场，讲党课22次。组织观看专题片《榜样》40余场次。佩戴党徽、亮明队旗、着好志愿服装，大力开展卫生大清扫、种树种草等丰富多彩的党员志愿服务活动。大力开展“讲学习、讲忠诚、正风纪、转作风、提效能”主题活动，全县党员干部和各支部聚焦自身存在的问题，分别列出整改任务1700项和130余项，撰写对照检查材料、党性分析材料各760篇。县级领导以身作则，带头坚持“三会一课”，积极参加双重组织生活。

（高志平）

【领导名录】

部　长　边　　巴（藏族）

副部长　高 志 平（11月任）

措　　姆（女，藏族，11月免）

老干部局局长

平　　措（藏族，11月免）

其　　美（藏族，11月任）

党校副校长

董　　行（11月免）

次仁卓拉（女，藏族，5月免）

中共萨嘎县委宣传部

【概况】 中共萨嘎县委宣传部下设互联网信息办公室、文化市场综合执法大队（事业单位），现有科级干部3人，科员4人（其中事业技术人员1人）。2016年，萨嘎县委宣传部高举中国特色社会主义伟大旗帜，以马克思列宁主义、毛泽东思想、邓小平理论、“三个代表”重要思想、科学发展观为指导，全面贯彻落实中共十八大、十八届三中、四中、五中全会和中央第六次西藏工作座谈会精神，深入贯彻落实习近平总书记系列重要讲话精神，学习贯彻落实区党委八届七次、八次全委会议和全国、全区宣传部长会议的部署要求，牢牢把握“两个巩固”的根本任务，紧紧围绕“四个全面”战略布局和市委贯彻“五大发展理念”新实践，立足萨嘎实际，把握正确导向，努力开展意识形态领域工作，在全县上下营造积极向上、开拓进取的良好舆论氛围，为建成“西部驿站”提供了强大的思想保证、舆论支持，有力推动了全县经济社会健康快速发展。

【强化理论武装工作】 2016年，萨嘎县委宣传部抓住理论学习这一行之有效的载体，不断完善学习制度、创新学习方法，把理论学习贯穿于全县整体工作中，加强领导班子和领导干部的思想理论建设，制订县委理论中心组学习计划及《萨嘎2016年度理论学习计划》，建立健全中心组和各党支部集中学习制度、学习考勤制度、交流研讨制度、调查研究制度等一系列规章制度，并狠抓各项制度的落实，使全县理论学习进一步规范化、制度化、正常化。2016年，萨嘎县委理论中心组共组织集中学习16次，其中集中观看视频4次，开展集中讨论4次。开展“两学一做”学习教育活动。邀请市委党校2名讲师，利用2天时间，围绕“四个全面”和党章党规，以理论和实践相结合，在全县党员干部群众中开展讲党课活动，同时组织党员干部开展“手抄党章100天”活动，使广大党员干部加深对党章的理解，努力争做合格党员。开展“学讲话、找差距、转作风、抓落实”活动，在全县新闻舆论战线的干部职工中采取集中培训、个人自学、支部学习、专题学习、集体研讨等形式认真学习了习近平总书记在党的新闻舆论工作座谈会上的讲话精神。使全县宣传文化系统人员真正对总书记的讲话精神做到入脑入心、融会贯通。

【营造健康向上社会舆论】 2016年，萨嘎县委宣传部在全县范围内大力开展各种学雷锋活动。联合团县委组织全县干部职工，中直、企事业单位人员，驻军警部队官兵，县中学全体师生清扫县城街道环境卫生和积雪。协调团县委、司法、卫生、妇联、工商、消防等部门在县城格桑街和文化广场开展一次联合便民咨询服务活动，发放相关宣传资料1000多份。开展庆祝“西藏百万农奴解放纪念日”系列活动。组织县中小学学生在县文化活动中心参观新旧西藏对比图片展，进行爱国主义教育。组织县文化广播影视服务中心在辖区各类学校、寺庙放映爱国主义题材的影片5场次，县电视台在电视上播放优秀爱国主义影片、宣传标语以及新旧西藏对比专题视频。在县大院和县城主街道布置彩旗和悬挂横幅标语，3月28日，“西藏百万农奴解放纪念日”在县城219国道、格桑街、伦珠街及农牧民群众聚集的地点巡回播放《旧西藏是人间地狱、新西藏是世上天堂》的专题宣传录音。同时组织相关单位在县文化广场以悬挂横幅、设立宣传点、发放宣传单、播放新旧西藏对比专题视频、悬挂新旧西藏对比图片展等形式，进行联合宣传，共发放各类宣传资料1500余份。加大萨嘎县“两会”“三会”的宣传报道工作力度。萨嘎县电视台在会议期间，及时播报党代会、人代会和政协会召开实况。制作宣传栏，精心制作萨嘎县经济社会发展五年回顾展和“两会”召开实况展，大力宣传了萨嘎县经济社会发展成就、民生改善、强基惠民活动、援藏工作成就。《萨嘎动态》及时刊发会议召开实况，当天内容当天刊发，连发4期，每日1期，并下发到党代表、人大代表和政协委员。萨嘎县网信办及时将会议实况和相关报告登载在萨嘎县政府网站上，使广大群众及时掌握了解萨嘎县“两会”“三会”内容。围绕脱贫攻坚、灾后恢复重建和小城镇建设工作加强宣传报道。围绕全县脱贫攻坚、灾后恢复重建和小城镇建设工作，统筹安排宣传系统工作人员及时撰写、上报工作简报，总结宣传典型经验，组织策划宣传报道活动，营造了全社会支持参与扶贫开发攻坚、灾后恢复重建和小城镇建设工作氛围，及时有效对外宣传了萨嘎县。《萨嘎动态》藏汉分别发刊38期，刊登新闻信息4000余条，营造了较好的舆论氛围。大力宣传县乡领导班子换届。充分利用萨嘎县电视台自办节目、《萨嘎动态》藏汉双语、微信微博公众号、政府网站、LED以及宣传展板、横幅等平台，大力宣传县乡党委领导班子换届工作的相关知识，营造风清气正的换届风气。制作宣传展板12张，悬挂横竖幅18条，微信微博“萨嘎县发布”公众号发布新闻和标语100余条，《萨嘎动态》刊播70余条，电视台自办节目播报120条。积极参加第十四届珠峰文化节。提升萨嘎县知名度，活跃第十四届珠峰文化旅游节欢庆氛围，宣传和歌颂萨嘎县经济社会发展成果。2016年7月及时更换县境内219国道沿线和吉隆方向的三座高炮广告牌和四座龙门架宣传内容，涉及精准扶贫、社会主义核心价值观、四个全面、中央第六次西藏工作座谈会、精神文明等内容；2016年9月份及时更换了县城内所有宣传栏，内容涉及扶贫攻坚、灾后重建、村干部素质提升、教育、“两学一做”、县“三会”精神等，有效宣传了萨嘎，提升了萨嘎整体形象。

【深化精神文明建设】 2016年，萨嘎县委宣传部广泛开展群众性文化娱乐活动。开展国家级非物质文化遗产“甲谐”进学校、进社区活动。萨嘎县民间艺术团以“甲谐”为题材编制舞蹈，深入各类学校，对广大师生教习“甲谐舞”；2016年6月至9月每天19：00～21：00组织县民间艺术团演员教习全县干部职工和县城居民“甲谐”“锅庄”等舞蹈。以县中小学少年宫为平台，不断拓展活动内容，开发特色项目，为未成年人的健康成长和全面发展创造条件。加大社会主义核心价值观的宣传力度。利用萨嘎县电视台、《萨嘎动态》、萨嘎县政府新闻网站、新浪政务微博“萨嘎县发布”、微信公众号“萨嘎县发布”“网信萨嘎”“驿站萨嘎”等媒体，大力传播社会主义核心价值观，弘扬主旋律，传播正能量。制作和发放了社会主义核心价值观公益宣传册和宣传提示语等内容，在县城219国道沿线设立300多米长的核心价值观文化墙，引导群众以实际行动践行社会主义核心价值观。充分发挥先进典型的示范带动作用。邀请第二届感动日喀则提名人物石觉塔布开展先进典型讲座，用身边的故事教育身边人，充分发挥先进典型的示范效应，激励和引导群众知行合一，不断提升自我素质，形成学习先进、争当先进的浓厚氛围。2016年度，全县共评选出1个县级文明乡镇、5个县级文明村、3个县级文明单位、45个县级文明户、5个县级文明商户。

【增强舆论引导】 萨嘎县互联网信息办公室以“萨嘎县政府新闻网”为窗口，围绕萨嘎县委、县政府的中心工作，精心策划各类专题，进行网上正面宣传，引导和影响网民。先后在“萨嘎县政府新闻网”设立“3·28”翻身农奴解放纪念日、萨嘎两会、日喀则产业发展专题、第三次全国政府网站普查、第三届国家网络宣传周等专题，做好重大活动的宣传报道工作，使网上宣传思想工作更加贴近实际、贴近生活、贴近群众，更加富有吸引力和感染力，努力开创萨嘎县网络宣传和管理工作的新局面。利用萨嘎县官方微博和微信“萨嘎县发布”“驿站萨嘎”的影响力，形成网站、微博、微信为一体的全媒体宣传格局，成为萨嘎县加强宣传和群众文化的重要载体。微博微信平台的运行始终立足萨嘎，兼顾自治区和日喀则市，在突出权威性和准确性的基础上，注重可读性、趣味性。官方微博每天发布5～10条，微信公众号每次推送5～8条。并围绕自身定位，及时公开反腐倡廉、每日双语、乡镇动态、“两学一做”等新闻素材，努力打造成萨嘎县对外发布信息的平台和沟通社会群众的重要窗口。萨嘎县官方微博—“萨嘎县发布”共发布新闻素材1000余条，萨嘎县官方微信—萨嘎县发布共发布1600余条新闻素材，驿站萨嘎共发布500余条群众文化素材，其中，萨嘎县官方微信——萨嘎县发布多次荣登全区政务微信排行榜，为萨嘎县经济社会更好更快更大发展提供良好的网络舆论环境。针对网络社会管理工作中存在的主要矛盾和问题，在现有制度机制的基础上，进一步制订完善网络舆论引导、网络舆情预警、突发事件应急处置、网上新闻发布、互联网工作协调、重大舆情会商等制度，使互联网管理工作走上了制度化、规范化、经常化轨道。严格落实7×24小时值班制度，及时发现和处置网民反映的各类矛盾和问题，查处各类有害信息。对造谣、诬蔑以及危害国家社会稳定等网络违法违纪行为，依法进行查处。对网民的举报、诉求，本着网上网下联动的原则和认真负责的态度，及时依法进行调查处理和回复，化解各类矛盾。

【加强文化市场环境监管】 2016年，萨嘎县文化市场综合执法大队不断加强辖区内文化娱乐场所的检查力度。与各文化经营单位业主签订《萨嘎县文化娱乐场所安全管理目标责任书》，提高文化市场从业人员守法经营意识。重点查处网吧违规接纳未成年人行为，在加强对网吧日常巡查的基础上，积极开展突击检查，加大学校放学时间、“双休日”“节假日”等非正常工作时间的检查力度，确保网吧实名登记制度落到实处。在全县范围内开展非法卫星电视接收设施整治行动。进一步规范了萨嘎县卫星电视接收设施管理，有效打击非法销售、安装、使用卫星电视接收设施的行为，确保文化市场安全和社会稳定。2016年，检查网吧26家次；查处上网人实名登记不规范不详细1家次，处以警告。检查娱乐场所（包括藏餐店）286家次；检查手机铃声下载点8家次；查处流动摊贩1个。检查娱乐场所（朗玛厅、KTV）28家次；查处未悬挂未成年人禁止入内标志1家次，处以责令改正。检查打字复印店25家次。

（闫玉洁）

【领导名录】

部　长　米　　玛（藏族）

副部长　边　　巴（藏族）

　　　　李 飞 州（6月免）

网信办主任

　　　　闫 玉 洁（女，6月免）

文化执法大队队长

　　　　贡觉曲加（藏族）

中共萨嘎县委统战部

【概况】 中共萨嘎县委统战部下设工商联，现有科级干部3人（其中虚职1人），科员1人；2016年，全县共有9个宗教活动场所，其中5座寺庙、2座拉康、2座日追，实有僧人46名。2011年11月按照自治区党委、政府关于加强和创新寺庙管理工作的决策部署，结合实际，成立6个寺庙管理机构，其中3个寺庙片区管委会、3个专职管理特派员机构，先后共下派43名驻寺干部。截至年底，驻寺干部22名。

【总体目标】 为进一步加强和创新寺庙管理工作，认真贯彻落实区党委、政府《关于加强和创新寺庙管理的决定》文件精神，切实把思想和行动统一到区、市、县三级维稳指挥部的总体安排部署上来，坚持以科学发展观为统领，全面贯彻落实党的民族宗教政策，加强民族团结和宣传思想文化领域工作，依法加强对宗教事务的管理，实现宗教和睦、佛事和顺、寺庙和谐及宗教领域“三无”“三不出”的工作目标，积极引导宗教与社会主义社会相适应，确保萨嘎县宗教领域和谐稳定。

【贯彻落实工作会议精神】 认真学习党的十八届历次全会精神，习近平总书记系列重要讲话精神，中央第六次西藏工作座谈会、区党委和市委、县委关于统战民族宗教工作的一系列重要文件精神，及时宣传党的宗教政策和法律法规；年初及时召开萨嘎县统战民族宗教工作会议，在广大涉宗干部和寺庙僧人以及乡（镇）主要领导中大力传达学习《上级有关统战民族宗教工作会议及宗教领域维稳工作主要精神》，全面安排部署年度统战民族宗教工作，同时召开业务工作座谈会，交流工作经验，听取意见建议；专门针对宗教领域相关知识、藏传佛教教义教规以及各项法律法规制作了《萨嘎县涉宗部门工作手册》《萨嘎县驻寺干部工作手册》学习小册子，做到学习摆在最高位置的要求，进一步提高涉宗干部的工作能力；在全县涉宗干部中开展“手抄中国共产党统一战线工作条例（试行）”活动。

【全面落实各项措施】 根据区、市、县党委政府及三级维稳一线指挥部针对元旦、春节、藏历新年、“三月敏感期”“萨嘎达瓦节”“时轮金刚灌顶法会”等期间的维稳工作具体安排部署、召开专题会议，制订工作《预案》《方案》，及时安排部署全县统战民族宗教领域各项维稳工作，同时成立统战民宗督导检查组，采取明察暗访、日常检查与突击检查相结合的方式，不间断、全方位地对各乡（镇）、各寺庙管理机构值班带班、在岗履职、寺庙僧人在寺情况以及维稳措施落实情况进行督导检查，并对存在的问题及时提出整改要求和意见。

【开展寺庙法治宣传活动】 按照上级党委、政府的统一部署，精心组织开展“爱国爱教、遵规守法、弃恶扬善、崇尚和谐、祈求和平”主题教育活动和“两守两尽”为主题的寺庙法律宣传活动以及“党的十八大精神” 宣讲活动，同时结合“六五”“七五”普法“法律进寺庙”活动，每周定期或不定期开设法律知识、汉语基础知识、宗教知识等课堂，从法律法规、教义教规角度大力宣传党的民族宗教政策、惠僧惠寺政策、国家的法律法规等内容，通过讲座、座谈、讨论、以案释法等形式多样的教育和讲解，使广大僧人的爱国守法意识和民族团结意识得到了明显的提高。

【爱国守法先进僧人评选表彰】 按照《区党委、政府关于和谐模范寺庙暨爱国守法先进僧人评选表彰办法（试行）》相关规定，严格审查并以公开、公平、公正的原则开展推荐和表彰工作。2016年上半年评选表彰县级和谐模范寺庙3座，县级爱国守法先进僧人35名，县级先进寺庙管理机构1个，县级优秀驻寺干部2名，县级优秀涉宗干部1名，及时兑现各项奖金共计4万元整，2016年上半年评选表彰县级和谐模范寺庙3座，县级爱国守法先进僧人26名，县级先进寺庙管理机构1个，县级优秀驻寺干部2名，县级优秀涉宗干部2名，及时兑现各项奖金共计3.2万元整，进一步提高广大僧人的爱国爱教意识，调动驻寺干部的工作积极性，为萨嘎县的和谐稳定做出更大的贡献。

【开展寺庙“六个一”活动】 按照上级指示精神，及时落实“六个一”活动专项经费4.5万元，采取主动接触，以话家常、聊宗教、讲政策、拓眼界等形式，关注他们的生活，解决他们的困难，聆听他们的心声，建立僧人档案，并与广大僧人同学习、同劳动，以诚相待，增强凝聚力，加强与僧人及其家庭的沟通联系，建立驻寺干部、僧人及其家庭共同构建和谐寺庙的长效机制。积极落实寺庙“九有”工程，不断强化寺庙公共服务。全面执行僧人两保一低、一覆盖，切实把党的惠僧惠寺政策送到僧人的心坎上。按照上级指示精神，结合实际，积极协调发改委、住建局和国土局等有关部门，完成了6个寺庙管理机构综合服务用房建设项目前期选址、实地勘测、规划设计等各项工作。

【统战爱国人士及藏胞管理】 以政协换届为契机，夯实党外人士队伍建设基础，在政协第二届萨嘎县委员会第一次会议上，推选的39名政治觉悟高、办事公道、群众威望高的党外政协委员当选为政协第二届萨嘎县政协委员，其中8名同志当选为政协第二届萨嘎县政协常务委员；推选1名僧人为日喀则市第一届理事会理事，全面加强佛协队伍建设；组织召开全县统战爱国人士座谈会，宗教界、教育界、经济界、农牧界藏胞代表等各界人士参加，征求对统一战线工作的意见建议；定期或不定期深入统战爱国人士家庭，开展慰问活动，了解其相关情况，健全档案，切实做到情况明、底数清；按照上级部门的通知精神，将1名政治表现良好，在群众中较有威望的定居藏胞推荐到内地考察培训，积极调动归国定居藏胞的爱国爱党之心；专门组织工作人员走村入户，排查定居藏胞相关情况，及时掌握藏胞人员的最新动态，消除一切不稳定因素。

【做好非公有制经济领域工作】 坚持一手抓教育引导，一手抓鼓励支持，加强思想政治教育，优化发展环境，推进非公有制经济领域党建工作，做好政治安排，发挥工商联作用，促进非公有制经济健康发展，促进非公人士健康成长。按照上级业务部门的指示精神，及时开展非公企业的党建工作，2016年从非公人士中新吸收3名积极分子，5名预备党员、1名转正党员，始终把发展非公企业党员作为首要任务，进一步加大对非公企业的党员发展和吸收力度；认真开展“百企帮百村”精准扶贫结对活动，积极参与社会光彩事业。2016年，办实事、捐款捐物折合人民币达96余万元。

【加强统战调查研究工作】 着眼于改革、发展、稳定的大局，着眼于全面建设小康社会的时代要求，着眼于反分裂斗争的现实基础上，面向社会，面向基层，面向寺庙僧人，积极深入开展调查研究，形成4篇调研报告，为党和政府科学决策提供重要的参考依据。

（措　姆）

【领导名录】

部　长　巴　多（藏族）

副部长　普　多（藏族）

中共萨嘎县委政法委员会

【概况】 中共萨嘎县委政法委（综治办）现有科级干部3人（其中虚职1人），科员2人。2016年，中共萨嘎县委政法委工作坚持以“创建平安社会、构建和谐萨嘎”为主题，在县委、县政府的高度重视下，在上级业务部门的具体指导下，认真按照中央、自治区、市委政法（综治）、维稳、“双联户”工作会议精神，以确保“三不出”“三无”为目标，以推进“平安”建设为主题，以提高执法能力为核心，以加强基层基础工作为重点，坚持“以人为本”的原则，大力加强队伍建设，深入推进政法、综治、维稳、双联户等各方面的工作任务，为维护萨嘎县的政治安定和社会稳定、促进经济发展做出了应有的贡献，确保了萨嘎县社会稳定和各项工作有序推进。

【维稳工作】 年初调整充实了维稳综治工作领导小组。完善工作机制，随时听取各部门情况汇报，及时研究解决维稳工作中的实际问题和具体困难。不定期的召开维稳工作形势分析会，提高工作的针对性和实效性。严格实行维稳目标管理责任制，把维稳工作作为考核各部门绩效的重要指标，县政法委与各乡（镇）层层签订“综治、维稳、双联户工作目标责任书”，层层分解任务，量化指标，传导压力，明确目标责任。

县委政法委根据区市两级维稳指挥部的总体安排部署结合萨嘎县具体情况，加强督导，严格落实维稳纪律，全力维护社会大局稳定。严明政治责任。各乡镇、各部门特别是党政“一把手”严格属地管理责任，严格落实维稳工作专班的职责任务，严格落实各级党政领导干部一岗双责，有力抓好各项维稳措施的落实，切实做到守土有责、守土尽责。各级驻村驻寺力量、基层党政组织、双联户单位和基层治保力量，敢于担当、主动作为，认真负责、恪尽职守，确保一方平安；严明工作纪律。在“两会”和“3月维稳敏感期”严执各级党政领导干部、政法干警和执勤官兵、驻寺驻村干部外出报备制度；强化督导检查。建立《萨嘎县维稳工作联合督导机制》。各督导组组长带领督导组成员对各乡镇、各单位、各学校、驻村驻寺点落实维稳措施情况、值班带班执行情况进行明察暗访，发现隐患，及时纠正，对于失职渎职、出现问题的，按照“三个不论”的原则严肃处理，绝不姑息迁就，同时启动萨嘎县县级领导联系指导各乡镇维稳工作机制，严格落实了包乡、包村责任制，确保各项维稳措施不折不扣地落实好、落实到位。

【综治工作】 强化综治及维稳工作的管理。突出重点外来人员、重点部位和安全薄弱环节，以责任机制为核心，全面推行包联责任制。将安全责任横向到边，纵向到底。采取年度、半年考核相结合的办法，逗硬奖惩。深入开展反分裂斗争，全力维护萨嘎县边境稳定。稳定是创建平安的基础，没有稳定就谈不上平安，更谈不上发展，对此萨嘎县把维护稳定工作作为全县的中心工作，始终坚持“稳定压倒一切”的思想，坚决维护祖国统一和民族团结，始终坚持把反分裂斗争摆在维护稳定工作的首位，坚决贯彻执行“旗帜鲜明、针锋相对、主动治理、强基固本”的反分裂斗争方针，狠抓反分裂斗争各项措施的落实，不断提高维护稳定工作能力。统一认识，明确人民防线责任，明确构筑牢固的国安人民防线的重要意义，增强工作使命感和责任感，切实把国安人民防线建设工作摆上党政领导的重要议程。在公共安全管理方面，治安混乱地区排查50次、发现治安隐患7个、整治7个。县消防大队开展消防隐患排查21次，发现火灾隐患5处，整改5处；县安监局开展安全生产执法检查25次，发现安全生产隐患3起，解决3起。县工商局对市场主体193户开展食品卫生检查19次，没收过期变质食品17种，共计价值2.1万余元。化解矛盾纠纷，构筑第一道屏障，利用民间调解优势，聘任农牧区无职党员、知名人士、双联户长担任化解矛盾纠纷的调解员，进一步完善领导干部包片制、疑难纠纷报告制、定期排查调处制。做到教育在先，重点对象早转化；控制在先，敏感时期早防范；调解在先，矛盾纠纷早处理，切实做到小事不出村、中事不出乡、大事不出县、矛盾不上交。综治宣传教育方面，开展法制宣传教育活动7次，悬挂横幅71条，发放各类宣传单（册）3800余份，接受群众法律咨询260余人次。2016年度荣获萨嘎县民族团结进步模范集体。

2016年萨嘎县委政法委坚持矛盾排查和调查处理相结合的工作机制。坚持定期排查调处制、协调会议制、挂牌督办制、领导包案制和“零”报告等工作制度，推动工作发展。萨嘎县政法委综治办随时排查矛盾纠纷，按照“发现得早，化解得了，控制得住，处置得好”的总体要求，做好矛盾纠纷排查化解工作。县委政法委建立规范了一套行之有效的矛盾纠纷排查化解工作制度。把矛盾纠纷排查化解工作列入岗位责任制，实行矛盾纠纷排查化解对排查出的矛盾纠纷及时进行解决处理。对信访和群众来访实行挂牌督办、限期办理、 做到有访必复，有件必办，事事有回音，件件有结果，比2015年同期下降，真正实现了纠纷不出单位，一般矛盾纠纷不上交的工作目标。

【“双联户”工作】 汇联户之智，打造“六个工程”。为进一步提高“双联户”服务管理工作水平，不断延伸社会管理工作触角，全面提升网格化管理水平，萨嘎县积极实施“11联”任务等基础工作的同时按照“规定动作不走样、自选动作有创意”的要求，特出资30万元，推行“六个一”先进典型工程，以提高联户工作水平，带动整体，争创一流。萨嘎县政法委再次修订完善了五级工作职责，充实《萨嘎县“双联户”工作长效机制》等指导性文件，推行“一述二考三推四评”考核模式（一述：户长述职，两考：年中、年度考核，三推：百姓推、村委会推、乡镇推，四评：联户单位之间评、村委会评、乡镇评、县双联办评），切实做到制度机制健全、考核评优公正、奖惩落实到位。2016年，结合“双联户”工作的重点和要点，支出21万元再次制作“双联户”档案1014册、“连心名片”4005张、户长考评栏51展。2016年，对辖区507名户长开展3期“三抓三增”专题学习培训会，对综治工作人员开展了1次业务培训。以“三六九”综治主题宣传活动为载体，加大宣传力度的同时将“双联户”知识纳入了中小学法治课程，从家长向学生“要学习成绩”的传统习惯转变为学生同时向家长“要加分政策”的双向促进模式。对规范填写两簿两本内容、执行“11联”任务、上传下达文件（会议）等项目进行了专题培训；同时邀请边防大队官兵对青壮年群防群治队员开展了治安巡查、协警抓捕、围捕堵截、情报搜集等军事化训练；利用双联户长德高望重、了解村情民意实际，在矛盾纠纷萌芽过程中能及早发现、及时介入的特点，开展双联户长调处纠纷技能培训。截至年底，“双联户长”调解各类小纠纷21起，解决群众困难58次；为创新工作载体，规范户长着装，对县辖470名农牧民双联户长制订了统一服装，并按照“五大群体联防联控”模式使其切实发挥维稳中间力量作用，且在3月敏感期等重要时段组织户长对辖区桥梁等地进行设卡堵截和护村护院治安巡逻检查工作，使其既发挥“联户平安”作用，又实现“联户增收”目标。2016年，牧民群众兑现务工补贴9.3万元。为进一步提高全县综治、双联户工作整体水平，切实拓宽乡镇综治工作人员对综治、“双联户”工作的全面深入了解，组织县辖8个乡镇16名综治干部到萨嘎县综治先进乡开展观摩学习交流活动。2016年，萨嘎县把“联户增收”作为“双联户”的工作重中之重，按照“宜农则农，宜牧则牧，宜工则工，宜商则商”精神。2016年，继续加大对农牧民便利超市、羊毛加工厂、扶贫采沙场、馒头店（乡镇）等扶贫点的注资力度，继续执行联户单位承包制和户长首任制，建立了一套完善、有效的准入、培训、资金使用、考核和淘汰制度；制订《联户单位增收致富管理办法》《联户单位增收致富经营工作职责》《联户单位增收致富经营工作纪律》等规章制度，并实行绩效考核和优胜劣汰制；按照“各记其功、分工负责、整合资金、共显荣耀”的要求积极整合涉农资金，在萨嘎县夏如乡推广“党政搭台、联建联营”的增收致富模式，按照“风险共担，利益共享”的原则，把一个村3个联户单位组织起来，以“致富能手出点子，技术人员出能力，其他群众出劳力”的形式，投入7.5万元，采取综合改良措施使30亩空旷地得到有效客土，种植了藏青2000、艾玛岗土豆等优良品种。在加加镇依托现有产业基础和条件，把开展“双联户”工作与农村扶贫开发相结合，从相关部门争取20个温室大棚，并承包给辖区6个联户单位以集体经济模式实行市场化运作管理。同时，针对该6个联户单位无技术的实际，县综治办出经费专门聘请农业专家在现场指导农作物种植技术；经与县农业银行协商，农行继续推出“你发展、我助推”强基惠农金融贷款服务，为当地“想发展、缺资金”农牧民提供降息、无息贷款服务。2016年年初萨嘎县综治办制订《萨嘎县“先进双联户”333创建评选工作实施细则》，推行三评（村每月、乡每季度、县每半年自下而上开展评比）三考（村每月、乡每季度、县每半年自上而下开展考核）三推（村每月、乡每季度、县每半年自下而上开展推荐）考核机制。为确保“333”考核机制顺利实施，请示县政府解决了48万元工作经费。同时，兑现了2015年度五级奖励资金70余万元。2016年度荣获全区“先进双联户”创建活动先进县（区）、日喀则市级“先进双联户”创建评选工作先进集体。

【政法工作】 在上级有关部门和县委、县政府的领导指导下，萨嘎县委政法委深入贯彻落实区市两级政法工作会议精神，进一步巩固社会治安工作成果，以创建平安县城为目标，坚持把维护社会整治稳定放在首位，狠抓政法各项措施的落实，不断增强队伍整体素质，为西部驿站建设提供了稳定和谐的社会环境。2016年，萨嘎县人民法院共受理各类案件29件，审结13件，其中受理刑事案件3件3人，审结1件1人；民商事案件26件，审结7件，标的额总计219.5142余万元。县人民检察院受理提请批准逮捕案件3件3人，批准逮捕3件3人；受理移送审查起诉2件2人。县公安局共受理刑事案件3起、破获3起，治安案件4起、查处4起、（其中行政拘留1人，调处3起），清查流动人员6346人、办理身份证596张，发放安全许可证672张，查处交通违法行为107起、一般事故0起、轻微事故48起。县司法局共受理调解案件25起，成功调处25起，涉及人数602人，涉及金额121余万元，受理法律援助案件27起，成功结案27起，挽回经济损失207.5余万元。

（达娃扎西）

【领导名录】

书　记　侯　　荣

维稳办主任

　　欧坚桑珠（藏族）

副书记　巴桑罗布（藏族，12月免）

　　达娃扎西（藏族，12月任）

综治办专职副主任

　　次　　旦（女，藏族，12月任）

萨嘎县总工会

【概况】 2016年，萨嘎县总工会实有人数5人，1名主席、2名副主席，1名科员、1名公益性岗位人员，全县共有工会组织55个，其中县总工会1个，县直部门工会组织45个，乡（镇）工会委员5个，国有企业工会组织1个，农牧民工工会委员会组织4个，工会会员达1206名，其中企业职工会员及农民工会员316名。

【政治理论学习】 萨嘎县总工会认真贯彻落实中共十八大、十八届三中、四中、五中、六中全会精神和中央第六次西藏座谈会及习近平总书记系列重要讲话精神，紧密结合“两学一做”和“转作风、提效能”、专题教育实践活动不断加强基层工会组织建设和作风效能建设当中，进一步制订完善并执行学习制度，确定每周五下午为工会学习时间，采取集中学习与自学相结合的方式，深入学习中央、区、市、县有关的重要会议、文件精神和重大决议，学习习近平总书记在“党的群团工作会议”上的讲话精神同时贯彻全国总工会第六届四次执委会主要精神；区、市、县党的群团工作会议精神以及自治区总工会九届六次扩大会议精神等。2016年，共组织学习20次，共写6份心得体会，更好地统一了干部的思想，提高了干部的综合理论水平。

【党风廉政建设】 萨嘎县总工会把党风廉政建设的重要性纳入重要议事日程，做到了党风廉政建设工作年初有工作计划及方案，为把党风廉政建设和反腐败工作落到实处，萨嘎县总工会结合工作实际制订《2016年萨嘎县总工会党风廉政建设工作计划》，充实完善了党风廉政建设工作领导小组，对党风廉政建设责任制任务进行了分解，明确工会主席是党风廉政建设的第一责任人，对单位的党风廉政建设负总责；副主席对党风廉政建设负直接领导责任；成员在班子的统一领导下，各负其责，分工协作，协助班子抓具体工作。工会主席与班子成员、分管领导与工会主席分别签订《萨嘎县党风廉政建设责任书》，将党风廉政建设任务层层分解，落实到个人，把党风廉政建设工作与单位工作紧密结合，同部署、同落实、同检查。为深入开展反腐倡廉教育，进一步抓好干部廉洁自律工作。2016年萨嘎县总工会坚持干部职工个人自学与党支部组织学习和周五单位学习日制度相结合，坚持廉政建设理论学习同政治理论学习相结合，强化党风廉政建设教育，提高班子和队伍整体素质。自觉加强对党的理论、路线、方针和政策的学习。始终坚持以邓小平理论和“三个代表”重要思想为指导，全面贯彻落实科学发展观，认真学习贯彻中共十八大、十八届历次全会、十八届中央纪委五次全会精神，学习上级党风廉政工作电视电话会议精神；自觉加强党风廉政建设法律法规的学习。认真学习《中共中央国务院关于实行党风廉政建设责任制的规定》《中国共产党党员领导干部廉洁从政若干准则（试行）实施办法》《中国共产党党内监督条例》和《中国共产党纪律处分条例》，以及县纪委下发文件。认真学习杨善洲、孔繁森、焦裕禄先进事迹。学习他们的恪守信念、清正廉洁、一心为民、忘我工作的优秀品质，始终坚守共产党员人的精神家园，保持共产党员的高尚情操；始终把党和群众的利益放在个人利益前面，自觉践行执政为民的根本宗旨。在干部职工中开展了警示教育。学习观看了警示教育宣传片，做到时刻“自律、自警、自醒”。通过加强理论学习，进一步提高了干部职工的政治敏锐力、政治鉴别力和政策水平，增强贯彻落实党的方针、政策的自觉性、坚定性，夯实自身的思想政治基础，筑牢拒腐防变思想防线，增强抵御各种腐朽思想侵蚀的免疫力。结合“两学一做”活动，健全完善了萨嘎县总工会的相关规章制度，坚持民主集中制，严格遵守组织人事纪律，对涉及单位的重大事项，坚持集体讨论决定，规范了领导干部的行为。严格执行财务支出和经费管理规定。认真执行财经纪律，管好用好每一分钱，做到每张发票都有正当支出理由，财务审核把关、领导签字后方可报销。严格审计监督，定期对单位财务进行审计，发现问题及时整改。

【“两学一做”专题活动】 萨嘎县总工会以“两学一做”专题教育实践为契机，大力开展慰问活动，为萨嘎县困难职工排忧解难，2016年先后走访慰问企业困难职工及劳模走访慰问共计95040元。市总工会先后为19名在档困难职工发放19000元生活救助金，还对萨嘎县1名在校困难职工子女享受“金秋助学金”1000元，切实做到把党和政府的温暖、工会组织的关心送到职工心中，工会成为困难职工的“第一知情人、第一报告人、第一关心人、第一帮助人”。

【开展“送温暖”活动】 萨嘎县总工会开展“三大节日”慰问活动，切实把党的温暖送到企业困难职工及困难劳模心坎上。1月28日，在萨嘎县政府县长李运生的带领下，萨嘎县总工会“三大”节日期间，为企业困难职工、劳动模范送去28800元慰问品和慰问金。5月1日，在萨嘎县总工会主席带领下对萨嘎县一线环卫工人、劳动模范、企业困难职工、农民工送去20000元节日慰问金；10月1日，对国庆节期间坚守岗位的一线维稳指挥部、3个便民警务站、机要局值班室、电视台值班室、22道班公安一级检查站、卫生服务中心值班室、如角电站、加达电站值班人员进行节日慰问。同时，对2016年新增的8名困难职工进行送温暖活动，慰问资金达28000元，切实做到把党和政府的温暖、工会组织的关心送到职工心中。

【开展职工健康免费体检公益活动】 为保障基层一线职工的身心健康，以实际行动关爱民生，8月15日，以自治区阜康医院在萨嘎县干部体检为契机，为在职企业职工以及国家级劳模共19名进行体检，体检费每人以900元标准共18240元整，资金由萨嘎县总工会承担。

【充分发挥桥梁纽带作用】 萨嘎县总工会充分发挥“桥梁纽带”作用，借助上级工会组织举办的各类培训之风，积极与上级组织协调沟通，市总工会安排萨嘎县2名农牧民在日喀则市参加驾校培训，对培训期间的食宿给予免费。另外组织萨嘎县总工会领导到北京参加工会主席轮训班，全区工会“送教到基层”等班次先后安排5人次参加区内外实地考察观摩学习及业务培训。2016年，按照市总工会相关文件对于疗养对象“重点安排工作在生产一线职工及条件艰苦地方职工”的要求，经过萨嘎县总工会的推荐及县主要领导批示，安排驻达吉岭寺驻寺干部顿珠参加此次疗养。同时，萨嘎县总工会积极开展“献爱心”捐款活动。萨嘎县总工会全体干部职工踊跃参加县扶贫办组织的“全国扶贫捐款日”、县教育局组织的“圆梦”教育基金，县妇联组织的“巾帼志愿者”捐款活动，单位全体干部积极响应，迅速行动，共捐款资金1800元。

【加强组织建设、壮大职工队伍】 萨嘎县总工会按照“哪里有职工，哪里就要组建工会”的原则，2016年组建工会和发展会员工作有了新的突破。萨嘎县总工会结合实际，采取“先组建，后规范”的工作措施对乡（镇）工会组织全面部署安排并指导跟进。截至年底，新建工会组织共8个，其中乡（镇）街道工会委员会3个、22道班公安一级检查站工会委员会1个、公安便民警务站工会委员会1个、农民工工会委员会2个、环卫工人工会委员会1个。另组建了寺管会工会小组6个。农民工工会委员会2个、环卫工人工会委员会1个、萨嘎县总工会注重对已建立工会基层组织进行查漏补缺，规范完善。

【推进劳模评选】 萨嘎县总工会为发挥好“爱岗敬业、创争一流，艰苦奋斗、勇于创新，淡泊名利、甘于奉献”的劳模精神，截至年底，“三大节日”“五一”“十一”等节日期间，走访慰问劳模为劳模发放慰问金共计2500元。并认真评选和推荐劳模工作，2016年萨嘎县公安局22道班公安一级检查站阿旺多吉荣获“日喀则市第一届劳动模范和先进工作者”。

【加大法律宣传】 维护职工的合法权益是工会的基本职责，萨嘎县总工会为做好2016年“3·28”“安全生产月”“综治宣传月”等活动、在县城广场悬挂宣传横幅，张贴宣传标语和发放宣传单，大力宣传《中华人民共和国工会法》《中华人民共和国劳动法》《中华人民共和国劳动合同法》《中华人民共和国女职工维权法》等法规，从思想上加大职工的自我保护意识，得到广大群众的积极参与，积极配合安监局等安委会单位联合开展安全生产咨询活动，共计发放法律法规宣传资料1000余册。

【自身建设】 萨嘎县总工会以开展“两学一做”学习教育活动为契机，大力加强工会干部队伍自身建设。结合开展“两学一做”学习教育活动契机，全面提高干部职工的整体素质，着力加强干部队伍的自身建设，为进一步开创工会工作的新局面打下坚实基础。组织干部深入学习贯彻党的十八大、十八届历次全会精神，学习习近平总书记在中共中央党的群团工作会议中的讲话精神以及自治区总工会八届六次全委会、自治区总工会九届三次全委（扩大）会议精神，学习《中国共产党廉政自律准则》《中国共产党纪律处分条例》《中国共产党章程》《习近平总书记系列重要讲话读本》等读本和开展手抄党章活动。通过“两学一做”活动，使工会干部职工进一步坚定理想信念，提高党性觉悟，进一步坚定政治方向，增强政治意识、大局意识、核心意识、看齐意识，树立风清气正，严守政治纪律和政治规矩，强化宗旨观念，在工作中勇于担当作为，争做优秀的共产党员。

（次旦平措）

【领导名录】

主　席　达　宗（女，藏族）

副主席　米玛普尺（女，藏族）

共青团萨嘎县委员会

【概况】 2016年，共青团萨嘎县委员会现有科级干部2人，科员2人。萨嘎县28岁以下青年3035人，团员人数596人，团青比例5.09%，共有8个乡镇团委、23个团总支、43个团支部，青年文明号4家。

【团员教育工作】 学校开展“学理论、讲党性、知团情”团员意识教育活动，受益人数达400多人次。重温入团誓词，回顾团的发展历程，学习团史，学习党的方针政策，通过讲党课、讲团课等形式，对广大团员和青少年进行团员意识教育，引导广大团员青年争先锋、做模范。

【青少年维权】 共青团萨嘎县委员会围绕青少年成长成才、权益维护、素质提升等方面的需求，利用“3·10”“3·14”“3·28”等特殊日子宣传8次，让青少年知法、懂法、守法，有效提高青少年的法律法规意识和自我保护意识，推进了青少年维权工作。

【基层组织建设】 共青团萨嘎县委员以第九届村“两委”班子换届为契机，大力开展村级团组织换届工作。制订下发《萨嘎县村级团组织换届选举工作方案》，成立萨嘎县村级团组织换届选举领导小组，16个行政村中设立团支部，22个行政村设立团总支，实现团支部书记进村“两委”班子或兼任全覆盖。

【基层团建经费工作】 共青团萨嘎县委员会制订《萨嘎县基层团建经费使用管理办法》（试行），进一步明确经费的使用情况，严格经费审批程序，加大监督力度。深入基层检查及指导乡镇基层团建工作开展情况，同时发放七乡一镇团建经费共8万元。

【对口援藏】 共青团萨嘎县委员会利用吉林省通化市的援藏资金对7乡1镇团委配发了笔记本电脑，以此激励各级团组织积极投身共青团发展事业。

【青年致富技能培训】 共青团萨嘎县委员会联合萨嘎县劳动局积极争取培训项目，向团日喀则市委员会申请青年机动车驾驶、青年机动车维修、青年妇女编织等5个培训项目。联合萨嘎县委组织部、妇联、总工会举办“团课走进机关”主题活动，定期对广大团员青年集中进行行政公文写作培训，提高青年干部公文处理水平。

【纪念建团94周年系列主题活动】 共青团萨嘎县委员会为纪念建团94周年，开展“活力共青团、激情展萨嘎”为主题的系列活动：“萨嘎青年杯”篮球、足球比赛；“坚定理想信念，勇于创新创造，矢志艰苦奋斗，练就过硬本领，锤炼高尚品格”主题签名活动；“年轻就要唱”青年歌咏比赛；“青年大力士”拔河比赛；各团支部举行五四主题团日活动。

【青年僧尼慰问活动】 共青团萨嘎县委员会开展“共青团和你在一起”青年僧尼慰问活动，深入全县5个寺庙1个日追对43名青年僧尼进行慰问，共送去慰问金12900元。

【贫困户关爱活动】 共青团萨嘎县委员会开展“关爱困难家庭子女，困难青年，相约青春”慰问活动，向各乡（镇）96名困难学生发放衣物。

【志愿者服务】 共青团萨嘎县委员会深入开展“扬志愿精神，展青春风采”志愿者服务系列活动：组织志愿者在县政府大院、格桑街、伦珠街等公共场所打扫卫生；32名青年志愿者为89名农牧学生理发；清理萨嘎县母亲河。

【爱心妈妈主题活动】 共青团萨嘎县委员会联合萨嘎县妇联在县中学举行发放夏服仪式，萨嘎县“爱心妈妈”共29人参加活动，受助学生达29人，受助资金7285元余元。

【预防未成年人犯罪】 共青团萨嘎县委员会开展“青春自护，暑期安全”青少年自护教育活动，邀请萨嘎县司法局相关专业人士深入学校进行相关暑期安全自护常识的讲座，发放青春自护教育读本500多本，把安全教育贯穿到整个学期，常抓不懈，通过多种活动，帮助学生了解和掌握更多的安全常识，学习自护本领，提高安全防范意识和自护自救能力，规范学生的课余活动，杜绝安全隐患。

【关爱农牧民工子女】 共青团萨嘎县委员会为96

名留守儿童发放崭新的羽绒服，让他们感受到共青团关爱，在思想上向团组织靠拢。

【结对认亲帮扶工作】 共青团萨嘎县委员会工作人员于6月12日、6月18日、11月18日分别到如角乡擦让村，夏如乡拉亚村了解帮扶对象石旦、阿觉、群培的家庭情况及生活困难，并为他们送去糌粑、砖茶、酥油。

【青年联谊派对】 共青团萨嘎县委员会为使机关青年有归属感，联合萨嘎县委组织部、总工会、妇联等单位组织机关青年男女开展“我在圣诞和你相遇”主题青年联谊派对，丰富机关青年业余生活，加强萨嘎县青年男女交流，协助解决萨嘎县广大青年交流范围狭小的问题。

【“青年林”环保活动】 共青团萨嘎县委员会联合萨嘎县委组织部、林业局等相关单位组织青年开展植树活动，在林业局指定的位置219国道沿线开辟一片“青年林”。

（刘含翔）

【领导名录】

书　记　米玛其美（女，藏族，12月免）

副书记　德吉白姆（女，藏族）

萨嘎县妇女联合会

【概况】 2016年，萨嘎县妇女联合会科级干部2人（其中虚职1人），科员1人。萨嘎县妇女联合会认真贯彻落实十八届四，五中全会，中央第六次西藏工作座谈会和习近平总书记关于新时期妇女工作的重要指示精神，贯彻落实中央、区、市县关于加强和改进党的群团工作的决策部署，以“三严三实”和“两学一做”专题教育为契机，立足基本职能、发挥特殊优势，切实维护妇女儿童合法权益，促进男女平等，富有创造性地开展了一系列工作，为全县的经济和社会各项事业发展做出了不懈努力。

【党建带妇建工作情况】 按照“党建带妇建”的总体要求，以提高基层妇联组织服务能力为核心，不断巩固和扩大党执政的妇女群众基础。每年每个村党支部培养不少于1名的妇女党员，积极引导和培养优秀妇女群众加入中国共产党。截至年底，培养基层妇女党员40名，提高妇女党员的数量及质量，同时有效增强广大妇女参政议政的意识。

【开展维稳、综治宣传活动】 在“三八”妇女维权周、“9·16”平安西藏日、“12·4”法制宣传日、民族团结月等综合治理活动期间，萨嘎县妇女联合会以“关爱妇女、关爱儿童”为主题，在萨嘎县人口最密集的地方悬挂横幅、展出图版、播放录音等多种形式，开展宣传活动，向群众散发《中华人民共和国妇女权益保障法》《中华人民共和国未成年人保护法》《中华人民共和国婚姻法》等宣传活动。妇联牵头司法、法院等部门组织宣讲队到7乡1镇38个行政村，为期10天，开展法制宣讲进乡村活动，全面讲解妇联工作的各项业务知识，并重点介绍《农村妇女小额信贷财政贴息》政策、《中华人民共和国反家庭暴力法》《中华人民共和国婚姻法》《中华人民共和国合同法》等，向群众发放藏汉双语宣传单12800张，宣传册980册，听众达13000余人次，2016年，萨嘎县妇联积极参与社会治安综合治理工作，单位和个人全年无事故，做到“三无”“三不出”等问题；继续开展“最美家庭”、平安家庭创建活动。组织妇女收看寻找“最美家庭”活动启动仪式并开展寻找“最美家庭”评选活动，选送3个家庭参加自治区“最美家庭”的评选活动。

【开展“三八”妇女节活动】 为庆祝“三八”国际劳动妇女节第106周年，妇联组织各乡（镇）妇联主任、各县直机关妇委会主任和退休妇女代表以及致富女带头人欢聚一堂，在县小礼堂召开了妇联工作总结暨表彰大会。在大会上对萨嘎县两年来的78名优秀妇联干部、“五好文明”22户、平安家庭25户、先进乡镇妇联主任3名、先进村妇代会主任28名、进行表彰，并颁发奖牌和奖金，由各乡（镇）妇联主任交流发言，畅谈在各自岗位上的工作体会。为促进萨嘎县妇女团结友爱，组织县直、中职、企事业各单位妇女，开展抢凳子、拔河、背气球、蒙眼画画、绑腿等各种互动游戏，共有153人参加比赛，通过紧张激烈的比赛，共有42个代表队获奖，对获奖者发放奖品，共折合人民币6650元整。各乡镇及各村也开展了丰富多彩的活动，对每个妇女组织解决活动经费1000元，共计46000元。为关注贫困妇女，维护妇女儿童合法权益，营造和谐稳定的社会环境，3月8日，妇联到县城及各乡（镇）贫困母亲及单亲母亲送去慰问。此次共给50位贫困单亲母亲送去“三八”慰问，慰问品有四层锅、打茶机、铜盆子等生活用品共折合人民币20000元。同时为8个乡（镇）及38个行政村共解决了活动经费46000元。各乡镇也开展了丰富多彩的活动，开展一系列活动共花费65000元。

【争取母亲水窖项目情况】 2016年，为解决农村妇女儿童饮水问题，提高他们的生产生活质量，萨嘎县妇联积极争取上级妇联、中国妇女发展基金会的情系西部、共享母爱“大地之爱、母亲水窖”项目一处，项目总投资为102万元。

2015年“母亲水窖”项目实施顺利，妇联加强对项目的组织领导，并施工期间到现场进行检查质量工作、自验工作。保修期间定期不定期地检查，需要维修的及时跟施工方联系尽快维修工程项目存在问题，确保农牧民群众饮用水安全。截至年底，麻亚村“母亲水窖”运行情况及质量方面无任何问题。2016年，是萨嘎县实施“大地之爱、母亲水窖”项目第一期，妇联积极挖掘各村安全饮水问题、针对饮水困难问题，联合自治区高法驻唐如村工作队对萨嘎县雄如乡唐如村解决了机电井1座，新建供水点7座，每座供水点新建保暖房1座，投资来源国家“母亲水窖”项目专项公益资金，共投资102万元。

【精准扶贫】 走访慰问结对帮扶。妇联按照萨嘎县人民政府扶贫工作的总体要求，落实好单位扶贫对象的扶贫工作，坚持以精准扶贫、精准脱贫为着手，为进一步深入推进“全县精准扶贫”工作，密切与脱贫户的关系，妇联主席带领干部职工到如角乡撒让村分别走访慰问结对认亲帮扶对象曲达、塔杰等3户给他们送去慰问品（大米、面粉、砖茶、食用油等），共计折合人民币1050元。争取资金早日脱贫。妇联驻村期间通过向县政府申请并争取驻村点如角乡擦让村妇女编织合作社协调解决了培训经费14万元。合作社解决了10名贫困户妇女就业。以党员精神捐款1200元并发放衣物480套，改善了驻村点办公用品简陋的问题以及农牧民饲草紧缺的问题。在“3・28”百万农奴解放纪念日、夏季赛马节期间送去慰问金1800元活动经费。开展“两学一做”学习教育工作中，除支部集体学习外，以“基础在学，关键在做”为基础，坚持学用结合，知行合一，以“两学一做”助于一系列爱心帮扶行动。此外萨嘎县妇联在“六一”儿童节和冬季来临之际，组织爱心人士，为贫学兼优的学生送去爱心物资，2016年，夏装、冬装等开展两次“巾帼志愿者”物资发放活动，共有72名贫困生受助，共花费折合人民币16972元。

【开展反腐倡廉系列活动】 为进一步发挥家庭在廉政文化建设中的独特作用，提高家庭成员的拒腐防变意识和能力。为确保萨嘎县每位领导干部不犯错，制订《萨嘎县廉政文化进家庭活动实施方案》；向广大干部领导发出“廉政文化进家庭”活动倡议书；与领导干部及家属签订“家庭助廉”承诺书；组织副科以上妇女领导及副科以上领导家属观看警示教育片等一系列活动，各乡镇也开展《廉政文化进家庭活动》，促进了萨嘎县人人参与防腐倡廉工作。妇联严格落实“三公经费”管理，全年未出现违规违纪现象。

【扩大巾帼志愿者队伍】 为积极培育和实践社会主义核心价值观，大力弘扬“奉献、友爱、互助、进步”的巾帼志愿者精神，妇联在广大妇女干部中招募巾帼志愿者，此次自愿加入巾帼志愿者共有55名妇女干部及家属，同时各乡镇也成立了巾帼志愿者队伍。

【推动“妇女之家”示范点作用】 为进一步加强“妇女之家”示范点的作用，2016年妇联共建设4个“妇女之家”示范点，示范点要求要有年初工作计划；要有活动登记本；要有图片资料；要有年终总结。并从县政府争取活动经费5万元。每个示范点解决5000元的活动经费及其他各村解决1000元的活动经费。这也是为提高基层妇女组织化，发挥基层妇联组织重要作用的有效载体，妇联组织要实现吸引妇女、凝聚妇女、服务妇女，必须要以活动建设作为支撑。

【制订2016～2020年萨嘎县妇女儿童发展规划】 4月25日，召集各成员单位召开会议，听取各成员单位的意见建议制订。

（确　吉）

【领导名录】

主　席　央　吉（女，藏族）

副主席　确　吉（女，藏族）

萨嘎县人民代表大会常务委员会办公室

【概况】 萨嘎县人大常委会办公室成立于1954年。办公室实际人数4名，其中办公室主任1名，办公室副主任2名，科员1名。平均年龄为33岁，学历本科以上2名、大专2名。2016年，萨嘎县人大常委会办公室牢固建立政治意识和大局意识，自觉把办公室工作放到全县经济社会发展全局和县委重大决策部署去思考、去谋划，紧扣常委会年初确定的工作目标，充分发挥参谋助手作用。

【文秘工作】 年内，常委会办公室高度重视文字服务工作，认真把好文字服务的起草、审核关，努力提高文字的思想性、理论性、政策性和可操纵性，通过文字服务，发挥人大办公室的参谋助手作用。认真起草好常委会年度工作计划；力求使常委会的工作紧扣全县发展大局和全县中心工作，并按月份排好“工期”，推动了常委会办公室有条不紊地实施，为常委会充分行使监督、决定、任免等各项职权提供服务。认真起草好常委会工作报告；全面客观正确反映常委会过去一年所做的工作及提出今后一年工作思路，为常委会总结工作经验和谋划2017年工作提供有益参考。认真做好常委会举行的各项重要会议、重大活动的文稿起草。在起草进程中，重视早谋划、早安排、早落实，加强学习，深入研究，努力提升文稿起草质量，使文稿更加紧密结合市委和县委重大决策部署，更加符合常委会工作实际，充分发挥了“以文辅政”的重要作用。

【会议服务工作】 为人民代表大会、人大常委会会议和常委会主任会议服务（简称“三会”）是常委会办公室工作的重要职责。年内，常委会办公室共为2次人民代表大会会议、6次常委会会议、8次常委会主任会议提供服务保障，依法作出决议12项，依法任免国家机关工作人员66人（次）。在工作中，明确分工、多方协调、主动与各有关单位沟通联系，及时完成各类文件和材料准备，提早做好会场布置，积极改进会务工作，重视抓早、抓实、抓快，对会议的每个环节进行仔细分析、认真安排，依照规定时间逐项抓好落实，认真做好会前预备、会中服务、会后总结等各项工作，进一步完善办会质量，确保各次会议顺利进行。同时扎实做好出席日喀则市人民代表大会萨嘎县代表团的服务工作。

【督办代表建议】 年内，常委会办公室加强与代表的联系，在常委会分管领导的带领下，深入代表建议重点承办单位，通过走访、座谈、实地查看、重点督办、邀请代表深入承办单位督办、电话催办等多种情势，加大对代表建议督办力度，着力增强代表建议的落实率。年内，召开代表意见建议督办会2次，代表所提的132件建议、批评和意见已全部在规定的时限内办理答复代表，代表们对办理结果比较满意。

【内部管理】 年内，常委会办公室认真组织工作人员进行业务学习，狠抓公文处理，不断加强办文质量。坚持公文处理的规范化，明确公文制发各个环节的责任，保证公文印制的质量和运转效力，并积极采用电子邮件进行收发文件，有效提高办文效率。对所有来文来电都能及时正确地签收办理，未发生耽搁送阅、影响工作的现象。同时，坚持建立“优质服务、综合保障”理念，强化公务车辆、财务、公务接待等管理，着力提升管理水平，增强服务能力，办公室的后勤保障功能不断增强，为常委会提供优质高效的后勤保障。

【加强学习】 年内，不断提升理论水平和工作能力。加强理论学习。认真学习党的十八大和十八届三中、四中、五中、六中全会、第六次西藏工作座谈会和习近平总书记一系列重要讲话精神，学习自治区党委、市委和县委出台的相关文件精神实施办法，把思想和行动同一到中央的决策部署上来，切实转变工作作风，不断进步政治理论水平和工作本领。加能人大业务知识的学习。认真组织办公室干部职工学习《中华人民共和国宪法》《中华人民共和国地方各级人民代表大会和地方各级人民委员会组织法》《监视法》等法律法规，学习自治区文件精神，着力进步办公室干部职工把握展开人大工作的方式方法，提升履职能力和工作水平。

【“人大代表之家”】 为不断巩固和拓展“人大代表之家”功能作用，积极为人大代表履职、学习培训、联系群众等搭建平台，办公室制订“人大代表之家”“人大代表小组”学习计划方案，充实“一册八薄”内容，开展专题学习培训2次，有效地促使了“人大代表之家”的作用发挥。

【配合上级部门】 年内，积极组织人员参加区市人大常委会各类会议，做好会议后勤保障工作。全面协助区市人大对全县的调研、执法监督工作，年内，自治区开展专题调研1次、执法检查1次，市人大常委会开展专题调研1次，执法检查2次，县人大常委会办公室形成相关汇报材料6份。在全力配合区市两级人大工作过程中，县人大常委会办公室不断吸取上级部门的先进经验，提高自身工作能力。

【党风廉政建设】 全面推动廉洁高效的人大办公室工作队伍建设。认真落实党风廉政建设责任制，严格执行中央、自治区、市委和县委关于廉政建设的各项规定，认真贯彻遵守《中国共产党党员领导干部廉洁从政若干准则》和严格执行中央“八项规定”、区党委“约法十章”和市委“八项要求”，深入展开“廉洁自律”教育活动，从中吸取深刻教训，做到警钟长鸣，引以为戒，坚定理想信念，切实加强办公室人员的廉洁自律教育，不断增强党员干部“为民、务实、清廉”意识，自觉做到勤政廉政、务实为民。

【维稳工作】 加强领导。做到敏感节点维稳有部署、有计划、有总结，各项维稳工作有序推进。强化学习。全面传达学习中央和区市县关于维稳的系列方针政策，毫不放松地坚持开展“团结稳定是福、分裂动乱是祸”“治国先治边，治边先稳藏”“依法治藏，长期建藏”的思想教育，牢牢把握反分裂斗争的主动权。严格执行维稳值班制度，先后派3名干部在旦嘎村开展驻村工作。

（杨 佳）

【领导名录】

主 任 边 巴（藏族）

副主任 普 珍（女，藏族）

仓木啦（女，藏族）

萨嘎县人民政府办公室

【概况】 2016年，萨嘎县人民政府办公室下设人防办、法制办、边境事务管理局、机关后勤服务中心（事业单位），现有科级干部7人（其中虚职2人），科员4人，事业技术员20人。萨嘎县政府办公室紧紧围绕县委、县政府的中心工作，主动适应新形势新变化，秉承“和谐、严谨、实干、创新”的工作方针，充分发挥参谋助手、督促检查、组织协调等职能，进一步解放思想，开拓创新，扎实推进各项工作，较好地完成了“为领导服务、为基层服务、为群众服务”的各项任务，促进萨嘎县政府工作的高效运转，为推动全县经济社会平稳较快发展做出积极贡献。

【以文辅政】 深刻理解领导意图，坚持县情实际与上级政策、外地经验、发展形势相结合，做到撰写文稿立意新颖、主题突出、逻辑严密、层次清楚、语言精练，起草、修改、把关各类文字材料300余篇；围绕全县中心工作，深入一线调查研究，不断提高服务决策的层次和水平，共组织各类调研活动10余次，完成高质量调研材料5篇。

【办文办会】 严格按照精简、高效、规范的要求，坚持可发可不发的文件坚决不发，对每一件公文认真把好政策关、文字关和程序关，确保各类公文的办理质量。年内，办理县政府各类文件285件、请示件137件；严格实行会议提报和呈报制度，大力精简各类会议，提升会议服务水平，全年共筹备组织县政府综合性、专项会议及电视电话会议124余次；认真做好政府各类电子公文的网上传输工作，促进政府网络平台的高效运行，共办理各类电子公文156余件。

【法制建设】 对政府重大决策事项进行合法性论证或参与处理，对政府规范性、一般政策性文件进行可行性审查，全年共参与县政府重大决策事件59起，制订规范性文件和一般政策性文件25件；严格落实立案审批回避、立审分离、质证审查、限时办结等制度，全力抓好复议案件的受理和审理工作，依法维护群众合法权益。

【督导检查】 紧紧围绕县政府的重大决策、重大部署、重大事项，逐一分解落实责任部门和单位，定期跟踪，逐项“对账”，及时通报。年内，共组织开展专项督查活动5次，发放督办单25份；把领导批办事项当作上为领导分忧、下为百姓解难的重要工作来抓，严格规范批示件办理登记挂签、查办催办、反馈上报和整理归档等工作流程，力求全面深刻领会和把握领导批示意图，全力予以督查督办；及时组织召开人大代表建议、政协提案交办会，并根据承办单位的任务量和群众关注程度，有针对性地催查、督办，及时掌握办理工作动态。年内，共办理人大代表议案建议和政协提案件45件。

【政务宣传】 第一时间将县里重大决策、会议精神、重点工作以及政务信息、政府公文、政策法规等最新公开信息在网上发布，方便部门及群众查询，提高政务宣传的透明度。2016年，萨嘎县主动公开政府信息数507条，通过不同渠道和方式公开政府信息共计819条。其中政府公报公开政府信息48条；政府网站公开政府信息295条；政务微博公开政府信息86条；政务微信公开政府信息238条；其他方式公开政府信息152条。搞好与市政府电子政务科的沟通对接，保证上报市政府信息的质量与数量。年内，共上报市政府信息426条。

【机要保密】 及时快速完成上级各类文件、电报的处理，坚决做到不拖、不压、不误、不错，实现急件、特件的快速流转和办理。年内，共接收办理国家、省、市文件566件、县政府文件138件、党委文件15件以及各类电报459件；严格执行用印审批制度，加强印鉴的管理与使用，并做好各类文件的编号及存档工作；年内，共筹备县政府常务会议8次，编发会议纪要8期，接收各类机要信件126件。同时，认真做好县政府办公网络计算机保密工作，努力实现政务内网和外网的有效分离，确保不发生失泄密事故。

【机关作风建设】 政府办公室把作风建设作为提升工作质量、打造整体形象的重要抓手，坚持从严抓作风、“开门”抓作风、细微之处抓作风，努力打造一支纪律严、业务强、服务优、效率高的优秀团队。增强优质服务意识。对各项工作不推不托、积极主动，努力实现全方位、全天候、全程式服务；牢固树立“立即办、马上办”观念，做到常事快办、急事急办、快事快办，办则从快、办则办好，全力全速落实好领导交办、部门提报和群众反映的各类事项。强化工作责任落实。强化“责任重于泰山”意识，坚持一切工作具体化、图表化、责任化，对年初制订的全年重点工作计划，层层分解任务、明确责任主体、划定完成时限，保质保量地抓好工作落实。同时，实行责任追究倒查机制，工作一旦出现差错问题，将进行逐个环节倒查追究；树立廉洁为公形象。认真落实“一岗双责”责任制，从严管干部、从严带队伍、从严抓作风，及时发现各类倾向性、苗头性问题，在第一时间内予以纠正解决。深入学习干部换届选举工作纪律和干部选拔任用四项监督制度，不越职越权干扰选举程序。严格遵守中央“八项规定”和自治区“十个不准”“九项要求”，从细微之处筑牢思想道德防线；全力协助做好值班、接访工作。坚持24小时全日制值班制度，共接待来人来访来电200余人次。

（朱孟超）

【领导名录】

主　任　贡布次仁（藏族，12月免）
副主任　巴桑罗布（藏族，12月任，主持工作）
　　　　彭　波（6月免）
　　　　德吉卓嘎（女，藏族）

中国人民政治协商会议萨嘎县委员会办公室

【概况】 2016年，中国人民政治协商会议萨嘎县委员会办公室现有科级干部3人（其中虚职1人），科员1人。政协办公室高举中国特色社会主义伟大旗帜，全面贯彻落实中共十八大和十八届历次全会精神，深入贯彻习近平总书记系列重要讲话精神和自治区第九次党代会精神，认真贯彻区党委、市委和县委的重大决策部署，紧扣统筹推进“五位一体”总体布局、协调推进“四个全面”战略布局和深入落实新发展理念，坚持团结和民主两大主题，引导动员县政协和广大政协委员，履职尽责，扎实工作，为推进全县经济发展、促进社会和谐做出了应有的贡献。

【办好各种例会】 年内，政协办公室围绕政协中心工作，精心组织，周密安排圆满完成2016年县政协换届工作任务。通过组织政协一届五次会议和二届一次全委会、常委会、主席会议，就萨嘎县经济社会发展中热点、难点问题进行协商讨论。积极配合区市两级政协各专委会完成调研任务，做好到萨嘎县开展调研、视察活动工作组的协调、接待工作。

【加强提案办理落实工作】 2016年在政协一届五次和二届一次会议期间共收到委员提案110件，审查立案103件，立案率达到92.7%。提案内容，涵盖了萨嘎县社会、经济、文化和社会生活等各个方面，集中反映了各界人士和广大群众的意愿和诉求。2016年，先后对委员以会议代训的方式进行2次培训，大大提升了委员们提案书写和提案质量，提案参与率达到98%以上。委员的提案从数量看，呈现逐年增加趋势，从办理结果看，县委、县政府及有关部门对提案办理高度重视，采取有效措施，给予认真办理，立案提案办复率、满意率均达到98%。萨嘎县5名日喀则市政协委员，在中国人民政治协商会议第一届日喀则市委员会第四次会议期间共提出提案3份，内容涵盖经济、教育、文化、水电等多个领域。

【完成各项专题调研】 在县政协常务委员会的领导下，协助区、市政协组织就社会稳定、教育卫生、基层人才队伍建设、生态环保等方面重点工作进行调研，完成《2016年维护社会稳定调研报告》《萨嘎县民族工作和流动人口管理工作调研报告》《基层医疗卫生队伍建设工作的调研报告》《促进边缘乡镇人才培养使用的专题调研报告》《萨嘎县关于环境监测和监管执法能力建设专题调研报告》5篇调研报告。

【民主监督广泛深入】 2016年，共推荐8名委员和机关工作人员担任相关部门的特约监督员、行风监督员和人民陪审员，对执法部门贯彻执行国家法律法规和重要方针政策，事关全局的重大决策贯彻落实情况，事关群众反映强烈的重点难点问题，事关社会公平、司法公正的重要问题，依章程开展民主监督，坦诚提出意见、建议。

【政协委员培训】 9月4日，萨嘎县政协在文化活动中心二楼组织二届政协委员举办培训班。培训为期1天，共61人参加培训。培训围绕新时期统一战线理论和人民政协提案理论知识进行学习，进行学习以及对如何当好政协委员和如何履行政协职能及委员职责的相关知识进行学习。培训期间《政协章程》《政协第二届萨嘎县委员会委员培训教学材料》两本书各印发61份。

【开展“提升委员履职能力”活动】 根据全市政协系统中开展的“提升委员履职能力”“加强基层政协组织建设”活动方案的要求，萨嘎县政协委根据政协工作实际，制订《萨嘎县政协“提升委员履职能力”“加强基层政协组织建设”活动方案》。12月5日，组织政协委员召开“提升委员履职能力”“加强基层政协组织建设”专题学习会，学习宣传党的十八届六中全会和自治区第九次党代会精神，上报相关简报5份。

【文史资料整理】 2016年11月整理完成藏汉双语版《后藏服饰》《后藏民间传统娱乐游戏》两本文史资料书。

【创先争优强基惠民生活动】 萨嘎县政协驻村工作队被评为“市级优秀驻村工作队”，一名队员被评为“市级优秀驻村工作队员”。

【推进政协工作“三化”建设】 2016年以政协换届工作和在全市政协系统中开展“提升委员履职能力”“加强基层政协组织建设”活动为载体，在指导实践，推动工作上下功夫，先后制订和完善《岗位责任制度》《政协提案、调研、考察制度》《办公室工作职责》等28项规章制度，为创新开展政协各项工作提供了制度保障。

【加强自身建设】 扎实开展“两学一做”学习教育和“讲学习、讲忠诚、正风纪、转作风、提效能”主题活动，深入贯彻落实全面从严治党要求。县政协机关以身作则、率先垂范，加强学习，主动参加支部学习、讲党课和各个环节的专题讨论会议，每人撰写心得体会4篇，对照检查材料5篇，在支部民主生活会上，深刻剖析自身存在的问题，明确下一步努力的方向，进一步转变政协机关作风，营造全体党员干部讲学习、讲忠诚、正风纪、转作风、提效能的浓厚氛围。年内，选派1名县政协干部参加全国政协干部第108期干部培训班，前往青岛学习考察。

（格 桑）

【领导名录】

主 任 格 桑（女，藏族）

副主任 普 扎（藏族）

副主任科员

索 央（女，藏族，6月任）

萨嘎县创先争优强基础惠民生活动领导小组办公室

【概况】 自第五批驻村工作开展以来，萨嘎县认真贯彻自治区、市党委安排部署，全县38个驻村工作队、152名驻村队员紧紧围绕“5+3”，改进作风、创新思路、健全机制，坚守一线强基础，聚精会神谋发展，真心实意惠民生，凝心聚力保稳定，为进一步推进萨嘎经济社会发展和长治久安提供了强大的力量。

【宣讲各类精神】 全县各驻村工作队采取多种

形式，深入田间牧场、登门入户，深入宣讲党的十八届五中全会、中央第六次西藏工作座谈会、特别是习近平总书记系列重要讲话精神300余场次，参会群众28000余人次；宣讲区党委八届七次、八次全委会议精神、自治区十届人大四次会议、自治区政协十届四次会议精神、宣讲全区经济工作会议精神150余场次，参会群众1300余人次；宣讲中央扶贫开发工作会议精神、全区经济工作会议、扶贫开发工作会议精神200余场次，参会群众25000余人次；组织群众收听收看全国“两会”精神17000余人次，收听收看率达100%。让群众真正明白惠从何来、惠在何处。

【建强基层组织】 全县各驻村工作队以强基层、建队伍、固根本为首要任务，用喜闻乐见的方式，“以乡音传党声、以村情释国策”，举办座谈会150余场次、上党课98场次，努力打造一支真真正正发自内心念党情、感党恩、听党话、跟党走的村级干部队伍。巩固拓展党的群众路线教育实践活动成果，深挖“一薄弱”“病根”，帮助村“两委”从明晰权责、规范程序、服务群众等方面开出34项制度“药方”，基本做到“对症下药、药到病除”。截至年底，落实党务村务财务公开、村干部坐班和农牧民党员公开承诺践诺等制度规范化、常态化在38个行政村实现全覆盖。注重在壮大党员队伍、整顿软弱涣散基层党组织、健全规章制度和强化激励帮扶、民主互评、“三个培养”工程上找准着力点，进一步加强基层党组织建设；举办党员培训班（包括以会代训）98期，培训党员2000余人次，开展“两学一做”之学习党章及系列讲话培训会102场次，进一步提高基层组织服务水平。开展“村干部文化素质提升工程”培训1900余场次，着力打造一支跟党走、有文化、懂政策、善经营、能致富、有威望的村（居）干部队伍。

【维护社会稳定】 全县各驻村工作队始终把维护社会稳定作为硬任务和第一责任常抓不懈。认真落实自治区党委、政府十项维稳措施和市委、市政府和县委、县政府相关维稳工作要求，切实履行维稳职责。充分发挥双联户长、双联家庭、护村队、联防队、民兵、治保组织、调解组织等基层综治队伍作用，建立村组联动、村民联防工作机制。制订敏感节点维稳安保方案、应急处突预案、驻村干部与村干部值班带班制度，落实外来人员登记、流动人员登记以及矛盾纠纷排查登记等，坚持每月把所驻村逐家逐户走访一遍，每月召开一次反映村情民意的群众代表会议，全面掌握村情社情、掌握群众思想动态，切实把各种不稳定因素化解在萌芽状态、处理在基层。同时，严格落实敏感时期全员全时在岗、巡逻、零报告制度。建立健全维稳工作机制38条，召开维稳会178次，开展矛盾纠纷排查活动128次，协调解决各类矛盾纠纷19起。同时，组织开展“藏汉”双语会话竞赛，要求驻村工作队、第一书记和大学生村官学习使用藏语、村干部和农牧民党员学习使用汉语。驻村工作队员要主动与本村年轻人结对交友，团结带动他们建设家乡。

【促进增收致富】 全县各驻村工作队把推动科学发展作为第一要务，注重从“输血”向“造血”功能转变，帮助村“两委”理清发展思路96条，找准发展路子48个，制订完善经济发展规划62项；组织农牧民群众学习培训800余人次，推进了农牧区经济社会持续健康发展，拓宽了群众致富门路、促进了增收。

【开展结对认亲】 全县各驻村干部与本村贫困户、老党员等38个村152户结成“亲戚”；在“三大节日”期间，自掏腰包送去16万余元的慰问金，进一步增强群众致富奔小康的信心，密切与群众的血肉联系，践行为人民服务的宗旨，使广大群众切身感受到驻村干部是值得信赖的好朋友，在群众中进一步树立了驻村干部的良好形象。

【深化党恩教育】 全县各驻村工作队“以乡音传党声、以村情释国策”，通过召开会议、播放爱国影片、新旧社会对比、现身说法等方式，广泛开展“中国梦”、社会主义核心价值观和新旧西藏对比教育，大力宣传党中央的特殊关怀、全国人民的无私援助，使农牧民群众真正明白惠在何处、惠从何来，更加自觉地感党恩、听党话、跟党走。截至年底，各驻村工作队累计开展感恩教育大会85场次，参会群众15000余人次。

【落实惠民政策】 全县各驻村工作队及时把3600多本优惠政策“明白卡”发放到每户群众手中；并专门组织农牧民群众召开大会，对相关政策内容进行详细解读。对个别群众理解不透彻，还通过“送教上门”形式进行宣讲，确保自治区出台的80多项优惠政策和提高18项民生补助标准的决策部署家喻户晓，落实到户到人。

【推进扶贫开发】 全县各驻村工作队通过进村入户、挨家走访等形式，全面掌握贫困人口的数量、分布、贫困程度、致贫原因等，并撰写底数清、问题明的调研报告，制订“一户一策”精准扶贫，做到“一家一户调研摸底、一家一户一本台账、一家一户一个扶贫计划、一家一户结对帮扶、一家一户回头跟踪扶贫效果”。同时，驻村干部与贫困户结成帮扶对子，建立扶贫脱贫帮扶责任制。

【搞好灾后重建】 围绕全县灾后恢复重建、城镇化建设、扶贫异地搬迁等重点工作，各驻村工作队积极发挥作用，协助县乡相关部门，搞好拆迁搬迁前的群众思想动员、砂石水泥备料、选址规划设计等前期准备工作，宣传党的特殊优惠政策，为受灾群众想办法、出主意。组织500余名劳力，开展施工技能培训20余场次。

【加强自身建设】 严格按照规定条件，坚持藏汉干部合理搭配，选派优秀干部、年轻干部参加驻村工作，形成一支强有力的驻村干部队伍。县乡级选派科级干部担任驻村工作队队长，并实行脱离单位工作制。研究制订《驻村干部考勤与请销假制度》《驻村工作周抽查、月普查、季考核制度》等，对驻村干部树规矩、严管理。结合萨嘎县类区实际，第一书记以外的驻村干部实行半年轮换制，期间每人安排一次轮休。半年驻村期间，严格实行脱产驻点，保证重要敏感时段4人在岗、其他时段3人在岗。结合本县实际，研究制订《萨嘎县强基惠民驻村工作目标责任书》，把“5+3”任务分解细化至22项70条具体任务，明确完成时限与责任主体。2016年，共开展巡回检查14次，考核2次（即半年考核和年终考核），列出整改任务100余条，落实100余条，下发通报文件1个。

【注重宣传报道】 全县各驻村工作队紧紧围绕“5+3”驻村工作任务，以“万名村（居）干部素质能力提升工作”和“两学一做”为重要载体，深入扎实开展驻村工作的同时，高度重视信息简报的编写和报送工作，如实反映各驻村工作队当前的各项工作进展情况，营造人人积极参与、人人热心支持活动的浓厚氛围，有力推动全县创先争优强基础惠民生活动不断引向深入。2016年，县强基办共收到各类信息简报1226条，县强基办采用232条，县各类媒体采用130余条，市强基办及各类媒体采用60余条。

（多 吉）

【领导名录】

领导小组办公室

主 任 边 巴（藏族）

副主任 罗 布（藏族，12月免）

多 吉（藏族）

指导协调小组

组 长 罗 布（藏族，12月免）

成 员 朗 嘎（女，藏族）

综合组

组 长 多 吉（藏族）

成 员 德 吉（女，藏族）

达瓦格桑（藏族）

材料宣简组

组 长 多 吉（藏族）

成 员 曲 旺（藏族）

武装

武警萨嘎县中队

【概况】 2016年，武警萨嘎县中队的各项工作以支部建设为核心，紧紧扭住提高“三个能力”上下功夫，始终坚持“抓班子，打基础，保稳定，谋发展”，以新纲要和《基层正规化管理规定》为核心推进中队建设水平。以从严治警、经常性基础性工作落实、正规化执勤和总队、支队军事训练考核为载体，固强补弱，确保了部队安全稳定、秩序正规和战斗力的提高。以主题主线教育学习贯彻为大纲，抓好经常性教育的落实。通过中队全体官兵的共同努力，中队全面建设取得了长足进步，中队班子团结，官兵思想稳定，“双争”氛围浓厚，部队士气高昂、风清气正，秩序正规，以较高标准实现了“两个确保”。

【军事工作】 中队支部“一班人”统一思想，深刻认识到作为边境一线知情中队，军事训练对目标安全的重要性。年内，主要进行基础知识、心理战基础、通信等课目的训练。在组训过程中，中队官兵以支队下发的训练计划为依据，力求训练时间安排合理，内容穿插得当。主要是做到严把“三关”。即严把计划关。训练内容细化到每个小时，每个小内容，做到每一个课目的训练目的明确，时间分配合理，保障措施有力，杜绝粗训、漏训、盲训现象发生。严把教学准备关。每个课目展开训练前，挑选军事技术熟练和具有丰富教学经验的干部骨干担任教员，落实备课、示教制度，做到教学准备充分，确保教学的质量。严把实施关。在组织训练过程中，严格按照规定的课目、时间和内容展开训练，不随意调整训练内容，不随意占用训练时间，确保训练按计划有步骤地进行。在训练过程中始终贯穿科学组训、依法治训的要求。重点把提高干部、士官、骨干的军事训练素质和组织指挥能力，作为训练的突破口来抓；在训练方法上，采取分阶段、分层次的方法进行。扎实开展以小观摩、小评比、小练兵为主的“三小”活动。每周中队组织一次军事会操，通过“小观摩”“小评比”达到互相促进，共同提高的目的。充分利用战士竞争意识强的有利条件，通过动员教育、思想发动和利用板报等舆论工具进行宣传教育，在中队喊响“武艺练不精，不算合格兵”的口号，激发官兵的训练热情，营造出争先创优的氛围。针对新时期战士物质利益观念逐步增强的特点，在坚持精神奖励为主的前提下，适当地进行一些物质奖励，不断激发官兵的练兵热情。良好的军事训练是保证维护社会稳定的基础，中队官兵始终牢记自身责任，在确保固定执勤目标绝对安全的同时中队官兵承担起抢险救灾、警务站备勤、22道班执勤、县城巡逻等临时勤务，加强与驻地公安部门协调演练，加强与看守所的勤务协同配合，加强战备值班，出动兵力协助公安完成县城会议安保工作，升国旗，真正做到了养兵千日，用兵一时。

【政治工作】 年内，中队官兵严格按照支队下发的政治教育实施方案，结合中队人员思想实际，主要开展主题主线教育，武警部队职能使命教育、高原特殊教育、“百日安全竞赛”教育、法纪教育、心理健康教育、形势战备教育等。在教育的内容上，紧紧把握不同时期战士的思想特征，有针对性的解决问题。在教育上，始终注重围绕部队建设的需要，结合中队战士的社会经历、文化程度、家庭状况、个人需求、思想观念、服役态度、生活情趣等特点开展教育，采取有什么问题就解决什么问题的方法，如新兵下连后重点围绕帮助新战士顺利度过“第二适应期”开展教育。在教育的方式上，多渠道、全方位地开展扎实有效的活动。教育中，努力把大课堂教育与群众性自我教育结合起来，把互动式话题教育引向深入，按照课堂教育“四步法”，认真组织班讨论和写好心得体会，同时抓好一事一议和随机教育，增强教育的效果；在组织形式上求创新，充分发挥官兵的主观能动性。在组织读书活动过程中，让那些有特长、有专长的干部战士充当小教员，做到能者为师，并针对中队战士文化层次高低不一，除发挥“三互小组”的作用外，还合理进行分组，有针对性地进行文化补习。通过开展读书活动，中队官兵学习自觉性得到了提高，文化水平和思想觉悟也有了进步；坚持把经常性思想工作贯穿到训练、工作、生活的全过程。积极开展随机教育和交心谈心活动，充分发挥思想工作骨干队伍的作用，利用“三互”“双四一”等有效载体，及时把握官兵的思想脉博，针对训练中少数战士存在怕苦怕累思想的实际，及时有针对性地抓好教育，较好地解决了部分官兵思想上的模糊认识。对学技术落选人员和单亲家庭战士，采取“三帮一”结对帮扶的方法，及时靠上去做工作，消除他们的思想问题；积极开展文体活动。因中队营房正在新建，官兵文化生活单调，中队充分利用现有的设施条件，在节假日开展了一些健康有益的文体活动，丰富官兵的业余文化生活。

【后勤工作】 中队管理者狠抓了伙食管理五项制度的落实，立足现有条件，大力开展“双增双节”活动。通过开展“节约一度电、一滴水、一粒米”的活动，较好地控制了跑、冒、滴、漏等问题的发生，堵塞了漏洞，确保了官兵能够吃饱、吃好、吃得满意。同时健全经济民主组，做到活动经常，每月查账一次，及时向战士公布，增强管理的透明度。不定期的征求官兵对伙食的意见和建议，提高了后勤保障的质量。从调查了解的情况看，中队官兵对伙食比较满意。为改善伙食，提高官兵的生活水平，丰富中队的“菜篮子”，中队官兵因地制宜地开展了农副业生产。中队因营房建设，外菜地被占用的实际，积极向看守所征用两块菜地，发动中队官兵利用业余时间对温室、菜地土壤进行了改良，对温室薄膜及外架结构进行了焊接和更换，及时栽种了各类蔬菜，把生产任务细化到班，增强大家的责任心。在支队党委和首长的关怀指导下，中队官兵克服等，靠，要思想，积极主动作为，精心蕴育培养，阳光花房建设在县委、县政府的支持下及官兵的共同维护下效果初见成效，成为高原官兵享受大自然的天然“氧吧”。

【“六共”活动】 中队成立活动开展领导小组，中队长聂铁铮、政治指导员高峰任组长，副队长仁青旺久、副政治指导员周泽龙任副组长，成员由各班长、司务长组成。负责“维护社会稳定群众工作“六共”活动的组织、开展、协调工作。采取组织或个人自愿的原则，积极开展结对帮扶活动，与驻地孤寡老人、五保户、贫困户、困难党员、贫困学生等结成帮扶对子，以送物资、送技术、送医药、学生军训等形式进行关怀、帮扶、激励，做到重大节日走访慰问，重大困难及时帮助解决，想方设法帮助改善生产生活学习条件，逐步引导脱贫致，截至年底，中队长期定点帮扶贫困户有2名。定期组织开展“学雷锋、做好事”活动，积极组织部队官兵为农牧民群众做好事、解难事、办实事，在群众中树立“忠诚卫士”的良好形象。同时，带动和鼓励结对村（居）群众从身边的小事做起，让“雷锋精神”永放光芒。支部认真学习贯彻“双拥”政策法规，积极开展形式多样、内容丰富的“军爱民、民拥军”军警民共建活动，如“警营开放日”“送医送药送健康”“互帮互学互促”“警民文艺表演”等活动，增强基层干部群众拥军优属意识，进一步拉近警民之间的关系，积极营造“警民一家亲”的浓厚氛围。中队配合公安部门严厉打击各类违法犯罪，协助地方党委、政府搞好安全隐患排查、矛盾纠纷化解、突发事件应对、流动人口管控等工作，有效净化社会环境，把各种影响社会稳定的因素消灭在萌芽状态，受到当地政府、群众的好评。中队支委与布扎寺签订共建协议、举行挂牌仪式。中队官兵多次组织官兵到布扎寺看望慰问僧尼，进行寺庙安全隐患大排查，深入寺庙协助开展民族宗教政策和相关法规教育宣讲活动。每半年召开一次联席会议，在县民宗、统战等部门带领协调下汇报工作开展情况，共同协商研究对策措施，开展讲评与互评，共同总结经验，查找薄弱环节，研究改进工作措施。

（聂铁铮）

【领导名录】

队　　长　杨本洪（3月免）
　　　　　聂铁铮（4月任）
指 导 员　高　峰
副 队 长　仁青旺久（藏族）
副指导员　周泽龙

萨嘎县公安边防大队

【概况】 萨嘎县公安边防大队主要担负萨嘎县边境一线及边境管理区辖区治安防控工作。2016年，萨嘎县公安边防大队党委团结一致带领全体官兵，坚持以中共十八大、十八届四中、五中全会精神和习近平总书记系列重要讲话精神为指导，认真贯彻落实三级党委扩大会议精神和上级一系列工作安排部署，大队党委以创建活动为引领，围绕“四大目标”，把握“五项重点任务”，扎实开展“五项活动”，推进“四项建设”，着力打造边防部队“五大品牌”，牢固树立战斗利标准，圆满地完成了上级下达的各项工作任务。

【政治工作】 年内，萨嘎县公安边防大队党委“一班”人结合“两学一做”专题教育、“双争”活动、以及“讲党性、迎考验”主题教育等一系列专题活动，认真制订党委中心组学习计划，严格落实学习制度和考勤制度，集中对党的十八届五中全会精神、习近平总书记系列重要讲话精神和三级党委扩大会议精神等内容进行了系统学习，以党的创新理论为基础，不断优化领导队伍的知识结构，提高班子成员的理论素养，增强创新能力。同时萨嘎县公安边防大队各级党组织借助网上党校、政工网络学院为平台，采取学习党的先进理论、观看红色电影、传唱红色歌曲、撰写学习心得等措施，主动深化党员队伍的管理教育，筑牢官兵思想政治根基。

【边境防控】 在各类重大安全保卫期间，萨嘎县公安边防大队积极发挥能动作用，全力确保萨嘎边境一线安全稳定。萨嘎边防大队在第一时间与所属各基层单位签订防控责任书，明确各项工作的责任人的同时。并结合各时段，边境形势的变化，合理分配警力，发挥技防优势，对通外山口、通道等重点地段、区域加大执勤、巡逻、设卡堵截力度，坚决打击边境地区的违法犯罪行为；充分发挥“护城河”作用。老马泉河执勤点严格按照“四必查”原则，严格落实24小时双向检查制度，发挥各类设备作用，加强检查站周边易绕道地段巡逻管控，坚决防范打击可疑人员和企图绕道进出边境管理区人员，严把进出边境管理区关口；萨嘎县公安边防大队以执勤执法、日常勤务为抓手，加强人口管理、治安防范等基础性工作，实现重点防控目标不失控、不漏控；严格落实人防、物防、技防措施，加大对校园、寺庙、通外山口道路等重点场所的监管力度；并将边防辖区旅店业、出租屋住宿人员和边境作业人员变化情况纳入派出所日常工作，加强辖区重点区域流动人口、外来务工人员管理服务工作，为边境防控工作提供了良好的社会治安环境。

【爱民固边】 萨嘎县公安边防大队始终以“爱民固边”战略为载体，积极深入群众当中，解决辖区牧民群众实际困难，构建和谐警民关系，树立边防官兵良好的形象。年内，萨嘎县公安边防大队创新服务形式，老马泉河执勤点为适应辖区需要，在充分调研的基础上设立“党员帮扶服务站”，凸显了服务职能，受到驻地党委政府和群众的普遍称赞。在2016年7月31日，雄如边防派出所积极处置一起因辖区连续普降暴雨，导致辖区发生大面积积水和2起房屋坍塌灾情。期间，共转移受灾群众12户52名，挽回辖区群众财产共计8万余元，并积极为受灾群众捐款捐物价值8000余元，受到驻地党委政府和群众的普遍称赞。同时萨嘎县公安边防大队积极推行“家庭、学校、警营”相结合的帮教机制，以走访慰问、亲情互动、心理辅导等形式帮扶家庭贫困、留守儿童、问题少年等困难儿童12名，在“六一”儿童节期间为困难儿童捐款捐物共计1.4万余元，将辖区9名贫困儿童列为资助对象，并将内地爱心人士2800余元捐款，及时发放给了受捐人员。

（邓 彬）

【领导名录】

大队长 占 堆（藏族，7月免）

边巴吉律（藏族，7月任）

政 委 李克兵（7月任）

副大队长 苏 准

萨嘎县公安消防大队

【概况】 2016年，萨嘎县公安消防大队以习近平总书记“听党指挥、能打胜仗、作风优良”的指示精神为统领，全体官兵扎根高原、以队为家、锐意进取、真抓实干，消防工作和部队建设取得显著成效。始终坚持政治工作的生命线地位，积极营造浓厚的政治教育氛围，在做好经常性思想政治教育工作的同时结合时事任务抓好专项教育和“两学一做”专题思想教育。通过跟官兵开展交流谈心活动，全面把握官兵的思想脉搏，及时消除队伍中可能出现的不稳定因素，使官兵思想始终与党中央保持高度一致，确保部队在关键时刻能够拉得出、冲得上、打得赢。

【部队管理】 坚持依法带兵、从严带兵和以情带兵相结合，严格落实条令条例和各项规章制度，努力抓好部队管理教育教育工作，不断提高官兵的实战能力，部队凝聚力、战斗力不断增强。经常召开会议，对部队的现状进行分析，对官兵的思想进行剖析，查找部队管理中的薄弱环节和不稳定因素，认真梳理，制订措施，限期整改，确保部队内部安全稳定。

【消防保卫】 出色地完成春节、藏历新年、元宵节、劳动节、国庆节等重大节日，以及三月敏感期、时轮金刚灌顶法会等重要时期的消防安全保卫工作。年内，萨嘎县公安消防大队共出动消防车100余台次，消防官兵500余人次，为保持萨嘎县消防安全形势稳定起到了积极的作用。

【火灾防控】 严格开展火灾隐患排查整治工作，做到防患于未然。年内，大队在做好日常监督检查的同时，联合治安、安监、民宗、统战、工商、教育、文化等部门组成专项整治小组，重点检查易燃易爆场所、人员密集场所、公共娱乐场所以及文物古建筑，针对敏感时期，宗教佛事活动、人员密集时段开展消防安全联合检查，遇到重要节日坚持定期开展零点夜查行动，彻底清查夜间营业性娱乐场所的消防安全隐患。2016年，大队共执法检查单位625家次、发现火灾隐患和违法行为43处、下发责令改正通知书43份，为有效肃清消防安全隐患，确保辖区安全奠定了坚实的基础；结合消防工作实际，针对辖区重点单位、重点场所定期开展“六熟悉”和灭火救援实战演练，切实提高部队的灭火救援能力，确保部队能够快速有效地开展火灾扑救工作，将人员和财产的损失降到最低。

【宣传教育】 2016年，消防大队开展消防宣传活动19次，针对寺庙开展消防安全培训6次，并结合日常消防监督检查工作对被检查单位的员工开展消防知识培训，并结合119消防安全宣传活动，联合各乡镇政府、便民警务站开展消防安全“六进”活动，形成了全民消防的宣传声势，营造了浓厚的宣传氛围。

【后勤建设】 2月18日，消防大队完成供暖系统维修改造，确保在寒冷的冬季夜晚室内温度能够达到16℃以上，极大地改善了官兵的生活条件。5月9日，大队新建队站正式开工，预计2017年8月1日前投入使用。

（陈　震）

【领导名录】

教 导 员　薛　安

副大队长　杨庆森（9月任）

法治

萨嘎县公安局

【概况】 1961年7月，萨嘎县公安局正式成立；1966年3月实行军管，公安局职能被“四大组”之一的人民保卫组所代替。1973年6月重新成立公安局。截至2016年萨嘎县公安局已发展至15个机构和7个派出所的多警种职能部门。50多年来，萨嘎县公安局的发展奋斗历程中公安局2次荣立集体三等功，30余次跨入先进行列，涌现出了诸多先进个人和优秀民警。

2016年，萨嘎县公安局深入贯彻落实党的十八届三中、四中、五中、六中全会精神和全区公安处局长会议精神以及各级各部门关于维护稳定工作的一系列决策部署要求，牢牢把握全面推进依法治国和经济发展新常态的总要求，全面深化公安改革、深入推进党风廉政建设、大力推进“四项建设”，着力构建“三大防控体系”，进一步健全维稳安保机制、深化打防管控措施、打牢素质能力基础、提升执法执勤形象，切实担负起维护社会大局稳定的职能使命，确保2016年各项工作任务的圆满完成。

【开展维稳安保工作】 萨嘎县是219国道的重要交通要塞，是拉萨至阿里南线交通要道，也是南、北线互通的必经之路，过往车辆人员休息、住宿的重要驿站，是通往吉隆、聂拉木、樟木口岸的重要途径之一，更是通往仲巴县、阿里地区神山圣湖等旅游景点的必经之地，流动人口服务管理任务繁重。

为做好萨嘎县各项维稳防控工作，按照区市县党委、政府工作部署，公安局紧紧围绕自治区十项维稳工作措施，严格落实区市县三级党委、政府和日喀则市公安局的各项维稳工作要求，从萨嘎县实际出发，以“三无”“三不出”和“三稳定”为工作目标，紧紧围绕“三节”“两会”等敏感期间的维稳安保工作，对各项工作进行再安排、再部署、再细化、再突出、再落实，做到了全警动员、全力以赴，高度警惕、高度警觉、连续作战、持久备战，切实筑牢起了维稳安保的铜墙铁壁。圆满完成全年维稳安保任务，确保萨嘎县辖区绝对安全，万无一失。期间，共出动警力1320余人次、警车450余台次。

【发挥“护城河”工程】 “护城河”检查站肩负着萨嘎县、环拉萨的维稳工作，发挥着过滤器、防护网的作用。萨嘎县22道班公安一级检查站严格按照“四必查”“五不分”的工作要求，坚持24小时加强219国道过往车辆、人员的盘查验证力度，认真、细致的开展盘查、检验工作，对过往人员坚决做到“来知去向、动知轨迹”，确保了不漏检、不失管，充分发挥了“护城河”过滤网作用。期间，检查过往人员248767余人次，检查过往车辆94357余台次，检查物品67786余件。

【加大法制宣传力度】 紧紧围绕项目建设、资源开发、经济发展等重点领域的矛盾纠纷排查化解工作。采取正面与侧面两环节的工作措施相结合，充分利用基层治保组织、“双联户”等群众优势和日常工作关系全面排查掌握纠纷隐患；积极动用各基层党组织力量，要求自觉将本区域内的不稳定苗头隐患及时向便民警务站或公安局相关部门报告；积极与县人民法院、司法局沟通协调，保障若有劳资等纠纷，第一时间得到依法合理的调处，确保矛盾纠纷不往上交或非正常上访等现象的发生。2016年，开展矛盾纠纷排查26余次、开展执法检查10余次。共审核行政案件6起，刑事案件2起。

【落实油品管理制度】 为严格落实《西藏自治区零散成品油销售管理办法》等相关规定，萨嘎县公安局派驻加油站安全员监督加油站对进站加油的机动车辆进行“三证”实名制登记后加油；加强督导检查，由公安局治安大队牵头、警务督察大队为成员的工作督导小组，采用明察暗访方式不定时、不定点对萨嘎县加油站落实实名制加油制度情况和安全员值班情况进行督导检查，加强油品源头管理，确保油品不出任何问题。

【加强网络阵地管控】 按照网上网下联动的工作原则，建立24小时网上巡查制度，明确专职巡查民警，与县委宣传部、县政府建立网上巡查联动机制，及时发现上报和处置涉警、涉军、涉党和负面炒作的重要舆情信息，进一步加强对互联网、手机短信、微博微信等信息平台的监管力度。

【严防重大刑事案件发生】 坚持打防结合，积极预防，按照全面落实科学发展观和构建社会主义和谐社会的要求，从宣传着手，通过各种媒介加强宣传引导始终保持严打、严控、严防的高压态势，确保人民群众安全满意。进一步围绕打击“盗抢骗”专项行动，打击网络电信诈骗、打击农村黑恶势力、项目工程领域突出问题等工作任务，抓住各项专项行动的有利契机。坚持严打方针，始终保持对刑事犯罪活动的凌厉攻势。2016年，刑事案件立案5起，其中，1起盗窃案已破（1起因家庭内部成员作案已撤案）、1起强奸案已破，3起电信诈骗未破。

【加强治安行政管理】 认真贯彻落实上级公安机关缉枪治爆相关工作要求，切实加强枪支弹药管理，公安局治安管理大队立足实际、多措并举，针对民爆物品安全管理上易出现的漏洞，结合萨嘎县民爆物品的储藏、销售、使用各个环节的具体情况，组织民警深入各民爆物品使用单位及施工处进行检查，全面深化社会面枪爆收缴工作。以重点目标、特殊行业、民爆物品、剧毒物品和放射性物品为重点，全面加强治安管理。

全年，共受理治安案件18起，查处18起。补办居民身份证676张，发放安全许可证692张。同时，健全流动人口服务管理机制，完善“一卡通”制度。共办理居住证16张，暂住证1660张，并与出租房屋签订了相关责任书，全面实现了“以业管人、以房管人、以证管人”的工作要求。

【严格查处交通违法行为】 在交通事故的防范和处理工作中，公安局交警大队坚持抓源头、基础工作和办案质量，认真落实事故处理各项制度推进执法规范化建设。提高群众对事故处理工作的满意率，增强事故处理岗位民警的业务能力，在制度建设方面狠下功夫，让广大人民群众看得见听得到的工作方式方法，大力推进事故处理工作规范化。深入开展对营运客车、旅游车辆、农用拖拉机、摩托车未戴头盔、危险品运输车等车辆的专项整治行动，严厉打击酒驾、醉驾、毒驾、“三超一疲劳”、乱停乱放等交通违法行。

2016年，共查处交通违法行为180余起，处理一般交通事故1起，轻微事故73起。同时对萨嘎县境内219国道沿线及乡村道路进行隐患排查5余次，开展交通法律法规宣传3余次。

【强化监管场所管理】 坚持把非正常死亡问题长抓不懈，深入查找监管民警在执法思想、执法行为、执法记录、工作作风等方面存在的问题，从教育引导在押人员着手，全面开展在押人员思想道德，法律法规教育。2016年看守所共关押人员10名，其中刑事拘留2人，行政拘留8人，全部实行异地关押。

【推进执法规范化建设】 结合执法检查“回头看”活动开展，深入推进执法规范化建设，坚持把不严格执法办案、不公正执法办案、不文明执法办案、随意执法、乱作为不作为办案五个环节作为重点，扎实开展案件倒查，严格规范接处警、立案、侦查、涉案财物、执法办案场所管理、窗口服务等工作，有效推进执法规范化建设，提高执法办案水平。2016年，公安局执法办案场所正在改造当中，预计2017年投入使用。

【严格规范接处警工作】 坚持规范用语，工作纪律等着手，认真落实指挥中心接处警规范，不断强化接处警工作，建立健全完善的接处警回访制度，全面推进指挥中心规范化建设。

【加强“两限一警”工作】 严格按照自治区党委“五个抓”，认真履行“五项职责”相关规定，全程跟车监督客运车辆运行途中的安全技术状况、驾驶人安全驾驶情况及道路情况。坚决落实“两限”和“四查”，实现“定人、定岗、定车”，全面实现交通事故直线下降，违法行为稳中有降，确保“两限一警”工作高效、规范运转。

【推进基础信息化建设】 树立情报信息主导警务的理念，紧紧抓住基础建设和信息采集这一源头，积极组织网安、治安、指挥中心等部门对视频监控探头、旅馆业系统、网吧管理进行督导检查，同时对各业务大队信息综合平台信息采集录入规范化等开展推进性督察，促进信息采集率的提升，不断推进信息化建设。公安三级网络实现100%覆盖，四级网络覆盖率达到了78%。同时，在县委、县政府的支持下，拟新增平安萨嘎动态视频监控探头29个，投入资金67万元，350兆手台信号实现县城区域及检查站全覆盖，网络办公办案基本实现正常化。

【警务实战化建设】 通过实地检查、突击督察、模拟设置警情等多种形式，强化对指挥调度、快速指挥处置机制，动态化巡防机制建设等方面的实战检查，促进警力跟着警情走，完善应急处突预案，加强合成作战，提升实战能力。结合自治区公安厅、市公安局实战训练三年目标，积极协调上级业务部门参加业务培训、晋升培训和轮值轮训工作。共计选派42人次。同时开展了以加强纪律为主的作风专项整顿；以提升形象为主开展的队列训练；以提升实战能力为主的武器警械训练；以反恐处置为主的技战术训练；以提高体能为主的早操训练等实战训练。

【执法规范化建设】 围绕执法重点领域和关键环节，以执法活动的重点环节、重点场所、重点单位为切入点，组织法制大队、督察等局属相关部门，采取适时督察、重点督察、现场督察相结合，专项治理与突击检查相结合的方式，强化事前、事中的监督检查和案件倒查，坚决整治有案不立、违规立案、隐案瞒案、立而不侦等突出问题，不断推进执法规范化建设。

【强化队伍正规化建设】 配齐配强二级班子，调整配备3人；加强对公安机关规章制度、条例条令的学习，严格落实纪律作风各项制度，深入开展督导检查；严格落实“在全部公安工作中，队伍建设是根本，也是保障”的要求，狠抓队伍建设。2016年，采取开展作风整顿、思想教育、养成训练、业务技能练兵、送学送教、考核评比等方法推进队伍建设，正规化建设有序推进。

【党风廉政建设为目标，努力建设清正廉洁的执法环境】 以建设廉政公安队伍为目标，以管住人、用好权，管好账、用好钱为抓手，认真抓好廉政建设。围绕执法重点领域和关键环节，以执法活动的重点环节、重点场所、重点单位为切入点，抓好廉洁执法建设。围绕重点岗位、落实一岗双责为切入点，制订完善公安局政工纪检部门巡查检查制度，并认真组织全局民（辅）警签订廉政责任书。

【全面加强从优待警工作】 在党委、政府及相关部门大力支持下，2016年上半年，及时足额兑现135名公安民警的警衔增资109万余元，完成82名公安民警警衔晋级晋升，补发晋升工资63200元；在县委、县政府的关心下，解决32名民（辅）警无住房的问题；投入80余万元为22道班公安一级检查站解决供水供暖供氧问题；全面落实年度体检，全局179名干部职工已全部参加县人社局组织的健康体检；协调落实民警异地交流学习，选派6人到内地进行学习培训；全面落实年度休假制度，2016年民警休假率达到90%以上；全面落实人民警察抚恤优待工作，人身意外伤害保险有保障。

【加强值班备勤力度】 严格按照既定的值班带班制度落实24小时值班带班制度，坚守岗位，做到人不离岗、岗不离人、昼夜值班，确保关键岗位始终有人、通信联络随时畅通、上传下达及时高效、并严格落实安全保卫工作零报告制度，做到有事报事，无事报平安。围绕党政机关驻地、通信机构、金融机构、学校、重要民生设施、城乡结合部、边境一线的安全保卫工作，加强对陌生出入人员和车辆的管理，严格出入认证、登记检查、登记询问制度。把重点目标、要害部位的安全防范工作做细、做扎实，做到滴水不漏，万无一失；组织局警务督察大队，以明察暗访的方式，对局属各部门、驻村、驻寺民警在岗在位、维稳工作措施落实等情况进行督导检查，对发现的隐患和漏洞及时责令整改，确保万无一失。

（洛桑扎西）

【领导名录】

政法委书记、局长、督察长
侯　荣
政　委　达　次（藏族，3月免）
22道班公安一级检查站站长、公安局政委
次旺扎西（藏族，3月任）
副局长　永　珠（藏族）
平措次仁（藏族）
王金龙

萨嘎县人民检察院

【概况】 2016年，萨嘎县人民检察院现设6个科室（局），即公诉科、侦监科、反贪污贿赂局、反渎职侵权局、民事行政检察科和办公室。专项编制13人，实有干警8人。检察长1名，副检察长2名，检察员3人，一般干警2人；大学本科学历6人，专科2人；男干警4人、女干警4人，藏族8人，院党组成员4人（藏族，其中男性3人，女性1人），支部党员6人。2016年，该院紧紧围绕萨嘎县改革发展稳定大局，忠实履行宪法和法律赋予的职责，较好地完成了各项工作任务，为萨嘎县平安和谐做出积极贡献。全年受理提请批准逮捕案件4件4人，批准逮捕4件4人；受理移送审查起诉4件4人，提起公诉3件3人，不起诉1件1人；检察建议1件；审查移送民事案件判决书3件；审查移送民事调解书22件。全年无错捕、错诉案件。

【加强维护稳定工作】 检察院始终牢固树立稳定压倒一切的思想，按区、市、县三级年初维护稳定工作会议和主要领导的讲话精神，认真贯彻落实维护稳定工作各项措施的落实，及时成立维稳工作领导小组，制订《维稳工作方案》《应急处突预案》，明确各项责任。全力做好敏感时段的维稳工作。在各大敏感日期，每天安排3名值班带班人员24小时不间断值班，特别是整个三月份，派出4名干警到距县城150公里的与昂仁、吉隆、聂拉木、219国道、17道班通往夏如乡的必经之地蹲点设卡和部署安排各边境通道的堵截和检查，并对夏如乡土钦寺、小学、电站进行稳定工作调研，对相关措施提出针对性建议和要求；充实一线维稳指挥部值班力量。2016年院领导在县维稳指挥部带班45人次，班子成员值班17人次；认真做好单位值班备勤工作。按照县委和市院部署，进一步充实完善应急预案，深化社会治安综合治理，强化内部安保，严格落实零报告制度，确保全面稳定，持续稳定，全年稳定。2016年，在维护稳定工作中，共投入警力450余人（次），出动车辆100多台（次），安全行驶10万余公里，投入经费25万余元，特别是在夏如设卡期间共排查各种机动车100余车，检查过往人员100余人。为萨嘎县的经济社会发展、社会局势稳定、人民安居乐业保驾护航。

【打击各类刑事犯罪】 坚持把业务建设作为检察工作的出发点和落脚点，充分发挥检察职能，依法严厉打击各类刑事犯罪和深入贯彻宽严相济的形势政策有机结合起来，努力营造社会和谐稳定。2016年，共受理公安机关提请批准逮捕案件4件4人，批准逮捕4件4人。受理公安机关移送审查起诉案件4件4人，提起公诉3件3人，不起诉1件1人。

【加大查办和预防职务犯罪力度】 检察院从保障民生、服务民众出发，切实发挥检察职能，立足实际，将查办和预防涉农职务犯罪工作作为服务民生的重点来抓。积极预防职务犯罪。2016年，检察院按照市检察院的指示精神，组织干警到全县七乡一镇，对全县采砂管理、分布情况、数量等进行调查摸底，并存在问题及时提出检察机关的整改建议反馈给相关单位，其次按照区市检察院关于预防扶贫领域职务犯罪的相关会议精神，专门制订整治和加强预防扶贫领域职务犯罪专项工作实施方案、成立领导小组，为全县脱贫攻坚工作提供有力的司法保障。按照上级院指示要求，检察院与县扶贫部门联系，对专项资金落实情况进行监督，加强重点领域预防，通过开展预警预测、及时发出检察建议等措施，努力预防职务犯罪的发生；加大警示教育力度。2016年开展职务犯罪警示宣传教育10次，受教育人数达100余人，共派出干警20余人次，发放各类法律宣传资料600余份，受教育群众达1000余人次。

【强化对诉讼活动监督】 充分履行宪法和法律赋予检察机关的法律监督职能，依法加强对诉讼活动的监督，规范司法行为，防止冤假错案，维护公平正义。加强刑事诉讼监督。强化对侦查机关刑事立案和侦查活动的监督。2016年，检察院对侦查机关出具法庭所需证据和视听材料提出检察建议3次，强化刑事审判监督，坚持指控犯罪和诉讼监督并重，依法审查刑事判决4件；加强民事行政诉讼监督。通过完善办案机制、充实办案力量、细化专业分工，加大民事行政诉讼监督力度。2016年县法院民事判决3件6人，移送判决书3件，检察院审查3件；法院共民事调解结案22件47人，移送调解书22件，检察院审查22件，无裁定案件。在争议较大，比较复杂的民事案件调解过程中，检察院始终派人到现场进行监督。

【提升司法能力和水平】 检察院始终将队伍建设摆在根本位置，认真学习理论与业务，不断加强队伍建设。加强政治立检，认真学习全区检察机关开展的各类专项教育活动，进一步严明政治纪律和政治规矩；加强理论武装，组织引导检察干警认真学习党章党规，深刻领会党的十八届六中全会精神和习近平总书记系列重要讲话精神，不断打牢忠诚为民，公正廉洁的思想基础；加强作风建设，扎实开展“两学一做”主题教育活动，集中整治检察干警作风不实问题，进一步严格落实中央和区党委的各项规章制度；加强业务培训，2016年共选派6名干警分别参加国家检察官学院，自治区人民检察院，市人民检察院等进行各类业务培训，进一步提升检察干警的素质和能力；加强统一业务应用系统建设，全国检察系统推进统一业务应用系统上线运行，检察院顺利完成分级保护测评，安装“三铁一器”，推动各项检察工作跟上时代步伐和要求。

【服务好县委、县政府中心工作】 在“创先争优、强基础、惠民生”活动中，检察院紧紧围绕萨嘎县中心工作，把广大群众利益放在首位。2016年，检察院共派出3名干警驻进鲁嘎村，为当地老百姓理清发展思路，帮助制订乡规民约等各项制度，办实事好事解决他们眼前的困难。2016年走村入户接访12次；化解矛盾纠纷25起；开展新旧对比教育和“知党恩、跟党走”爱国教育等活动5次；帮助培养入党积极分子1名，发展党员1

名；开展党员干部结对认亲活动，干警帮扶慰问5000元，8月底，检察院党组积极协调相关公益协会在为检察院驻达吉岭乡鲁嘎村9个结对帮扶户和6个困难户争取衣物折合人民币共计50000余元。特别是在10月17日“扶贫日”募捐善款2200元。

【提高干警作风】 按照上级院和县委的党风廉政建设统一部署，将党风廉政建设工作与本单位工作同部署、同安排、同检查、同总结，签订目标责任书，细化工作措施，形成一级抓一级，层层抓落实的工作格局。特别是检察院作为促党风廉政建设的窗口单位，开展反腐倡廉工作先行一步，抓责任、全机制、重教育、强监督。以各类主题实践教育活动为抓手，认真学习党的章程、模范遵守党纪党规，进一步严明政治纪律和政治规矩，不断打牢忠诚为民，公正廉洁的思想基础；坚决抵制“四风”，严禁铺张浪费，严管资金使用，严格落实中央《八项规定》和区党委《约法十章》《九项要求》，努力把队伍打造成为执法为民、一身正气、维护正义、两袖清风的坚强队伍。

【落实检察受援工作】 积极响应和认真贯彻落实中央和高检院对检察援藏工作的安排部署，本着以业务援助为中心、以人才援助为根本、以教育科技援助为动力、以资金援助为保障，持之以恒完成好检察受援各项工作任务。7月8日，检察院迎接上级院安排的吉林省梅河口和白城两市检察院选派的2名第六批检察援藏工作人员，服从上级院安排在自治区检察院案管科和市院刑事执行检察局开展相关业务指导工作；认真落实2016年高检院部署的检察援藏“双百计划”工作任务，检察院选派1名业务骨干到吉林省梅河口市检察院参加业务培训；积极协调县委组织部、县人大和市院党组等认真开展了援藏工作人员在检察院的任职工作。通过上述各项援藏工作的落实检察院受援工作取得良好的效果。

【开展理论学习】 年内，召开党组会议3次，理论学习中心组会议12次。向党委、人大专题汇报会议，主要有日喀则市检察工作会议精神、全国十四检工作会议精神、全区检察机关下半年工作安排部署会议精神、日喀则市院关于开展河道管理情况专题调研通知的相关事宜等。

【开展法制宣传】 法制宣传方面，开展法制宣传教育活动21次，受教育人数2180人，接受法律咨询120人，发放宣传资料1500份（册）。

【“两学一做”专题学习】 开展“两学一做”专题讲座2次，撰写心得体会11篇，开展专题研讨2次。

【综合工作】 邀请人大代表、政协委员视察检察工作1次，党委、人大领导视察检察工作1次2人，向党委、人大请示汇报重大事项4件；形成简报16件，当地党委、政府、政法委、组织部、宣传部、纪检委、活动办等采用8件；队伍建设方面，正科提拔副县级1人，正科虚职提正科实职（领导职务），副科提正科1人（正科虚职）；参加各类教育、培训、学习16人次（其中区外2人、区内14人）；党建工作方面，开展“三会一课”2次，解决党建经费3000元；受援工作方面，对口援助检察机关赴藏考察1次2人；各类捐款共计0.72万元（不含强基惠民）。

（拉巴潘多）

【领导名录】

党组书记、检察长 旦　增（藏族，6月免）
尼　琼（藏族，6月任）

党组副书记、副检察长
曲　珠（藏族）

党组成员、副检察长、办公室主任
拉巴潘多（女，藏族）

萨嘎县人民法院

【概况】 1974年8月，受西藏自治区人民政府指示，受日喀则革命委员会批准建立萨嘎县人民法院，业务受日喀则地区中级人民法院指导。2014年

5月萨嘎县人民法院大楼开工建设，于2016年10月正式投入使用。新建审判综合楼和附属设施总面积3508.2平方米，总投资1035万元。1个现代化的审判法庭功能齐全，彻底改变法院审判、办公和干警生活条件落后的局面。现萨嘎县法院下设办公室、刑事审判庭、民事审判庭、执行局、立案庭、审监庭共6个部门。编制20人，实有16人，党员13人，法官10人（双语法官9人）。藏族15人，占实有人数94%，汉族1人，占实有人数6%；男性8人，占50%，女性8人，占50%；县（处）级干部1人，乡（科）级干部6人；本科学历15人、大专学历1人。

【履行审判职能】 突出抓好审判执行第一要务，依法惩治刑事犯罪，努力化解社会矛盾，维护社会大局稳定，促进社会公平正义。全年共受理各类案件37件，结案35件，未结2件，结案率94.59%

【依法加强刑事审判】 全年共受理刑事案件3件3人，审结3件3人，结案率100%，无超期羁押和上诉、抗诉案件。具体为1起故意伤害案、2起交通肇事案。法院坚持以事实为依据，以法律为准绳，切实抓好审判执行第一要务。依法惩处犯罪，切实保障人权。紧密结合萨嘎县实际，严格遵循刑事司法理念，加强对刑事审判工作的组织领导，认真贯彻“打防并举”的方针，贯彻“宽严相济”的刑事政策。

【依法加强民商事审判】 法院共受理民事案件30件，审结30件，调解结案26件，撤诉1件、判决3件，调（撤）率90%，诉讼标的总金额253.28万元。妥善审理涉及离婚、抚养、继承等婚姻家庭纠纷案件11件，促进家庭和睦。高效审理交通事故损害赔偿、劳动争议等涉及民生案件2件，依法保护当事人的人身权益和财产权益。公正审理借贷、买卖、承包等经济纠纷案件12件，倡导诚实守信，制裁违约欺诈，促进法治化营商环境建设。

【依法加强执行工作】 依法加大执行力度，兑现当事人合法权益。2016年，法院共受理执行案件4件，执结2件，执结金额5.4万元，未结2件（均为2016年12月20日以后受理）。法院不断深化主动执行改革，强化被执行人财产申报等制度，完善内外联动机制，组织开展专项行动，突出执行工作实效，力求实现法律效果、社会效果和政治效果相统一。

【完善窗口建设】 全力推进立案登记制改革工作。2016年，法院共登记立案33件，其中民事30件，刑事3件，无现行不予受理或驳回起诉案件，当场立案率达到100%。

【落实司法救助】 充分关注弱势群体的司法需求，加大司法救助力度，为确有经济困难的当事人依法减、免、缓交诉讼费4468元，有效降低当事人诉讼成本，让确有困难的群众打得起“官司”，切实让群众感受到法律的公平和社会的温暖。

【推进巡回审判工作】 充分发挥“车载流动法庭”方便快捷的优势，开展巡回办案14场次，就地审结案件14件。主动参与社会管理，强化司法服务民生。

【深化强基惠农工作】 认真做好驻村各项工作，积极争取多方援助，真情实意为群众办实事解难事。积极开展慰问工作，先后2次慰问结对帮扶对象12户，送去慰问品及慰问金共计8000余元。

【以法律七进推进民族团结】 通过巡回宣传等形式，共开展“巡回法庭月”活动4次，开展法制宣传23场次，接受法律咨询195人次，发放宣传资料18500余份（册），受教育人数达12000余人次。

【提高司法服务水平】 萨嘎县法院始终把加强自身建设作为事关人民法院事业兴衰成败的关键问题来抓，努力提升法院司法服务能力，牢固树立司法为民的理念，始终围绕人民群众关注的热点，重点问题，不断完善司法便民利民措施，努力满足人民群众日益增长的司法需求。

【深化专题教育活动】 扎实开展“两学一做”学习教育、“讲学习、讲忠诚、正风纪、转作风、提效能”主题教育活动及“深化五项教育，增强五个意识”主题活动，要求认真学习领会习近平总书记系列重要讲话精神，不断增强“政治意识、大局意识、核心意识、看齐意识”，特别是“核心意识及看齐意识”，积极贯彻落实党中央、区党委、市委、县委的决策部署，使全院干警进一步坚定政治立场和法治信仰，牢固树立社会主义法治理念，准确把握法院工作面临的新形势，确保法院工作的正确方向。

【开展综治维稳工作】 进一步完善《维稳处突应急预案》《各敏感期维稳工作方案》等维稳工作机制，成立护院队，安排全院干警24小时轮流值班带班，法院周围及办公大楼内安装37个高清监控，确保院内的绝对安全。按照萨嘎县维稳指挥部的安排，积极参与社会矛盾纠纷排查化解，全年无一起涉诉信访案件。积极派出干警34人次驻守海拔4700米、战略位置极其重要的雄如雅江大桥，对过往车辆及行人进行严格的盘查和登记，确保无一人从辖区逃往境外或潜入境，确保了大桥的绝对安全。

【抓党建促队建】 扎实开展“两学一做”学习教育活动、“深化五项教育，增强五个意识”主题活动，切实提高党员干部党性修养，坚定理性信念，强化宗旨意识，进一步转变司法作风，真正实现“以党建带队建，以队建促审判”。坚持和完善党组理论中心组学习制度和支部学习制度。党组理论中心组每季度学习2次，全院干警坚持每周星期二学习审判业务知识、星期五党组理论中心组学习，全院干警每人学习笔记超过1万字、心得体会至少2篇。

【葆廉洁促公正】 牢固树立“不抓党风廉政建设是严重失职”的意识，严格落实党风廉政建设领导责任制和“一岗双责”制度，坚持开展警示教育和主动接受外界监督并举，杜绝“六难三案”等问题滋生，着力维护法院队伍的纯洁性、先进性。

【党风廉政建设】 加强党风廉政建设和反腐败工作，以“零容忍”为原则，以“零违纪”为目标，严格落实党风廉政建设领导责任制和“一岗双责”制度，县法院党组年初分别与各庭室签订《党风廉政建设目标责任书》，层层防范，处处把关，积极配合上级加强审务督察工作，确保干警依法履行职责，正确行使职权；筑牢当事人为监督主体的防线；教育督促干警管好自己“生活圈”“社交圈”“娱乐圈”，坚持守住修身、处事、用权、做人等底线：大力开展廉政文化建设，以读书思廉、宣誓诺廉、警示促廉、服务践廉的方式，形成廉洁奉公的良好氛围。

【加强基础建设】 加强人民法院建设，夯实科学发展基础。狠抓新建“世界海拔最高的乡镇法庭”（海拔4800米）昌果乡派出法庭的建设工作。该法庭占地2587.8平方米，建设内容主要为新建法庭用房（含驻庭宿舍、干警食堂）1030平方米，投资309万元。截至年底，昌果乡人民法庭主体工程已建设完工。积极筹措资金59万元，对科技法庭、视频会议室安装了吸音板，藏式会议室进行装修，所有办公室进行吊顶，对羁押室进行软包装修，审判综合楼附近修建保坎进行加固，基础设施建设工作有显著提升，为干警创造更加舒适的工作环境。

（旦增曲尼）

【领导名录】

党组书记、院长
普布次仁（藏族，5月免）
扎西次仁（藏族，7月任）
副　院　长　拉巴次旦（藏族）
程　东　旭（11月任，正科级）
赤　　列（藏族）
立案庭庭长　次仁旺拉（藏族）
民事审判庭庭长
欧　　珠（藏族）
执行局局长　格桑平措（藏族，11月任，副科级）

萨嘎县司法局

【概况】 2016年，萨嘎县司法局核定政法编制为10个（含乡镇司法助理员编制5个）。截至年底，局机关年底实有在职人员8人，其中正科级1人，副科级1人，一般干警5人（含2名司法助理员），驾驶员1人（公益性）；平均年龄29岁。普法领导小组1个，32人；安置帮教领导小组1个，18人；社区矫正领导小组1个，23人。

【普法依法治理】 2016年，普法办在积极完成“六五”普法的各项任务后，重视普法档案建立的同时按时完成“七五”普法各项基础台账建设工作，并积极适应形势任务的新发展和人民群众法律需求的新变化，着重推进法治宣传教育工作创新。在利用展板、传单、横幅等传统方式进行法治宣传的同时结合萨嘎县实际情况，积极制订宣传方案，充分利用电视台、微信公众平台、报纸报刊等大众媒体平台，形成“新媒体+法治宣传教育”的宣传途径或方式。

【开展法治宣传活动】 普法办积极开展在县电视台的法治专栏连续两个月播放法治教育歌；在萨嘎普法（微信公众平台）以案说法的形式，每天推送2篇案例讲解及一首法治教育音乐。截至年底，微信公众平台共有216人关注，推送的法治文章与法治音乐阅读量达到共1000次以上。同时，春节藏历新年前夕、3月份“社会治安综合治理宣传月”等重大节日动员普法成员单位，集中开展法治宣传教育活动。通过设立宣传点，悬挂横幅、发放宣传材料及图册、法治之歌光碟、接收现场咨询等多种形式。重点宣传《中华人民共和国宪法》为首，《中华人民共和国刑法》《中华人民共和国民法通则》《劳动法》《合同法》《国家安全法》《中华人民共和国未成年人保护法》《婚姻家庭法》《老年人权益保障法》《反家庭暴力法》《中华人民共和国妇女儿童权益保护法》《农民工日常法律知识》《法律援助条例》、“法律援助便民卡”及各普法成员单位从自己职能角度执什么法，宣传什么法，以及宣传了十八大精神、区、市党委关于维护西藏稳定的一系列方针政策。截至年底，全县共悬挂125余条，展板76余块，发放各类藏汉双语宣传材料32000余张，法律读本820余册、藏文版普法挂历3500余张，法律咨询98余人，受教育人数达3万余人。

【开展“法律讲堂”进乡村活动】 从7月5日开始，普法办下发“法律讲堂”进乡村活动实施方案，并形成普法讲师团深入全县38个行政村，进行一次不留死角、更专业、更贴近群众的法治宣传教育，活动中共发放各类藏汉双语宣传材料10000余张，法律读本4000余册、普法挂历1000余张，法治之歌光碟500余张，法律咨询20余人，受教育人数达1万余人。

【调整充实法治副校长】 为切实加强青少年学生法治教育工作，培养青少年特别是未成年学生的法治观念、法律意识和自我保护意识，预防和减少青少年学生违法犯罪，加强校园治安管理和校园周边环境的整治力度，创造良好的教书育人环境具有重大的现实和历史意义。年内，萨嘎县中小学法治副校长重新进行聘任，召开动员会议并颁发法治副校长聘任证书，从政法系统、乡镇派出所中品行端正、法律专业素质较好的人员进行聘任，从2015年之前8人增加到22人；为提高法治副校长干事创业热情，增强工作积极性与主动性，经县普法依法治理领导小组研究决定，特设教学补贴制度，每课时为50元，并制订好相关审核程序。2016年法治副校长明显提高主动性，在法治进校园中法治副校长发挥了重要的角色。

【开展“法律七进”活动】 开展“法律进机关，进单位”宣传活动。领导干部作为“七五”普法重点宣传对象，年内，针对萨嘎县领导干部制订学法计划，向科级以上领导干部发放《领导干部学法知识读本》、学法笔记，要求各领导干部“学法记笔记，学法写心得”，并年终开展一次法律测试，各级领导干部交出较好的成绩；与此同时，“萨嘎普法”微信公众平台专设领导干部学法专栏，为各级领导提供学法与时俱进的平台。开展“法律进学校”宣传活动联合县公安局、消防大队、县团委组成宣传组先后到全县各个中小学开展较全面的法治宣传教育，同时法治副校长，每周两节的授课计划，形成较好的校园法治氛围，受教育师生达2500余人；开展“法律进乡村”活动，年内，各个时间节点，如：旺果节、赛马节期间，组织驻村工作队、讲师团开展法治宣传活动以及依托“法律讲堂”进乡村活动，以宪法为首，根据不同地域选择不同知识，深受群众的欢迎，受教育群众达35000余人次；开展“法律进企业”活动，组织讲师团，深入萨嘎县各企业、商铺等，以发放宣传材料，讲解相关法律法规，提倡企业“依法经营、依法管理”“主动学法、守法、用法”，提高职工运用法律维权的意识，共发放宣传材料350余张，宣传读本200余册，法治之歌光碟200余张；开展“法律进工地”活动，紧紧围绕县委、县政府重点工作，组织宣传组，深入各个灾后重建施工地、全县各施工地，以悬挂横幅、发放宣传、以案释法等方式进行开展法治宣传教育活动，为萨嘎县灾后重建保驾护航，活动共发放宣传材料650余张，宣传读本360余册，法律援助便民卡600余张，悬挂横幅50多条；开展“法律进寺庙”宣传活动，借助全县9座宗教活动场所、6个寺庙管理机构寺管会、特派员的优势，年初制订学习计划，年终检查笔记等方式，在寺庙中广泛开展爱国爱教和法治宣传教育活动。

【人民调解】 县司法局进一步完善人民调解规范化为重点，深入各个基层人民调解组织中，调动一切可以利用的资源，全县人民调解组织基本形成规范化。调整充实人民调解组织，年内，县司法局深入各个乡镇、村，以村民会议形式，由村民自己选举人民调解员，有效树立人在村民中民调解员威信，体现人民调解的人民性，同时每个调解组织增加三到五名的调解员，截至年底，全县共有调解组织60个，共446人，其中乡镇调解组织8个，每组织9人；村人民调解组织38个，每组织7人；事业人民调解组织8个，每组织7人；企业人民调解组织2个，每组织7人；行业性专业性人民调解组织4个，每组织11～13人不等；解组织56个，共408人，行业性专业性调解组织4个，共48人。加大人民调解培训力度，年内，县局以3种不同方式向各人民调解员进行培训，以县为培训地点，组织各乡镇人民调解员代表，以会代训方式开展培训活动；以乡镇为培训地点，组织乡镇全村人民调解员，以理论知识和《人民调解法》为重点开展培训活动；以各人民调解室为培训地点，深入各乡镇、村，以面对面、一对一方式培训动手能力。截至年底，各调解组织500余次，调处纠纷32起，其中婚姻家庭纠纷19起，邻里纠纷3起，草场纠纷4起，拖欠民工资2起，其他劳动争议纠纷1起，其他纠纷3起，涉及当事人600人，涉及金额135万余元。

【安置帮教】 萨嘎县司法局加强对刑满释放人员的日常法律政策及思想教育工作，定期下乡回访安置帮教对象，了解他们的日常生活和思想动态，并对特困安置帮教对象开展帮扶慰问活动，并力所能及地为他们解决一些生产、生活上的困难，让他们真切地感受到党和政府的善意和温暖，使许多刑释解教人员消除了抵触情绪和失落感、自卑感，重新树立起生活的勇气和信心，安居乐业，现无一人重新犯罪。2016年10月，萨嘎县新接收1名安置帮教对象。严格贯彻落实刑满释放人员安置帮教“无缝对接机制”，做到对刑满释放人员“必接必送”，严格落实各项制度，责任到人，将刑满释放人员的接回率纳入社会治安综治治理目标考评的重要内容。

【社区矫正】 调整充实了萨嘎县社区矫正工作领导小组，成立工作专班，对矫正服刑人员全程监督、教育、管理。建立由公安、检察、法院、妇联、民政、卫生和财政等有关单位负责人参与的社区矫正工作机制，保证机构、人员、基本设施落到实处；规范社区矫正对象矫正档案，资料真实、详细、有效；日常管理执法到位，要求社区矫正对象每月14日、15日到司法局报到，进行每月思想、生产生活情况汇报，同时，接受一天的法律法规学习教育和一天的公益劳动教育，牢固树立和强化其服刑意识。开展“扫盲”“双语”培训，提高其文化水平。

【法律援助】 司法局在灾后重建领域，充分利用局驻村工作队，在拉藏乡溪果村设立并挂牌临时法律援助工作站。有效预防和调处灾后重建领域发生的各类矛盾纠纷，为灾后重建工作提供法律的支撑；截至年底，法律援助中心共受理各类非诉讼法律援助案件32件，成功结案32件，结案率100%，解答法律咨询32人次，代写法律文书50个，挽回经济损失598622元；案件主要有拖欠民工工资，买卖纠纷，婚姻家庭纠纷，都已调解均得到解决。同时有效结合普法工作，深入各乡、村、工地进行宣讲，活动共发放法律援助知识资料5200余份，解答群众法律咨询300余人次，受教育群众达12000余人次。

【开展机关效能建设】 2016年，积极开展机关效能建设，全面贯彻落实“中央八项规定”，努力加强和改进机关作风建设，规范公务行为，提高工作效能和服务质量。组织机关干警学习党的十八大、十八界历次全会和中央第六次西藏工作座谈会精神、《中国共产党纪律处分条例》《中国共产党廉洁自律准则》等相关的政策、法律及相关规定。

【开展“两学一做”教育实践活动】 萨嘎县司法局认真谋划、精心组织、周密部署、扎实推进、强化理论武装，把学习教育贯穿整个活动的始终。使全体干警常怀忠诚之心，自觉遵守党章，加强党性修养，坚定理想信念，突出学用结合，做到在思想、行动上始终与党保持高度一致，做政治上明白的人，发挥党员先锋模范作用。

【开展机关党风廉政建设】 积极召开司法党支部党建工作会议，认真落实党风廉政建设责任制，利用每周二、五学习日开展党风廉政教育，组织全局干警学习《中国共产党廉洁自律准则》《中国共产党纪律处分条例》，进一步强化全体干警遵守党纪法规的自觉性，提高廉政勤政意识。深化党风、正风、行风、廉风建设，认真开展单位内部政务公开工作，自觉接受群众监督，不断推进机关内部党风、政风、廉风、行风建设。

【开展党员帮扶贫困户】 为贯彻落实好“3211”扶贫活动，在负责人的带领下，全体干警高度重视结对帮扶工作，前往帮扶对象所在村居，了解贫困户经济困难状况，商讨脱贫致富办法，并送去砖茶、大米、面粉等生活用品。

【不断提高日常工作水平】 建立和完善岗位责任制，积极开展“两学一做”专题教育活动，不断提高司法干警的工作作风和业务素质。同时，进一步加强文字信息工作的报送。

【维护稳定】 做好敏感期单位内部安全防范工作和日常维稳工作，严格落实“维护稳定是硬任务，是第一责任”的领导责任制，树立长期作战思想，实现维护稳定工作的常态化，切实做好维稳值班工作，坚持领导带班值班制度，严格落实24小时值班制度，全体干警保证24小时通讯畅通，全面完成指挥部的各项值班工作。

（边 次）

【领导名录】

局 长 白 珍（女，藏族）

副局长 达娃扎西（藏族，11月免）

边 旦（藏族，11月任）

司法所所长

边 旦（藏族，11月免）

经济管理

萨嘎县发展和改革委员会

【概况】萨嘎县发展和改革委员会下设工业和信息化局、粮食局、统计局、物价局，现有科级干部2人，科员5人。

【编制年度报告及经济运行分析】认真编制年度计划报告。根据中央经济工作会议精神，按照区、市党委、政府的安排部署，结合县情，深入细致地开展调查研究，认真分析总结2016年度计划执行情况，提出2017年工作目标和任务，编制完成萨嘎县《关于2016年国民经济和社会发展计划执行情况与2017年国民经济和社会发展计划（草案）的报告》。

2016年，全县经济总体运行平稳，各项经济指标完成情况良好，主要经济指标均达到预期目标，各项社会事业保持良好的发展趋势，全县经济社会呈现了提质增效的发展势头。

全县国民经济和社会发展情况：全县实现地区生产总值3.59亿元，同比增长8.46%。全社会固定资产投资完成5.33亿元，同比增长62.13%。地方一般公共财政预算收入完成1420.04万元，同比增长21.37%，社会消费品零售总额达1.24亿元，同比增长90.47%。农村居民人均可支配收入达到6670.7元，同比增长8.8%。

【项目建设】根据上级单位下放的项目审批权限，规范项目建设程序，充分发挥发展改革综合职能，积极开展萨嘎县项目的审批工作，促进萨嘎县项目更好、更快的实施。2016年开（复）工项目共计67个（其中，计划内项目53个，计划外项目14个），已完成投资5.33亿元，同比增长62.13%；投资500万元以上的重大建设项目28个，分别占2016年投资总数的41.79%；2016年灾后重建项目20个，总投资30162万元，开复工14个，完成投资1.88亿元，724户民房重建任务基本完成，2个特色小城镇（加加镇、拉藏乡）、6个整村推进（达桑村、提吾卓纳村、达琼村、甲村加布村草组、萨嘎村、溪果村）完成投资6454万元，占计划投资的73.17%，完成总投资的40%～50%、寺庙维修加固工程已全部完成，其他灾后重建项目不同程度完成相关工作任务。

【粮食工作】按照市委、市政府对粮食领域的总体要求，用科学发展观统领粮食工作全局，牢固树立民以食为天的民本观念，切实贯彻落实粮食安全县长责任制，制订并完善了《萨嘎县粮食安全实施方案》《萨嘎县粮食安全责任制监督考核办法》《萨嘎县粮食质量安全事故（事件）应急处置预案》，于各相关单位层层签订了《萨嘎县2016年粮食安全目标责任书》，确保了萨嘎县粮食领域“大事不出、中事不出、小事不出、丁点事不出”，粮食安全得到有效保障，维了护萨嘎县正常的粮食市场流通秩序。

【统计工作】 以提高数据质量为核心、强化统计信息化建设为重点，充分发挥统计职能。严把数据质量关，从规模总量、增长速度、比例结构、人均水平、历史资料、逻辑关系、相关部门资料等方面入手，运用纵、横向对比、科学评估等方法，圆满完成萨嘎县上半年农牧业、工业、固定资产投资、交通运输业、批零和住餐业、价格、劳动工资等监测数据的收集、整理、审核和上报工作；及时召开农业普查动员大会、业务培训及清查摸底工作，做好数据统计分析，为顺利完成第三次全国农业普查工作奠定坚实基础；较好完成人口抽样调查和安全感调查工作，为党委、政府的科学决策提供了数据支持。

【价格监督】 认真落实各项价格调控措施，确保全县价格总体稳定，提出具体的应对措施并组织实施，保障市场经营秩序良好发展。宣传贯彻落实有关稳定市场物价、保障群众生活的政策法规、文件规定；增加市场供应，稳定市场价格，确保群众安全消费、放心消费；对市场供应和价格异动情况的监测、预测情况进行分析，及时准确地向县人民政府提出预警和应急建议，维护了正常有序的消费环境。

【增强服务职能】 扶持、培育农牧民施工队伍。县发改委积极响应县委、县政府关于扶持培育当地农牧民施工队部署要求，将萨嘎县投资规模小、技术含量较低的建设项目尽量交由当地农牧民施工队实施，引导他们向专业化、技术化、规模化迈进，切实增加了当地群众收入。

【抓党建提能力】 年内，根据县委、县政府的统一安排和部署，开展"两学一做"专题教育活动，在新形势、新任务下，联系发改委工作职能安排学习内容、学习时间，全面提升干部的思想理论素质和工作水平。根据工作要求和自身实际，找准自身在思想作风、学风等方面存在的问题，认真剖析和整改。进一步完善机关管理各项制度，改善机关服务质量，提高服务效能。根据县委、县政府统一安排部署及时组织全委干部深入到旦嘎乡萨当村开展看望慰问结对帮扶对象，应群众要求，与上级部门沟通协调为该村争取到机井建设项目资金160万元（现已完工并投入使用），切实解决人、畜饮水困难，改善了农牧民生产生活条件。

（鲁　满）

【领导名录】

主　任　普　布（藏族）

副主任　顿　玉（藏族）

萨嘎县财政局

【概况】 萨嘎县财政局位于萨嘎县格桑街2号，是政府的经济综合部门，现有正科级干部2人（包括主任科员1人），副科级2人（包括副主任科员1人）。现有干部职工12人，其中行政10人，事业2人，男女比例7：5。紧紧围绕县委、县政府总体工作思路和要求，坚持稳中求进的工作总基调，紧紧围绕"稳增长、促改革、调结构、惠民生"的工作主线，本着"厚德聚财、科学理财、善政用财、秉公管财"的工作理念，扎实推进各项财政工作任务，有力促进了经济社会健康发展和全县社会局势长治久安，提供可靠的物质保障和有力的财力支持。

【加强预算编报质量工作】 为规范和细化预算编制，对县直各行政事业单位按单位性质和业务工作量进行分类分档，不同单位界定不同的经费标准和系数，实行各单位公用经费包干，改变以往各单位包干经费捆绑使用吃"大锅饭"的不良现象，也有效避免了推诿扯皮；在财政现有编报质量的基础上，按照"一个单位、一本预算"的具体要求，根据"部门→单位→具体项目"流程一一细化资金分配方案，切实提高编报质量和水平，夯实预算执行基础，提高预算资金到位率。

【严格规范财政支出管理】 本着"量入为出"的原则，树立"节俭持家、过紧日子"思想，严格执行中央的“八项规定”和“六项禁令”，严控一般性支出增长，努力降低“三公经费”等行政成本，确保各项增收节支工作落到实处；加快各类专项支出执行进度，努力压缩年底专项资金结转、结余数量，尽早发挥财政资金效益；加大暂存、暂付资金清理力度，研究制订结余资金管理办法，切实规范结余资金管理；积极筹措财政资金，有保有压调度好支出，全力保障各项法定支出，民生支出以及社会发展类等重要支出需求，规范支出预算管理，优化支出结构，加强项目支出的监管和跟踪问效，切实提高财政资金使用效益。

【经济运行情况】 截至年底，全县总财力为97881.43万元，比上年决算增加61345.77万元，增长168%。其中地方财政收入完成1420万元，完成年初预算（1200万元）的118%，比2015年实际收入（1170万元）增加250万元，增长21.3%，财政一般预算支出完成97881.43万元，比2015年决算支出增加44944.25万元，增长85%。

农林水事务总支出16623万元，占总支出的16.9%，教育总支出14976万元，占总支出的15.3%，文化体育与传媒支出810万，占总支出的0.8%，节能环保总支出4167万元，占总支出的4.2%，医疗卫生总支出2651万元，占总支出2.7%，住房保障总支出6400万元，占总支出的6.5%，国土海洋气象等支出1423万元，占总支出的1.4%，交通运输支出209万元，占总支出的0.2%，公共安全支出4585万元，占总支出的4.6%。

【在组织收入上求突破】 针对收支矛盾依然突出的情况，全力做好“营改增”分析工作，密切关注预算执行动态，努力挖掘潜力，确保增收。根据萨嘎县实际情况和经济社会发展现状，结合萨嘎县未来经济社会发展的战略部署，按照现行财政体制测算，萨嘎县公共财政一般预算收入力争保持年增长20%以上水平。

【加大“三农”投入】 按照县委关于巩固和加强农牧业基础地位，全面推进农牧区小康建设的精神，遵循“因地制宜、突出重点，农牧结合、协调发展”的指导方针，继续加大对农牧业的投入，全面推进社会主义新农村建设。

【坚持保障和改善民生】 按照以人为本的要求，把保障和改善民生作为工作的重中之重，促进社会稳定和发展，截至年底，落实民生资金220万元，为改善民生方面提供有力财力保障。

【支持社会事业发展】 截至年底，落实资金2626万元大力保障教育事业的优先发展，大大改善义务教育阶段薄弱学校改造。全面实行学前至初中阶段教育农牧民子女补助、“三包”和城镇困难家庭子女助学金政策。“三包”年人均达到3240元，惠及2505名学生，占在校生总人数的98.5%，为教育事业蓬勃发展提高有力资金保障。

【完善维稳经费保障机制】 截至年底，落实资金24.3万元，大力支持国防建设。落实资金431万元，及时兑现政法系统2016年度维稳经费、办案（业务）经费和装备经费；建立武警消防、边防部队经费保障机制，落实业务及装备经费267.2万元；落实县本级财政安排的维稳补助资金181万元，着力提高公安机关安保能力，确保党的各项会议胜利召开及各项重大庆祝活动顺利开展。

【强化惠民政策宣传】 以综治宣传月为契机，采取多种方式，积极在全县范围内大力开展惠民政策宣传活动。并将自行搜集整理的惠民政策汇编成册及宣传单送到农牧民手中，提高农牧民群众对财政惠民政策的知晓度。真正做到财政惠民政策家喻户晓、人人掌握；惠农资金直接关系农牧民的生产生活，财政局将积极与相关行业部门通力协作，进一步严格惠民资金数据的真实性、准确性和落实的及时性。并与纪检部门成立联合督查组，对惠民资金落实、公开情况进行督促检查，本年度内不少于4次。

【提升服务理念、创新活动载体】 依托财政便民服务大厅为更好地将“两学一做”活动”落实到具体业务实践之中，通过“三看三比”标准评比党员先进模范岗位，达到良好的效果。此次共设立3个党员先进模范岗位，其评选标准为“三看三比”。即看创新比发展、看作风比服务、看学习比素质。评比活动开展以来，党员之间营造了“比、学、赶、超”、促进工作的良好氛围，真正比出了精神、赛出了风貌、锻炼出了能力，自身建设水平得到了新的提升。

【简政放权、放管结合】 简化程序方面。凡是各单位公用经费报销的，财政局长不再审签。各单位主要负责人签字后直接交给会计人员，由会计人员审核票据的合法合规性，办理报销业务；节约时间方面。经局领导研究决定，会计人员做账与报销业务两不误，每周一至周三定为财务报账日，专心报账，为民服务；每周四、周五定为做账日，除报销正常油料外，其余报销业务一律暂停；改善服务方面。为切实改善工作作风，在“便民服务大厅”内设立留言簿，对办理业务人员进行总体评价，年终对财务人员进行考核。同时在LED屏幕上留有投诉电话及投诉邮箱。

【强化措施、催收往来资金】 加强往来账款管理，分析往来资金构成及余额情况，建立往来催缴收回台账，截至年底，已收回干部职工个人名义预借单位项目前期费、办实事经费等预付款156万元，下一步采取积极有效措施，该收回的资金及时组织清算和催收，控制往来资金规模。

【科学统筹财政专项资金】 积极主动与上级财政部门沟通对接，努力争取上级财政部门的大力支持，争取更多的财政扶贫政策和资金，加大财力投入；为做好萨嘎县扶贫攻坚推进工作，将积极整合财政资金，截至年底，已整合2015年预算内结余资金400万元，年初预算安排“扶贫资金奖励基金”80万元、“扶贫开发资金”按2015年财政实际收入的2%安排（2016年23.4万元）、“扶贫攻坚办”工作经费25万元、县级配套500万元政府风险补偿金，大力支持扶贫攻坚工作。

【支持灾后恢复重建】 年初安排重建办工作经费25万元；灾后重建县级配套资金1000万元，大力支持灾后恢复重建工作，同时开通灾后重建资金拨付绿色通道，依照上级规定及时、足额拨付灾后重建资金，加强对灾后恢复重建资金拨付和使用的监督。在资金使用上坚决做到专款专用，无挤占、截留，或者挪作他用。

（次　顿）

【领导名录】

局　长　唐 世 可（6月免）
　　　　米玛其美（女，藏族，12月任）
副局长　次仁卓玛（女，藏族）
　　　　拉　　顿（藏族）
　　　　次　　顿（藏族）

萨嘎县国土资源局

【概况】 2016年，萨嘎县国土资源局现有工作人员7人，均为党员，其中正科级1人；科员3人，事业编制2人。国土局主要负责萨嘎县土地管理、地灾防治、矿产资源管理工作。

【土地管理】 加强管理，切实保护耕地，确保日喀则市下发的不低9345.0255亩的耕地保有量，（加加镇、旦嘎乡、夏如乡耕地保有量分别不低于293.34亩、3188.355亩、5933.33亩）。基本农田面积不少于8710.0571亩（加加镇、旦嘎乡、夏如乡基本农田保护分别要求不低于258.34亩、2818.35亩、5633.37亩）。基本农田保护率为93.20%，均完成市政府下达的目标任务，达到“耕地总量不减少，质量有提高”的目标要求。主要做法是：县委、县政府高度重视，成立由分管副县长为组长的耕地保护领导小组，建立《萨嘎县基本农田目标管理保护考核奖惩制度》；加大宣传耕地保护力度，努力提高全民耕地保护意识，利用“4·22世界地球日”“5·12防灾减灾日”“6·25全国土地日”，通过多种形式宣传耕地保护的重要性和必要性；落实责任，严格检查执法，萨嘎县人民政府每年都与各乡镇人民政府、各乡镇人民政府与个村民委员会层层鉴定《耕地保护责任书》，做到面积、制度、责任、标志“四落实”萨嘎县国土资源局负责对全县耕地保护工作进行执法检查，通过“12336”举报电话和动态巡查机制，实现全年无违法占用耕地案件。

【耕地占补平衡情况】 根据市、县相关要求，国土局根据年终绩效考核表中对基本农田保护率及耕地占补平衡两项事宜做如下说明；基本农田保护率。因萨嘎县2016年9月委托作业单位对旦嘎乡、夏如乡、加加镇进行永久基本农田划定工作，具体划定面积为8209.29亩，占日喀则市局下达指标一致，保护率达93.20%；耕地占补平衡。萨嘎县2016年城镇（村镇）建设占用土地不涉及基本农田（耕地），不存在占补平衡现象。

【土地开发治理】 萨嘎县土地开发总体有1600亩，其中旦嘎乡800亩高标准基本农田整治项目，建设规模800亩，该项目申请拟投资640万元，由于本级财力有限，全部申请国家投资；从2015年的数据显示：项目区隶属萨当木村；现有农业户138户，人口1667人；耕地面积800亩；年平均粮食产量32万斤，每亩单产350斤；农牧民人均收入4628元。夏如乡800亩高标准基本农田整治项目，建设规模800亩，该项目申请拟投资640万元，由于本级财力有限，全部申请国家投资；从2015年的数据显示：项目区隶属达孜村；现有农业户108户，人口580人，耕地面积1250亩，年平均粮食产量37万斤，每亩单产400斤农牧民年均收入4800元。项目区为半农半牧区，农业收入在项目收益村的经济来源中占主要地位。（备注：已完成前期工作，待上级批复。）

【编制完成土地利用总体规划】 《萨嘎县土地利用总体规划（2006～2020）》已由湖北金土地勘测有限公司编制完成。《规划》主要阐明规划期内全县土地利用目标，优化土地利用结构和布局，划定土地用途区和建设用地空间管制分区，调控（乡）镇土地利用，落实重点建设项目用地，协调土地利用与生态环境保护，提出规划实施的保障措施，为落实土地宏观调控和土地用途管制制度、为各项土地利用活动提供法律依据。

【做好用地报批工作】 年内，完成40个项目的用地预审和初审工作，确保项目开工落地；根据自治区政府专题会议纪要《研究处理全区土地管理领域专项整治工作中违规用地有关事宜》，针对全县2016年卫片执法中违规用地，认真统计相关数据，积极组件报件，待下批复。

【维护权益，保障民生】 优先做好保障性安居工程用地供应，优先做好保障性安全工程用地供应，做到应保尽保；根据各乡镇提交的征地补偿请示，结合国土局2015年办理的农用地转用面积统计数字，萨嘎县2015年为建设乡镇干部职工周转房和公安业务用房、拘留所等8个项目，向群众征地30.81亩，牵涉征地补偿款共计152509.5元。

【土地矿产卫片执法】 做好土地卫片执法工作，2016年7月，完成土地卫片执法检查信息系统数据录入。协助外业单位对2015年度11个遥感监测图斑进行变地变更，经变更11个图斑为设施农用地。

【矿产资源总体规划预算】 依据《国土资源部关于开展第三轮矿产资源规划编制工作的通知》《西藏自治区国土资源厅关于开展矿产资源规划编制工作的通知》及《西藏自治区国土资源厅关于做好矿产资源规划编制工作的通知》相关文件精神，要求切实组织做好各地（市）和县级矿产资源规划编制的各项工作，有矿业活动的地（市）和县都要编制矿产资源规划，位于国家级整装勘查区内的地（市）、县要加快规划编制工作。县级矿产资源总体规划于2017年6月底之前报国土厅审核。萨嘎县域内有金属矿探矿权1个，拟设金属探矿权4个，已有金属采矿权0个，上报拟设非金属采矿权13个，萨嘎县矿产资源总体规划编制工作应加快实施。

【地质灾害防治】 为切实做好萨嘎县2016年地质灾害防治工作，保障人民群众生命财产安全，维护社会稳定，促进县域经济社会发展，萨嘎县国土资源局认真贯彻落实日喀则市国土资源局上级业务部门文件精神。根据《地质灾害放纸条例》《西藏自治区地质灾害防治管理暂行办法》《西藏自治区地质环境管理条例》《日喀则市地质灾害防治规划》，结合萨嘎县地质灾害实际情况和2016年降水趋势预报，特制订《萨嘎县2016年地质灾害防治方案》在汛期来临之际，为认真落实各项防灾减灾预案和措施，做到早发现、早避险、早处理，并且保障人民群众生命财产安全。5月9日，国土局召集各乡（镇）政府主要负责人和分管国土工作的人员在县政府三楼会议室集中进行地质灾害防治和农村宅基地登记发证相关知识培训，同时各乡镇和相关部门签订《2016年地质灾害防治目标责任书》，落实地质灾害防治工作责任，参加培训的共有20名学员。

【农村土地制度改革】 根据《西藏自治区农村村民住宅用地管理规定（暂行）》和农宅审批程序，审批方式以及建设用地、临时用地、设施农用地的使用规定等方面的知识，结合萨嘎县实际工作全面深化农村改革涉及经济、政治、文化、社会、生态文明和基层党建等领域，涉及农村多种所有制经济主体；深化农村土地制度改革。坚守土地公有性质不改变、耕地红线不突破、农民利益不受损“三条底线”，防止犯颠覆性错误，深化农村土地制度改革的基本方向是：落实集体所有权，稳定农户承包权，放活土地经营权；深化农村土地承包经营制度改革。抓紧修改有关法律，落实中央关于稳定农村土地承包关系并保持长久不变的重大决策，适时就二轮承包期满后耕地延包办法、 新的承包期限等内容提出具体方案；健全耕地保护和补偿制度。严格实施土地利用总体规划，加强耕地保护，全面开展永久基本农田划定工作，实行特殊保护。特别是2016年国土工作会上下达的各县农宅发证率达到95%的硬任务，要求尽快统计农村土地所有确权登记发证数据同地籍信息化建设结合起来，争取最好、最快、最好的效果完成农宅的发证工作。

【加快灾后恢复重建】 由于受“4・25”地震影响，因此大力实施地质灾害综合治理工程成为震后萨嘎县灾后恢复重建的重要任务之一和保证汛期安全的关键。震后通过避险搬迁、工程治理等灾后恢复重建项目的开展，采取避让与治理相结合，实事求是、因地制宜、讲究实效、统筹规划，分阶段实施，2016年萨嘎县共有各类地质隐患点57处（与2015年比较减少17处），以泥石流为主，主要分布在县城所在地、加加镇、拉藏乡、达吉岭乡、昌果乡、雄如乡、旦嘎乡、夏如乡区域内。其中涉及威胁住户的隐患点153处，威胁道路交通25处，威胁工矿企业6处，威胁旅游景点15处，共发生地质灾害灾情险情15起，与2015年比较减少30余起，已立项治理8处。

【避险搬迁工作】 按照灾后恢复重建规划，萨嘎县地灾避险搬迁安置1户，项目共涉及1户4人。在汛期来临之前对受地质灾害威胁的1户进行搬迁避让，以“搬得出，稳得住，能致富”为原则，采取“就近、集中、分散、自主安置”多种方式相结合，大部分群众在汛期前入住新房；而针对另一部分农户房屋纳入灾后重建聚居点建设，不能在汛期前入住新房的情况采取自建过度房、投亲靠友或租房等措施保证群众安全度汛，使群众生命财产得到保障。群众搬迁安置后新房屋质量提高、面积增大，群众生产、生活环境更得到进一步改善。地质灾害治理工程萨嘎县灾后恢复重建地质灾害防治项目共8个。截止目前，未完工项目3个；通过项目的实施，萨嘎县共开展地质灾害治理工程10处（应急治理工程4处，应急排危除险工程6处），涉及100余人。加加镇加布村泥石流、日阿滑坡、2处比较严重地质灾害工程治理于2016年10月如期开展，完工后将极大地保障人民群众生命财产安全。

【维稳工作】 根据县委、县政府的统一安排，县国土局认真做好春节、藏历新年和“三月敏感期”的安保工作，严格执行领导带班和24小时值班制度，切实做好本单位及机关大院的安保工作，完成“三不出”的目标任务。

【矛盾纠纷排查化解】 认真排查违规建设用地、证件不齐全的采砂采石、一户多宅和临时用地租让合同等矛盾方面坚持“保持稳定、依法规范、确地为主、民主协商、因地制宜”，对有据可依的矛盾问题依法依规调节处理，对没有明确依据的问题参照相关法律法规和政策精神，秉持“尊重历史、面对现实、平等协商”的原则妥善解决确保国土工作平稳有序发展。

【干部学习教育】 为进一步提高干部职工的政策理论水平和业务能力，萨嘎县国土局深入贯彻党的十八大、十八届三中、四中、五中、六中全会和中央第六次西藏工作座谈会精神，西藏自治区第九次党代会精神，贯彻落实习近平总书记系列重要讲话精神特别是“治国必治边、治边先稳藏”的重要战略思想和“加强民族团结、建设美丽西藏”的重要指示，坚持“五位一体”总体布局和“四个全面”战略布局，坚持党的治藏方略，坚持依法治藏、富民兴藏、长期建藏、凝聚人心、夯实基础的重要原则，扎实开展党的群众路线教育实践活动、“三严三实”“两学一做”学习教育和“讲学习、讲忠诚、正风纪、转作风、提效能”主题活动，全面增强了国土党员干部的党性意识和责任意识，以学促做、学用结合，更好推进新启动的不动产登记工作。

（巴　片）

【领导名录】

局　长　次　　旦（女，藏族，8月免）
　　　　安 兴 华（9月任负责人）
副局长　索朗次达（藏族，11月免）
　　　　曲　　珍（女，藏族，11月任）

萨嘎县商务局

【概况】 萨嘎县商务局现有科级干部2人（其中虚职1人），科员1人。2016年，实现社会消费品零售总额1.24亿元，与2015年同比增长91%。

【加强对加油加气站检查力度】 年内，商务局始终重视加油加气站的监督检查工作，除日常监督检查外，在各大节假日和敏感期商务局工作人员紧张的情况下，安排一名值班人员在加油站蹲点执行24小时值班制度，负责了解加油、加气站的安全生产等工作，同时值班人员要严格执行“零报告”制度，报告当日情况，有事报事、无事报平安。严格执行成品油市场监测月报及液化气月报制度，并指定专人负责该项工作，及时将萨嘎县成品油（液化气）市场运行情况、确保全县成品油（液化气）市场的平稳运行。

【加强食品安全监管、监测】 “民以食为天”，食品安全事关人命。商务局指定专人积极联合安委会其他职能部门加强开展市场监管工作，准确掌握市场动态。严格控制物价上涨，保持市场平稳运行；重视并加强盐、粮、油、蛋、禽、肉等重要商品市场供求情况的监测，及时掌握重要商品的储备信息，做到货源充足、价格稳定，保障广大干部及农牧民群众的生产、生活需求，特别是重大节间前为确保市场的平稳安全。年内，安委会成员共联合开展15次较大规模的执法检查，主要深入到县城里的餐饮、超市、商店、农贸市场、学校等70多家各类饮食品经营户及经营市场检查。经检查所有涉及质量问题的食品均被依法没收，没收的饮料等食品有18种估算折价3185元。检查组要求各经营户严格执行《食品安全法》和《食品准入制度》诚信经营，共同营造和谐、安全的消费市场。

【项目申报工作有序推进】 不断重视边贸市场开发建设；萨嘎县境内共有五座通外山口，由于基础设施的局限导致市场潜力没能完全发挥。为此年初开始深入开展市场开发调研工作，积极同上级业务部门沟通衔接并得到投资550万建设土巴荣（留古拉）山口边贸市场建设项目。项目建成后不仅市场全面开放奠定坚实基础的同时，不断增加贸易额和促进商品的流通，为地方精准脱贫起到应有作用；加大地方民族特色产业开发建设；夏如乡拉亚村妇女编织合作社创办已有两年多时间，组建至今该合作社对地方群众增收致富上起到一定作用，但是持续发挥作用显得任重道远。该合作社缺乏运作经验；缺乏市场竞争产品；缺乏必要先进的设备；妇女技术和质量有待提高空间；为扭转困局，跟上形势县商务局为该合作社专项解决30周转资金，同时相关情况已项目形式完成申报工作；萨嘎县处在G318国道通往神山圣湖要道，处在游客中转的西部驿站，为树立“西部驿站”形象，不断满足和完善城市服务功能迫在眉睫，为此县商务局同上级部门沟通并完成申报投资460多万元加油站建设项目，项目待审批阶段；超前谋划新城区农贸综合批发商场建设项目，开发建设萨嘎县新城区是有史以来的重大决策，符合社会潮流，民心所向，健全城市服务功能十分必要，为此，县商务局根据职责内容已向市商务局招商引资项目库申报投资1500多万元的农贸综合批发商场建设项目。

【完成碘盐推广】 2016年，日喀则市商务局下达萨嘎县推广碘盐目标总量为72165.5公斤，年人均使用量为5.5公斤。商务局按照上级要求，年初迅速组织人员，碘盐及时发放到各乡镇农牧民手中，提前完成年度目标任务，完成率为100%。同时广泛深入开展以普及碘盐、消除碘缺乏危害为主要内容的健康宣传教育活动，不断增强群众防病意识和自觉使用碘盐的积极性，着力为农牧民办好这项民生工程。

【“万村千乡”农家店稳步发展】 截至年底，发挥行业优势通过实地“查、看、听 ”三种方式加强监督指导已发展的53家“万村千乡”农家店，进一步巩固市商务局、市财政局联合工作组到萨嘎县进行验收惠城商贸“万村千乡”市场工程萨嘎县商贸服务中心建设情况，切实解决广大群众买卖难问题县商务局积极同上级业务部门沟通衔接后为萨嘎县解决一家物流配送中心项目，从而有效缓解了物流的制约因素。

【边贸经济取得阶段性成果】 2015年，萨嘎县边贸市场深受尼泊尔“4・25”强烈地震影响，贸易规模明显下降。由于中尼双方群众深受边贸带来的实惠，2016年经过多次的民间交流对贸易出现回暖趋势，2016年全年进口贸易额达10万元比2015年同期增长50%，进口贸易产品主要有金银首饰、药材、服装等便携品。截至年底，出口主要以活畜为主共出口活羊11.1万多头只匹，实现贸易额达8900万左右，比2015年同期增长43%出口品种有活羊、牛、牛绒、牛皮等几十个品种。

【审批和指导农村经济合作组织运营】 进一步加强监督2016年之前成立的10家合作组织资金管理、运行及效益分配情况同时结合“精准扶贫、精准脱贫”全局工作积极总结经验，去粗取精切实解决地方群众“卖难买难”困局，也为地方优势资源有效转化为经济优势。经对各乡镇申报内容进行深刻分析，对领导重视、措施到位、目标明确的项目给予重视，对条件不成熟，工作措施不到位，发展前景渺茫者不予支持要求继续创作条件，汇总整理后上报县政府，经研究审批同意成立以夏如乡妇女编织合作组织为代表的10家合作组织，共发放扶持周转资金100万，该资金于2016年7月10日之前同涉及相关乡镇政府签订职责明确的协议后都已发放到位，正在有效发挥资金阶段。

【“互惠共赢”光伏产业基地建设】 2015年8月，萨嘎县政府同海润光伏科技股份有限公司签订在萨嘎县境内远期投资55亿元建设500MW太阳能光伏产业基地建设项目意向协议。为确保这一惠及萨嘎县广大人民群众和投资拉动地方经济发展项目尽早在萨嘎县得到落地开花，县委、县政府自始至终给予高度重视，作为招商职能部门积极发挥沟通桥梁作用，在前期多次衔接的基础上于9月21日专门召开县委常委会《研究太阳能光伏电站招商引资事宜》，会议决定同意乙方在萨嘎县先期建设一座20WM的储能光伏电站，土地征用、项目审批等具体事项由县政府召开专题会议研究解决，从而项目在萨嘎县落地迈出了坚实一步。

【开展开发资源储备调查】 萨嘎县行政地域面积1.2万平方米，下辖“七乡一镇”38各个行政村，截至年底，全县境内未开发各类资源。萨嘎县是典型的地广人稀，经过调查萨嘎县境内存在丰富的水资源（有冰川水资源、山泉水资源、温泉水资源），其中具备其他客观条件的水资源中进行取样送检工作，检测结果为下一步开展中商引资工作奠定了坚实的理论支撑依据。明确西部驿站酒店运营管理方式，以树立“驿站形象、不断满足和提升服务功能”为总原则，通过公开招标确定法人代表为琼达的西部旅游酒店中标，由该民营企业独立经营，并同该企业签订租金为150万元/年（壹佰伍拾万元）的《萨嘎县旅游服务中心用房合同》，正有效为地方经济和社会服务当中。

（巴桑次仁）

【领导名录】

局　长　普　　次（藏族，5月免）

　　　　巴桑次仁（藏族，5月任）

副局长　次旦普赤（女，藏族）

萨嘎县安全生产监督管理局

【概况】 2016年，萨嘎县安全生产监督管理局实有6人（局长1人，副局长2人，科员2人，借调1人）。结合萨嘎县实际，目标责任落实、安全生产大检查、事故隐患排查整改，安全生产宣传教育，职业培训以及安全专项整治等方面开展大量的工作，并在安全隐患排查治理共出动车辆52台次、人员125人次，排查出安全隐患53条，治理36条，下发9份整改督办书，顺利完成全年各项工作任务。

【安全生产宣传教育】 加大学习宣传力度，推动安全生产工作。加大宣传教育培训力度。利用电视台、板报等宣传工具广泛深入宣传新《安全生产法》《生产安全事故报告调查处理条例》，努力提高全民安全意识和安全文化水平，营造人人参与安全生产的良好氛围，使安全生产工作成为人人关心，共同参与的社会系统工程；制订“安全生产月”工作方案。利用“安全生产月”牵头组织县工会，妇联、信访、药监、教育、交通、交警、人社、商务、环保、科技、宣传等20多家安委会成员单位，在县城格桑街和伦珠街集中举办“6·16” 安全生产宣传咨询日活动，深入7乡1镇设立安全生产宣传点，将“安全生产月”宣传活动引向深入，做到了家喻户晓、人人皆知。活动中各单位利用宣传画册，展板、宣传单等各类宣传载体和现场讲解等方式，面向社会公众宣传安全生产红线意识、法律法规知识和安全常识。各单位共出动宣传公众人员52多人，悬挂安全生产横幅46条，摆放展板36多块，发放各类宣传资料35余种，25000多份，接受群众咨询2万余人次。

【危险化学品】 根据季节特点，重点强化危险化学品生产、储存、经营、运输安全监管，积极配合公安、消防等部门，对危化经营场所重点检查“三违”“三证”登记制度及排查安全隐患为重点，加大安全监管力度，始终坚持定期、不定期检查，检查中未发现重大安全隐患。

【烟花爆竹】 年内，萨嘎县烟花爆竹零售点共3个，由县安监局牵头，联合县公安局、工商局、公安消防及各乡（镇）、各职能部门配合，要针对烟花爆竹经营、销售、贮存、运输进入旺季非法经营活动可能抬头的情况，严格按照区市相关要求，认真抓好烟花爆竹销售领域的专项活动。打击非法经营。各乡镇要充分发挥乡镇派出所、村民委员会等组织的监管作用，完善日常排查、举报奖励和责任追究制度。进一步明确责任、协调联动、密切配合，开展打击非法经营烟花爆竹专项检查行动。进一步加大对辖区内非法经营烟花爆竹排查力度，对重点区域及重点户进行重点排查，实现全面监控、动态管理；安监局对发现未经许可经营、贮存烟花爆竹的要坚决责令其停止违法经营行为，依法处罚，并及时向县公安局等部门通报情况；县工商局对无证无照的烟花爆竹经营摊位要坚决依法取缔；规范合法。安监局加强对烟花爆竹批发单位仓储环节检查力度，督促企业严格执行库房定量、定员规定，认真落实配货、搬运、装卸等安全操作规程，严禁超量储存，超许可范围经营。强化烟花爆竹零售点的监管，严格控制储存数量，坚决实行定点经营。

【人员密集场所】 由安委会牵头，组织消防大队、公安治安大队协助对全县范围内的人员密集场所进行安全检查，重点检查对疏散通道、安全出口、安全指示标志和应急照明等人员疏散设施完备情况，监控设备、灭火器材等安全设施的运行等情况，同时积极宣传普及人员密集场所有关安全防范事故的知识，使广大人民群众掌握安全知识，增强自保、互保意识，提高防灾避险能力，营造了良好安定的社会氛围。

【建筑工地】 为进一步加强安全生产工作，安监局牵头县重建办、专项办、县住建局，结合安全生产工作实际，对全县建筑施工领域开展一次安全生产隐患排查治理活动，全面排查治理各类事故隐患，切实解决安全生产工作中存在的突出问题，切实消除安全隐患，有效防范和遏制了重特大事故的发生。

【道路交通】 为确保道路交通安全，加大执法力度，安监局联合公安局、交通局、旅游局等单位，在全县范围内开展道路交通排查整治工作，认真开展危险路段的排查治理，严厉查处各类道路交通违法行为，及时消除隐患，切实为萨嘎县营造一个平安、稳定、和谐的道路交通环境。

【安全培训】 加大对企事业单位负责人和管理人员职业健康专业培训力度，进一步夯实萨嘎县企业安全生产基础，为进一步加大职业健康培训工作力度，督促县城内非煤矿山、危化品企业、建筑施工等主要负责人和管理人员参加自治区安排的职业健康培训，提高了萨嘎县企事业单位职业健康管理水平。

【安全隐患排查治理】 对建筑工地、危险化学品、烟花爆竹和人员密集场所（藏餐、寺庙、朗玛厅、学校）进行安全隐患排查治理。年内共出动车辆52台次、人员125人次，排查出安全隐患53条，治理36条，下发9份整改督办书。

【安全生产责任落实情况】 针对2016年工作实际，进一步调整完善安全生产目标管理责任书，并与年初同全县7乡1（镇）签订目标责任书，明确要求各乡镇、各单位、各企业要结合实际，切实把安全生产的要求落到操作层面，确保2016年安全生产目标的完成提供了有力保障。

【指标控制情况】 2016年，全县范围内非煤矿山领域无事故发生；危险化学品和烟花爆竹领域无事故发生；建筑领域无事故发生；消防火灾领域无事故发生；道路交通领域事故1起，死亡人数1人，为一般性交通事故；特种设备无事故发生；与去年同期相比事故起数、死亡人数下降50%，辖区内未发生较大事故。

（德吉卓玛）

【领导名录】

局　长　洛　　多（藏族，12月免）
副局长　邓　　文（6月免）
　　　　西吉卓玛（女，藏族，11月任）

萨嘎县国家税务局

【概况】 2016年，萨嘎县国家税务局现有科级干部3人（其中虚职1人），科员4人。萨嘎县国税局积极落实国家各项税收政策，深化改革创新，强化各税管理，深入开展“便民办税春风行动”，全面完成各项工作任务。全年共组织收入1404万元，较2015年同期减收55万元，同比降低3.8%。实现中央级收入467万元，实现县级收入891万元。

【税收征管现状】 增值税全年完成776万元，较2015年同期增收655万元，同比增长541.32%；营业税完成255万元，较2015年同期减收606万元，同比减少70.38%；企业所得税完成141万元，较2015年同期减收130万元，同比减少47.97%；资源税完成1万元，较2015年同期减收2万元，同比降低66.67%；个人所得税完成45万元，较2015年同期减收10万元，同比减少18.18%；印花税完成14万元，较2015年同期减收2万元，同比减少12.50%。

【强化组织领导】 为保证2016年各项工作的正常开展，国税局强化组织领导队伍，自2014年起实行了值班局长制度，每周安排一名局领导在大厅开展窗口服务工作。2016年，国税局继续坚持该项工作不松手，每周由一名局领导在大厅值班，协助大厅开展各项工作，同时为纳税人排忧解难，有效缓解了征纳矛盾，同时为可能发生的突发事件做好了应急准备。打造基层学习型队伍，建立干部长效的学习机制，抓好落实对各项税务文件的学习和日常工作中对文件的学习力度。

【优化服务提品质】 以“互联网+纳税服务”为突破口，深入开展便民办税春风行动。在办税服务厅、国道219沿线、县政府等不同地点以散发宣传资料、开展讲座等方式进行税法宣传。深入推进网上申报和批量扣税义务，网上申报推行户数达13户，完成推行计划的100%。开展简并征期业务，为个体工商户减负。开展纳税信用等级评定和“银税互动”，开展“纳税人大走访”，进一步便利了纳税人。

【强化税源管理】 规范税务行政审批，规范税务行政处罚裁量权，以创建“法治税务示范基地”为目标，以全面走访基层调研数据为基础，以工商查询平台为依托，核查辖区内登记、纳税相关数据，收集纳税人意见和建议。截至年底，由国税局一把手带队，税源管理所及办税服务厅抽调人员组成清理队，共清理存量户及新增户疑点数据308户次，及时向相关纳税人下达《事项通知书》《限期改正通知书》等涉税文书，加强税源管理，提高科学化精细化管理质量。

【提高征管水平】 实行按月巡查制。为进一步强化税收征管，逐步实现科学化、精细化管理，国税局在实行税收管理员分片、分行业管理模式的基础上，实行按月巡查制，由管理员对辖区内的纳税户每月进行定期检查，跟踪纳税户经营变动情况，及时做好税收法规政策的宣传，规范纳税户征收管理，逐步建立起了以行业分类为手段、以采集纳税户动态信息为目标的征收管理模式，有效堵塞了税收漏洞，做到应收尽收。

【全面助力“营改增”】 从5月1日全面推行“营改增”工作开始，萨嘎县国税局不遗余力，攻坚克难，将各项工作全面围绕“营改增”全面启动。根据纳税人培训需求和业务的不同进行营改增培训，尽量使培训科目做到“全覆盖，无死角”。为防止纳税人多头跑，便捷纳税人，航天信息税控设备有限公司和百万电子科技有限公司进驻国税局，对增值税防伪税控设备进行安装、调试、指导、培训等工作，为TPS扣税，网上报税及全面推行营改增工作奠定坚实的基础。对国税局辖区内涉及“营改增”的企业及时发放宣传单，共发放“致纳税人一封信”564份，“营改增宣传手册”564份。

【税收政策落实有力】 严格进行减免税管理，设立减免税台账，对申请减免税的企业严格执行减免税审批程序。对符合农牧区相关税收优惠政策的，严格按照相关规定予以落实。2016年，国税局根据有关规定，2016年享受小微企业优惠政策增值税减免金额380万元，覆盖面达100%。

【维稳工作】 根据市国税局及县委、县政府的要求做好维稳工作，认真按照“稳定是第一责任”的工作要求，认真履行工作职责，落实工作责任。切实做好了十八大召开期间维护社会稳定各项工作，正确认识形势，不断提高防范意识、忧患意识、责任意识，继续以“三不出”为工作目标。扎扎实实做好各项维稳安防工作，实行24小时值班制度，做好巡逻防控工作、交接班登记、门卫登记、每日定时向县一线指挥部有事报事，无事报平安。

（顿珠平措）

【领导名录】

局　　长　多布杰（藏族，4月免）

纪检组长　顿珠平措（藏族，4月主持工作）

副 局 长　索朗扎西（藏族，7月任）

萨嘎县工商行政管理局

【概况】 2016年，萨嘎县工商行政管理局现有4名干部，全部为党员，其中大专学历2人，本科2人，平均年龄34岁。截至2016年11月5日，萨嘎县市场主体共计1030户，注册资金18319.99万元，从业人员3679人。同比分别增长10%、6%、6%。其中个体工商户974户，注册资金5445.02万元，从业人员2052人；私营企业34家，雇工人数1065人，注册资金6396万元；内资企业12家，注册资金6115.97万元，员工80人；农牧民专业合作10家，注册资金363万元，社员482人；农牧民经纪人80人；经济业务量200万元。

【作风效能建设】 加强机关作风和效能建设是经济社会又好又快发展的重要保证，也是建设高素质干部的具体要求，所以一直常抓不懈，取得很好的成绩。进一步完善和规范政务公开制度，把群众普遍关心、涉及群众切身利益的问题作为公开的重点内容，自觉接受社会监督；建设节约型、创新型、服务型机关。坚决弘扬艰苦创业，甘于奉献的风气，不断创新，主动搞好服务。进一步提高效能，简化办事程序，提高办事效率；严格按照市局下发的有关文件精神，严格单位考勤以及着装制度，规范管理、干部面貌焕然一新；制订全年的学习计划，严格按照学习计划分配学习任务，每周五下午定为单位的学习时间，学习市局以及县委、县政府下发的各种文件和业务知识，干部的理论素养和业务能力得到进一步提高。此外综合事务管理方面，严格按照市工商局的要求，严格工作分工制度，各尽其责，实行各项工作首办制，做到责任到人。

【规范市场秩序】 萨嘎县工商行政管理局扎实推进市场监管方式改革，打造法治工商。把好市场准入、市场交易、市场退出三大环节，督促形成“市场自律、工商监管、群众监督”三位一体的市场监管模式。2016年，萨嘎县工商局进一步加大执法检查力度，联合有关部门开展文化市场专项整治、节日市场专项整治、烟花爆竹市场专项整治、流通领域商品安全专项整治、农资市场专项整治等一系列专项整治活动，共出动执法人员130人（次），出动车辆20台（次）、检查市场主体户780户（次），审批商业广告38条；注重办案程序，2016年共结办各类案件3件，罚没款0.81万元，营造了公平有序的市场环境及公证权威的执法环境。

【消费维权】 深入推进12315“四个平台”建设，以市局12315指挥中心为主线，以县、乡（镇）消费维权联络站为支点，拓展消费维权网络覆盖面，延伸维权触角。2016年，工商局在7乡1镇将“12315”维权站点发展到20个，联络员20人，工商义务监督员8名；全年受理消费者投诉4次、争议金额0.13万元、为消费者挽回经济损失0.13万元，投诉受理率和调解率为100%。

【打击传销】 工商局高度重视打击传销工作，在打击传销工作立足本地实际，制订切实可行的工作方案的同时，明确打击传销和禁止参与传销的工作职责，主动联系县综治委、公安局开展联防联打打击传销工作，建立齐抓共管的工作机制，并成立打传工作领导小组，先后与辖区七乡一镇的第一责任人签订工作责任书。2016年，工商局开展打击传销专项整治行动3次，出动执法人员14人（次），宣传发放打击传销材料100余份。

【商标注册和招商引资】 为更好地服务当地经济发展，加大对招商引资企业的扶持力度，全年为3户招商引资企业的注册登记提供全程服务；高度重视商标培育发展工作，积极宣传打造品牌产品，全年共培育申报商标4件，均已被国家工商总局商标局批复。

【工商登记制度改革】 萨嘎县工商局深入落实“一条例、五规章”，高效率地完成了企业年报信息公示工作。通过主动提早介入年报工作，通知企业在网上申报，为年报公示工作提前打下基础；针对个别企业、个体户及农专不懂汉语或电脑的情况，工作人员分时、分段上门通知到工商局申报年报；针对无法取得联系的商户，工作人员联系当地乡政府或村委会通知商户完成年报。在克服人员少、任务重的情况下，同步完成数据清理、换发新版营业执照以及年报公示工作。2016年萨嘎县企业、农专年报率均为100%，个体年报率达到99.9%，该项成绩得到市局领导的高度赞扬及肯定。2016年12月1日，注册发放第一张个体工商户“两证合一”营业执照。为今后更好地完成年报信息公示工作，工商局开通“萨嘎县工商行政管理局”微信公众平台，加大对“年报公示”及企业“五证合一”个体工商户“两证合一”等制度政策的宣传力度，为今后更好地开展各种工作打下良好的基础。

【个体非公有制经济组织党建工作】 工商局充分利用登记注册平台，健全和完善个体私营经济党组织和党员情况，基本数据已建立档案录入经济户口，全面准确掌握个私非公有制经济党组织和党员的数量规模、分布等情况。截至11月5日，萨嘎县非公经济党组织（党支部）发展到6个，非公党员发展到33名；其中2016年发展党员1名，预备党员2名，积极分子4名。

【开展“两学一做”学习教育活动】 按照市局文件要求，萨嘎县工商局高度重视，认真组织，扎实开展“两学一做”学习教育活动，先后组织全体党员干部开展手抄党章100天及撰写心得体会活动；结合“两学一做”主体教育活动，为进一步加强党群干群关系以及贯彻落实关于精准扶贫、结对认亲等相关文件精神，萨嘎县工商局积极开展驻村帮扶和结对认亲工作，2016全年共向帮扶对象捐赠各种生活用品价值5000余元。

【开展综治维稳工作】 严格落实区、市、县相关维稳工作措施，积极参与县维稳一线指挥部的值班、带班工作以及敏感节点、重大节庆、宗教活动等的联防、备勤工作。

【党风廉政建设】 加强党风廉政建设和反腐败工作，以“零容忍”为原则、以“零违纪”为目标，严格落实党风廉政建设领导责任制和“一岗双责”制度，局领导年初分别与每位干部签订《党风廉政建设目标责任书》，层层防范，确保每位干部依法履职，正确行使职权；向每位干部发放“廉政监督反馈卡”，教育督促每位干部管好自己的“生活圈”“社交圈”“娱乐圈”，坚持守住修身、处事、用权、做人等底线；大力开展廉政文化建设，以读书思廉、宣誓诺廉、警示促廉、服务践廉的方式，形成廉洁奉公的良好氛围。

（赵　阳）

【领导名录】

局　长　朗　　加（藏族）

副局长　尼玛扎西（藏族，6月免）

　　　　次旺班典（藏族，7月任）

萨嘎县旅游局

【概况】 萨嘎县旅游局为全县行政管理部门，其中正科级1人，副科级1人，科员2人，具体职能为负责萨嘎县辖区的旅游规划、管理和监督工作。2016年，萨嘎县共接待游客139413人次，旅游收入615.18万元。

【开展“两学一做”专题学习】 年内，旅游局坚持以“习总书记重要讲话精神”为指导，认真贯彻落实中央第六次西藏工作会议精神，利用集体学习和个人自学相结合的方式，开展“三个代表”重要思想、政务公开、廉政建设、党的群众路线教育实践活动，“两学一做”和“党章党规”主题知识的学习活动，工作主要采取了以下做法：围绕县委、县政府提出的“群众利益无小事”的观念，进行集中教育整顿学习，重点开展学习“四风专题教育”，解决“四个问题”，树立“四种形象”；根据县委对政治学习的总体部署，结合实际确定学习内容和方法，制订学习计划，规定周一、周五为学习日，领导班子成员坚持每月学习一次廉政建设理论和党的方针，每月组织一次全局人员进行思想政治教育，严格遵守学习制度；班子成员都建立读书笔记，定期组织交流和检查，从根本上提高学习的自觉性和积极性。通过狠抓学习，对党的路线、方针、政策有了更深刻的理解，在政治思想上有了更进一步的认识；坚持每月每季度做好旅游的信息和数据统计工作。

【推进萨嘎县西部驿站建设】 为充分发挥日喀则市“西部旅游服务驿站”的作用，积极争取上级有关部门的扶持，将萨嘎县的旅游项目尽可能地纳入上级有关部门的项目计划中。2016年向地区申报十三五旅游项目“雅江源之旅—萨嘎西部驿站旅游服务基础设施”基础建设项目，按照市旅发委要求，项目分解后：新建面积5000平方米旅游服务区建设（具备自驾车营地、游客服务站、旅游车辆安全运营检修点、旅游应急救助点、停车场、旅游厕所、特色餐饮区、住宿接待区等功能），投资3000万元，该项目已经完工，将于2016年投入使用；扶持、改造家庭旅馆、农家乐、藏家访点，投资1900万元；新建甲谐文化旅游演绎厅，投资2500万元；萨嘎县城内新建5处旅游厕所，投资250万元；已报市旅游局，待市旅游局审批后准备报自治区旅游局。

【品牌创建强力推进】 以创建西藏自治区旅游强县为总揽，强力推进萨嘎县旅游驿站、旅游品牌创建工作。旅游驿站萨嘎县旅游服务中心建设全面竣工，已投入使用试运营当中。

【项目建设方兴未艾】 旅游基础设施建设正在强力进行，为给游客提供方便的衣食住行条件在上级旅游部门的大力支持下萨嘎县建设了旅游环保厕所1座，停车场1座，停车位120个。家庭旅馆、宾馆、餐饮事业发展趋势良好，各项服务条件正在逐步完善。

【整体营销初见成效】 萨嘎县兴起旅游产品行业1家，截至2016年10月，萨嘎县旅游接待人数已达到139413人次，旅游总收入达到615.18万元。

【行业管理初见成效】 组织各行业部门进行联合执法检查，规范了旅游市场经营秩序，强化了行业凝聚力，旅游服务技能和水平明显提升，旅游服务质量和安全管理逐步规范。

【争资争项培育主题】 为壮大萨嘎县旅游产业主题，推进长远发展，加强与上级旅游部门及发改部门的联系，了解产业发展新政策和新动态，争取项目进笼子。2016年新建旅游基础设施环保厕所1座、旅游服务中心配套硬件服务设备1套，分别得到区、市旅游项目资金扶持，2016年上级落实到萨嘎县旅游项目资金3000万元。

（达瓦普赤）

【领导名录】

局　长　付红梅（女，12月免）

副局长　达瓦普赤（女，藏族）

西藏自治区烟草公司日喀则市公司萨嘎配送中心

【概况】 西藏自治区烟草公司日喀则市公司萨嘎配送中心位于萨嘎县伦珠街，2009年7月9日成立萨嘎卷烟配送中心。

萨嘎卷烟配送中心现有员工3名，兼职岗位有：安全员、客户经理、库管员、送货员、访销员、内管员、部门负责人，所管辖的区域有萨嘎县、仲巴县。

【强化基础管理】 2016年萨嘎配送中心在局（公司）和县政府的正确领导下，在各有关部门的大力支持下，紧密结合本部门的实际，紧紧围绕“卷烟上水平”的基本方针和战略任务，坚持打牢基础，强化基础管理，提升队伍素质，以“控制成本、销量增长、调整结构”为原则，全面有序推进各项工作。

【卷烟销售情况】 2016年实现网上订货5户，实行电子结算41户、跨行结算2户。

【品牌培育工作常抓不懈】 品牌作为营销工作中心任务，以知名品牌为主导，区域性品牌为补充，始终坚持以市场为基础，以客户为中心，逐步完善现有品牌经营格局，通过营销中心的安排着手研究配送中心的工作主攻方向是尽最大可能提升卷烟销售结构，在品牌培育上动手快，谋划早，充分利用客户经理的工作只能，紧紧抓住市场的动态，根据不同辖区的消费特点，培育好适销对路的品牌。结合本配送中心的实际情况每位客户经理在市场走访中要求新品带到每个客户进行推荐，并做好新品宣传工作，详细解答新品牌在今后的发展趋势，同时要求每户上柜。通过扩大重点品牌的销售规模，同时也带动其他类卷烟的销售，更起到了拉动结作用。

【加强队伍建设】 萨嘎配送中心每周都有职业健康管理体系、六五普法、东方烟草报、东方烟草杂志以及行业重要文件精神、业务知识和技能学习及培训，抓好队伍的管理，坚持业务知识和技能的培训，强化优化服务意识，任务观念。通过学习，提高员工素质，增强工作能力，调动员工工作积极性、主动性、创造性。严格落实执行各项岗位规章制度及考核管理相关制度，提高员工的工作积极性和责任感。

【树立安全意识】 萨嘎配送中心以坚持“安全第一、预防为主、守法经营、持续改进”为方针，增强防范意识，安全从细节开始抓期，每天有安全检查记录，每月组织全员学习安全管理知识及相关法律法规，进一步提高全员安全生产意识和自身防范意识，并重大节假日放假前组织全员在配送中心重点部位全面进行检查，排除安全隐患，有检查记录，有安全隐患及时整改，做到万无一失，确保安全生产工作落到实处。

【提高内部监督管理】 为促进内部专卖管理监督工作的日常化，流程化、规范化、痕迹化，确保内部专卖管理监督工作顺利有效开展。进一步规范萨嘎卷烟配送中心经营管理行为，推进内部监督管理工作，按照《日喀则地区烟草专卖局内部专卖管理监督工作实施方案》和《内部专卖管理监督制度》，认真开展卷烟购、销、存及营销人员有行为规范进行日常监督工作，确保卷烟经营工作持续健康发展。

（次旦多吉）

【领导名录】

负责人 次旦多吉（藏族）

社会事业

萨嘎县民政局

【概况】 萨嘎县民政局属于正科级单位，核定行政编制5人，领导职数4人。2016年有干部职工13人，其中正科级干部1人，副科级3人，科员2人，事业人员3人（五保集中供养中心公益性岗位3人）。县民政局负责全县城乡低保、城乡医疗救助、五保户、老龄和孤儿管理工作，双拥优抚安置、残疾人事业、救灾救济、婚姻登记管理、基层政权建设、勘界、区域地名管理等工作。

【党风廉政建设】 深入学习贯彻习近平总书记关于西藏工作的重要讲话和吴英杰书记重要讲话精神，深入开展“两学一做”学习教育和“讲学习、讲忠诚、正风纪、转作风、提效能”主题活动，通过集中学习和开展党员志愿者活动、与驻村联系点结对认亲等活动，进一步增强党员党性修养，发挥党员先锋模范作用。坚持“一岗双责”，全面落实党员领导干部承诺制度、重大事项报告制度、一把手讲廉政党课等制度，始终把党风廉政建设与民政业务紧密结合，坚持对全县民政资金进行自查自纠和督导，扎实开展党员干部违反政治纪律行为、党员干部不作为乱作为、基层干部损害群众利益、党员干部及其亲属收“红包”购物卡等专项治理工作，全面推行党务公开和政务公开，落实问责制度、限时办结制等行政效能制度，切实改进干部职工的工作作风、生活作风、机关作风，加强组织纪律建设，各项工作扎实开展。

【城乡低保】 2016年，萨嘎县共有城乡低保家庭705户，2354人。低保家庭人口占全县总人口15.14%。全年共发放低保金315.774万元为进一步规范低保工作，民政局严格按照《自治区民政厅关于转发〈西藏自治区城乡最低生活保障审核审批办法〉（试行）的通知》精神，以及自治区、市关于全面推进阳光低保的工作要求，践行“两学一做”进一步细化城乡低保操作程序，完善收入核定办法，全面核查城乡低保户家庭经济状况，重点把好“两个关口”，严把“入口”，全面落实低保审批审核办法，做到管理对象和管理地域百分之百全覆盖；畅通“出口”，开展专项核查。7月，以政府办名义印发《萨嘎县践行“两学一做”规范最低生活保障政策落实工作实施方案》的通知，启动低保全面核查工作。为确保核查效果，采取以乡镇核查、县民政审核的方式，开展有针对性的核查工作。截至年底，累计核销不符合条件的城乡低保户250户658人，做到应保尽保、应退尽退，动态管理、阳光操作。

【城乡医疗救助】 进一步贯彻落实医疗救助工作机制，简化程序，加强医疗救助制度与新型农村合作医疗和城镇居民医保制度的衔接，切实发挥医疗救助的及时性和有效性。资助城乡低保家庭参加城镇居民基本医疗保险和农村合作医疗。加强城乡低保、农村“五保”、重点优抚对象和边缘特困对象医疗救助，使全县城乡特困群众就医难问题得到有效缓解。截至12月中旬城乡医疗救助共666人次、支付医疗救助资金74.76万元，其中门诊救助424人次，救助资金5.13万元；住院救助242人次，救助资金69.63万元。资助参保2474人次，资助资金4.95万元。

【临时救助】 年内，在落实社会救助工作时，民政局积极实行人性化的社会救助。创新社会救助模式，改被动救助为主动救助。坚持“先救助，后手续”的原则，及时有效地救助流浪乞讨人员及城乡居民困难家庭。2016年共救助流浪乞讨人员9人，3600元；同时临时救助有序开展，因突发性灾害导致家庭生活困难的城乡居民，予以临时救助切实解决群众的燃眉之急。2016年共救助困难家庭31人次，共发放救助金46890元。

【残疾人福利事业】 切实加强对残疾人社会福利保障，解决残疾人生活自理和家庭经济困难问题。2016年，共发放残疾人困难残疾人生活、重度残疾人护理两项补贴430人，补贴资金39.54万元，有效改善残疾人家庭的生活质量。为确保“两项补贴”工作在3月份顺利进行，县民政局积极做到“三个到位”：宣传到位。通过乡、村干部对全县残疾人家庭逐户上门宣传残疾人“两项补贴”申领程序、办法和补贴标准。针对当前符合条件的残疾人，由乡镇民政专干和村委会开展办理申请工作，方便残疾人对象就近办理；同时，对于行动不便的残疾人对象，提供上门办理服务。结合萨嘎县实际，加强与县财政局，沟通协调，规范工作流程，确保“两项补贴”政策落实到位。

【高龄老人服务工作】 切实提高老龄人员补助慰问的标准和频次，加强老年服务工作人员和服务机构的管理和教育，加大资金投入，提高服务水平，从软硬件多方面着手，确保萨嘎县老年服务工作健康稳步科学发展。及时发放高龄保健补贴。在“三大节日”期间对萨嘎县80岁以上寿星老人共77人进行慰问，共发放慰问金2.31万元；并且进行亲切问候，让这些高龄老人切实感受到党和政府对他们的深切关怀。五保供养工作进一步规范，严格按照区、市、县关于做好五保集中供养的系列部署和要求，结合萨嘎县养老工作特点和实际，做好集中、分散供养五保老人相关工作。根据五保对象的个人具体情况，由五保对象自行选择供养方式，对自愿入住敬老院且符合集中供养条件的及时办理入院供养，对选择分散供养的，不做硬性强求，灵活解决五保户的生活保障问题。截至年底，共有五保对象114人，其中集中供养84名，县福利院集中供养56人、旦嘎乡集中供养15人，昌果乡集中供养13人，分散供养30名；2016年元月份开始，五保供养标准从每人每年4400元提高到了4740元，每人每年增加340元。民政局在“三大节日”期间对五保老人进行慰问并发放慰问金3.6万元。

【村务监督组织建设】 加强对各村级监督委员的管理教育，依法推进村级依法自治，做好村务监督委员选举工作，夯实基层民主自治基础，完善基层权力运行公开制度。进一步明确村务监督委员会工作职能，严格制订年度考评制度，实行奖励机制，着实提高村务监督委员会工作积极性、主动性，实现萨嘎县各行政村村务、财务的公开透明化，树立村委会清正廉明的形象，做好基层工作打好基层基础。全县共有村务监督委员114人，上年度发放村级监督委员务工补贴50.1313万元。切实保障了村务监督委员的权益，发挥村务监督的职责，充分调动村委监督委员的工作积极性。结合村干部素质能力提升教育活动，加强对村委监督委员进行素质能力提升培训，做到有计划，有方案，有考核目标。切实提高村务监督委员的工作积极性、主动性，实现全县各行政村村务、财务的公开透明化，树立村委会清正廉明的形象，做好基层工作打好基层基础。

【双拥优抚安置工作】 切实加强拥军工作力度，军警地共建进一步巩固，“三大节日”和八一建军节期间，由县级领导带队，对全县各驻军部队进行走访慰问，发放慰问金共计4.82万元。节日期间驻军部队首长对县五保中心老人进行慰问，并送上2万元的大米、面粉、奶粉等慰问品。2016年，共计发放因公致残抚恤补助金6.57万元；“三大节日”期间为全县73名优抚对象发放慰问金6.57万元；发放农村户籍60岁以上退役士兵老年生活补助2.04万元。2016年共接收萨嘎县籍退役军人4名，共发放优待金及自主择业一次性补助共29.6万元。通过积极落实各项安置政策，全力化解安置矛盾，着力强化技能培训，拓宽了退役士兵的安置渠道，全县自谋职业人数占符合安置人数的90%以上。

【防灾救灾体系】 加强防灾抗灾工作沟通协调机制，协调各乡镇防抗灾工作领导小组，及时对各类自然灾害受灾情况进行核查上报，组织群众开展自救，采购防抗灾物资并及时发放。由于受厄尔尼诺影响，7月份全县范围内连续出现强降雨天气，汛期长、降雨量多，导致各乡镇群众全部不同程度受灾，全县共受灾户2041户8621人，民房受损1537户、2351间（其中倒塌296户、459间，严重损坏484户、849间，中度损坏454户、681间，轻度损坏302户、362间），经济损失达1832.2万元，农田受灾2206.8亩、草场受灾1.5万亩。民政局在接到上级防灾抗灾部门指示后，积极统计受灾数据并及时向县委、县政府主要领导汇报灾情，及时采购防灾抗灾物资，2016年汛期新发放584顶救灾帐篷，将各类灾害受损情况降到最低，确保群众基本生产生活。

加大防灾抗灾物资储备力度，对各边境乡镇进行防抗灾物资储备需求进行核查统计，县级财政提供专项资金，确保物资储备数量足、品种齐、质量好、有保障，2016年共采购民政防抗灾物资128.95万元，各类物资发放至各乡镇及部分偏远村居委代储，并签署代储协议，做好交接物资账目存档。为预防冬季冰雪等自然灾害提供物质保障，形成科学有效地防灾抗灾物资储备机制。根据萨嘎县地处高海拔地区冬季严寒的实际情况，对2016年汛期受灾群众进行多渠道解决过冬安置问题，主要采取“以分散安置为主，集中安置为辅的方式”鼓励采取暂时投亲靠友、租房等多种方式，保证群众安全过冬。加强物资筹备供应，通过向上级请示、本级自筹等形式，把群众过冬所需物资及时采购和储备，做到在冬至之前下拨灾民所需物资，有效避免受灾户物资短缺现象。根据《民政部关于组织开展全国冬春救助工作的通知》精神，结合区、市、县各级政府关于认真做好冬春救助工作的指示要求，2016年民政局共下拨资金95万元，由各乡镇及时采购春荒物资，发放至困难群众手中。确保受灾群众温暖过冬、安全度荒，同时严格按照“分类救助、重点救助”原则，将因灾造成房屋倒塌损坏、农作物减产绝收、致伤致残等情况实行救助，全面准确掌握需救助受灾人员统计，做好特殊困难人员、受灾群众冬春救助工作，准确掌握受灾需救助人员情况，及时下拨生活救助资金，并结合其他社会救助政策，帮助灾民安全过冬。

【婚姻登记】 为提高婚登工作效率，民政局加强对婚姻登记员业务培训，安排婚姻登记员参加上级业务部门组织的业务培训，并通过案例分析、互相探讨等形式开展学习，让婚姻登记员熟悉婚姻法律、法规以及其他相关政策，做到融会贯通，从而提高了办事效率和服务质量。2016年共办理结婚登记124对，离婚登记7对，补办结婚登记20对，查询婚姻记录36份。为切实做好婚姻登记工作，通过开展形式多样的婚姻法律法规宣传，切实强化《中华人民共和国中华人民共和国婚姻法》《婚姻登记条例》等相关政策法规在牧民群众中的普及率，提高了群众对结婚必须进行登记制度的积极性和法律性认识。

（张　奇）

【领导名录】

局　长　拉琼次仁（藏族，8月免）

　　　　措　　姆（女，藏族，12月任）

副局长 曲　　珍（女，藏族，12月免）
　　　　张 文 涛（6月免）
　　　　次旺扎西（藏族，12月任）
副主任科员
　　　　达瓦普尺（女，藏族，12月任）
五保集中供养中心副主任
　　　　嘎玛旦增（藏族，12月任）

萨嘎县人力资源和社会保障局

【概况】 萨嘎县人力资源和社会保障局于2010年在萨嘎县人事局和萨嘎县劳动和社会保障局的整合下形成。为萨嘎县人民政府的职能部门。萨嘎县人力资源和社会保障局实有人数为9人。2016年全局干部职工共11人，其中正科级2人，副科级3人，科员3人，专技人员1人，公益性岗位2人，共产党员7人。

【基本数据库动态管理】 年内，动态管理萨嘎县就业困难人员、零就业家庭、高校毕业生、农牧民富余劳动力、农牧民就业意愿及高校毕业生基本信息。2016年，农村富余劳动力人数6238人，全县建档立卡贫困人口就业人数为214人。截至年底，萨嘎县高校毕业生共计24人，其中未就业高校毕业生21，已就业高校毕业生3人（应届2人，往届1人）。

【政策宣传】 通过各部门、各乡镇、各驻村工作队走村入户以及短信平台、网络平台等形式，全方位地宣传就业及再就业相关政策措施，做到家喻户晓，人尽皆知。年内，全县劳务输出完成6238人、7481人次，完成目标任务分别为103.9%、115%，劳务创收2030.824万元，任务完成率106.5%。

【开展实用技能培训】 2016年共完成五批培训任务，共培训267人，培训合格率达到96%以上，投入培训资金达到790500元。开展如角乡羊毛编织技能培训班，培训农牧民群众45人，投入培训资金144000元，开展萨嘎县昌果乡农牧民汽车驾驶员技能培训115人，投入培训资金402500元；开展厨师技能培训班，共培训农牧民群众45人，共投入培训资金144000元；开展农牧民钢筋混泥土工技能培训32人，共投入培训资金100000元；输送拉萨市内开展装载机、挖掘机、创业、农机维修等实用类技能培训，农牧民群众30人。

【加强就业服务、改善就业环境】 年内，发布用工信息需求2次，参与人数100余人，达成就业意向20余人，发放各类就业宣传手册2100余册

【社会保险】 严格贯彻落实国家社保惠民政策，全方位组织宣传，年初对全县8个乡镇基层社保经办人员及人社专干进行业务培训，确保2016年社保工作的顺利开展。截至年底，城乡居民养老保险实际参保人数为8946人，参保率达100%，任务完成率106.8%；征缴养老保险基金1011400元，征缴率100%，任务完成率126%；机关企业合同养老保险实际参保人数为226人，参保率达100%，任务完成率100%；征缴养老保险基金3309739.28元，征缴率100%，任务完成率100%；城镇职工医疗保险参保人数达到1346人，任务完成率102%；征缴基金16169359元，征缴基金率达到100%，任务完成率151%。2016年全县城乡居民医疗保险参保人数达到878人，任务完成率107.5%；征缴基金35440元，征缴基金率达到100%；生育保险：生育保险参保人数为1227人，任务完成率102.3%，征缴基金975511.61元，任务完成率170.3%，基金征缴率100%；工伤保险参保人数为1558人，任务完成率100.8%，征缴基金538372.33元，任务完成率168.2%，基金征缴率100%；失业保险：2016年失业保险参保人数为673人，任务完成率100%，征缴基金1231490.78元、基金征缴率100%，任务完成率100%。

【开展职称评聘】 年内，萨嘎县人事人才工作紧扣县域经济社会发展大局，创新载体，强化职能，为萨嘎县经济社会快速发展构筑坚实的人才保障和智力支撑。围绕实现机关事业单位有序运

转，积极深化人事制度改革，努力构建科学配套、严格规范、公平公正、充满活力的人事人才管理体系。深入推进职称制度改革。做好专业技术人员职业资格和聘任工作，聘任文化系统曲英朗杰等16名同志被聘为初级专业技术人员，充分调动专业技术人员的工作积极性和创新能力。

【落实退休工作、做到有始有终】 2016年，萨嘎县符合64号摸底人数共计78人，申报18人，其中行政员11人、事业4人、工人3人，经相关程序上报审核，根据文件批复通知，对萨嘎县18名申报退休人员，已全部通过自治区实施领导小组专题会议研究决定同意退休，并自2015年10月起享受提前退休相关待遇。接到通知后按县委要求，经过一个多月的工作衔接安排，截至2016年12月1日这18名人员已全部完成离岗前交接工作。

【数据采集上报】 截至年底，对相关单位的信息采集人数336人，数据采集信息工作现已完成。

【举报投诉案件处理】 2016年，人社局共接待来信来访投诉案件8起，涉及劳动者53人，涉及金额约80多万元。

【开展劳动保障监察活动】 开展日常巡视检查活动。截至年底，主动检查各类用人单位38户，涉及劳动者900余人，限期整改指令书3份；开展专项检查活动。开展劳动用工执法检查专项行动2次，分别是3月份对私营企业开展的劳动保障年度审查工作及9月底关于工资支付专项检查。两次专项检查行动共检查用人单位35户，涉及劳动者百余人。针对检查中发现的未签订劳动合同、未缴纳工伤保险、未办理劳动用工备案手续等问题。

【贯彻落实工资保证金制度】 加强协调、做好统计。加强与工资保证金监督管理委员会成员单位间的沟通与协调，同时做好萨嘎县区域内开工建设项目的统计工作，确保各建设项目都准时、足额缴存民工工资保证金；工资保证金收取、退还情况。人社局根据市统一要求设立农牧民工工资保证金专户，贯彻落实工资保证金制度，在人员和制度上严格按照规定履职尽责。建立缴存、退还明细账目，保证每一笔保证金都收缴、退还都都有账可查，心中有数。截至年底，共征缴32家工程承建企业民工工资保证金额450.32万元。截至年底，共退还11家工程承建企业民工工资保证金276.1万元。

【开展学习、注重实效】 自开展学习，注重实效以来，人社局集中学习16次，下基层深入调研9次，与群众座谈交流就业、社保、劳动关系等热点问题，征求各类意见10份，撰写心得体会21篇。

【查摆问题】 始终坚持以“民生为本、人才优先”的工作主线，作为服务窗口的单位，承载着全县创业就业、社会保险保障、和谐劳动关系、人事人才、工资分配等方方面面，涉及群众的切身利益。自活动开展以来，通过召开座谈会、设立征求意见等方式广泛征求意见，加强2016年社保扩面、基金征收、养老金发放、医疗报销、政策宣传等工作，提高服务质量及办事效率，进一步简化劳动者维权投诉手续，及时化解劳动纠纷，切实地将便民承诺落到了实处。

（索朗旺堆）

【领导名录】

局　　长　扎西顿珠（藏族）
主任科员　旦增曲珍（女，藏族）
副 局 长　索朗卓嘎（女，藏族）
社保中心主任
　　　　　达　　确（女，藏族）
社保中心副主任
　　　　　彭　　珠（女，藏族）

萨嘎县民族宗教事务局

【概况】 萨嘎县民族宗教事务局现有科级干部3人（其中虚职1人），科员2人；萨嘎县总人口为15571人，其中信仰藏传佛教群众占全县人口的

80%。萨嘎县现有5座寺庙，2座拉康，2座日追，僧人46名，设立寺管会、专职特派员机构6个，驻寺干部22人。2016年，萨嘎县民宗局坚持以党的十八届历次全会精神为指导，认真学习中央第六次西藏工作座谈会精神、自治区第九次党代会精神，中央、自治区、市三级民族宗教工作会精神，紧紧围绕萨嘎县工作大局和萨嘎县“十三五”规划以及年初确定的各项工作任务，全面正确贯彻落实党的民族政策和宗教工作基本方针，大力实施兴边富民行动，认真开展党风廉政和反腐倡廉工作和“两学一做”学习教育活动，扎实推进萨嘎县民族宗教各项工作取得了较好成绩。

【党的事业抓基础促规范】 为深入贯彻落实中共十八大精神，加强党的执政能力建设和党的先进性纯洁性建设，巩固和拓展党的群众路线教育实践活动，民宗局始终把党建工作和党风廉政建设工作作为第一政绩，作为民宗局中心工作的重中之重，摆在重要位置，纳入重要日程议事，同部署、同检查、同考核，与统战部一同成立统战民宗支部党建工作领导小组，党风廉政建设领导小组，明确第一责任的责任，班子成员分工抓好职责范围内的工作，做到一级抓一级，层层落实责任，认真贯彻落实党政领导干部廉洁自律各项规定，强化廉洁自律意识，形成党建和党风廉政建设工作“齐抓并管”的工作格局；召开年度总结等专题会议，明确2016年党建和党风廉政建设工作指导思想、工作任务和目标要求，研究和分析存在的问题，研究制订《2016年度统战民宗党支部党建工作计划》《2016年度统战民宗党员发展计划》《2016年统战民宗支部党员教育培训计划》等；建立完善干部请销假制度、上下班考勤制度、三公经费制度等6条规章制度，认真贯彻执行中央“八项规定”、区党委“约法十章、九项要求”；继续深入开展“创先争优强基惠民”活动，切实解决群众实际困难问题；深入开展“两学一做”学习教育活动为契机，组织党员干部学习党章党规、十八届四中全会精神、习近平总书记重要讲话精神、中央第六次西藏工作座谈会精神、中央、自治区、市、县四级一系列重要文件精神和领导讲话、违纪违规通报文件、党内两项准则、党的民族政策和宗教政策等，迄今为止，学习次数达12次，用理论来武装党员干部头脑，用制度来规范党员干部行为，不断提高党员干部的综合综合素质，努力开创统战民宗党建和党风廉政建设工作新局面。

【实施兴边富民行动】 对近年来实施的项目进行详细梳理和资料存档工作。2016年申报3个少数民族发展资金项目，项目遍布7乡1镇的各个村、各个草组，涉及项目有生产发展类、基础设施类、养殖种植类、技能培训类、产业特色类等，申请资金1520万元，截至年底，待上级批复，结合精准扶贫相关要求整合3年兴边富民项目，统一由县扶贫攻坚指挥部产业组组织实施。2016年民宗局完成“十三五”兴边富民产业扶贫规划（初稿），申报“十三五”期间产业扶贫项目13个，申请资金9720万元。

【开展民族团结宣传活动】 按照习近平总书记在西藏自治区成立五十周年大庆活动提出的“加强民族团结、建设美丽西藏”题词精神，结合萨嘎实际打造成为民族团结进步示范县城总体目标要求，联合县委宣传部等相关单位，开展民族团结“七进”等一系列民族团结宣传活动，使“三个离不开”的思想深入人心，截至年底，共印发宣传单1100余份，宣传手册300份，宣读相关文件4份，在县城各街道悬挂横幅4条。

【开展民族团结创建活动】 紧紧围绕民族团结根本任务，创新工作方法、丰富工作手段，严格按照评选办法，采取自下而上、逐级推荐、好中选优、综合平衡的办法评选模范集体和个人。2016年县委、县政府表彰模范集体10个和模范个人15名，共发放表彰奖金11万元，并推荐市级模范集体1个、模范个人3名。

【全力推进灾后重建】 召开会议明确灾后恢复重建工作的总体目标、分解工作任务，挂钩路线图，指明工作方向，成立以统战部部长、分管县长为组长和副组长，各寺（民）管会、特派机构、各乡（镇）、发改等相关单位负责人为成员的灾后恢复重建工作领导小组，保障组织领导；由自治区文保局牵头、组织市民宗局、扎什古建筑队技术人员深入萨嘎县4座寺庙开展相关调研工作，对寺庙建筑面积进行精心测量，从专业角度勾画寺庙整体构造和形状示意图，并根据图形的面积推理维修预算；各寺庙重建维修工程内容和建筑施工队由各寺庙自行确定，扎扎什古建筑队技术指导，民宗局和各驻寺机构全程参与，监督指导；为扎实做好灾后重建寺庙项目工程建设工作，切实发挥好该项目预期社会稳定效益，分管副县长带队，联合相关部门定期对寺庙进行实地督促检查工程进度、工程质量，各相关业务单位按照工程内容及实施方案提出具体意见，杜绝出现自行扩建、乱建、改建的现象，11月初，县民宗局牵头，联合县重建办、发改、财政及寺庙所在区域乡（镇）人民政府对寺庙灾后恢复重建项目进行统一验收，各重建寺庙全面完成验收工作；萨嘎县受灾较为严重的5座寺庙，争取重建资金共210万元，重建资金由市重建办以补助形式统一拨付县财政局，工程质量达标后，按照合同价及时拨付95%工程款，扣5%的项目保修金。由县财政局负责实施，统一保管，确保专款专用。

【**开展法制进寺活动**】 进一步提升广大僧人的民族意识、公民意识、法制意识，有力促进社会大局的和谐稳定，根据民宗局《法制进寺活动的方案》开展一系列宣传活动，重点学习宣传社会主义核心价值观、上级党委政府有关加强和创新寺庙管理及利寺惠僧政策措施等，截至年底，各寺庙开展寺庙法制宣传教育活动场次6次，受教育僧人276人（次），做到五有（有计划、有笔记、有体会、有考勤、有材料）。

【**落实九有六建政策**】 深入开展寺庙“六建”工作，调整充实驻寺干部，建立健全工作制度，不断推进寺庙“九有”工作落实，截至年底，萨嘎县9座宗教活动场所领袖像、国旗、广播电视顺利进寺、进僧舍，通路、通信全覆盖工作，解决了安全饮水问题，5月底对核定在编僧人进行免费健康体检，建立健康档案。始终把解决广大僧人实际问题作为工作出发点和落脚点，积极申报僧舍维修项目，帮助僧人改善住宿条件。在2016年上半年雨季期间，萨嘎县库郁寺、土庆寺有不同程度的受损，经请示市局，民宗局把自治区2015年寺庙修缮资金13万元分别拨付给库郁寺驻寺机构7万元、土庆寺5万元，用于雨季受损维修。为进一步加大宗教领域管理力度，民宗局联合宗教办经常深入各寺庙与僧人谈心，并召开4次座谈会，了解僧人所思所想，帮助僧人解决实际困难，及时给僧人讲解党的宗教理论和党的方针、政策，并联合驻寺干部积极在寺庙开展“双语”学习活动，让僧人进一步熟悉有关法律和了解惠寺惠僧政策，并掌握简单的“双语”运用。

【**维稳工作抓教育促平安**】 年内，民宗局始终把宗教领域维稳工作作为各项工作的头等大事来抓，始终绷紧维护稳定工作这根弦，在主要节假日、重要敏感节点、大型宗教活动期间做好维护社会稳定和维护宗教领域稳定排查等，确保萨嘎县宗教领域和谐稳定，实现宗教领域“三不出”的目标，在“春节、藏历年”期间深入萨嘎县9座宗教活动场所进行了送温暖慰问活动。发放慰问金22000余元，激发了宗教界人士的爱国热情。

（多杰群培）

【**领导名录**】

局　长　贵　　桑（藏族）

副局长　多杰群培（藏族）

副主任科员

达　　娃（藏族）

萨嘎县卫生局

【**概况**】 现有1所县医院，1所疾控中心，8所乡镇卫生院，38个村卫生室。现有医务人员76名，卫生服务中心（包括藏医和疾控中心，在编35人），（在编人员41人，其中公益性岗位7人）。中级职称5名，初级职称39名，员级32名。现有村医77名，实现了1个村2名村医的医改目标。县卫生服务中心现有床位37张（核定编制25张），乡镇卫生院32张。县卫生局现有工作人员4名，1名局长，1名副局长，2名科员，负责协调全县的卫生综合工作。

【推进农牧区合作医疗】 自农牧区合作医疗制度实施以来，萨嘎县农牧民群众参合人数逐年提高，2016年参合人数达到13375人，参合率达到98.1%。农牧区医疗补助标准提高到435元，个人筹资20元，基金划分比例为大病统筹60%、门诊统筹10%、家庭账户30%。缴纳个人筹资患者在乡、县和市及以上医疗机构住院报销比例分别为95%、85%和75%，未缴纳个人筹资部分的报销比例在上述报销基础上下降20%。萨嘎县在市级卫生医疗机构、县卫生服务中心、乡镇卫生院实施了即时结算制度，对超出6万元的对象实施大病补充医疗保险赔付，有效解决了老百姓看病报销难的问题。萨嘎县外出务工人员可凭收据和相关证明材料在合作医疗基金中报销。

为进一步提高农牧区医疗保障水平，防止“因病致贫、因病返贫”的现象发生，杜绝医疗资金透支，结合萨嘎县自身财力，根据《日喀则市农牧区医疗管理领导小组关于进一步农牧区资金投入工作的通知》要求，萨嘎县第十三届人民政府第四次常务会议决定农牧民医疗县级配套资金由原来2元/人/年提高到5元/人/年，从2017年开始列入财政预算，并实施。

【提高医疗服务水平】 继续实施乡村一体化管理。各卫生院负责对村医进行业务指导和考核，年初与村医签订目标责任书，落实好《乡村服务一体化管理办法》，强化乡镇卫生院对村卫生室的管理，加大对村医的考核力度，加强业务指导，不断提升村医的服务水平。村医报酬提高到每月900元。2016年，县卫生局对全县77名村医在各乡镇卫生院进行轮训，进一步提高萨嘎县村医的素质、操作技能、管理技能和计划免疫工作水平，村卫生室的服务能力得到进一步加强。继续巩固县级医院建设成果。在通过一级甲等的基础上，继续巩固现有建设成果，完善科室布局，强化服务能力，增强辐射范围。进一步开展新的服务项目，建立新项目的相关制度，科学管理，优质服务，文明行医。特别是注重规章制度的建立健全，加强对医院职工的管理、规范职工文明行医，进一步提高员工的自身素质和整体形象。在医疗质量方面，抓好医师查房、典型疑难病例讨论、术前术后病例讨论等基本制度的落实，确保安全行医。萨嘎县卫生服务中心全面实施国家基本药物制度，取消基本药物和非基本药物的加成，全部实行“零差率”销售，减轻群众看病负担。县医院实施新技术准入制度，医务人员从满足患者需求出发，深钻业务知识，现可以开展钢板取出术、DR影像学诊断等业务。

【强化人才队伍建设】 制订县级培训计划。结合萨嘎县实际，组织开展基本公共卫生服务培训、免疫规划培训、村医培训、重点传染病（鼠疫、包虫病、艾滋病、布病）防治知识、卫生监督、妇幼技术人员、麻醉师、助产士、心内科等方面培训，参训人员104名；配合上级业务培训。2016年年初安排到自治区和市级参加基本公共卫生服务培训、食源性疾病监测、饮用水监测、艾滋病监测、脊灰转换、包虫病、布病、精神病、结核病、村医藏医技能提升等培训，参训人员24名；强化人才流失措施。加大《中共萨嘎县委关于进一步规范干部职工管理的办法》传达学习力度，严把卫生专业技术人员参考关，严格执行专业技术人员任职期未满或工作年限未满5年、科级干部任职年限实职未满3年、虚职未满2年、从外县调入本县工作年限未满3年的不得调出或参加公开选调、招考，参加公招未通过的3年内不得调出或再次参加公开选调、招考。

【改进基层医疗卫生服务条件】 近几年来，萨嘎县不断加大基层医疗机构基础设施和医疗服务条件改善的投入力度，切实改善服务基础条件。2016年萨嘎县财政预算资金里列出11万元购买各乡镇卫生院氧气桶资金、各乡镇卫生院巡回医疗资金7万元和医疗垃圾和生活垃圾暂存站资金8万元设施。

【建立疫苗接种日】 为保证疫苗的质量，提高疫苗免疫接种效果，确定每月的10~13日为县免疫规划接种日，24~26日为乡镇免疫规划接种日，根据各乡镇接种时间定期负责发送疫苗，及时通知进行免疫规划接种。2016年常规免疫接种338人，接种率98%。强化免疫应种人数873人，实种802人。9月开展入托入学查验工作，共查验111名入托儿童和270名入学儿童、有效预防学校传染病发病率；加大传染病防治宣传力度。利用“3·24”“4·25”“12·1”等传染病防治宣传日，在全县开展防治宣传活动，重点加强青少年学生及高危人群宣传教育，让广大农牧民群众认识传染病的发病起因、传播途径，并进行有效的防范，2016年深入各乡镇和农牧区向群众讲解相关知识10次。艾滋病自愿咨询人员18人，同时发放艾滋病问卷调查32份，对县城内公共场所免费发放安全套600份，高危人群干预320人次，营造了传染病防治的良好局面。

【鼠疫防控和监测】 以路线法调查旱獭密度，调查面积为50.8公顷，堵洞包括主洞、废弃洞，总共堵洞数1059、主洞投药6200粒，平均海拔4700米，发放宣传单356张，采集狗血清50份，绵羊血清50份，旱獭标本1份送检。

【结核病防控与治疗】 2016年结核病出诊患者40人确诊患者5例，其中阳性患者2例，1例已治愈，1例正在治疗中，阴性患者3例，1例已完成疗程，2例正在治疗中。

【包虫病筛查】 针对萨嘎县包虫病发病率高，2016年萨嘎县包虫病筛查工作在中华慈善基金总会、北京解放军302医院和武警总医院的医疗专家组帮助下，萨嘎县开展包虫病筛查工作，经过B超检查、并咨询所有病史，共三批总共筛查人数2268人，发现的阳性总人数为110人。截至年底，通过11批次已83余名包虫病阳性患者送到北京进行手术治疗，取得效果良好。2016年8月邀请吉林省援藏医疗队组织县疾控中心专业人员深入各村筛查828人，采样狗屎80份，采集包虫病（人）血清送样6份，确诊包虫病人13例。

【卫生监督检查】 多次深入中小学校进行卫生监督检查，讲解卫生、饮用水安全管理方面的法律知识和案例，要求做好防鼠、食品防潮霉变等工作。对全县宾馆经营单位进行严格的卫生审查，统一对从业人员健康体检。办理卫生许可证32家，新发卫生许可证1家，注销卫生许可证1家，从业人员健康体检227人，发放健康证227本，水质监测工作，丰水期送样46份，枯水期46份，无不合格。

【开展精神病障碍患者筛查】 2016年8月，山东精神卫生中心专家组到萨嘎县开展严重精神障碍患者筛查诊断及复核工作，共筛查患者34名，为推进萨嘎县重性精神疾病患者医疗救治和管理服务工作，提供了技术支持，为今后精神卫生工作的开展建立了良好的基础。

【医疗救助脱贫工作】 认真贯彻落实区党委、政府、市委、市府、县委、县府及市卫计委关于打赢脱贫攻坚战的决策部署，把脱贫攻坚作为“十三五”期间的第一民生工程来抓，紧紧围绕“12569”扶贫工作思路，2016年筛查建档立卡贫困人口179名和国家提供的369人，共确定“因病致贫、因病返贫”的疲困97名。扎实开展医疗救助脱贫一批。2016年，萨嘎县共实施医疗救助97人。为更好地了解救助户病情，对医疗救助对象进行免费体检，体检费达14550元。同时6名建档立卡贫困包虫病患者免费送至北京接受手术治疗，医疗费达24万元，2名大病患者到市人民医院手术治疗，报销医疗费99945元。

【妇幼卫生工作】 在宣传上下功夫，开展计生服务下村活动，深入到农牧区为广大的妇女和儿童送上优质的妇幼保健服务，大力宣传农牧区“一孩双女”困难家庭和特殊扶助制度政策、流动人口管理制度等法律法规及计划生育、优生优育、生殖健康知识，努力推进妇幼卫生工作有效开展；做好免费孕前检查工作，圆满完成100对夫妻孕前检查目标任务，并建立检查档案，实行一对一检查结果反馈；贯彻落实好计生惠民政策，兑现2015年计划生育三项扶助人员补贴132人，兑现扶助资金159480元。落实住院分娩补贴政策奖励资金40多万元，是实现322人住院分娩，住院分娩率达到95%。认真做好生育证和出生医学证明办证工作，按照出生医学证明颁发职责，确定初发和补发单位，制作出生医学证明办证流程，实行办证手续一次性告知；继续加强流动人口服务与管理，定期排查辖区内流动人口婚育证持证情况，共排查出跨省流动育龄妇女106人，其中持有婚育证80人，发放流动人口免费技术服务证80人，全员人口信息纠错率达到100%；深入基层开展优生优育技术服务工作，深入到8个乡镇，为乡镇卫生院解答技术操作上的问题，为农牧民群众提供优生优育技术服务，共为56名育龄妇女实施节育手术，开展上取环术95人；实施儿童营养改善项目，确保营养包发放工作取得实效，共有320名儿童受益。

【卫生惠民政策落实】 2016年，完成对全县1263名儿童的先心病筛查，发现疑似病例35人。对全县44名僧尼的实行健康体检，完成居民健康体检13433人，体检率98.5%。发放各类宣传资料6000多份。

【卫生新建项目建设】 2016年，萨嘎县卫生服中心标准消毒供应室和传染病防维修已经完成，自筹资金（公立医院改革资金），拉藏乡卫生院和旦嘎乡卫生院改扩建项目，夏如乡卫生院和达吉岭乡卫生院周转房建设项目完工并验收；县疾控中心建设项目项目的主体工程完工。

【“十三五”卫生项目】 卫生局在县发改委、项目办协调，“十三五”期间雄如乡卫生院、如角乡卫生院、达吉岭乡、夏如乡卫生院改扩建项目、藏医院建设项目、妇幼保健项目和加加卫生院项目的前期工作完成。

【争取援藏资金】 2016年，卫生局申请吉林省援藏萨嘎县8个乡镇卫生院10kw离网太阳能光伏电站和医疗流动服务车，共资金408万元，萨嘎县第六批援藏干部于7月1日，正式进驻萨嘎以来，积极深入各乡镇、各部门开展调研，积极征求县委、县政府及相关行业部门意见建议，经过为期两个多月的调研，结合萨嘎县实际，2016年9月13日同意批准萨嘎县8个乡镇卫生院10kw离网太阳能光伏电站。

（扎　西）

【领导名录】

局　长　扎　　西（藏族）

副局长　尼　　琼（女，藏族）

疾控中心主任（副科）

次　　多（藏族）

新农合办公室主任（副科）

塔　　杰（藏族）

萨嘎县卫生服务中心

【概况】 2016年，萨嘎县卫生服务中心全体干部职工团结一心，坚持以“三个代表”重要思想为指导，认真贯彻落实党的十八大精神，积极参与“三严三实”专题教育活动，巩固和延续医院发展的各项工作，强化“以病人为中心，以质量为核心”的服务理念，建立健全质量控制体系，深入开展卫生诚信建设和医疗人性化服务，提高服务质量和水平，取得较好的社会效益和经济效益，在全县范围和兄弟县之间树立了卫生行业的良好服务形象。全院现有在职在岗职工32人，1名主任，4名副主任（包括1名援藏），专业技术人员32人，其中有中级专业技术职称3人，初级职称28人、公益性岗位2名、聘用人员8名。现有编制床位25张，实际开放床位37张。

【经济指标完成情况】 全年业务指标完成情况：门诊人次18950，较2015年同期增长0.96%；住院人次470，较2015年同期增长0.84%；年度开展手术32例（因麻醉医生产假上半年未能开展手术）；开展节育术76例。住院床日16，比2015年同期下降10%；床位使用率98%。藏医门诊人次12245人，去2015年同期增长0.3%，藏医住院30人，比2015年同期增长0.2%。

【领导班子建设】 加强领导，班子团结，明确责任，领导有力。加强医院领导班子，成立管理小组，进行阶段性检查、督导，发现问题及时解决。始终把精神文明建设摆在突出位置，加强对全体职工医德医风教育和全心全意为人民服务的宗旨教育，引导广大职工正确看待党风廉政建设、“三严三实”专题活动，并积极参与。

【巩固医院各项工作】 医院各项工作已形成常态化工作，进一步开展新的服务项目，建立新项目的相关制度，科学管理，优质服务，文明行医。特别是注重规章制度的建立健全，加强对医院职工的管理、规范职工文明行医，进一步提高员工的自身素质和整体形象。结合党风廉政建设，完善《关于严格职业纪律的有关规定》《廉洁行医规则》《关于严禁接受病人及其亲属宴请、礼品、红包的规定》《医德医风奖惩规定》等，保证执行制度规范化，切实将各项制度落到实处。在医疗质量方面，切实抓好三级医师查房、典型疑难病例讨论、术前术后病例讨论等基本制度的落实，确保安全行医。缩短平均住院日，加快病床周转。推行整体化系统护理服务制度，病人一入院即知晓自己的主治医生、责任护士，加强对病人的心理护理和健康教育，让病人了解自己的病情，主动配合治疗。对出院病人实行回访制度，即患者出院十日经治医生或责任护士须上门或电话回访一次，了解治疗效果及收集病人对医院的意见。在检查、用药方面，规定各科室都要严格按照病情合理实施检查，必要的检查一项不能缺，不合理的检查一项也不能查，既要保证检查质量、又要减轻病人负担。用药要贯彻有效、质优、价廉，先国产、后进口，先一线、后二线三线的原则，合理用药，切实为病人减轻负担。由业务副院长牵头的检查小组定期或不定期对各科室检查、用药情况进行检查，对违反规定的予以重罚。加强外部监督，公开医院各项收费、检查及药品价格，坚持药品的集中招标采购，降低药品成本，真正让老百姓放心看病、明明白白花钱；定期发放门诊、住院病人意见征询。

【开展新项目】 4月17日，组织卫生服务中心全体职工召开会议，对2015年和2016上级下达的“公立医院改革资金”使用情况进行广泛征求意见，拟对上述资金医疗设备采购和新建、维修相关项目主要有：第一新建标准化消毒供应室；第二补充完善消毒供应室相关设备；第三维修传染病房；第四科室改造；第五各科室补充设备；第六新建党员活动室；第七医院给水管道全面维修；第八全面建设医院信息化系统；第九安装制氧机初步铺设病房，实现病人床头吸氧的目标。

【藏医科补充安装药浴设备】 根据上级藏医科要求结合藏医科工作人员的实际技术情况，2016年8月藏医科补充安装药浴设备，该设备正运行中，安装药浴设备时主要考虑萨嘎县老百姓长期在高原生活容易患风湿性关节炎，药浴对这种疾病治愈效果很明显，方便并解决老百姓不用到市医院或更远地方药浴。

【提高医院硬、软件设施】 继续制订平安医院活动方案，狠抓医疗质量与安全医疗。医院全面引入与贯彻“以人为本”的管理与服务理念，坚持“医疗安全无小事，病人利益无小事”的质量理念。在实际工作中做了以下几点：进一步建立完善组织机构，各组织按各自的职责开展专业工作的监督、检查、指导、评价、督促。努力使上级主管部门制订和部署的工作要求落实到实处；进一步完善各项规章制度。建立健全技术规范、操作规程、工作质量标准、管理方案、管理办法，使医疗护理活动有章可依，有规可循，严防医疗差错事故的发生；强调对一些特殊用药的管理，并对存在不安全因素和薄弱环节的科室又进行重点要求，对重要岗位及工作环节不定期地进行抽查，确保安全医疗；加强对临床各科室危重病人的管理，严格查房制度，不定期地抽查各疗区查房情况及门诊首诊负责制执行情况。

【加强医德医风建设】 继续加强医德医风建设和行风评议活动，治理商业贿赂。坚决杜绝医务人员在诊疗活动中收受回扣、开大处方等行为，实行处方评议制度和病历评阅制度，从源头上解决“看病难、看病贵”的问题。按照地区卫生局的统一部署，搞好党风廉政建设工作，中心将反商业贿赂、行风行业评议作为医院抓内部管理的重点。抓好学习教育。以科室和支部为单位组织学习有关法律法规，使人人知晓有关治理商业贿赂的法律法规和政策。运用职业道德教育、法制教育和警示教育，进一步提高广大医务人员对医药购销领域商业贿赂严重性和危害性的认识，自觉抵制和治理商业贿赂行为，防患于未然；抓好自查自纠。对重点部门和岗位的人员要认真进行自查，对照法律法规和有关政策规定，组织工作人员对医药购销中的不正当交易行为进行自查自纠；抓好整改提高。针对自查自纠中发现的问题和工作中的薄弱环节，查找漏洞，研究提出切实可行的整改措施，建立健全防治医药购销领域商业贿赂的长效机制，坚持边查边整改边建立健全长效机制。

【管理机制】 建立公开、透明的药品、器材采购和基建维修管理机制。首先，成立廉洁、高效、务实的药品、器材采购小组和基建维修领导小组。选择廉洁奉公、责任心强、工作熟悉的人员组成。在决定重大事项时实行票决制，坚决杜绝院领导“一言堂”。

【开展居民健康体检】 在卫生局领导的指导下，中心任务繁重，人员紧缺的情况下，为满足萨嘎县农牧民对医疗服务的迫切需求，组织骨干人员进行对各乡（镇）累计20天居民健康体检，共体检981名居民，发现12名肝包囊虫病患者及地方常见病、慢性病，并提供相应诊疗服务、健康咨询、医疗政策讲解。2016年重点对萨嘎县幼儿园学生进行体检，共计体检78名学生，体检结果向学校反馈，没有出现集体性特殊疾病。征兵体检41名；僧尼体检40名；免费孕检夫妇200名；出生缺陷100名；医院对久嘎村援助29000元资金和发放折合人民币10000.00元的药品，解决群众最迫切问题，有效控制“因病返贫、因病致贫”现象。

【完成计划生育、妇幼保健任务】 截至年底，中心妇产科共接生115名婴儿，婴儿成活率达到100%，共实行输卵管结扎术76例，产前检查135人次，免费孕检200对夫妇，常规妇检70人次，上皮埋93人，去皮埋46人，妇科检查51人，顺利完成萨嘎县计划生育及妇幼保健工作任务，群众满意率达到百分之百。

2016年，检验科、电诊科、放射科开展检查项目有三大常规1037人次、艾滋116人次、梅毒116人次、肝肾功1021人次、甲肝239人次、戊肝239人次、普通放射摄片2155张（其中门诊、住院1544张、体检571张）。给临床提供准确有效的诊断依据。B超室共检查2584人次，其中门诊、住院1799人次、体检571人次各项工作预期达到工作指标，顺利通过2016年的各项内部检查，进一步保质保量完成了科室工作。

（旺　扎）

【领导名录】

主　任　扎　　西（藏族）
副主任　琼　　拉（女，藏族）
　　　　安　　莉（女）
　　　　罗　　布（藏族）
　　　　张 立 东（吉林援藏）

萨嘎县食品药品监督管理局

【概况】 萨嘎县食品药品监督管理局监管辖区面

积2.55万平方公里，覆盖药店、诊所、乡村卫生院（室）49家，县卫生服务中心1家，县、乡、村大小餐饮店共412家，（包括小型饭馆、藏餐、烧烤店、茶馆），化妆品店3家，机关食堂13家，学校食堂8家，教学点2家，幼儿园1家，县、乡食品流通行业356家，（包括超市、批发市场、菜店）截至年底，萨嘎县食药局监管对象共计509家。2015年，组建局办公室（食安办）、调配4名干部。县食品药品监督管理局始终围绕县委、县府的中心工作，以习近平总书记“四个最严的”的工作要求，积极履行上级部门交给的各项工作任务，履职尽责强化监督，以“依法行政、执政为民”为原则，积极发挥协调、督促作用，加大食品安全日常监管力度，着力规范食品餐饮服务行为，大力整顿药品生产经营秩序、农牧区，监管效能逐步提升，整体食品药品安全监管稳中趋好。

【规范审批流程】 完善餐饮服务许可审批流程，提高审批效率，得到餐饮业主的好评。截至年底，已有225家餐饮单位申请办理新食品经营许可证，换发证190家；严格把握审查关。在餐饮服务许可审查中，严格把好餐饮行业准入门槛，每一次审批都必须到现场进行检查，指导萨嘎县小型餐饮店进行规范化整改；加大零售药店合理规范工作，食药局严格按照新版GSP标准进行操作，截至年底，共受理2家，已发证2家（紫丹玛药店、旭康药店）；完善档案资料。截至年底，已对所有的餐饮服务单位、药品经营企业和使用单位实现建立档案全覆盖，对现有餐饮服务许可证的307家餐饮单位进行了档案整理，对新增的39家餐饮、食品流通单位建立档案。

【日常巡查】 2016年，食药局对食品药品安全监管工作实行分片监管模式，局里4名工作人员分成两组，由局长、副局长带队，对全县各食品药品监管对象分成219国道、伦珠街，格桑街三个重点片区实行分片监管。全年，已累计检查餐饮单位307家，保健食品经营企业2家，零售药店2家，医疗机构10家。

【抓好药品不良反应工作】 食药局严格按照市局下达的通知精神与县卫生局积极沟通，把药品不良反应纳入全局工作的核心，实行奖惩制度，截至年底，在各乡镇卫生院和药品经营企业、个体诊所传达上级文件精神并要求，有专兼职人员收集、上报药品不良反应监测工作，截至年度，萨嘎县上报不良反应网上录入报告5份，努力完成市局交办的年度工作任务。

【专项整治】 开展春季、秋冬餐饮安全“护校行动”。重点对县中小学校和幼儿园周边的食品安全进行综合治理，截至11月中旬共检查学校食堂86余次，立案查处学校食堂0家，发放各类宣传单3456余份；开展食品安全专项整治，开展食品安全突击专项整治活动以及小餐饮和学校（幼儿园）食堂等餐饮服务专项整治。共检查餐饮服务单位352家，派去执法人员95人次，没收不合格、过期食品69种。折合人民币6215元，已下达责令整改通知书26份，约谈4人；开展医疗器械“五整治”工作，对辖区内医疗器械经营企业和医疗机构的医疗器械注册申报，违规生产、非法经营、使用无证产品等五种行为进行了专项整治。截至年底，已检查医疗器械使用单位12家，医疗机构11家，并对存在的问题，及时下达责令整改；开展药品安全专项整治，对辖区内1家卫生服务中心和8个乡镇卫生院、1家个体诊所2家药品经营单位进行全面排查药品、药械安全隐患、对2家药品经营企业进行一次GSP跟踪检查，对检查中发现的问题，督促进行了整改；食品经营许可证正式发放。食药局于8月17日，全面启动并发放新食品经营许可证。此次食品经营许可制度改革，既解决食品流通、餐饮服务两个环节界限不清的问题，也解决同一个食品经营者在同一个经营地址办理多张许可的问题，新证启动后食药局坚持“新申请发新证，老证未过期继续有效”的原则，截至年底，食药局换证工作井然有序顺利完成；全力保障舌尖上的安全。为确保参会代表和与会人员的饮食安全，8月31日至9月4日，重点对雅江宾馆、代表驻地各个餐厅、以及辖区重点领域、娱乐场所进行食品安全大检查，及时消除食品安全隐患，确保代表在会议期间吃得放心、住得舒心；统一思想，提高认识，为民办实事解难事。切实抓好脱贫攻坚工作任务是每一个干部职工的责任，2016年年初县委、县政府为做好精准扶贫完成全县脱贫任务指明方向，明确要求，采取开展“结对帮扶”“包村包户”等一系列有效措施，积极推进脱贫工作。食药局先后两次深入结对帮扶户，了解基本情况，摸底调查，教育引导贫困户破除封建麻痹思想，谋划脱贫措施；局干部职工捐款1300余元为3个贫困户购买大米、面粉等生活必需品开展结对帮扶活动，解决他们的燃眉之急，让他们切身体会到了党和政府的温暖；在“十一”、中秋、“三大”节日等节前由食药局牵头组织成员单位对县城219国道、伦珠街、学校周边的商店、餐饮店采取分组排查和现场教导的检查方式，当场没收、清理价值2683元垃圾食品、“三无”食品等5种类，为萨嘎县广大群众购买放心食品，欢度佳节提供了食品安全保障；加强督促检查，打击违法违规行为。根据通知精神，由食药局牵头立即组织食安委成员单位按照上级部门总体要求，对辖区所有流动出售肉类的2个摊位、1个实体门面店、农贸市场现场检查采购牛羊肉的质量安全，并按照《中华人民食品安全法》讲解相关采购要求，查看是否登记查验进货台账、是否有索证索票、是否记录在案等。在执法检查过程中，没有发现经营含“瘦肉精”牛、羊肉违法违规行为，对发现检查中存在的问题反馈给相关部门，清理无证销售肉食品摊位1个，并要求他们所购牛、羊肉必须要有检验检疫合格证明，禁止采购来路不明、质量不合格的牛、羊肉。执法人员还当场发放“新食品安全法”书本70份，张贴“致全县人民有关食品安全一封信”20份，使所有出售肉类商家在思想认识上得到了提高，在出售牛、羊肉的觉悟上明确责任，敲响警钟，体现食品安全工作的重要性；为保障萨嘎县广大师生的身体健康和生命安全，切实加强春、秋季开学前学校食堂食品安全工作。食药局切实履行职责，密切配合相关成员单位，加强协作，组织县教育局、卫生局、安监局、工商局深入各个乡镇学校签订年度食品安全管理工作目标责任书，明确安全责任同时、对县中小学开展新《中华人民共和国食品安全法》学习教育活动，开展不间断的食品安全监督检查，对学校食品安全管理方面提出更高的要求，对增强学校依法管理食品安全的意识明确要求，确保学校食品安全主体责任落实到每位学校领导。

【学习培训】 围绕“四有四责、依法行政”，推进“四品一械”日常监管力度，以“两学一做”“深化五项教育，增进五个意识”“四讲四爱”等主题教育活动为契机，加强理论学习，将理论与实践工作相结合，做食药安全监管工作的“先头兵”和“奠基石”。

【普法宣传】 围绕建设“法制珠峰”“综治宣传月”“安全生产月”“食品安全宣传月”“六城共建”为契机，深入开展覆盖全县范围的食品药品安全普法、宣传活动，共发放宣传资料、画册、普法读本9040余份，惠及群众4000余人；开设举报违法犯罪专栏，动员全社会齐抓共管的良好氛围。

（卓　嘎）

【领导名录】

局　长　尼玛扎西（藏族）

副局长　巴桑普赤（女，藏族）

萨嘎县文化广播电影电视局

【概况】 萨嘎县文化广播电影电视局共有干部职工31人，其中文化广播电影电视局6人（局长1名、副主任科员1名、科员2名、事业2名）；文化广播影视服务中心专技人员21人（中级1名、初级6名、技术人9名、工人7名、调频员5名（临时工））。

2016年萨嘎县文化广播电影电视工作在县委正确领导、县政府的大力支持下，认真贯彻落实中央、区、市文化、文物、新闻出版广电工作的方针、政策，本着“贴近实际、贴近生活、贴近群众”的原则，加强文化阵地建设，积极开展各类群众文化活动。

【深入开展非遗保护工作】 为了更好地保护、传承、发扬“甲谐”文化，该局出资150000元，邀请4名本县甲谐传承人，开展了为期20天的“甲谐进牧区”培训活动，共培训24人；为进一步弘扬“甲谐”文化，该局出资190000元，进行音乐制作、人员培训、服装道具设计、音控设备购买，开展“甲谐进校园”文化活动，同时推进“甲谐三进”活动；利用每年“文化和自然遗产日”活动，通过多种形式宣传文化遗产保护工作，展示本县非物质文化遗产丰富多彩的资源及保护成果。

【推进文化产业发展项目】 2016年该局完成了总投资为6500万的“西藏八大‘谐钦’之一萨嘎甲谐演艺中心文化产业发展项目”的申报工作；完成了总投资为145万的“高原‘铁姑娘’遗址红色文化旅游教育基地建设项目”的申报工作。

【有效开展文物挖掘和保护工作】 为认真贯彻落实好文物安全管理工作方针，切实有效推进本县文物工作稳步向前发展，该局成立文物安全管理领导小组，开展文物摸底调查活动，并制订下发《萨嘎县开展文物法人违法案件专项整治行动（2016-2018年）工作实施方案》；召开“文化、文物工作部署会议”，下发“萨嘎县文物保护实施办法”，并签订“文物保护目标责任书”；通过广播、电视、微信、报刊等新兴领域媒体为抓手，不定期宣传文物保护法；认真开展了第八批全国重点文物保护单位及第七批自治区级文物保护单位的申报工作；完成了不可移动文物普查各项工作。

【深入推进基层文化培养工作】 为进一步提高该县从事文化工作人员的综合素质、业务水平及专业技能，该局协调联系，邀请舞蹈及编导老师对县民间艺术团开展为期2个月的舞蹈技能、音乐唱腔等培训；5月至年底，文广局工作人员利用1小时作息时间为民间艺术团授课，及时脱盲、基础水平提高，取得显著效果；4月，积极开展乡镇文化骨干人员业务知识能力培训工作，参加培训人数达48人。

【加强文化基础设施建设】 2016年文化活动中心接纳10000余人次；开展集体学习座谈讨论10余场；举办“双语”培训3余场；经常性开展乒乓球、台球、棋牌等比赛活动；为了充分发挥本县文化活动中心其功能作用，投入43107元资金，对县文化活动中心民间艺术团旧排练场进行装修一间“休闲书吧”；从市文化局争取4.25地震灾后重建（维修）项目经费10万元，完成了文化基础设施设备维修；在县文化活动中心、外宣点、局办公室、民间艺术团等公共文化场所建设了“走廊文化”工作。

【不断发展广播电影电视事业】 2016年，广播电影电视积极推进上级部门各项工作任务，完成了全县7乡1镇3651户直播卫星录入工作；清流置换2080套，截止12月底全县广播电视基本全覆盖；电影“2131”工程持续深入，放映电影819场次，观众达到了47450人次，超额完成了全年放映任务；上传电视台新闻稿件108多条，采用的78条；自办频道播出新闻350余条、专题片5部；联合县委宣传部发行县内部交流刊物《萨嘎动态》15期。

【扎实开展文化市场管理工作】 萨嘎县秉着“高效联动，齐抓共管”有效净化县域文化市场的长效机制，成立“扫黄打非”领导小组，制订了“扫黄打非”行动方案，开展“清源·固边”“净网”“秋风”“护苗”专项行动，深化打击有害和非法少儿出版物及信息；2016年，联合文化执法大队、公安、工商等部门扎实开展文化市场“扫黄打非”专项治理整顿25次；加强辖区内文化娱乐场所的检查力度，重点查处了“网吧”违规接纳未成年人行为；在加强对网吧日常巡查的基础上，积极开展突击检查，加大了学校“双休日”“节假日”等非正常工作时间的检查力度；检查对娱乐场所外来演出人员的资格、节目内容，并对演出人员的相关信息进行登记，确保本县文化市场平安健康。

【充分利用民间艺术团作用】 利用县民间艺术团平台，在“春节”“元旦”“藏历新年”“后藏藏历新年”“3·28”“5·4”等重大节日开展各项文化会演活动，活动次数达65次，观看人数达20000人次，不断丰富了农牧民群众和广大干部职工的精神文化生活。

【充分发挥农家书屋作用】 积极组织农牧民群众学习先进的科学技术知识，提高农牧民依靠科技增收致富的能力，在“3·28”期间组织农牧民群众观看爱国教育片、新旧西藏对比展、发放宣传单，使广大群众进一步深刻认识旧西藏的黑暗和新西藏的美好。

【2016年荣誉编】 荣获2016年“第十四届珠峰文化旅游节十八县区主题日文艺展演”优秀组织奖；2016年全市民间艺术团先进集体奖；2016年全市文化、文物工作先进集体奖；2016年全市“非遗进校园”示范点，2016年全市广电先进奖。

（云旦措姆）

【领导名录】

局　长　斯朗卓玛（女，藏族）

副主任　旦 木 真（藏族）

　　　　次仁曲扎（藏族）

副主任科员

　　　　索朗德吉（女，藏族）

萨嘎县农牧局

【概况】 2016年，萨嘎县农牧局共有在职干部15名，其中行政干部4名（局长1名、副局长2名、科员1名）专业技术人员11名（中级职称5名、初级1名、技术员5名）。2016年是实施“十三五”规划的开局之年，也是开展“精准脱贫”工作的攻坚之年。萨嘎县农牧局认真贯彻党的十八届三中、四中、五全、六中会和全区农村经济工作会议精神，以“两学一做”学习教育活动为指导，按照保增长、上台阶、重民生、增合力的总体思路，以“涉农强农惠农”政策为契机，以提高粮食综合生产能力、发展现代农牧产业、促进农牧民增收为首要任务，以加速推进农牧业产业化、加强农牧业基础设施建设、深化农村改革、保障农牧产品质量安全、切实解决民生问题为核心目标，始终把稳定发展粮食生产、稳步提升畜牧产业和振兴农村经济作为工作方向，各项农牧业工作取得良好成效，继续保持稳定发展的良好态势。

2016年，萨嘎县农牧局高度重视“三农”工作，按照市政府、市农牧局的总体部署和萨嘎县农牧业发展各项目标责任书的具体要求，对萨嘎县农牧业生产总体目标任务进行细化分解，明确奖惩机制和考核办法，使各乡镇、涉农部门工作年初有目标、年终要达标，为完成农牧业各项工作任务提供组织保障。贯彻落实各项支农、惠农举措，促进农牧业的稳定发展、农牧区的全面进步、农牧民的持续增收。

【突出党员教育、推进党建工作】 为提高党员素质，加强理想信念教育，按照县委及县委组织部统一安排，农牧局党支部高度重视，进行认真研究，周密部署，在农牧党支部开展学习“两学一做”学习教育活动。在整个活动中，支部每个党员认真开展专题研讨共计6次，撰写心得体会40余篇、研讨材料16余篇、发言材料35余篇，党员领导干部讲党课4次，安排支部党员干部开展“结对认亲”活动，结成帮扶对子11户人，每周集中一次集体学习，每个党员摘写学习笔记不少于1.5万余字。在活动中党员档部不仅能做到自己积极发挥先锋模范作用，而且带动了身边的干部职工。同时，局班子成员切实做到带头勤奋工作，带头安心本职，带头抓好学习，带头改进作风。为使农牧支部建成一个高效、团结的党支部，重点抓四个方面工作：抓教育，解决端正局班子成员思想认识，振作精神状态问题；抓实事，增强工作的责任感和敬业精神；抓领导，使作风建设有明显成效；抓落实，强调政令畅通，雷厉风行；及时召开民主生活会，党员干部畅所欲言，开展批评和自我批评。

【突出精准扶贫、完善灾后重建】2016年是“精准脱贫”工作的开局之年，为做好精准脱贫工作，为实现农牧业产业“三位一体”的发展思路，致力提高群众思想素质，农牧局深入各乡镇与群众座谈，拉家常，了解群众的需求，并着力转化干部群众滞后的思想观念。以开展“两学一做”学习教育活动为契机，积极征求群众对农牧业发展和致富增收好的意见和建议，将全村党员干部进行一次思想大洗礼，同时也让群众从中感悟到思想的转变。截至年底，精准扶贫工作已落实生态草原监督员882人，其中含贫困户615人，非贫困户267人。申报产业建设项目“萨嘎县昌果乡霍尔巴羊繁育、活畜出口、短期育肥三位一体基地建设项目”1个，总投资780万元。继续做好灾后从建工作，农牧局主要涉及的灾后重建项目共1个，“4·25”灾后重建温室建设项目，新建建设23座蔬菜温室，项目总投资605万元，其中农牧投资75万元。项目将于2017年完成，并投入使用。

【突出草奖工作，确保政策落实】萨嘎县草原生态保护补助奖励机制政策工作开展以来，在上级部门关心和指导下以及各部门鼎力相助下，于2016年3月顺利通过2015年草原生态保护补助奖励机制工作区级终验。2015年度下达资金为3500万元，按照草原生态保护补助奖励机制资金落实全县应兑现3130.95万元，结余资金369.05万元。截至年底，萨嘎县草原生态保护补助奖励机制资金3130.95万元，以一卡通形式全部兑现给群众。由于资金下达超额以及政策变动等原因，生产资料补贴以政府采购形式，统一购买牲畜疫病防疫疫苗、药品、饲草料等，不再发放现金，剩余资金将融合在2016年度草奖资金中使用。

【突出措施落实，保障粮食丰收】截至年底，全县农牧业人口达3444户、13803人。农作物播种面积7839.3亩。其中粮食作物6183.3亩、经济作物1064亩（油料作物449亩，蔬菜播种面积615亩）、饲草料作物592亩。粮、经、饲三元种植比例为79：13：8。2016年全县加大良种推广力度，藏青2000品种200亩、喜马拉雅22号品种2000亩，共推广良种2200亩。粮食作物产量1312.75吨，同比2015年增长232.75吨，增长22%。油料作物产量106.15吨，同比2015年增长6.85吨，增长4.5%；蔬菜作物产量600吨，同比2015年增长83吨，增长14%；青饲料作物产量1340吨（2016年因增加了昌果乡人工种草项目，2016年在昌果乡收割饲料600吨）。农业生产共投入化肥89.3吨，其中二铵36.6吨，尿素52.7吨，农家肥施用量达到了96驮。

【突出规范养殖，实现以草定畜】年内，萨嘎县牲畜存栏总数为179447头（只、匹）；牲畜出栏数为78273头（只、匹）；新生仔畜数为74897头（只、匹）；成活数67623头（只、匹）；成畜死亡3505头（匹），成畜死亡率控制在1.9%，同比2015年上升0.5个百分点；牲畜短期育肥9500只；活羊出口数2000只。肉产量1742.64吨；奶产量1781.96吨。

【突出农牧优势，提高特色产业】年内，根据市农牧局安排，萨嘎县开展了畜种改良工作，市农牧局安排萨嘎县霍尔巴种羊250只，白绒山羊200只，吉拉牦牛15头；截至年底，以调运至昌果、拉藏、雄如三个乡开展繁殖改良工作。

【突出项目建设，增强发展后劲】年内，萨嘎县农牧局实施农牧业项目共有六个。萨嘎县2015年牧道桥涵项目，建设内容新建4米钢筋砼盖板18座，6米钢筋砼实心板桥5座，12米钢筋砼实心板2座。项目总投资321万元，全部由国家投资，该项目已全部完工。萨嘎县2015年度人工饲草地建设项目，人工饲草地面积1000亩，项目总投资150万，全部由国家投资，该项目已全部完工；萨嘎县2015年高寒牧区牲畜棚圈建设项目，新建棚圈1175座，项目总投资1410万元，全部由国家投资，该项目已全部完工。“4·25”灾后重建温室建设项目，新建建设23座蔬菜温室，项目总投资605万元，其中农牧投资75万元，该项目正在实施当中。萨嘎县2015年农业技术推广站建设项目，项目总投资640万元，全部由国家投资。该项目招投标工作已完成，将于2017年开工。萨嘎县2016年天然保护退牧还草项目，项目建设内容包括网围栏50万亩，人工种草960亩，项目总投资1644万元，全部由国家投资。该项目已通过上级审批，正在做实施方案文本，将于2017年开工。

【突出防灾工作，狠抓措施落实】 年内，共调运防抗灾饲草料468吨，其中：饲草333吨、饲料135吨。调运各乡镇防抗灾饲草料共327.05吨，其中青干草245.05吨、青稞35吨、颗粒饲料47吨。各乡镇自筹饲草料1312.1吨。新修、维修畜圈1128余座。并采购19万左右的类兽用药品，为防抗灾工作提供了有力的保障。

2016年6月，萨嘎县各乡镇遭受冰雹及强降雨自然天气灾害。草场受灾面积12595亩，其中淹没面积8789亩、冲毁面积3806亩，暖棚圈倒塌409座受灾农田面积2206.8亩，其中绝收186.5亩，牲畜死亡羊82只，受灾户数达1474户、5005人，造成经济损失为15433068元。受灾情况以及时向上级部门汇报。灾情发生后，农牧局按照受灾程度，解决化肥5.08吨分配到各受灾户手中，尽量弥补因灾造成的损失，把群众因灾造成的损失降至最低。组织村民进行灾后的生产补救工作。一方面安排包村干部深入受灾农户，做好村民思想工作；另一方面组织群众对泥沙填埋的水渠进行清理，同时针对不同作物、不同苗情、不同灾情，安排专业技术人员指导和帮助村民加强田间管理和保苗促生产工作。

【突出惠农政策，加大落实力度】 根据市农牧局关于印发《日喀则市农牧系统开展强农惠农资金使用突出问题专项整治工作方案的通知》要求，农牧局对十八大以来农机购置补贴资金进行检查，全县五年共落实农机购机补贴资金880万元，购置各类农机具935台，购置户达935户，占全县农牧民总户数的27.9%。县政府组织召开自查工作会议，并对此项工作进行安排部署，要求县农牧局和财政局牵头对2015年以前所有农机购置资金开展清查工作，根据检查情况，萨嘎县十八大以来，县农机购置补贴资金2014年度结余1894元资金，因结余资金太少，通过与市农牧局汇报后，同意融入2015年度农机购置补贴资金中使用。2015年度农机购置补贴资金，通过市农牧局检查情况，因各县（市）购置机具配套与群众所需机具不符等问题，尚未开展农机购置补贴工作，通过区、市两级协调后，进一步解决农牧民群众适合的配套机具，从而消化补贴资金。

【突出防疫力度，达到免疫效果】 为切实做好萨嘎县动物疫病免疫工作，建立有效的免疫屏障，萨嘎县组织兽防技术人员在全面防疫的基础上，把重点放在交通沿线和城镇郊区，按照“县不漏乡、乡不漏村、村不漏户、户不漏畜、畜不漏针、针不漏量”的防疫原则，建立免疫卡，彻底消除免疫死角。针对2016年自治区发生的A、O型口蹄疫疫情，农牧局严格按照上级部门下发的通知精神，积极部署安排，按照重大动物疫情防控有关应急预案和防治技术规范要求，在全县范围内开展监测排查工作，并且安排专人在219沿线的22道班和拉藏乡和昌果乡设卡消毒，对过往车辆进行消毒检查，确保萨嘎县不发生A、O型口蹄疫疫情。春季免疫应免牲畜177434（头、只），实际免疫176742（头、只），免疫密度均达到99.6%；全县小反刍疫病免疫疫应免牲畜174603只，实际免疫174603只，免疫密度均达到100%。秋季免疫，应免牲畜176878头（只），实免牲畜175110头（只），实免率达99%。

【突出科技培训，提升服务意识】 农牧局根据上级农牧部门要求，通过资金、技术、人才和物资等多种形式，逐步加大对萨嘎县的科技培训力度，萨嘎县结合自身实际情况，开展“农业科普病虫害防治”、农牧业科技下乡培训、基本草原划定、乡（镇）兽防人员及村级防疫员培训和农业实用技术、种养殖培训等活动，举办县级培训班2期，实地培训及各类业务培训20期，发放资料3000余份；通过各种方式培训农牧民约8000人左右。

（李　文）

【领导名录】

局　长　索朗赤列（藏族，5月免）

加　　布（藏族，5月任）

副局长、主任科员

次仁吉宗（女，藏族）

副局长　顿　　旦（藏族）

农牧综合服务中心副主任

扎　　西（藏族）

西　　热（藏族）

萨嘎县扶贫开发领导小组办公室

【概况】 2016年，萨嘎县扶贫开发领导小组办公室实有干部6人（在编6人），脱贫攻坚指挥部实有干部6人（在编1人，抽调3人、志愿者2人）。2016年，县委、县政府认真贯彻落实区党委、政府，市委、市政府关于打赢脱贫攻坚战的决策部署，把脱贫攻坚作为“十三五”头等大事和第一民生工程来抓，紧紧围绕“12569”扶贫工作思路，举全县之力攻坚克难，794人实现脱贫，完成市委下达指标的163%，1个贫困村实现退出，脱贫攻坚工作得到市委、市政府的充分肯定，为全市打赢脱贫攻坚战做出了萨嘎县应有的贡献。

【超额完成脱贫指标】 2016年，萨嘎县共计完成214户、794人的脱贫任务，在指标基础上超额完成83户、341人，脱贫户全部达到脱贫标准。2016年的脱贫指标完成率达到163%，脱贫户年人均收入都达到3311元以上。

【圆满完成贫困村退出程序】 加加镇杰村，通过全方位考核，贫困发生率将至3%以下，达到贫困村退出相应要求，符合退出相关程序，完成贫困村整体退出任务。

【易地搬迁工作】 2016年，萨嘎县有153户、481人易地搬迁任务，在易地扶贫搬迁实施过程中结合县灾后重建、小城镇建设，确定搬迁安置点和户型设计，153户民房已全部开工，开工率达到100%，其中73户竣工，完工率达到47%，共拨付资金3466万元，资金拨付率达到99.3%。同时，针对易地搬迁户制订短期育肥、人工种草、蔬菜温室、扶贫物业楼等一系列产业项目，确保搬迁户搬的出、稳得住、有事做、能致富。

【产业项目有序推进】 完成产业项目的编制及前期工作，部分产业项目率先开工建设。完成2016～2020年的总投资13亿元的11个产业项目论证工作，全部完成前期设计及勘察工作，其中3个项目已开工建设，2个产业项目已通过第三方评审，正在跟银行对接贷款手续；整合资金实施了规模化的产业项目，为脱贫攻坚奠定坚实基础。2016年萨嘎县共整合行业项目2个，总投资1439万元，分别为萨嘎新区扶贫物业楼、萨嘎县蔬菜大棚温室项目建设，项目已于2016年9月开工，预计2017年9月可全部投入使用。按照民生项目精准对接建档立卡贫困户的原则，项目所得效益全部用于扶持建档立卡内贫困户，预计可帮扶贫困户71户、250人年人均增收1500元以上；及时调整已实施产业项目的效益分红对象，确保建档立卡贫困户脱贫增收。为改善贫困群众生产生活条件，经过与项目经营单位及效益覆盖乡镇协商，萨嘎县从扶贫产业项目的利润中专项分红42万元。以现金及发放牲畜方式兑现建档立卡贫困户84户、305人，人均分红资金达800元；实施短期育肥、借母还子项目，确保2016年贫困户群众脱贫。2016年萨嘎县共实施6个短期育肥及借母还子项目，覆盖6个乡镇，投入资金424万元，按照各个乡镇、村的实际情况分别制订村委会带头集中养殖、牧民入户分散养殖的育肥方案，并制订了详细的分红计划。全年短期育肥实现年增收50万元，帮扶建档立卡贫困户143户、544人，年户均经济效益达到3400元；投入本级财政资金扶持县域内特色产业项目。为更好地扶持本地特色名族手工业项目，2016年萨嘎县本级财政专门投入35万元的启动资金，实现36名贫困妇女就地就近就业，实现年人均增收2000元。

【各项脱贫措施有序开展】 转移就业脱贫一批。2016年萨嘎县计划培训及转移就业贫困户137人，完成培训及转移就业214人，完成率达156%；其中培训后就业68人，其他途径转移就业146人，超额完成年初既定的扶贫转移就业目标；教育扶持脱贫一批。2016年实现84人享受教育脱贫政策，其中71人享受国家三包政策；7人考上中职院校享受国家贫困户减免政策；有6名大学生享受县政府教育奖励政策（即区外本科每人5000元、区内本科3000元、区外专科3000元、区内专科2000元、城镇低保户和农牧民子女在此基础上增加1000元）；同时为鼓励贫困子女积极性，萨嘎县设立“萨嘎圆梦教育奖励基金”，从2017年起建档立卡贫困户子女上大学逐步实现学费全包及生活得到补助；生态岗位扶持脱贫一批。2016年萨嘎县争取到3655个生态岗位，并合理合规进行了定岗定人定责，建档立卡生态岗位实现全覆盖，3655名贫困人口吃上了“生态饭”；医疗救助脱贫一批。2016年，萨嘎县共实施医疗救助97人。为更好地了解救助户病情，县卫生局对医疗救助对象全部进行了免费体检，体检费达14550元。同时将6名建档立卡贫困户包虫病患者，免费送至北京接受治疗，医疗费达24万元；2名大病患者到市人民医院手术治疗，报销医药费99945元；社保兜底一批。针对53户、103人社保兜底对象，共发放口粮折合人民币66457元，发放保障金56.6万元。发放残疾人兜底补贴9600元。确保了社保兜底对象一兜到底；信贷扶持脱贫一批。为提升贫困户自身造血功能，增强贫困户“我要脱贫”的思想观念。2016年农行县支行面向74户建档立卡贫困户发放扶贫小额贴息贷款293万元，户均贷款达到4万元；深入开展“10·17”扶贫捐款活动。10月17日萨嘎县组织广大干部群众、企事业单位、农牧民施工队全面开展了“情系困难群体、帮扶贫困家庭”爱心捐助活动，共筹集到扶贫资金23万元。

【结对帮扶工作成效显著】 2016年全县1073名干部参与结对帮扶活动，帮扶贫困户839户。另外，本地15家施工单位，积极参与帮扶工作，承担帮扶任务72户。截至年底，共有1068名干部、当地15家施工单位对836贫困户共开展帮扶活动1673次，平均每户开展2次慰问活动，帮扶物资折合人民币达到57万元。

【贫困农牧民转移就业难】 萨嘎县产业项目投资、规模较小，加之基础设施薄弱，产业项目尚未形成规模，受益面主要停留在扶持贫困户就业上，产业效益未能进一步发挥。加之农牧民缺乏技能，市场竞争力较弱，制约了贫困农牧民多方面、多渠道、多领域增加收入的本领。

【产业贷款落实困难，项目难以推进】 萨嘎县虽然与农行县支行签订合作协议，并存放700万元的风险补偿金，但是由于产业精准扶贫贷款项目2016年才投放，很多贷款程序没有进一步明确，产业贷款的手续大部分还是按照金融贷款的程序实施（只是利息按照扶贫贴息贷款进行），加之萨嘎县符合贷款条件的公司、合作社较少，造成贷款难度大，贷款资金难以落实。

【搬迁户还未能实现就地就业】 虽然通过上级的关心与关怀，萨嘎县共有551户、1873人的易地搬迁规模，加之灾后重建、整村推进，以及下一步的同步搬迁可基本实现贫困户家家住新房的目标，但是由于产业项目跟不上，搬迁户的后续发展，贫困户的就地就近增收是面临的主要难题，也是急待解决的困难。

【基础设施条件落后】 萨嘎县属偏远高海拔地区，贫困人口大多数分布在交通不畅的偏远地方，群众行路难、饮水难、灌溉难、看病难、上学难的问题十分突出。如在交通方面，现在“村村通”工程只通到村部，村与村、组与组有大部分未实现公路通畅，公路不畅不同程度的存在，“户户通公路”的目标任务相当艰巨。由于交通不畅，即造成农牧民信息相对闭塞，同时导致本地商品卖不到市场，产业发展推进难，极大地影响了困难群众的生产发展和生活水平的提高。

【致贫原因非常复杂】 萨嘎县属自然灾害多发地区，返贫机率高，稳定脱贫难度大。残疾、疾病、灾害、多子女、无劳动力等原因造成群众负担重、经济较为贫困，大部分贫困户生活来源单一，萨嘎县85%的农牧民的支柱产业是牧业，农牧民大部分以畜牧业生产为主要经济来源。加之，农牧业基础设施薄弱，靠天吃饭现象明显，如遇旱灾、雪灾等自然灾害，极易出现返贫现象。

【脱贫主体意识不强】 萨嘎县属典型的投资拉动型经济，经济总量小、本级财政收入低，有限的财力无法满足脱贫攻坚需求。村级集体经济薄弱，大部分行政村还没有效益良好的村办经济。贫困户自身脱贫能力低，部分贫困户脱贫主体意识不强，“等、靠、要”依赖思想比较严重。

（拉　姆）

【领导名录】

主　任　达瓦次仁（藏族）

副主任　边巴普赤（女，藏族）

萨嘎县林业局

【概况】 2016年，萨嘎县林业局认真贯彻落实区、市、县林业有关会议精神，围绕萨嘎县2016年林业工作目标任务，积极开展植树造林工作，生态安全屏障防沙治沙工程项目、林业直补资金落实情况、林地资源及野生动物保护情况等各项林业工作，通过全县各级党委、政府和林业工作者的共同努力下，林业各项工作取得了显著成效，为建设“美丽萨嘎、生态萨嘎”的建设打下了坚实的基础。

【重点区域公益林建设项目】 2016年，萨嘎县重点区域造林工程项目总投资为123.7326万元，项目实施地为夏如乡夏如村，造林面积为532.4亩。为增加当地农牧民群众现金收入，以及当地群众要求，该项目严格按照作业设计相关要求，组织当地群众进行植树造林，5月中旬顺利完成所有造林工作任务，10月份通过造林区乡镇及县相关部门的初步验收。截至年底，造林区树苗成活率达到85%，工程完工率为100%。

【拉萨周边防护林建设项目】 2015年，萨嘎县拉萨周边防护林建设项目总投资为95万元，实施地点为旦嘎乡旦嘎村，建设内容包括2项：封沙育林5000亩；人工造林399.45亩。为增加当地农牧民群众现金收入，以及当地群众要求，该项目严格按照作业设计相关要求，组织当地群众进行植树造林，5月初顺利完成2015年拉萨及周边防护林工程项目所有封山育林及人工造林工作任务，10月份通过造林区域乡镇及县相关部门的初步验收。截至年底，造林区树苗成活率达到90%，工程完工率为100%。

【防沙治沙工程项目建设】 2016年，萨嘎县防沙治沙工程项目总投资767万元，项目实施地为拉藏乡亚曲村，建设内容为草方格沙障面积为782.13公顷，砾石压沙面积为111.07公顷。该工程项目严格按照作业设计相关要求进行开工建设，并得到自治区林规院专家的一致好评。

【林业直补资金兑现】 2016年已兑现2015年森林生态效益补偿资575.5250万元。10月份已兑现2014年野生动物肇事补偿资金230.45万元。为了野生动物肇事补偿工作的规范化，2015年开始移交保险公司实施，未出现拖欠和截留等现象。

【林地资源保护】 2016年，为更好地保护萨嘎县林地资源，年初与各乡镇签订重点公益林管护合同，明确各乡镇管护区域与面积、双方的权利和职责。2016年全县共有507人护林员，其中专职护林员200人，兼职护林员307人。2016年以村为单位进行考核全县公益林管护人员，具体考核内容为按萨嘎县公益林管护人员考核事项明细表进行考核。2016年在县林业局的具体工作指导下，全县507人护林员共同努力下，萨嘎县林地资源保存良好并没有非法侵占等受损情况。

【野生动物保护】 2016年，野生动物保护区的保护、深入各乡镇宣传野生动物保护法相关法律法规，通过大力开展野生动物肇事损失补偿工作，提高全民保护野生动植物的积极性和主动性，同时结合萨嘎县生态扶贫精准脱贫相关政策要求，充分利用全县贫困户新增岗位野生动物野保员209人，有效防止私开滥占、乱砍滥伐、乱捕滥猎等现象，一批珍稀濒危物种栖息地和环境得到有效保护。

【野生动物疫源疾病监测防控】 为进一步做好野生动物疫病检测和防控工作，充分发挥各乡（镇）监测点的作用，联合开展野生动物小反刍疫病监测工作，认真落实责任，制订专人负责，同时层层签订目标责任书严格执行值班制度和“日报告”制度；实行林地管护与野生动物保护结合起来，重视藏珍稀动物巡护工作，加大野生动物及其栖息地管理力度，截至年底，全县未发生野生动物及野生候鸟非正常死亡情况。

【森林防火检测】 为切实加强对萨嘎县今冬明春森林火灾防控工作，进一步提高萨嘎县森林火灾防控的能力，结合萨嘎县实际，林业分管副县长为组长，林业局局长为副组长，各乡镇乡镇长为成员的萨嘎县今冬明春森林火灾防控工作领导小组。2016年萨嘎县范围内未出现森林火灾等现象，林业局按照上级指示认真做好森林防火工作，每次下村进行宣传森林火灾隐患相关知识，同时请示县政府解决灭火器等相关设备。

（普　次）

【领导名录】

局　长　加　布（藏族，6月免）
　　　　普　次（藏族，6月任）
副局长　潘　多（女，藏族）

萨嘎县水利局

【概况】 2016年，萨嘎县水利局在职人员共有10人，其中正科1人、副科1人、科员1人、助理工程师5人、技术员2人。2016年，萨嘎县水利工程共开工项目10个，其中小型农田水利专项县工程，总投资为950.95万元，旦嘎灌区工程，总投资为1246.96万元。雅江流域水土保持综合治理工程，总投资为460.4万元。截至年底，共完成6个项目建设内容，剩余项目2017年完成建设任务，我局紧紧围绕全县中心工作，深入落实上级水利部门的工作部署，以夯实基础、突出效益、维护稳定、强化民生为主线，确保水利各项工作顺利开展。

【旦嘎灌区工程情况】 总投资为1246.96万元，工程建设内容为新建取水枢纽1座（含薄壁溢流坝1座，坝长15米，冲沙闸、进水闸各2座、消力池1座，上下游护岸长170.7米）；新建干渠1条，总长11.01公里（其中暗渠3段，长4.7公里，明渠长6.31公里）；新建支渠6条，总长6.4公里；新建斗渠20条，总长5.99公里；新建各类渠系配套建筑物49座（其中分水闸2座、饮水渡槽3座、涵洞4座、分水口40座）；新建管理房52.04平方米。工程总灌溉面积4607.3亩。工程于2015年4月15日开工建设，截至年底，已完成合同工程验收。

【雅江流域水土保持综合治理工程】 总投资为460.4万元。防洪堤总长1900米（其中旦嘎乡1300米、夏如拉亚村600米）植树22500柱（两个点各150亩），人工种草600亩（各点300亩），截至年底，已完成90%的工程量。

【灾后重建项目】 萨嘎县水利口子“4·25”灾后重建项目有两个，萨嘎县加加镇达桑村、提吾卓那村供水机，新建机井2座及相关配套设施，工程投资为90万元，该工程于8月中旬开工建设，已完成90％工程量；灾后重建项目萨嘎县夏如乡拉曲普曲防洪治理工程，新建堤防长6.3公里，结构为铅丝石笼，防洪标准10年一遇，总投资为540万元。该工程于8月5日开工建设，截至年底，已完成60％的建设任务。

【小型农田水利专项县建设项目】 工程总投资为

950.95万元，为中央财政投资（2016年专项县资金为1000万元，剩余49万元结转下一年）。本次工程建设项目涉及有2个乡、5个行政村。工程主要建设内容为新建取水口（拦河坝）1座；新新建4条水渠，总长4.674公里（其中暗渠2条总长218米、钢板渠道656米、渠道3800米）、支渠1条总长2885米；新建渠道护坝1座，总长200米；新建配套渠系建筑物26座（其中分水口21座、农桥3座、钢管引水1座、过畜桥1座）。此本工程2016年9月1日之前已全部进场。截至年底，已完工率达到80%以上。

【夏如乡夏如村水塘改扩建工程】 该工程建设内容为：原有的水塘整体改扩建，并清淤，增加安全警示牌等，铺10厘米厚的细沙垫层后铺设300g/0.3/300g的土工布防渗，再铺设10厘米后细沙垫层，控灌面积为250亩。此次改扩建工程总投资37.74万元。该工程于2016年10月10开工，截至年底，已基本完工；夏如乡丁琼水塘水渠工程：该工程于2016年10月10日开工，总投资为60.25万元，截至年底，已完成80%的工程量。

【夏如乡丁琼水塘水渠工程】 该工程于2016年十月10开工，总投资为60.25万元，已完成80%的工程量。

【夏如乡夏如水塘改造工程】 工程建设内容为水塘坝维修工程，总投资为36万元。该工程已全部完工。

【昌果乡亚卡亚村防洪堤建设项目】 工程总投资为138.02万元，为特大防汛抗旱补助资金，工程建设内容为新建防洪堤1840米，截止目前，已完成项目建设20%。

【昌果乡日拉村岗尼草组冬春草场人蓄饮水项目】 该工程总投资为42.79万元，项目建设内容为：机电保暖井一座。

【昌果乡日拉村后亚草组春秋草场人蓄饮水项目】 工程总投资为60.72万元，项目建设内容为：管道饮水一处。

【加加镇杰村兴列康萨草组春秋草场人蓄饮水工程】 工程总投资为35.79万元，项目建设内容为：机电保暖井一座。

【水资源管理】 切实加强水政执法工作。萨嘎县河流较多，采砂现象普遍，为防止出现乱挖、滥采造成生态环境的破坏，萨嘎县切实抓好水政执法工作，对县域内的采砂行为进行严格管理，根据县里供需情况，县城采沙场数量控制在三家，县水利局选点限制采砂范围，对经营性采沙场按政策要求缴纳采砂管理费，并签订生态保护协议，做好采砂后恢复环保工作。

【推进农电体制改革】 做好供电、供水服务工作。萨嘎县农电、供水管理工作是由县水利局下属单位—县农电公司经营管理的。萨嘎县农电公司是在2009年正式挂牌成立，截至年底，该公司在编人员29名，公司业务范围为县域两座电站的运行管理及县自来水水厂的管理工作。几年来在县委、县政府及上级业务部门的关心下，县农电公司经营管理方面有很大的改观，除经营管理县域供水供电管理工作外，该公司还承揽小型线路改造工程、经营电器销售部等其他产业，大大提高了公司年收入。

【开展专题教育活动】 围绕县委县府的中心工作，以抓好水利设施建设工作为先导，以加强“两学一做”和党风廉政建设为重点，大力推进水利工程建设，改善水利基础设施。

按照要求认真学习党章及系列重要讲话和会议精神，并结合工作认真贯彻落实；坚持求真务实，努力形成开拓进取，奋发有为的领导集体，水利局班子能够坚持正确的权力观，政绩观；加强机关作风建设，积极参加县委、县政府开展的机关干部作风效能建设年活动，不断完善各项工作制度，增强干部职工的责任感和紧迫感，坚持打考勤制，请销假制和报告工作制，每个月定期不定期召开全体干部职工会议；严格按照中央整治“四风”和“八项禁令”的要求规范全局人员的一言一行，管住自己的手，拒收不义之物。在组织全局人认真开展党风廉政建设的同时，严格按照中央各有关重要文件精神，不请客送礼，不接受任何有关工作之便的请吃行为，不铺张浪费；严格控制单位三公经费支出和公车使用规定，从领导身做起，廉洁自律，洁身自好，积极配合巡视组和督查组的工作检查，结对帮扶工作做到位，深入结对户家中了解基本情况并送去了慰问金。

（张俊奇）

【领导名录】

局　长　普达瓦（藏族）

副局长　拉姆次仁（女，藏族，10月任）

萨嘎县科学技术局

【概况】 萨嘎县科学技术局位于萨嘎县伦珠街4号县人民政府院内，属政府下属正科级行政管理单位，于2010年10月成立，下设萨嘎县科学技术协会，现有干部职工人数为5人，党员5人，其中行政在编人员1人，事业在编人员4人（正科级1人、专业技术员4人）。

【国家级富民强县行动计划项目】 萨嘎县牦牛本品种选育及产品加工基地建设，总投资为268.03万元（2015年实施），针对萨嘎县牧区畜种改良需求，从仲巴县引进优质公牦牛60头，进行与本土基础母牛自然交配的选配方法，配种率达到95%。通过畜种改良增强了农牧民群众依靠科技发展牦牛品种选育养殖的积极性和主动性，进一步提高群众的科技素质，增强了科技致富的能力。截至年底，在各村专职人员的精心管理下，繁育优质牛犊120多头。

【实施市级科技科研重点项目】 《萨嘎县昌果乡畜种改良推广项目》，总投资为15万元（从县级科技投入配套14万元，共29万元），改良后产毛量及出栏价格方面都有明显的提升。原来一只绵羊一年的产毛（绒）量在2公斤左右，改良后一年的产毛（绒）量可提升到2.5～3公斤；出栏价格由原来的600提升到现在的750元，平均每只改良后绵羊每年可给群众增加200～220元的收入，大大增加了群众的实际收入。

【强基惠民送科技项目】 萨嘎县科技局驻夏如乡拉亚村工作队玻璃温室项目总投资为15万元，2016年11月份已全部完工并通过验收，已交付给萨嘎县夏如乡拉亚村委使用，由拉亚村两名科技特派员负责种植及管理。强基惠民送科技项目的实施，极大改善当地农牧民群众“吃菜难”的问题，同时，也为科技特派员提供了施展技能的平台。

【科技特派员年度考核】 11月26日，科学技术局局长及工作人员到七乡一镇，采取听、看、查、访、评、实地走访等形式，对为萨嘎县76名农牧民科技特派员的工作绩效和服务情况进行全面考核。考核中，局领导听取各村委会村长、乡镇负责人对科技特派员平时工作情况、发挥作用情况等汇报，随后检查特派员个人总结、工作日记，并对超龄、病逝、失职、无所作为、常年在外地误工的11名科技特派员进行了解聘。同时结合平时的工作业绩，经过严格、公平、公正、公开的评定，最终评选出16名优秀科技特派员。

【“三区”人才管理】 充分使用“三区”科技人才。通过“三区”人才下乡活动，把先进的农业科技送到农牧户，把实用的农牧业科技成果转化到每村，把农牧业产业化发展的新理念传授给农牧民群众。并培养一批懂科技、善经营的农牧民群众。2016年培养农牧民群众1500人次，培训科技特派员8名。同时，围绕萨嘎县畜种改良、饲草种植等特色支柱产业做大做强，大力引导科技成果的转化和应用，不断延伸产业链条，为全县打造竞争力强、综合效益高的现代农业特色产业提供强有力的科技人才支持和智力服务；保证时间，确保实效。“三区”科技人才服务时间为100天以上，在服务期间为萨嘎县七乡一镇产业发展提供科技支撑和智力支持。

【萨嘎县中学科技馆使用情况】 在上级部门的大力支持和萨嘎县教育部门的积极配合下，2016年8月中学科技馆正式开馆。萨嘎县中学科技馆设立在县中学内，场馆面积75平方米，科技馆内现有共21个设备。从科技馆成立以来，协会制订了萨嘎县中学科技馆管理制度、挂立门牌、送去500份科普书籍。每月至少组织青少年学生在科技馆参观两次，每季度开展参观活动6次，参观人数达到3000余人次。自从科技馆使用以来，让学生不仅近距离感受到了科技的魅力，拉近学生与科学的距离，而且认识到科学的重要性，也为学生学科学、用科学、爱科学打下了坚实的基础。

【落实科技精准扶贫工作】 年内，科学技术局把精准扶贫工作作为2016年工作的重中之重，统一思想认识，强化组织领导，按照《日喀则市科技精准扶贫工作实施方案》要求，坚持“一乡一策”扶贫方针，全面动员，迅速行动，深入调研贫困村、贫苦户贫困情况，制订帮扶措施，狠抓工作落实，确保各项工作顺利开展、有序推进。产业扶持三项，脱贫贫困户5个，解决就业人60人。并组织局党员干部到夏如乡达孜村开展结对帮扶活动，为困难户送去大米、食用油、酥油、水果等慰问品，折合人民币2500元。

【科普宣传工作】 年内，利用科技活动周、科技下乡等重大活动，深入全县七乡一镇发放科普宣传资料共计20多种，600多份，发放种植技术书册200余份、养殖技术书册400册，发放无偿性菜种子500袋（5个品种，折合人民币2000元），受益人达到6000多人次；科普进校园，宣传科普知识，向学生发放科普知识材料，宣传低碳生活、节约能源等常识性知识；科普文化进军营，在萨嘎县中队、边防大队大力宣传科普知识，送各种科普知识书册，丰富官兵文化生活，为官兵提供学习科普先进文化的机会。

【乡镇科普活动站使用情况】 萨嘎县七乡一（镇）均建有乡级科普活动站（乡政府内，有独立场所），已涵盖科技特派员之家建设，均配有多媒体设备、科技书籍刊物、宣传栏等。每月开展一次科普活动，每周更新宣传栏内容，周一、周三、周五一律免费向外开放。开展每一次活动时，乡镇科技工作人员采取展览、发放资料、观看影片等形式，向广大农牧民群众宣传文明、健康、科学的生产生活方式。为广大农牧民群众提供各种种养殖技术。通过努力宣传，提高了农牧民群众的科技素质和科技实用知识，体现了构建和谐社会以人为本的精神，丰富了群众技术知识。

【科技特派员生活补助兑现】 2014年科技特派员生活补助，按照5000元/人标准，累计兑现资金38万元，2016年8月份已全部发放到位。

【“两学一做”学习教育】 “两学一做”学习教育活动启动以来，萨嘎县科学技术局积极以“尊崇党章、遵守党规”为基本要求，以习近平总书记系列重要讲话精神为行动指南，教育引导广大党员自觉按照党员标准规范言行，切实肩负起“干在实处永无止境、走在前列要谋新篇”的新使命，以实际行动推进“两学一做”活动，为全面提升科技工作科学化水平提供坚强的思想保证和精神动力。突出主题，开展学习讨论，水利党总支支部（包括水利局、科技局、林业局三个部门）全体党员干部观看了学党章电教片《做合格党员》。观看活动结束后，所有党员干部在党支部交流会上分享交流学习心得，紧密联系个人思想、工作和生活实际，围绕“五个能否”开展了广泛的学习讨论，营造了积极向上的学习氛围。

通过学习，进一步加强党员干部道德修养和纪律观念，更深一层学到“讲学习、讲忠诚、正风纪、转作风、提效能”的精神，并提升了科技局工作人员素质和学习自觉性。

（索朗曲珍）

【领导名录】

局长　唐肖铤（女，10月免）

　　　普　琼（藏族，12月任）

萨嘎县教育（体育）局

【概况】 2016年，萨嘎县教育（体育）局坚持实行各项教育政策，以教育均衡前期准备工作为重点，努力提升教育教学质量为出发点，促进教育全面发展为目标的工作原则。通过全县上下及教育系统工作人员的努力下，萨嘎县教育事业工作不断进步，截至年底全县共有12所学校，其中初中1所、完小8所、幼儿园3所。全县学生总数为2543名，其中初中632名，小学1572名，学前幼儿339名。全县现有教师231名（中学63名、小学144名、县幼儿园9名、教研室及教育局各科室工作人员15名）；231名教师中本科学历114名，其中少数民族111名；大专学历117名，其中少数民族116名。临时工65名（含11名公益性）。截至年底，萨嘎县教育局正科级2名、副科级1名；教师职称为副高级职称1名、占教师总数的0.4%、一级职称71名、占教师总数的31%、二级职称86名、占教师总数的37.7%、三级职称73名，占教师总数的32%，萨嘎县教师平均年龄为28岁左右。

【各项指标完成情况】 全县在园人数339人，城镇学前三年毛入园率达70.1%，农牧区学前两年毛入园率达51.4%。小学适龄儿童入学率达99.2%，小学毛入学率达108.4%；初中适龄儿童入学率达97.2%，初中毛入学率达98.3%；义务教育阶段巩固率达98.9%。

【加大督促检查，促进教育工作】 为进一步做好教育督导检查工作，充分体现县委、县政府及教体局对教育工作的重视。萨嘎县教体局成立以分管副县长为组长，教育局长为副组长，各科室负责人为成员的教育督导领导小组。教育督导领导小组在普布旦增的带头下，2016年先后到县中小学及幼儿园、各乡完小的“三个到位”、食堂及校园卫生、学校常规管理工作等共检查6次。县级教育督导检查组对检查过程中所发现的问题及时反馈给各学校并提出以下几点要求：各学校高度重视开学前期准备工作，确保按时完成市、县两级教育目标任务；加强校园环境卫生，努力创造良好的学习环境；及时整改存在问题，提前做好教育督导检查的各项指标及任务；加强毕业班管理，提前做好教学进度及往年考试分析等计划，为2016年度的中考、小考成绩奠定基础。

【学校常规工作】 根据《日喀则市中小学校常规管理制度》，建立健全学校管理制度，制订切实可行的工作措施。各学校认真研究并制订翔实可行的学期工作计划、教学工作计划等各项工作计划，严格落实学校中层干部及校级领导兼课任课、听课评课，课堂巡视等制度，并且各学校按照常规工作要求及时做到开学各项工作安排部署会，学校所有工作按照规范进行管理。各学校按自治区新课程方案和课程标准的要求开齐开足课程课时，合理安排作息时间，尤其是严格落实“阳光体育活动”“两操一课”为抓手，采取强有力的措施，加强对学生进行体育锻炼，从而达到增强学生体质的目的。

【开展民族传统文化“三进”活动】 为更好地落实民族传统文化“三进”工作，让传统文化在实际教学工作中能够发挥更好地作用，让学生真正体会到民族传统文化的历史意义和优越性，促进学生全面发展。萨嘎县教育局根据各学校的实际，特制订萨嘎甲谐、珞谐、藏汉敬语、传统绘画（唐卡）、萨迦格言等独具特色的校本教材，编辑上述校本教材费共77850.00元；除2016年萨嘎县新建学校和需要装修的及个别学校外，基本上已实施了走廊文化建设。

【日益完善办学条件】 2016年，萨嘎县教育局在前几年的工作基础上，积极争取了昌果乡完小灾后重建项目：该项目批复投资为1127万元，主要建设内容为新建教学辅助用房、学生食堂、学生宿舍、旱厕、浴室、门卫室以及附属配套设施；达吉岭乡完小薄改项目：该项目批复投资为144万元，主要建设内容为学生宿舍200平方米及附属；如角乡完小薄改项目：该项目批复投资为554万元，主要建设内容为教学辅助用房1000平方米及附属；雄如乡完小薄改项目：该项目批复投资为603万元，主要建设内容为教学辅助用房700平方米及附属；旦嘎乡完小薄改项目：该项目批复投资为86万元，主要建设内容为堡坎100米及硬化等附属；拉藏乡完小薄改项目：该项目批复投资为484万元，主要建设内容为新建教学辅助用房1000平方米及附属；夏如乡完小薄改项目：该项目批复投资为186万元，主要建设内容为改扩建学生食堂300平方米及附属；拉藏乡完小附设幼儿园：该项目批复投资为280万元，主要建设内容为新建幼儿园校舍700平方米及附属；如角乡完小附设幼儿园：该项目批复投资为280万元，主要建设内容为新建幼儿园校舍700平方米及附属；达吉岭乡完小附设幼儿园：该项目批复投资为280万元，主要建设内容为新建幼儿园校舍700平方米及附属；雄如乡完小附设幼儿园：该项目批复投资为280万元，主要建设内容为新建幼儿园校舍700平方米及附属；旦嘎乡完小附设幼儿园：该项目批复投资为280万元，主要建设内容为新建幼儿园校舍700平方米及附属。萨嘎县全民健身活动中心：该项目批复投资为400万元，主要建设内容为室内运动场及健身房。萨嘎县中学新建项目：该项目批复投资为4900万元，主要建设内容为教学及辅助用房、学生宿舍、学生食堂、浴室、简易运动场、厕所、围墙、大门、硬化、给排水、强弱电等附属配套设施。

【安全维稳工作】 萨嘎县教育局严格落实《日喀则市教育局关于做好2016年春季、秋季开学安全稳定工作的通知》以及县委、县政府的工作要求，全县各校高度重视安全维稳工作，牢固树立“珍爱生命，安全第一”的意识，建立健全维护学校安全稳定工作机构，坚持24小时值班带班制和门卫登记制、定时巡查和每天“报平安”等制度。开学前各学校对校舍、教学设备、体育设施、用电和消防设备等进行认真细致的安全隐患排查，大力开展校园及周边环境治安综合治理工作。为确保学生安全返校，各小学采取由学生家长亲自送学校的措施，由于萨嘎县大部分乡（镇）小学地处国道沿线，存在较大的交通安全隐患，萨嘎县教育局及时争取各乡（镇）人民政府、派出所支持，严禁学生乘坐非营运车辆、超载乘车等情形；县初中及时联系客运公司，安排学生接送车辆，与客运公司及相关公司司机签订安全目标责任书，并协同公安人员负责组织学生安全有序乘车及乘车安全教育工作，从而有效杜绝了交通安全事故的发生。大力开展了交通、消防、网络、食品卫生等多方面的安全教育活动以及防灾、防震紧急疏散、逃生自救等演练活动，提高了广大师生应对突发事件的能力及知识，加强了学生在校、出行安全管理，开学期间，全县各校没有发生一次交通安全事故。

【保障各项经费落到实处】 各学校配齐配强“三包”、学生营养改善计划等教育经费专职管理人员，各类账目规范、健全，“三包”、学生营养改善计划资金及时足额到位，专款专用；教育经费实行“收支两条线”和阳光操作，教育基建资金管理、使用符合法定程序，坚持财务公开、校务公开制度；按照上级要求，2016年本级财配资金投入达到22%，经费预算达257.4万元，除县政府义务财政支配22%以外，其他教育投入已达到224万元，用于维修旦嘎乡、夏如乡完小教学楼；购置9所职工之家设备；新建旦嘎乡，如角乡完小职工之家。萨嘎县义务教育经费足额纳入了政府财政预算，有明确的经费管理办法，教育经费无截留、挤占、挪用等现象。

【提高教师待遇，解决实际问题】 为积极调动教师工作积极性，不断提高教育教学质量，萨嘎县主要采取以下措施：按照国家对乡村教师生活补贴规定，及时足额兑现乡村教师生活补贴。萨嘎县夏如乡及旦嘎乡两所学校属三类区，由于气候恶劣，路途远等实际情况，为缩小四类与三类的乡村补助差额，县政府补贴三类的乡村教师生活补助每人每月300元，2016年萨嘎县政府补贴共计壹拾叁万叁仟贰佰元。为调动教师工作积极性，稳定教师队伍，萨嘎县教育局提高了教师待遇，班主任津贴由原来的每生2元提高到每生6元，超课补贴由原来的5元提高到10元。同时每年政府拿出50万元专项教育奖励资金，表彰一批优秀毕业生、优秀教师、优秀班主任和优秀教育工作者；深入推进教师职称评比工作，萨嘎县教育局按照日喀则市教育局的相关文件精神，符合条件的优先与乡（镇）教师或条件较艰苦的教师实行倾斜照顾；为了提高全县教育质量的提升，开展城乡结对、城乡教师交流工作机制，选派业务能力及责任心较强的教师到基层实施交流支教工程，对表现优异的教师每月发生活补贴300元。

【结合扶贫工作、建立教育机制】 为解决好贫困学生的上学问题以及结合精准扶贫工作，2016年8月27日，在萨嘎县文化广场举行大学生欢送暨贫困学生助学金发放仪式。仪式上共为48名大学新生发放15.7万元；资助萨嘎县贫困大学生，帮助他们克服困难，摆脱困境，以激励他们奋发学习，立志成才，实现“输出一人，脱贫一户”的目标，让更多的贫困学生享受到教育资源，营造一个快乐、安心的学习环境，为促进萨嘎县教育事业的蓬勃发展添砖加瓦。2016年11月28日，通过县委常委研究决定成立教育基金会。2016年12月2日，在县文化广场举办萨嘎县教育“圆梦”基金启动仪式。仪式上通过全县干部职工、教职员工及各企业、爱心人士的积极募捐，2016年募捐资金达165.65万元。

【加强薄弱学科攻坚工作】 按照日喀则市教育局对薄弱学科攻坚工作的一系列要求，萨嘎县教育局及时传达上级工作要求，统一思想，对薄弱学科攻坚工作再次安排部署，成立薄弱学科攻坚工作领导小组，制订工作计划，出台实施方案，落实领导包校责任制，明确目标任务。加强组织领导。根据市委、市政府和市教育局狠抓教学质量的总体要求，薄弱学科和教学工作实行县长、局长、校长一把手责任制，与各校校长签订目标责任书，校长为薄弱学科第一责任人，分管校长和教导处以及各教研组具体抓细节工作，相互协调督促。从县到教育局、各所学校成立“薄弱学科攻坚工作领导小组”，制订并严格落实薄弱学科教学提升目标，真正把提高教育教学质量当作学校的生命线来抓；规范建章立制。按照薄弱学科攻坚工作实施方案的要求，完善“备、讲、批、辅、考”制度，对教师的备课、上课、作业批改、课外辅导、教学考核等提出更高的标准和要求，通过检查、督导方式加强制度的执行力度，规范教师的教学行为，提高教师的教学水平；建立《萨嘎县薄弱学科攻坚计划落实情况量化考核评分表》《学校常规管理工作检查登记表》《萨嘎县县级领导包校制度》《萨嘎县教育局包校制度》等，要求县级领导、教育局包校领导每学期进行检查次数不得少于3到5次以上，全面加强检查指导力度，对薄弱学校、薄弱学科、薄弱教师进行重点指导和校级培训，加大对学困生的跟踪辅导，并将各项任务细化到各学校；深入学校一线。萨嘎县教育局坚持深入教育一线，加强基层调研，按照萨嘎县教育局出台的“三联三进一交”工作机制要求，下乡必听课，听课必反馈。教学常规检查坚持“四查一听”“四查”即查备课教案、查听课记录、查校本教研、查作业批改；“一听”即随堂听课，每一个环节都抓实、抓细，对发现的问题进行及时的处理，对好的提出表扬，对差的进行批评，并限期改正。坚持带着任务下乡，带着问题下乡，做到专项检查与综合评估工作；狠抓教学质量。为争取2016年中考、小考、统考取得良好成绩，县教育局安排各学校加强毕业班教学进度、冲刺阶段各项准备工作及往年试卷的难易程度、题型等进行认真细致的分析；注重教师管理、提高师资队伍业务素质水平。提高教育教学质量的关键在于高素质、高水平的教师队伍。2016年进一步完善和制订校长、班主任、教师业务考核办法，修改和完善萨嘎县统考奖惩办法，萨嘎县教师交流等制度。

【促进教育均衡发展】 均衡配置办学资源。将教育资源向偏远学校倾斜，为偏远的学校配齐图书、音体美等器材，对于各小学中存在的危房，萨嘎县教育局积极向上级反映，争取维修、新建项目；均衡配置教师资源。萨嘎县教育局将优秀的高校毕业生直接分配到偏远的学校任教锻炼，对在艰苦条件下取得优异成绩的教师，将调整到县完小和附近乡完小，并在职称等方面实行倾斜政策。这样，既能调动教师的工作积极性，促进教师之间的业务竞争力，更是提升教学质量得到良好效果；全面提高教育质量。针对各乡完小某一教学科目薄弱的实际情况，萨嘎县制订《萨嘎县教职工交流锻炼实施细则》，从其他学校抽调这一科目教学能力较强教师交流至该学校任教，交流期满后达到交流预期目标的教师回原单位任教；加强和改进学校管理。校级领导在管理某一方面比较欠缺，或需要加强的，交流至在这一方面管理较好的学校挂职学习；学校在某一方面管理欠缺，又派不出人员交流学习的，从其他学校抽调这一方面管理能力强的校级领导去该校任职管理。

（尼　次）

【领导名录】

局　长　尼玛罗布（藏族）

副局长　加　　参（藏族，11月任，主任科员）

　　　　陈 艳 玲（女，11月任）

萨嘎县藏语文工作委员会办公室

【概况】 2016年，萨嘎县藏语文工作委员会办公室在编人员4名。负责人1名、副主任1名、科员2名，全体干部职工均为中国共产党党员。年内，萨嘎县藏语文工作委员会办公室认真贯彻执行新时期党和国家民族语言文字方针政策，围绕中心，服务大局，履职尽责，认真配合萨嘎县人民政府办公室主要工作，2016年取得了较好的成绩。

【工作开展情况】 年内，萨嘎县藏语文工作委员会办公室翻译工作量比较繁重的情况下，加班加点保质保量地完成县“四大班子”安排的翻译任务，以及各部门的材料及文件翻译工作，主要有萨嘎县第十二届人民代表大会第八次会议的有关藏文翻译材料、萨嘎县第十三届人民代表大会第一次会议的有关藏文翻译材料、中国共产党萨嘎县第九次代表大会有关藏文翻译材料和《入党手册》《扶贫宣传册》、以及有关单位藏文翻译工作。截至年底，翻译字数已达20多万字；编译局主要负责人在注重所有翻译材料都保证其实效、数量的同时，始终坚持高标准、高质量、严要求的工作作风、对每一个翻译件进行审查、严格把关，确保翻译工作精益求精。

【西藏大学教授到萨嘎县培训】 5月7—13日，萨嘎县藏语文工作委员会办公室邀请西藏大学教授和自治区编译局老师，给萨嘎县各乡（镇）基层翻译工作人员和县直机关各单位翻译人员进行为期七天的藏汉翻译培训，培训期间学习纪律严格、课程紧、培训内容丰富，使萨嘎县基层干部的翻译水平进一步提高，为基层群众服务奠定良好基础，基层工作更加得心应手；大力开展社会用字检查清理和规范化工作，继续在萨嘎县城及各乡（镇）进行社会用字检查清理工作，以社会用字为重点，推动社会用字规范化程度不断提高。为萨嘎县新词术语审定工作出谋划策，并大力推广使用，继续做好藏文软件推广工作，不断提高藏语文信息化水平。随着新词术语和藏语文信息化水平的不断更新、交替，专业编译队伍需要不断提高对业务知识的水平，以满足编译工作的实际需要。一如既往地认真完成好上级交办的翻译任务；开拓创新、全力维稳 维护社会稳定工作是一项系统的长久的工程，必须做到标本兼治，狠抓落实，不断开拓创新，抓出实效。萨嘎县要从讲政治的高度，以严肃认真的态度贯彻落实维稳责任，把维稳工作纳入重要议事日程，落到工作实处。要按照“分级负责、归口管理”和“谁主管、谁负责”的原则，层层落实责任，为工作积极创造条件，提供必要的人力、物力、财力保障。

（潘　多）

【领导名录】

主　任　罗　　布（藏族，10月免）

负责人　普布扎西（藏族，12月任）

副主任　平　　措（藏族）

萨嘎县中学

【概况】 萨嘎县中学是一所农牧区寄宿学校，位于县城南部，始建于1963年9月，海拔4615米，典型的高原性气候，高寒严酷，学校占地面积为22873平方米，建筑面积14493平方米。现有16个教学班级，在校人数622人，学校肩负着整个县城七至九年级的义务教育重任。现有教职工62人，师范类55人，非师资7人，男30人，女32人，（其中中教高级1人，中教一级32人，本科学历60人，专科2人，专职教师59人），平均年龄28岁的教师。

【校园建设】 萨嘎县中学秉承“构建和谐校园，培养合格人才”的办学理念和“习惯、服务、公正”的管理理念，结合实际，提出学校校风“崇德尚能，勤学善思”，学风为“勤学、善学、乐学、博学”，教风为“敬业爱岗，乐教会教”。同时又结合全市薄弱学科攻坚工作，学校提出“以德育为中心，一手抓教育教学质量，一手抓规范管理”的工作目标，大力推进“薄弱学科攻坚工作”，继续大力培养中层干部的建设，营造“关怀、民主、信任、博爱”的人文氛围，全面引入竞争机制和激励机制，形成“事事考评有成绩，人人干事有责任”的管理体系。逐步建立一支思想高、作风正、业务强的教师队伍。在2016年中考中，共有3名学生上内地西藏班分数线，1名考上拉中，10名考上全区重点高中。

百年大计，教育为本；教育大计，德育为先。萨嘎中学从农牧区学生的行为习惯养成教育入手，开创“课前三件事”和德育“四化”工作体制，努力将学校打造成为县级农牧区寄宿制示范中学。“让学生成才，让家长放心，让社会满意”的办学宗旨，注重学生的全面发展，不断创新校园文化活动，严格落实“三包”管理制度，确保学生“进的来，留得住，学得好，生活得愉快”。学生的流失逐年减少，学生巩固率达到100%，实现了国家教育均衡发展的目标要求。

【加强队伍建设，完善组织保障】 学校提出“五支队伍”建设即干部队伍，党员队伍，教师队伍，班主任队伍，学生队伍建设的管理理念。成立校长为中心的领导集体，统一管理学校各项工作，把学生的生活，安全等放在首要的位置，为他们的健康成长提供最贴心的服务和最可靠的组织保障。为进一步提高管理水平和教育教学质量，学校实行学科包干管理制度，由一个副校长主管教育教学质量和教导主任的领导下，学校教育教学工作得到更好地开展。

【开展学生德育工作】 德育是一个学校工作顺利和正常开展的有力保障，也是学生健康成长的重要前提。萨嘎中学的德育工作始终坚持“一个中心，两个重点”（以爱国主义教育为中心，重点加强教师的言行身教和学生的行为习惯养成教育）来开展，形成德育工作的信息化、课堂化、生活化和社会化。使学生进一步增长知识，开阔视野；真正在课堂上形成爱国主义意识；在生活中学会感恩，懂得回报，能讲文明、爱集体、爱生活；使自己能在走出学校后更好地融入社会、适应社会、服务社会。

【关注于心、关爱于行】 萨嘎中学始终把安全纳入到每项工作的范畴中，高度重视，抓细抓实，丝毫不敢马虎。为此学校专门成立由学校校长任组长的安全领导小组，下设政教处。制订《萨嘎中学消防避震应急预案》《萨嘎中学师生交通安全预案》等36种与安全相关的预案与制度。同时，学校实行以教职工为主的24小时值班制度，政教处经常开展检查和自查工作。

【无私奉献型教职工队伍】 全校班主任在完成班级常规管理同时，还要关注学生吃、穿、住、行；进行不定期的学生家访；完成晚间10：30～11：30的学生宿舍查房任务（九九交接制）；做到全天24小时对学生细微的照顾（有疾病的及时送到医院，有逃学的及时与家长联系，督促学生返校并进行教育），义务帮扶有家庭困难、品行困难和学习困难的“三困生”等等。

【发挥党员模范带头作用】 作为教师中的先锋力量，党员教师要在平时的教学工作中做得更好，付出更多，时时处处要体现党员先锋模范带头作用。2016年6月和11月，每学期开学初开始，一学期内，每位党员教师要在经济、生活、学习、心理和健康等各个方面帮扶一名家庭困难、品学兼优在校学生。学校对全校孤儿、单亲、留守、残疾等特殊学生进行电子档案存档，通过以学校党员、教师对口帮扶及联系社会爱心集体和个人帮扶的形式关爱和资助，使他们认识到社会大爱的无穷力量。

【提升教师专业素养】 为进一步加强教师队伍管理，促进教师理论学习和教学研究，积极提高教师队伍整体素质。2016年7月和12月（12月统一参加全市教师业务考试）分别举行教师业务考试，以新课程理念为指导，以促进教师专业化成长为宗旨。坚持面向全体、突出重点、以考促学、以考钻研、以考促改和以考促教的原则，全面提高教师专业素质，努力提高教育教学质量。特别是初三全体任课教师分析近五年中考试卷，掌握中考动向及考题特点（常考、必考、选考等），制定出一年的工作计划，从而更明确地开展毕业班教学和复习工作。

2016年12月4日，学校教师中级职称评审工作由学校评审，学校公平、公正圆满完成教师中级职称评审工作，以优化教师队伍结构、提高教师整体素质为目标，坚持能力优先，业绩优先的原则，坚持严格程序，规范操作，公平公正公开的原则，顺利完成职称评定工作。

【丰富校园文化生活】 2016年是学校开展优秀民族文化“三进”工程的巩固阶段。长期以来，学校十分注重学生的业余生活，培养学生高雅生活情趣，促进学生全面健康成长。长期利用周末时间播放爱国主义影片。5月份认真组织举办大型的师生运动会。青少年活动中心开办书法、绘画、篮球、足球等各类兴趣班；2016年11月，活动中心开展首届“甲谐”文化为主题校园文化节。打扫县城街道卫生，到敬老院帮助和慰问老人，参加植树活动等。

【健全学生宿舍管理体制】 不管是宿舍还是教室，都是学生生活的乐园。学校为学生能更好学习和休息。24小时开放学生宿舍楼和教学楼，让学生的学习和休息形成规律性，养成良好的学习习惯和作息习惯。为营造一个安全、整洁、肃静、舒适、方便的休息、学习环境，保证宿舍管理机制正常地运行，根据萨嘎县中学学生宿舍具体情况，制定了《学生宿舍管理制度》，同时为了更好地管理，实行宿舍承包制，把所有宿舍分给各个教师管理。

【学生干部队伍】 在长期的实践中，学校逐渐摸索出一条由学生管理学生的模式，培养出班干部、学生会、文明督导队、护校队、团员督导队等。让学生管理学生，既有利于培养学生的管理能力和人际交往能力，又有利于让学生走进学生，让学生了解学生，为学校的管理增添新的动力和活力。

（边　旺）

【领导名录】

党委书记、校长
次仁朗杰（藏族）
副校长　普　　琼（藏族）
格桑朗杰（藏族）
次　　旦（藏族）

萨嘎县完全小学

【概况】 萨嘎县完小是一所离日喀则市450公里的西南边陲，海拔4320以上的牧区学校，学校占地面积有18560平方米，建筑面积11500平方米，现有九个教学班，在校生人数336人，学校肩负着县城及加加镇五个村六年义务教育任务，现有教职工32人（中级职称20人，副高1人）本科学历25人，大专7人。

【校园建设】 萨嘎县完小以“崇德善能，勤学善思”办学理念和习惯，责任，公正的管理理念，结合实际提出“以德育为中心，一手抓教育教学质量，一手抓规范管理”的工作目标，大力推进学校本着“以人为本，为学生终身发展奠定基础”为理念，以教学质量为生命线，努力打造教学特色品牌，学校自建校以来，有一支团结奋进、开拓进取、率先垂范的领导班子；有一支高素质的教师队伍，教学管理严格有序，教学活动形式多样，教师们在新课程改革活动中教学能力不断提升，获市级以上优秀教师称号10多名。教育是一种“活动”，活动是促使学生发展的基础，学校开展丰富多彩的课外兴趣小组，如：“足球兴趣小组”“藏汉书法兴趣小组”“舞蹈想去小组”等，为师生提供展示智慧的平台，张扬个性，以此来提升师生的素质品位。在每年全县范围内的统考中成绩显著，深得家长和社会的好评。建校以来，学校办学的实力不断提升。荣获日喀则市级“平安学校”、县级2014年统考中总分“一等奖”、县级2015年统考总分“一等奖”、县级2015年“无辍学学校奖”、县级2016年统考总分“一等奖”百年大计，教育为本，教育大计，德育为先。萨嘎县完小从牧民学生的行为习惯养成教育入手，努力将学校打造成为县级农牧区示范学校。

【德育工作】 学校坚持德育为首的工作思路，积极开展德育工作，针对新时期德育新问题，提出学校德育工作新思路，改进学校德育工作方法，努力提高德育工作效益，主要做了以下几个方面的工作：开展各项薄弱学科攻坚工作；开展班主任管理工作；集体召开家长会；教师师德师风建设方面；安全教育方面。

【加强班子建设】 学校特成立以校长为中心的领导集体，统一管理学校各项工作把学生的学习，安全放在首要任务为他们的健康成长提供最好的服务和组可靠的组织保障。为进一步提高管理水平和教育教学质量学校执行原有的期中期末考试外月月考月考，并每一次考试进行分析，分析时既要分析试卷又要分析学情，教情，总之提高教育教学质量上得到预期制订的目标要求。

【安全卫生】 萨嘎县完小始终把安全卫生工作纳入为每项工作达标的宫范畴中，高度重视，抓细抓实，为此，学校专门成立由正校长为任组长的安全卫生领导小组，制订《安全目标责任书》《萨嘎县完小师生交通应急预案》《教学事故目标责任书》。实行一系列安全制度并在学校开学前学校与班主任签订目标责任书，班主任与家长签订目标责任书，学校与任课教师签订交通安全责任书的各项制度落到实处，同时学校实行校长未带班，以教职工为主的24小时值班制度，经常跟萨嘎县公安局的协调下完成彻底排除安全隐患工作，2016年学校始终保持安全事故零记录。

【教职工队伍】 全校班主任完成班级常规管理的同时，还要关注学生的吃、穿、住、行、进行不定期监督及走访，到学生当中谈心，了解和帮助学困生存在的实际问题，每一位教师都有学困生帮扶帮扶对象并每学期学校将期末时统一检测学困生学习转换工作情况，并教师个人撰写的学困生成长档案存档并作为评优评选工作的重要依据。

【发挥党员模范作用】 作为教师中的先锋力量，党员教师在平常的教学工作中要做到带头作用，时时刻刻奋斗完成为学生服务的工作目标。每学期学校组织开展“献爱心，让学生健康成长”为主题活动的捐款活动，党员教师走访摸底的情况下有实际困难，需要帮助的选出20名贫困生，不仅给他们生活上的帮助还要时刻监督，关注学习上的动态，总之学校25名党员干部做到自己应有的责任和义务。

【提高教育教学质量】 为进一步加强和管理教师队伍管理，促进教师理论学习和教学研究，积极提高教师队伍整体素质。2016年，学校举行一次教师业务考试及参加市教育局组织的业务考试以新课程为指导，以促进教师专业化成长宗旨，坚持面向全体，以考促学以考促教的原则全面提升教师业务素质，努力提高教育教学质量。

【丰富文化生活】 学校十分重视学生的业余文化生活，培养学生德智体美学习兴趣，促进学生全面健康成长，长期利用周六时间给住校生发放一些去爱国主义教育片，周日给学生发放一些体育器材。每年认真组织校内运动会，书法比赛，歌咏比赛，诗歌朗诵。每天体育老师坚持开展“俩操”，阳光一小时等丰富多彩的业余生活。学校不定期开展学生有意义的社会实践活动，如“清扫母亲河”到敬老院打扫卫生，有组织，有顺序地开展各项活动。

【建立学生干部队伍】 在长期的实践中，学校逐渐选出在学生当中责任心强，有组织能力的5名学生成立学校护校队，让学生管理学生。

（巴　桑）

【领导名录】

党支部书记

达瓦顿珠（藏族）

校　长　尼玛琼拉（藏族）

副校长　巴　桑（藏族）

萨嘎县电力有限公司

【概况】 萨嘎县电力有限公司成立于2014年5月（前为萨嘎县农电公司），位于萨嘎县伦珠街、注册资本3115.97万元，公司法人巴桑次仁。萨嘎县电力有限公司职工共有30人，其中正式工14人，公益性岗位2人，临时工14人。公司现有三座水电厂分别为加达水电厂，装机容量为3*250千瓦、如角水电厂，装机容量为2*400千瓦及达孜小水电厂，装机容量为2*75千瓦。所属35KV变电站2座，总容量为1500KVA，加达水电厂及如角水电厂形成局域网输送线路为县城及加加镇、达吉岭乡、雄如乡、拉藏乡和如角乡共5各乡镇，总输电线路为361.13公里；达孜小水电厂输送线路为夏如乡，总输电线路为41公里，总供电人口11482余人。公司下设财务科、营业部、材料销售部、运行部、外线队、车间队6个职能部门。

【公司性质】 萨嘎县电力有限公司是国有企业，由县水利局业务主管，县电力有限公司实行独立核算，自负盈亏。

【经营范围与职责】 负责县电力有限公司资产的经营管理，负责县供电区域内发，输，配、售电业务，组织开展县域范围内的供电服务工作；负责组织实施县城及各乡村电网改造与线路维护工作；负责按照有关部门和单位委托的其他经批准经营业务。

【开展“两学一做”学习教育活动】 2016年，萨嘎县电力公司在县委、县政府坚强领导下深入开展“三严三实”和“两学一做”学习教育活动，认真组织公司员工重点学习宪法、党章、党的十八大和十八届三中、四中、五中全会精神。学习习近平总书记系列重要讲话精神、特别是“治国必治边、治边先稳藏”的战略思想，学习俞正声“依法治藏、长期建藏、夯实基础、争取人心”的指示要求。按照区、市、县委统一部署要求，进一步加强学习，不断提高自己的思想道德情操，坚定信念、忠于职守，思想上与党中央保持高度的一致。

【严格遵守各项规章制度】 工作上加强职工业务技术水平提高，严格遵守各项规章制度和安全生产制度。始终把安全生产工作放在首位，落到实处做好供电线路和供电设备的维护检修工作，完成好全年各种保保电任务，保障供电可靠性，不断提升供电服务水平，为萨嘎县的经济社会跨越式发展和长治久安提供更加优质的电力保障。

【“十三五”发展思路】 加强农村电网建设，提高供电服务水平，实现全县城乡电力一体化、均等化、智能化，大幅提升农牧区用电水平，到2020年，基本建成到乡到村的完整县城电网，电能成为县城和农牧区的主要能源，建立完善符合现代制造要求的先机供电企业管理体制和运转机制，基本建成安全可靠、节能环保、技术先进、管理规范的农村电网，实现电网覆盖率达到全县人口的100%，配电智能化律超过50%，农网供电可靠律达到99%，综合电压合格率达到98%，建立资产清晰、权利明确、管理科学的先机供电企业管理体制。

（巴桑次仁）

【领导名录】

总经理 巴桑次仁（藏族）

副经理 巴桑旺堆（藏族）

扎　西（藏族）

城市建设·环保

萨嘎县住房和城乡建设局

【概况】 萨嘎县住房和城乡建设局成立于2010年10月，主要任务是综合管理全县住房体系、完善廉租房、周转房、公租房房等保障性住房制度，着力解决低收入家庭住房困难；推进建筑节能，改善人居生态环境；指导县城、乡（镇）基础设施建设。住建局科级领导职数2名，科员3名，公益性15名，临时工16名（含2名驾驶员）。2016年，县住房与城乡建设局以建筑市场管理和安全质量监督为重点，统筹兼顾，多措并举，积极开展城乡规划和建设工作，推进保障性住房建设和基层政权建设项目等各项工作，保障各建设项目顺利完成。

【续建项目】 年内，续建项目共有2处萨嘎县2015年公共租赁住房建设项目，共96套，建筑面积4320平方米，总投资约1563万元，现完成主体；萨嘎县周转房维修改造项目，共120套投资60万元。

【保障性住房建设】 萨嘎县2016年公租房租赁建设项目有132套，建筑面积为6626.44平方米，该项目总投资为2275万元。现已完成主体工程建设，完成工程量的93%。萨嘎县2016年县级干部职工周转房共建设60套，总建筑面积4200平方米，总投资为1470万元。现处于基础浇筑阶段，完成工程量的20%。萨嘎县2016年棚户区改造项目改造棚户区160户，围墙232米，道路硬化198米及排水等附属工程。该建设项目总投资320万元，现已完成全部工程量。

【建筑施工安全监督管理】 为切实加强建筑施工安全生产工作，降低建筑工程安全事故的发生概率、实现全年建设领域安全事故零发生的目标，上半年组织开展“建设领域开复工前安全生产大检查”“工程质量治理两年行动专项排查”“建筑领域严打行动”“安全生产大检查、大排查、大整治行动”等一系列活动。自全县建设项目开工起，每月至少组织两次以上建设工程安全检查，加强了项目建设监督，减少建筑安全隐患，有效地预防了安全事故的发生。2016年萨嘎县建筑安全生产未发生任何安全事故、做到年初制订的建设领域“零”事故目标。

【招投标情况】 萨嘎县2016年公共租赁房建设项目，该项目总投资为2275万元。建设规模为新建公租房132套，建筑面积为6626.44平方米，以及相关配套附属工程，项目于2015年4月25日按投标程序正常开标。萨嘎县2016年县级干部职工周转房共建设60套，总建筑面积4200平方米，日喀则市发改委下达概算总投资为1470万元。该项目于8月24日按照投标程序正常开标。萨嘎县2016年改造棚户区160户，围墙232米，道路硬化198米及排污水等附属项目。该建设项目总投资为320万元，于8月25日按照投标程序正常开标。以上项目招投标均符合国家法律规定，不存在围标、串标行为，不存在工程转包和违法分包现象。

【城镇管理】 在县委、县政府共同努力和上级业务部门大力支持下，萨嘎县城市基础设施建设得到初步完善，县城美化、亮化、净化工程有了新的气色，按照县委、县政府的指示精神，初步起草《门前四包制》和《城市管理办法》。住建局现有31名环卫工作人员，其中，城管人员3名、公益性岗位15名（含3名城管）、临时工16名（含2名驾驶员）。为保持县城的清洁卫生，实行环卫人员组成3组分片包干制度，各负其责，同时申请县政府购置了压缩垃圾车，极大地改变了县城“脏、乱、差”现象，提高了县城的环境卫生。

【加强项目管理，确保工程质量】 实行建设项目法人终身制，严格执行招投标制，聘请有关质检专家和专业技术人员对重点项目进行全面把关，实行监理旁站制。根据施工合同，对施工队伍严格要求、严格管理、严把质量关，在确保工程质量的前提下，抢工期、抢进度。建筑材料使用方面，严格按照国家建筑行业的有关标准要求进料，严把质量关。所有材料都必须有出厂“三证”，并由监理验收签字后方可使用。在施工过程中，完成一道工序，必须有甲方代表和监理签字后才能进行下一道工序，并要求监理和施工单位认真记录每一天的进况。验收按照建筑法工程质量评定标准进行，所有隐蔽工程甲方代表和监理人员的签字后照相作为终验和财政评审的依据。建筑安全方面，强化建筑业安全生产监管工作。县政府多次组织相关单位深入工地，不定期对工程实物质量、安全生产状况进行巡查，发现问题及时下达整改通知书并督促整改，将隐患消除在萌芽状态，2016年萨嘎县未发生建筑安全生产事故。

【规范廉租住房管理和入住率】 住建局按照县委、县政府和上级业务部门及住建厅关于《廉租住房管理实施办法》，从2015年年底开始对所有房屋进行标注栋号和收集新增人员的申请书审核工作，截至年底，没有发现上访和违反租住等现象。萨嘎县共有廉租住房166套，已入住98套，现申请解决有9户，正审核资料和分配当中。2016年城镇低收入家庭享受租赁补贴符合条件的有44人，正在等待上级部门审核、批准。

【完成县城详规和控编工作】 2015年，萨嘎县打造西部驿站为契机，县政府投入资金，在现用的县城总体规划基础上聘请规划单位就县城拓展区的详规和控规进行了编制。截至年底，该规划已通过市住建局第一次审查，根据审查情况已进行了修改，待自治区修编批复下达后，进行再次审查。

【开展驻村工作】 按照县强基办的有关要求，住建局组织单位工作人员派驻工作队，倾听群众意见、组织调研等工作模式，解决了群众最急需和最困难的几项问题，得到村领导和群众的好评，完成县强基办交办的其他工作任务。

【全面完成各项统计工作】 按照上级部门要求，结合萨嘎县实际，统计保障性住房入住情况；公共用房受灾情况；基层“八有”工程现状；“十三五”期间保障性住房需求情况；厕所革命需求情况；每月按时上报保障性住房月报和半月报和其他有关数据。

（李世豪）

【领导名录】

局　长　拉巴次仁（藏族，5月免）
　　　　宋 晓 飞（5月任）
副局长　巴桑次仁（藏族）

萨嘎县环境保护局

【概况】 萨嘎县环境保护局成立于2010年10月，是政府主管环境保护工作的职能部门，履行环境监管职能，负责环境管理、污染控制、生态保护、环保宣传、排污收费等工作。下设环境监察大队、环境监测站两个事业单位。在编干部职工6人，其中：公务员3人，事业单位人员3人。

【强化宣传教育，倡导生态文明】 2016年，萨嘎县环境保护局先后多次开展多层次、多种形式的宣传教育活动。特别是利用每年的三月敏感时期、“六五”世界环境日、安全生产日等重要时间节点，在人员集中街道、学校及企业开展大规模的宣传教育活动，大力宣传环境保护法律、法规和环保方面的各类知识。累计悬挂各类宣传横幅12条，摆放环保宣传展板12板次，发放环保宣传材料600余份，手机短信平台宣传5次，提供环保咨询300余人次，新闻媒体、萨嘎动态（藏汉双语版）渠道宣传环境保护知识30余篇。环保宣传全县覆盖达到机关、进学校、进寺庙、进村庄的环保宣传目标。通过宣传教育，萨嘎县居民群众的环保意识明显增强。

【严查环境违法行为】 严把环境影响评价关。按照《环境影响评价法》要求，严格审批建设项目环境影响评价登记表89项，出具环评证明7件。切实强化环评后的管理，加强建设项目的业务指导，检查采砂点、加油站、水泥制品厂等企业环评措施落实情况10余次。开展建设工程领域环境影响评价违法项目清理工作，对存在问题的企业（项目）提出整改意见；强化环境执法监督检查。每年在全县范围内开展环境保护大检查，加强垃圾填埋场、卫生服务中心等污染源的监督管理。多次对县城3家采砂场、加油站、加气站、万泰水泥制品厂等重点企业（项目）进行环境隐患排查和不定期检查。重点检查企业（项目）污染防治设施建设及运行情况。截至年底，县城3家采砂场均建立了防污设施且运行正常，累计对雄如乡布扎村扶贫施工队、萨嘎县旦嘎乡农牧民施工队、云南白邑建筑工程有限公司等企业（项目）下达限期整改通知书 11份，并实时进行整改落实情况督查。不符合环评要求，环境影响较大的万泰水泥制品厂已停产关闭；加大排污费征收和环境违法行政处罚力度。严格执行《排污费征收使用管理条例》，做到应收尽收。着力解决侵害群众环境权益的信访问题，充分发挥“12369”环保热线作用，及时妥善处理环境信访案件，处置率达100%。对重庆川菜馆、雄如乡布扎村扶贫施工队、西藏天顺路桥工程有限公司等服务行业（企业）环境违法行为进行行政处罚，共计罚款4900元。

【提升监测能力】 聘请并协助四川省天晟环保股份有限公司完成了每年四个季度县城加加镇自来水厂、雅江县城段水质及县城空气的监测工作。2016年5月首次对县城娱乐场所开展了噪声监督性监测并对噪声超标企业负责人提出了整改要求；环境质量持续良好。根据2016年四个季度监测报告，县城空气质量总体优良，县城大气监测4项指标均达到《环境空气质量标准》（GB3838～2002）一级标准；萨嘎县加加镇自来水厂监测的22项指标全部达到Ⅰ类标准限值要求；雅鲁藏布江流经县城上游500米和下游1000米的23项检测指标除2016年第二季度溶解氧和总氮监测结果分别Ⅱ类和Ⅲ类水质标准以外，其余21项指标均达《地表水环境质量标准》（GB3838–2002）Ⅰ类标准。

【落实总量减排，强化污染防治】 污染物总量得到有效控制。全县2016年化学需氧量、氨氮、二氧化硫和氮氧化物排放总量分别控制在41.8吨、4.6吨、1.4吨和20.2吨范围内，圆满完成日喀则市环保局下达的总量控制目标；深入实施《大气污染防治行动计划》。根据《日喀则市萨嘎县大气污染防治目标责任书》要求，开展小型燃煤锅炉淘汰工作，禁止新建每小时20蒸吨以下燃煤锅炉，2015—2016年查处查封关停县城万泰水泥制品厂燃煤10吨以下锅炉2台。

【生态创建示范效应突显】 深入落实区、市环境保护系列安排部署和县委、县政府《关于建设美丽萨嘎的实施意见》，积极创建自治区级生态村，统筹推进美丽萨嘎建设，及时监测生态村环境质量，2016年申报自治区级生态村2个、自治区级生态乡1

个，2016年获得“自治区级生态村”命名2个村。

【重要生态功能区保护建设进度加快】 2016年，实施总投资为1770.15万元雅鲁藏布江源头国家级生态功能保护区（二期）建设工程，该工程已全面开工。实施总投资为20万元的雅鲁藏布江源头县城段和县城垃圾填埋场环境综合治理网围栏项目。

【安全饮用水源保障有力】 萨嘎县将饮用水源安全保障工作作为环境整治工作的重点，不断加大饮用水源保护力度。按要求全面完成了对加加镇自来水厂集中式饮用水源保护区保护项目和2015～2016年农村饮用水源点环境保护工程项目。同时积极争取到总投资为220万元的农村水源点保护项目。

【开展“两学一做”学习】 按照县委、支部“两学一做”学习教育活动的部署要求，萨嘎县环境保护局积极开展“两学一做”学习教育活动，制订学习方案、计划，开讨论会等。积极组织单位党员，采取手抄的形式，对党章全文进行抄写。在抄写党章过程中，全体党员结合个人成长、工作经历，以心得体会的形式记录自己学习党章、践行党章的所感所悟。集中学习次数为6次、每人学习体会2份。

【开展“干部联户、结对帮扶”活动】 为贯彻落实萨嘎县脱贫攻坚、精准扶贫工作，进一步了解和掌握定点帮扶贫困户的基本情况，增强帮扶工作的针对性。萨嘎县环境保护局干部职工在局领导的带领下，先后3次到萨嘎县旦嘎乡坚巴奴村贫困户的家中查看他们的生产生活情况，详细询问其家庭的收入情况、家人身体情况以及致贫原因、下一步的脱贫打算，并认真做好记录。同时，局领导带全局干部职工向贫困户发放酥油、面粉、砖茶等价值2600元的慰问品并宣传党和国家各项“支农、强农、惠农、富农”政策，增强帮扶对象脱贫致富实现小康的信心和决心，鼓励他们一起努力把生活质量提上去。随后，每位干部都为结对帮扶困难户送去慰问品，与他们交流、谈心，送去致富的勇气，使他们感受到党和政府的温暖，增强脱贫致富的信心，并表示，以后将根据帮扶对象家庭在生产生活中遇到的其他问题有针对性地进行帮扶。

【加强党风廉政建设】 萨嘎县环保局建立强有力的领导班子，班子成员各负其责，在工作中有明确的分工。主要领导是党风廉政建设工作的第一责任人，同时负责监督班子成员的廉政建设。形成“谁主管，谁负责，一级抓一级，上下互动，相互监督”的组织管理体系，为贯彻落实萨嘎县环保局党风廉政建设工作提供了坚强的组织保证；牢固树立廉政意识。2016年，环保局认真学习党风建设责任制和廉洁自律的有关规定，对党员干部存在的问题进行认真查摆。

（楚　多）

【领导名录】

局　长　阿　琼（藏族）
副局长　楚　多（女，藏族）
监测站站长
　　旺久次仁（藏族）

交通·通讯

萨嘎县交通运输局

【概况】 萨嘎县交通运输局是负责全县交通事业的主管部门，行政编制5名，其中领导职数2名，藏族3名，汉族2名，公益性1名。本科学历3名，专科2名。2016年是“十三五”开局之年，萨嘎县交通运输局认真贯彻落实十八届三中、四中、五中及六中全会精神及年初全县工作会议精神，紧紧围绕2016年年初制订的主要指标开展工作，不断完善以服务经济发展为核心的公路建设与管理，推进全县交通事业又好又快发展。截至年底，公路建设总里程达621.33公里，其中县道公里198.784/2条，二类边防公路107.3公里/3条，乡道111.504公里/3条，村道（建制村公路）203.801公里/19条。萨嘎县7乡1镇、38个行政村及8座寺庙公路已实现全部通达，6个乡（镇）、20个行政村（居委会）、4座寺庙均实现通畅，其中乡（镇）通畅率75%（除夏如乡、昌果乡）、行政村通畅率52%、寺庙通畅率50%。

【重点项目建设】 萨嘎县G349线至旦嘎乡改建公路工程，项目里程50公里，路面类型为沥青，批复投资12597万元，解决旦嘎乡、坚巴奴村、旦嘎村、萨当村的通畅问题，截至年底，累计完成投资2828万元；萨昌公路岔口至卓巴布村、唐如村及布扎村公路，项目里程25公里，路面类型为沥青，批复投资4185万元，解决了雄如乡卓巴布村、嘎康村、唐如村及布扎村的通畅问题，截至年底，累计完成投资1702万元；萨嘎县G219线至鲁嘎村公路，项目里程14公里，路面类型为水泥，批复投资2089万元，解决了达吉岭乡鲁嘎村的通畅问题，由于该项目2016年底下达批复文件，所以2016年未开工建设。以上项目投资均超过2000万，项目法人为日喀则市交通运输局。

【农村公路一般项目审查工作完成】 分别是萨嘎县G219线岔口至帕顿村公路，项目全长5公里，项目批复投资861万元，解决帕顿村的通畅问题；萨嘎县雄如乡桑亚拉山至卓加公路，路线全长26公里，项目批复投资1035万元；萨嘎县夏如乡坚巴夏村公路，路线全长10公里，批复投资569万元；上述项目经日喀则市交通运输局工作组进行实地审查工作，并于2016年底下达批复文件。

【夏如乡、昌果乡油路项目】 分别是G349线17道班至夏如乡改建公路，项目全长56公里，设计总投资31251.1424万元（包括夏如乡康莱雅江大桥），解决坚巴夏村、赤姆村、达孜村及夏如乡的通畅问题；雄如乡至昌果乡改建公路，项目全长71公里，设计总投资53250万元，解决孜康村、亚卡亚村及昌果乡的通畅问题，2016年底设计工作已全部完成。

【公路灾后重建项目】 萨嘎县农村公路灾后重建

项目有7条公路，项目总投资647万元。2016年4月初设计单位到实地进行设计工作，前置手续已办完，待批复文件下达。

【加大农村公路养护管理】 为提升萨嘎县农村公路建设与养护的重要性，年初制订养护计划指标及实施方案，年终统一进行养护考核，考核与奖惩相结合来激励养护施工队的干劲。截至年底，已完成农村公路养护、水毁的各项工作任务，其中2016年农村公路养护计划总里程359.2公里，其中县道2条、乡道2条、村道6条，养护投资95.9330万元。

【做好农村公路水毁后修复】 由于2016年7月至8月受强降雨天气，对萨嘎县农村公路受到不同程度的影响，对公路路基、路面、桥涵及防护设施造成不同程度的损毁，农村公路损毁110.973公里，其中路基、路面冲毁109.82公里；路基、路面淹没1.153公里；转场牧道损毁210.39公里，其中路基、路面冲毁205.85公里；路基、路面淹没4.54公里；农村公路桥涵损毁67座，桥涵引道冲毁的59座；牧道桥涵损毁23座，农村公路防护设施损毁1196米，其中农村公路桥梁导流堤396米，路肩墙损毁500米，挡土墙损毁300米，据初步概算农村公路直接路产损失1462.3万元。日喀则市交通运输局工作中到实地调研水毁工作，反馈恢复重建估算资金为3747.1万元。萨嘎县交通局对农村公路存在安全隐患的路段紧急安排工作人员实地测量，紧急安排施工队对水毁路段进行修复工作，分别对夏如乡夏东线路段、萨昌公路段进行修复工作，共投入58万元。

【农村公路抢险保通工作】 2016年，萨嘎县交通运输局按照“安全第一、预防为主，全力抢险”的工作方针，切实抓好防汛工作责任制，做到责任到位，人员到位、措施到位，抢险及时，确保汛期农村公路安全正常通行。灾情出现后，县交通局立即深入受灾现场了解灾情，先后到受灾实地进行抢险保通指挥工作，密切与乡党委、政府保持沟通联系，采取有效措施确保了抢险保通工作进展顺利，无人员生命安全事故。迅速启动公路抢险应急预案，及时派遣抢险保通设备，第一时间赶赴现场进行抢险保通工作，及时清理道路淤泥、边沟和泥石流等造成的塌方，组织夏如乡、雄如乡、昌果乡等当地施工队，先后投入20余台装载机、6余台挖掘机以及运输车辆对水毁路段进行抢险保通工作。

【安防工程】 2016年，日喀则市公路局安排实施萨嘎县城至雄如乡公路安防工程，波形护栏，安全标示标牌，爆闪灯等安全防护工程项目。

【推进交通基础设施建设】 2016年，组织工作人员对全县农村公路进行普查，并编制和完善萨嘎县公路网规划，认真开展剩余乡镇、建制村及寺庙公路项目前期工作。

（丹增平措）

【领导名录】

局　长　多 布 琼（藏族，5月免）
　　　　贡布次仁（藏族，12月任）

副局长、主任科员
　　　　次　　平（藏族，12月免）

副局长　卓玛曲珍（女，藏族，5月任）

日喀则市交通运输局加加公路段

【概况】 日喀则市交通运输局加加公路段隶属日喀则市交通运输局，组建于1966年，位于日喀则市萨嘎县城，距日喀则市452公里，平均海拔4500米，养护总里程251.943公里。其中省道205线186.262公里，是昂仁县通往各乡和那曲尼玛县的必经之路，该线路地形复杂，夏季水毁严重，冬季雪灾频繁，是重点保通线路；加吉线65.68公里，从2004年起以发扬和继承“无私奉献，艰苦创业”的老加加精神，针对加吉线无路基、水毁大、交通量大、养护经费不足等的实际情况，段部制订行之有效先易后难的工作方法，组织人力、物力在该路段上进行了整治弯道、取直线型及涵洞增设等工作。现已达到四级砂土路标准。两条线均属砂土路，特别是S205线是2011年5月从原卡噶公路段接养的，当时无路面可言，属于自然路。为提高公路的技术等级和公路的通行能力于2011年开始标准路修建任务27公里；2012年25公里；2013年35公里；2014～2016年完成50公里的公路整治任务，通过全段干部职工近几年的不懈努力，现95%的路段已成型，修建标准路150公里，达到了公路技术标准要求。

日喀则市交通运输局加加公路段下设三个工区，即加吉一、二工区；尼桑工区。其中加吉一工区为女子道班；由于尼桑工区养护里程长，为流动养护工区，每年4月初至11月养护繁忙季节，进驻工地住帐篷，进行全面养护；一工区女子道班是公路段的骄傲，于1977年荣获大庆式企业称号，于1978年荣获国务院嘉奖令。

截至年底，有职工人数112人。其中：在职干部职工76人（包括补员），退休职工36人，在职干部职工平均年龄38岁。

【组织机构】 日喀则市交通运输局加加公路段设有：段长室、书记室、财务室、路政所、统计室、机械后勤组，三个工区及一支抢险保通突击队。

【党建情况】 日喀则市交通运输局加加公路段设一个党支部，下设2个党小组，全段正式党员16名，预备党员3名，积极分子5名。

【机具情况】 公路巡路车1台；50装载机2台；大型推土机1台；皮卡小车1辆；小型挖掘机1台；小型压路机1台。

【加强安全和环保工作】 2016年是“十三五”开局之年，为确保“十三五”规划开好头、起好步，实现交通运输发展“开门红”按照上级部门的要求，不断提升公路服务能力，加强安全和环保工作，除需加强行业自身建设。在上级党委、政府和市交通运输局的正确领导和亲切关怀下，始终坚持全面落实科学发展观，认真贯彻两级交通工作会议、公路养管工作会议等一系列会议精神，团结奋斗、扎实工作，不断加强公路养护管理水平，以路面养护为中心，注重全面养护，对公路顺畅、边沟清理、桥涵疏通、整修路肩以及路面料的饱和度在不同程度上进行整治。并抓住有利时机对公路进行路面料的铺筑，把握好雨季高峰结束后对公路进行全面铺料，确保路面的稳定性、饱和度和坚实性。进一步加大对公路病害整治的力度，特别是路面出现的翻浆、坑槽、沉陷、松散、搓板等病害进行处置。使公路养护质量得到了不断提高，公路好路率得到稳步上升，为夯实公路养护奠定了基础。

【公路养护】 （S205线）公路养护小修保养生产完成情况：整修边坡13980平方米；整修路肩31956平方米；疏通涵洞70道；清理边沟127800米；清雪打冰1236400立方米；清理路面石头176000立方米；清理流沙5280立方米；补坑槽37820平方米；清理塌方16420立方米；备路面料4050000立方米。铺路面料4000000立方米；清除路肩边坡杂物2980平方米；公路用地1～3米垃圾35600平方米；铲搓板路857768平方米。管养的186.262公里，优良路率达77.79%；（G219加吉线）公路小修保养完成情况：疏通涵洞98道；清理边沟182370米；整修路肩35728平方米；整修边坡15020平方米；清理塌方13480平方米；清雪打冰1221600立方米；清理路面石头160800平方米；清理边坡杂物3020平方米；公路用地1～3米垃圾57190平方米；清理流沙8680立方米；补坑槽48700平方米；备路面料2605000立方米；铺路面料2565000立方米；铲搓板路975000平方米。管养的65.68公里，优良路率达78.76%。

【公路整治路段】 对管养的S205线186.262公里路面料的全面铺设，在完成小修保养工作任务的同时，对S205线进行了其他公路小型维修整治工作，主要有：完成路基整治50公里；山体半填半挖15180立方米；修补路肩18687平方米；新挖边沟32624米；路基填方8120立方米；挖方3486立方米；铺路面料14000立方米；增设0.75米水泥管涵

3道；增设1.5米波纹管涵1道；增设1米波纹管涵3道；增设2米波纹管涵2道；新建3米涵洞1道；更换涵洞盖板7块；维修桥栏杆3处；修建12米单排应急钢架桥1座，小桥维修加固1座，维修桥梁护坡底座112立方米；浆砌护坡引道192立方米；浆砌上挡墙113.4立方米；窄路加宽下挡墙2处499.28立方米；混泥土挡冰墙2处299.69立方米；下挡墙冲沟277.76立方米；维修涵洞铺地掏空11.25立方米；维修桥梁锥坡4立方米；维修桥梁墙体漏筋1处；路基加宽681.5立方米。截至年底，该线路全长175.2公里，通过公路段每年不同程度的整治，完成了152公里的整治。公路由2011年接养前的自然路，达到了现在的四级砂土路标准，公路通达里程达到了98%以上，确保了S205线沿线7个乡镇及通往那曲尼玛县农牧民群众和过往司乘人员的安全通行。

全年累计完成小型维修工程费用460余万元，（其中包括历年结余经费）。将公路小修保养经费用在刀刃上。上级部门安排公路生命安防工程S205线，增设加强型波形护栏6000米，段部新增桥名及限载标志15块；山名牌2块；钢架桥应急提示牌2块；指路标志7块；雪灾安全温馨提示牌（大型）2块，确保了该线路高边坡、窄路、急弯的安全通行。

【路政管理】 路政管理工作，始终按照上级业务部门的工作安排。在段党支部的指导下，认真开展路政管理工作，确保路政法律法规，政令畅通。路政宣传：针对2016年路政宣传月活动，开展“爱护桥梁、保障畅通”为主题，在全县范围内广泛宣传《中华人民共和国公路法》《公路保护条例》以及路政法律法规等相关法律法规。共发放《中华人民共和国公路法》藏文宣传册子245份，《公路保护条例》320份，《西藏自治区公路条例》287份，播放公路法录音19小时，设固定咨询点一个，收咨询人45人次，出动路政员9人次，义务宣传人员12人次，同时修改完善了公路段《路政应急预案》；路域环境整治：拆除违章建筑2处，清理边沟64公里，清除沿线公路垃圾969余方，清理桥头、桥底垃圾137余方，清理公路用地1～3方位内垃圾10公里，疏通边沟6723米，涵洞23道，修复各类标志31块，清理建筑物垃圾512立方；公路巡查：截至10月5日累计上路巡查154天，立案查处1起，结案1起，结案率100%，收取公路赔补偿费300.00元，办理路政许可案件1起，公路路政案件建档率达95%以上。

【精神文明建设】 交通精神文明建设为交通事业的发展提供精神动力和智力支持。交通是一项社会服务性强的行业，加强精神文明建设尤为重要。公路段首先从领导班子抓起，做到团结协作共同制订各项工作方案，认真落实上级精神，把全段职工融为一体；其次，在抓好公路养护的前提下，加强职工职业道德行为规范，提高为民宗旨，发扬老西藏养路工人无私奉献精神，以道班为家、养路为业、艰苦创业、无私奉奉献、甘当路石的高尚品格，努力塑造当代养路工人艰苦不怕吃苦、缺氧不缺精神的光辉形象。

【党风廉政建设】 强化管理、加大公路整治力度。继续坚持以养好路面为中心，加强公路全面养护，加强对沙土路的养护与管理，做好日常养护、季节性养护和预防性养护工作，不断改善路容路貌，提高公路通行质量，公路整体水平得到明显提高；建立长效机制，确保公路安全畅通。完善各项工作制度，加大公路查处力度，做好水（雪）毁抢险保通工作，对危险路段增设警示标志，改善公路通行条件和服务水平，在发生水（雪）毁险情时，靠前指挥，积极做到不等、不靠、不要。全力抢险保通，缩短阻车时间，为司乘人员提供方便；加强财务、机务管理力度。财务人员严把财务关口，对公路养护资金进行统筹安排、合理分配，认真执行财务各项制度，不断提高工作质量和办事效率，使财务更好地为公路养护服务。统计工作，按照上级要求，进行统计报表、图表的规范化制作，段部利用冬季休闲时间组织各工区统计人员进行业务学习指导，使其掌握一定的统计知识水平和业务技能，各类报表、固定资产得到了规范，建立了固定资产档案，统计工作正逐步走向正规化、规范化道路；加强党风廉政建设。为切实做好党风廉政建设将该项工作落到实处，公路段强化领导班子的思想、政治、组织和作风建设，组织党员领导干部认真学习贯彻党章，坚决维护党的纪律，狠抓反腐倡廉教育，在思想上树起一道防线；在开展“两学一做”活动中，公路段按照县委要求，认真做好每一阶段学习任务，按时上报学习简报6篇，每个党员完成手抄党章1份，党员公开承诺各1份。

【安全生产】 安全生产工作。牢固树立“安全第一、预防为主、防治结合”和“防范重于泰山”的思想，本着对人民群众生命财产安全高度负责的态度，认真学习领会上级安全生产工作会议和有关文件精神，切实把安全生产工作纳入公路段的议事日程，做到安全生产工作与养护生产工作、职工日常生活管理中，做到同安排、同落实、同检查。按照市交通运输局的要求和部署，成立以段主要领导为组长，分管领导为副组长、机关各组长、各工区长为成员的安全生产领导小组，并制订“谁主管、谁负责”的安全生产负责制；为把安全生产工作落实到实处，增强广大养护干部职工的安全防范意识，把交通运输局安委会与公路段签订的《安全生产目标责任书》翻译成藏文，集中对各工区职工进行讲解，同时与第一责任人和直接责任人之间分别签订《安全生产目标责任书》；为确保道路运输安全，年初组织专门工作人员，对管养公路的防护设施、桥涵、急弯、险路等交通安全设施设置情况和养护维修情况进行了全面检查，对存在的安全隐患及时予以维修和处置；按照上级的要求，安全月期间做好宣传安全知识的同时，制作安全宣传横幅悬挂到单位大门；加强一线养护职工的安全思想教育，严格做到机械不带病上路作业，养护人员上路作业时，必须身着橘黄色公路养护标志服、按标准设置安全作业标志，通过全段上下共同努力，2016年未发生任何安全生产责任事故。

【确保公路保持畅通】 今冬明春工作主要是对管养线路进行全面的保养工作，同时也是雪灾频繁季节，要严格做到公路抢险保通工作不松懈，公路日常养护工作不滞后。特别是S205线152公里整治路段以及正常养护路段改善的工作，不断加大养护力度，提高公路养护质量，做好冬季雪灾抢险保通物资储备，确保冬季抢险保通工作落实到位，公路常年保持安全通畅。

（彭　海）

【领导名录】

党支部书记　格桑旺堆（藏族）

段　　　长　彭　　海

中国邮政集团公司西藏自治区萨嘎县分公司

【概况】 中国邮政集团公司西藏自治区萨嘎县分公司现有在职职工共计8人，其中支局长1人，B类合同工5人，C类职工2人。根据业务类型分为代理金融，代理保险，包裹收寄，人民币存取款，理财，外汇，保险业务等。是经中国邮政集团公司批准运营的金融网点。2016年萨嘎县邮政分公司认真贯彻落实集团公司和区（市）分公司的各项决策部署，积极应对复杂多变的市场环境，积极进取，克服各种困难和市场环境的不利因素，圆满完成了各项市分公司下达的目标任务，取得了一定成效。

【完成各项考核计划】 2016年，萨嘎县邮政分公司积极响应市分公司的市场外拓营销精神，积极宣传金融业务，取得一定成绩。萨嘎县邮储银行在2016年秉承“激情，实干，争先”的企业精神，深化企业改革，加速业务转型。抓住业务发展重点，努力提升服务质量服务地方经济，为萨嘎县2016年经济做出了一定的贡献。另外公司积极推进内部机制改革，增强内控制度，加强员工队伍建设。着力提高员工服务素质，各项工作得到了有利发展。并取得了飞跃式的发展。依照年底数据，萨嘎县分公司各项存款达到232万元，较

2015年增长51万元。邮政金融总收入达256万元，同比净增46%。同时因为出色的营销方式和服务质量赢得中国邮政集团公司和中国邮政集团工会联合颁发的营销方式劳动竞赛标杆网点奖。

【寄递发展】 萨嘎县邮政分公司不断提高寄递通信的覆盖率，确保寄递工作的正常运行。在巩固寄递成果的同时，萨嘎县邮政分公司全年共投递党报党刊40多万份。加大邮政通信安全工作管理力度，始终把搞好普遍服务工作作为己任的精神，赢得当地政府、企事业单位和广大农牧民的赞誉，同时对邮政服务工作也予以了肯定好评，不断塑造着全心全意为人民服务的邮政形象。萨嘎县邮政分公司在文化大发展的背景下，把“创先争优强基惠民生”作为农牧区乡邮工作的重点之一，为此召开专题会议，切实强化了投递服务质量，及时迅速满足客户用邮需求，树立良好的邮政企业形象。并做到监督检查必须到位、投递服务标准必须到位、宣传力度必须到位。通过大力宣传邮政服务内容和服务标准，了解和宣传集邮文化和用邮需求，得到客户的一致信赖。同时，积极配合乡政府网点建设，整合人力资源，做好乡邮人员工作分配，提高工作效率，优化人员结构，并且利用乡邮网点有利条件，把邮政业务辐射到广大农村地区，为萨嘎地区广大的农牧民提供更优质的服务。更好地做到了人民邮政为人民的服务宗旨。

【安全工作】 安全方面加强监控力度，在局内外配备一定的消防设施。定期组织员工进行安全知识的培训。并将安全问题纳入到员工的绩效考核中。并每月实行定期组织安全生产检查，使安全生产工作制度化、规范化。确保了邮政通信生产安全，维护了社会稳定秩序。这使得萨嘎县邮政分公司在安全问题上又上了一个新的台阶。

【牢记使命、服务三农】 中国邮政集团公司西藏自治区萨嘎县分公司发展到现在离不开当地党委政府和有关部门关心支持。全局将提高服务质量，本着人民邮政为人民的宗旨，紧紧围绕市邮政分公司的经营指导思想开展工作，严格落实各项经营决策，以企业发展为中心，在市邮政分公司的坚强领导下，求真务实、真抓实干、开拓创新，真诚服务，勇于开拓，克服种种困难，加大基础管理工作力度，加大金融揽收和宣传力度，让更多的人，信赖邮政，依赖邮政，为萨嘎县的经济繁荣做出应有的贡献。

（嘉　措）

【领导名录】

支局长　普　扎（藏族）

中国电信集团公司日喀则分公司萨嘎县电信局

【概况】 萨嘎县电信业务始于2000年，2001年正式开办电信业务，主要经营固定电话、移动通信、电视电话会议，互联网接入及应用等综合信息服务。2016年，有员工4人，7乡1镇实现实体店。全县共建设37个基站，其中3G基站32个，7乡1镇及33行政村手机信号已全部覆盖，现已全县无线网络覆盖达到95%以上。

【工作情况】 净增移动用户数2560部，完成全年计划的100%；来电显示渗透率100%；七彩铃音渗透率95%。全县牧民群众使用电话3500部，7乡1镇及各个独家单位光纤都已到位。累计完成固网156.05，完成年计划的94.23%。移动业务98.12%，完成年计划的113.12%，收入完成714.5万元。

【移动通讯】 为更好提高和改善萨嘎县牧区通信条件，加快牧区建设小康社会步伐，萨嘎县电信局在上级部门的支持下实施“乡村通光纤”等工程。萨嘎县电信局每年让广大牧民享受优质的通信服务，2016年发展上针对羊年开门红活动和天翼村活动，萨嘎县电信局按照农牧区经济条件的特点，结合西藏电信公司的服务特色专门制订“天翼村”优惠政策。使用电信用户者都已享受医疗和养老保险由电信缴纳，萨嘎县电信局全体员工的足迹踏遍了7乡1镇，走村串户为当地农牧民群众办理了存话费送手机500部。

【网络覆盖】 全村级覆盖3G信号。全县共建设37个基站，其中3G基站32个，7乡1镇手机信号已覆盖，现已全县无线网络覆盖达到75%以上。

【客户服务感知提升】 萨嘎县电信局以“用户至上、用心服务”为理念，以提升用户满意度为指引，以关键服务环节为切入，以感知测评为手段，强化差异化服务优势，积极参与政风行风建设，不断规范萨嘎市场，加强用户信息安全、网络安全和信息化建设。

（巴桑扎西）

【领导名录】
局长　欧珠次仁（藏族）

中国移动通信集团西藏有限公司萨嘎县分公司

【概况】 萨嘎县移动分公司现在岗人员有经理、集团客户部经理、渠道经理、全业务技术支撑、综合事务共5人。乡服务站有达吉岭、如角、拉藏、雄如、夏如、旦嘎、昌果7个乡服务站，县城有双拥路主营业大厅和德吉路手机连锁专卖店，伦珠路移动服务站。

2016年萨嘎县移动分公司以“三个在”为工作指导思想，即“在基层、为弥补一些困难和改善不良的局面而努力，为更上一层楼而不断地去分析问题、吸取教训、分享有点、改善短板，在一线、全体员工所有精力放在一线支撑和帮助，为一线员工打造良好的工作基础和条件。2016年萨嘎县分公司运营收入累计完成727.19万元、DOU值为205.15M、家庭宽带（Wi-FIi）累计完成253户、日均活动客户份额达到55.75%、新增客户数达到3455户、存量客户保有率达到69.34%

【营销活动】 萨嘎县移动分公司作为一个业务部门，按照公司领导指示每周下乡营销次数4～5次、每周县城抄店营销次数3次以上。

【渠道覆盖】 2016年，萨嘎县移动分公司县发展7家乡镇服务站打破了农牧民用户不能缴费困难，办理业务难问题，主要以当地乡镇住店时间较长的藏餐店铺浅谈。

【集团信息化建设】 2015年萨嘎县移动分公司累计发展集团专线9家，2016年新增1条，其中1条资费为月2000元。累计2016年信息化收入完成26.32万元。

（尼　玛）

【领导名录】
经　　理　德庆卓嘎（女，藏族）
集团客户经理
　　　　　尼　　玛（藏族）
渠道经理　仁青康珠（女，藏族）
全业务技术支撑
　　　　　拉　　平（藏族）
综合事务　索朗多罗（藏族）

中国联合网络通信有限公司日喀则市分公司萨嘎县营业部

【概况】 萨嘎县联通营业部建于2009年7月，现有自办厅1个、员工3人。在实际工作中，萨嘎县营业部全体员工一如既往地在日喀则分公司的直接领导下，坚持以发展为中心，积极应对困难和挑战，采取有力措施，加快业务发展步伐；努力抓好集团营销与服务，做好行业信息化和新业务推广，尽可能地提高经营效益；抓好精细化管理，做到管理到位、责任分明；认真搞好服务管理与考核，根据实际情况完善、细化管理办法，制订合理的鼓励措施，改善服务短板，确保服务质量的稳步上升，提高了客户满意度。

【实现产品客户规模增长】 萨嘎县联通营业部在

日喀则分公司的领导下结合季度业务发展主打产品及重点指标的改善，提升用户规模，鼓励经营单元全面开展促销活动，充分抓住节日营销契机，以指标改善为抓手，促进规模发展与效益提升，实现产品客户规模增长和社会渠道快速拓展的双丰收，2016年营业部共完成主营收入39.21万元。

【市场管理】 萨嘎县联通营业部严格按照《中国联通西藏分公司客户资料管理实施细则》要求，在办理用户入网时坚持对用户的有效证件通过拍照、扫描、复印等方式，并对用户个人电子信息进行留存，同时对用户资料的真实性、一致性进行核实。对于用户资料不全、不真实等情况严禁办理入网业务，努力做到无差错、人证匹配。萨嘎县联通营业部工作在省公司的政策指导下，在分公司领导全局统筹、周密规划及各经营部全力推行下，充分利用渠道补贴成本建设，渠道工作取得了可喜的成绩：渠道数量显著增加。

【网络运行维护】 截至年底，萨嘎县联通网络共覆盖2乡1镇。2017年公司将加大投入对信号覆盖较弱的村镇增加基站。网络公司自7月份无条件件预受理岗运行以来，固网装机竣工率均维持在85%以上，全年竣工率平均为85.82%；修障及时率平均达到85.11%；装拆移满意度都为100%，较好地完成了集团下达的任务指标。

【团队建设】 2016年，加强对营业员的全面管理。进一步梳理和优化工作流程，科学分工，强化服务意识，提升服务质量。对营业员现有分工进一步细化，视工作需要，合理安排工作任务。要求营业员学好业务知识，提高业务推广能力，提高工作效率和质量。加强财务管理，开源节流，以最小的支出换取最大的收益。

（扎　西）

【领导名录】

经理　扎　西（藏族）

金 融

中国农业银行股份有限公司萨嘎县支行

【概况】 中国农业银行萨嘎县支行位于日喀则市萨嘎县伦珠街8号，成立于1995年7月1日，于2009年10月与全国农行一起成功上市，更名为中国农业银行股份有限公司萨嘎县支行。服务面为县城及7乡1镇38个村委会，是唯一在乡镇上有网点的金融机构，截至年底，所辖1个县支行3个营业所，全辖现有人员24人，其中汉族员工2人，管理员6人，业务人员16人、后勤人员2人，根据业务性质分设有会计、出纳、信贷、联行代理国库业务等，主要经营存款、贷款结算及代理人行、农发行业务。

【业务辐射范围】 中国农业银行网点遍布中国城乡，成为国内网点最多，业务辐射范围最广的大型现代化股份商业银行，业务由最初的农业信贷、结算业务，发展为品种齐全，本外币结合，能够办理国际、国内通行的各类金融业务。主要也括：存款服务、综合业务、外汇理财、人民币理财、代客境外理财、银行卡、汇款及外汇结算保管箱租赁缴费服务、代发薪服务、出国金融服务、电子银行服务、私人银行、融资业务、国内支付结算、国际结算、基金相关业、企业理财服务、金融机机构服务。

【“三农”服务】 年内，萨嘎县支行通过全体员工共同努力，业务取得新的拓展，各项业务经营稳步健康发展，信贷资产质量明显提升，内控管理水平进一步提升，特别是作为县域支行在“三农”服务和支持当地经济发展工作方面取得良好成效，并确保实现安全运营，在2016年10月被评为“2016年萨嘎县民族团结进步模范集体”。

【经济发展】 截至年底，萨嘎支行各项存款余额87380万元，较年初增加47953万元，增长率121.62%，其中储蓄存款13042万元，对公存款74338万元，净增48105万元，增长率183.38%。各项贷款余额29030万元，较年初增加6710万元，增长率30.06%；其中工薪贷款2914万元，较年初净增1408万元，增长率93.49%；涉农贷款22415万元，较年初净增6118万元，增长率37.54%；交通贷款余额3701万元。支行不良贷款余额为0万元，2016年无一笔新增不良贷款。2016年元月萨嘎县被成功评定为信用县：累计颁发贷款证2300户，颁证面达99%，使用率达95.8%，其中，金卡765张、银卡678张、铜卡650张，钻石卡207张（一星65户、二星82户、三星60户），精准扶贫小额到户贷款证839张，截至年底，扶贫贷款余额为4712万元，通过给能人贷款带动农牧户残疾人，贫困户，通过与钻石卡户签订帮扶协议（执行扶贫利率）每年帮扶贫困户。截至年底，已办理惠农卡

1888张，各项指标均得以圆满或超额完成。

【“三农”业务发展】 按照全国农行工作会议和区、市两级行长年初会议的安排部署，萨嘎支行始终坚定不移地深化“三农”工作.不断提高金融服务水平，努力为农牧民提供普惠制、广覆盖、多功能、可持续的金融服务，通过与钻石卡户签订帮扶协议（执行扶贫利率）每年带动和帮扶本县贫困户，作为县域支行上下切实树立面向“三农”服务城乡的经营理念。

在具体工作中萨嘎支行通过开展，思想教育、提高员工道德及思想高度、引导员工将服务“三农”引导员工带着感情、带着爱心、带着诚心为农牧民服务，积极依托“四卡”，有效增加对农牧业、农牧民的有效信贷资金投入，通过对所有乡村开展常态化的流动服务，向农牧民宣讲普及金融政策和信贷产品知识，大额资金兑现时为农牧民提供上门服务业务。同时，对广大农牧民开展诚信教育，有力提升本县农牧民整体信用环境。通过加强与县各级政府的沟通联系，积极争取党政部门的理解与支持，银政、银企关系非常融洽，实现共赢。萨嘎支行在贷款投向上积极为符合农行信贷相关管理办法规定，符合准入条件的农牧户发放农、林、牧业以及建筑、运输、批发、特色产品、民族手工业等贷款，满足其有效金融需求。

通过强化“三农”金融服务及管理，提高风险管控水平，不断提升本行“三农”服务能力，不仅涉农信贷资产质量保持较好水平，同时有力支持地方经济发展。截至年底，完成38个村累计安装24台的助农取款机布放，组织专人认真开展前期政策宣传解释工作，积极争取党政机关和农牧民的理解和支持。

【配套设施】 针对支行近年来年轻员工逐年增加的现状，支行积极争取资金，完成支行职工之家和健身中心等配套设施建设，加强伙食堂管理，彻底解决员工一日三餐的后顾之忧，尽量给员工营造优异的工作环境。

【综合营销】 年内，从萨嘎支行各项存款呈现稳中有升，总体完成情况较好。2016年萨嘎支行储蓄存款增长较快，超额完成全年任务指标，贷款业务发展情况，贷款增长较好，呈现“三农”贷款与个人贷款齐头并进的势头，其他各项指标完成情况较好。

【基础管理】 开展组织实施员工合规文化建设活动，员工整体合规理念、合规意识明显提升，继续实行差异化绩效分配体制，切实激发员工工作积极性，充分体现奖励机制的作用，认真开展对所辖内的尽职监督检查，做到及时查漏补缺，减少差错和工作中瑕疵，促进各项业务操作合乎程序规定以及制度要求。

【安全运营】 年内，支行未出现任何一起大小风险操作事件，确保安全运营。2016年针对运营、会计、信贷、安全保卫等环节加大规范化、科学化、标准化建设，开展各业务条线的“三化三达标”创建前期准备基础工作。

【集中学习】 萨嘎支行2016年利用每周五下午下班后的休息时间组织全辖青年员工集中学习业务类管理办法、集中探讨新型业务，召集支行全体党员干部开展党课8次，提升了全体党员干部的党性，提高了员工合规操作意识，强化职业道德素养。

【安全保卫】 年内，萨嘎支行将严格按照安全保卫工作条理、条例，逐条开展检查对照工作，确保无任何隐患地开展萨嘎支行安全生产工作，并获得2016年度安全保卫工作先进集体奖。

【安防教育】 年内，不仅圆满完成重大节日、敏感日子的安防工作，同时确保全年无论守库、押运、值班以及营业期间的安全无事故，平时萨嘎支行主要采取加强对员工的安防教育，引导员工自觉履行各项安防制度规定，严格相关纪律，层层签订安防责任书，加大对所辖网点的监督检查力度，对违反安全保卫的行为及时进行教育引导教育，及时达到惩戒目的，领导做到在注重业务经营的同时，狠抓安全保卫工作，从而确保了安全运营。

（晋米桑布）

【领导名录】

党支部书记、行长

尼　　玛（藏族）

副行长　罗　　宏（藏族，9月免）

巴桑强巴（藏族，9月任）

乡（镇）概况

加加镇

【概况】加加镇面积0.37万平方公里，距县政府驻地0.5公里，东与旦嘎乡接壤、南与吉隆县折巴乡相接、西与雄如乡相连、北与达杰岭乡毗邻。境内“219”国道横贯全镇东西，也是拉萨市通往阿里地区的交通要道。全镇平均海拔4500米左右，镇政府驻地海拔4500米以上。气候高寒严酷，无明显春夏秋冬之分，冬长夏短，属典型的高原性气候，空气稀薄，昼夜温差大。全镇班子成员12名，辖5个行政村（分别是加普村、杰村、达琼村、提吾卓纳村、达桑村），共530户，1825人（加普村102户、326人，杰村177户、631人，达琼村89户、281人，提吾卓那村94户、328人，达桑村68户、259人）。共有六个基层党支部，全镇共148名党员，其中农牧民党员110名，2016年共吸收积极分子20名。现有干部职工50名（不包括3名公益性，3名临时工），1名工人，全镇干部职工平均年龄30岁左右。

截至年底，加加镇共有县级人大代表10名，镇级人大代表30名（其中妇女代表5名）。全镇现有村级幼儿园一所，教师1名，在校生25名，学龄儿童入学率100%，巩固率100%。卫生院一所，现有卫生工作人员4人，全镇就医率100%。

【“两学一做”】扎实开展学习教育，深入推动全面从严治党，进一步解决加加镇党员队伍在思想、组织、作风、纪律等方面存在问题。5月20日，加加镇党委召开“两学一做”动员部署大会。按照上级要求，分别召开“学党章党规”“学系列讲话”“学治藏方略”“做合格党员”四次专题讨论会，并形成全镇党员干部心得体会80余篇。

11月11日，镇党委召开“讲学习、讲忠诚、正风纪、转作风、提效能”主题组织生活会，全镇党员干部深刻剖析。形成支部整改清单和个人整改材料。11月18日，镇党委召开“入党为什么、在党干什么、为党做什么”主题党性分析会，再次对党员干部党性进行深刻剖析，同时，召开“三亮三比”活动，要求加加镇党员干部公开亮身份、亮承诺、亮形象，比技能、比作风、比业绩，切实发挥好党员先锋模范作用。年底，依次召开“增进四个意识、树立四个自信，做合格党员”“扬清激浊、严规矩守纪律，做合格党员”“不忘初心、真抓实干，做合格党员”以及“坚定理想信念、坚守信仰，做合格党员”四个专题研讨会，就“做合格党员”内容，再重申、再教育、再剖析，形成党员干部研讨材料50余篇，务必使加加镇“两学一做”学习教育取得实效。

【干部队伍建设】加加镇按照党员发展“控制总量、优化结构、提高质量、发挥作用”的十六字方针，深入开展党员发展工作，不断壮大党员队伍，提高党员发展质量。加强对入党积极分子的教育培养，按照党员发展的五大环节25个程序，认真履行入党手续，全镇现有党员148人（其中预备党员11人），农牧民党员110人（其中预备党员8人，女党员17人），达到农牧民总人口的5.9%。

2016年，镇党委针对5个行政村26名村干部制订和完善了村干部考核实施细则。通过村民大会和走访群众了解村干部的德、能、勤、绩、廉等五个方面对村干部进行了考核，将奖惩和考核结合挂钩，有效调动了村干部的工作主动性和积极性。为提高加加镇村干部的素质能力和文化水平，加加镇党委牵头，开办了村干部素质能力提升一对一结对帮教培训活动，并由镇党群办编制藏汉数六套试卷，开展了两次村干部文化模拟考试，通过现场闭卷考试、现场打分、现场点评的模式，务必将加加镇村干部提高到初中文化水平。

【换届工作】 5月28日，中国共产党加加镇委员会党员大会胜利召开，大会应出席党员共121名，因事、因病请假23名，实到98名，到会党员超过应到会党员人数的五分之四，符合规定。会上镇党委书记普琼扎西代表中共加加镇党委向大会做了报告，预备会议过后，加加镇组织6个党支部分别召开讨论会，讨论镇党委工作报告和党费收缴、使用和管理情况报告。代表大会以举手表决的方式，全票通过选举产生了加加镇党委委员9名、纪委书记1名、纪委委员2名和出席县第九次党代会代表11名；镇党委书记普琼扎西主持召开了共产党加加镇委员会第一次全体会议，会议应到党委委员9名，实到委员8名，因出差、培训请假的委员1名，符合规定，并通过等额无记名投票选举的方式，全票通过选举产生了镇党委书记1名、副书记3名。

【党风廉政建设】 加加镇成立以镇党委书记为组长，镇长、镇纪委书记为副组长的党风廉政建设领导小组，下设办公室于镇纪委办。各党支部配备一名以上纪检委员。年初，分别与镇各科室、5个行政村签订《党风廉政建设与反腐败工作目标责任书》，镇领导班子成员、机关干部、村委干部分别签订了廉政承诺书。加强学习和宣传，镇机关坚持每周一次党风廉政专题学习制度，每村制订党风廉政建设宣传栏。

抓好管理制度建设。抓好规范干部从政行为制度建设，建立了农村基层党员干部党风廉政教育制度、农村基层党风廉政建设工作目标、镇村二级干部述职述廉制度、镇村公务接待等制度；抓好财务监督制度建设，镇纪委在财政、民政、农经等部门财务审计过程中行使监督权。建立专项资金使用发放监督机制；抓好民主监督制度建设。全面监督实行政务、村务、党务公开，每季度公开1次。制订完善了镇村领导班子议事规则，民主决策、民主监督机制，农村集体资产管理制度等；加大执纪力度，对支农惠农政策落实和新农村建设资金、农村基础设施建设资金等进行监督检查。

【机关干部作风建设】 规范办事程序。镇纪委要求机关工干部职工对前来办事的群众热情接待、认真办理，对不属职责范围内或不能办理的事耐心解释，并及时与上级沟通；实施阳光操作，加加镇将镇内各项收费和补助款的项目统一公布上墙，严格做到服务内容、办事程序、收费标准、工作人员情况公开，使到镇机关办事的群众一目了然，省心放心；严格考勤制度。镇纪委对干部职工上下班进行严格考勤，并大力查处上班时间上网购物、到茶馆喝茶等违规行为。

【团建工作】 2016年，加加镇从团员队伍建设着手，加强对团员青年的思想教育工作，将团的工作制度化、常态化。截至年底，加加镇共有86名团员，2016年新增团员10人，超龄退团4人，推优入党6人。2016年，组织团员志愿者开展卫生打扫活动2次，出动志愿者50余人次，清扫生活垃圾30余袋。

【妇建工作】 全镇妇女人数603人，其中正式党员40人（包括机关23人、五个行政村17人）、预备党员3人（包括机关2人、加普村1人）。全镇16岁以下儿童542人。

3月8日，镇妇联组织全镇女干部、女能人，畅谈生活工作、学习、理想，以生动的实例来激发全镇妇女们的创业热情，用身边的典型来感染、带动全镇妇女，促进她们思想认识的提高。利用素质教育，加速推进妇女素质提高进程，激发家庭妇女学知识、用知识、学科学、用科学的热情，推动素质教育向家庭延伸。积极组织广大妇女群众积极参与各行政村的文化活动，丰富业余生活。成立巾帼志愿者服务队，现有人员27名。

【维稳工作】 2016年，加加镇以“打防结合，预防为主”为工作方针，狠抓加加镇的维护社会稳定和社会治安综合治理工作，切实履行“保一方稳定，促一方发展”的政治责任，全镇辖区五个行政村无发生影响社会稳定的政治事件，无非法传销和变相传销，无集体上访事件，无重大安全责任事故。

镇党委书记任镇社会治安综合治理委员会主任，并及时充实综治办成员。各村社会治安综合治理领导小组机构，规定村支书、主任为主要责任人，保证层级管理机构健全，领导人员落实。在维稳和综治工作中，加加镇切实抓好矛盾纠纷排查调处工作，并且将其作为维稳及综治工作的重点，做到预防为主，及时化解。2016年，群众内部共排查出各类矛盾纠纷51起，成功调处51起，矛盾纠纷调处率达100%。

加强外来流动人口的管理。对外来流动人口较为重视，定期与不定期地组织民兵、护村队员对辖区内文化娱乐场所治安复杂场所等进行常规检查，并对外来人员和出租屋进行登记。落实刑满释放人员的管理，做到“不缺位、不遗漏、不放松”，并采取日常教育和阶段性教育相结合的方式，做好思想转化工作。

【国土工作】 镇域面积3370平方公里，下辖5个行政村，18个草组，全镇共549户，1869人。镇境内有4条河流，分别为雅江、加普河、亚热河、强雄藏布。积极配合县国土局开展清理整治排查加加镇及县城地质灾害防灾点，加加镇组织精干力量，先后3次安排检查组深入辖区内5个村、18个草组、防洪坝、河流等地开展防汛抗洪排查工作，动用人员50余人次、车辆20余次、摩托车18辆、马14匹。同时，加加镇及时修订了防汛值班制度，落实了防汛值班责任制，实行防汛值班带班制。

【人大工作】 精心组织，圆满完成人大换届工作并依法开好镇人代会。经过认真筹备，于5月29日召开加加镇第十四届人民代表大会第四次会议；创建1个“人大之家”，3个“人大代表小组”，开展了相关的代表学习培训活动，提高了代表政治素质，履职能力，打造了“学习型”代表队伍；加大工作监督力度，推动政府工作开展。

【“双联户”工作】 成立由镇党委、政府主要领导为“双联户”服务管理工作的领导小组，下发相关实施方案，并在各村成立由第一书记担任组长、村支部书记和村委会主任担任副组长的村“双联户”工作领导小组，保证了加加镇“双联户”各项工作有序开展。

【教育工作】 百年大计，教育为先，加加镇现有幼儿园1所25人，全镇适龄儿童入学率达到100%，小学在校生巩固率100%，初中在校生巩固率100%。青壮年文盲率控制在0.1%以内。教育工作的扎实开展，使全镇教育发展整体水平上了一个新的台阶。

【卫生工作】 2016年，加加镇医疗卫生工作取得新成效。全镇开展健康教育宣传活动，广大群众健康知识水平明显提高，有效杜绝了群众“因病致贫、因病返贫”现象发生。

【创新争优，强基础惠民生】 加加镇第五批驻村工作队开展驻村工作以来，严格按照“建强基层组织、做好维稳工作、寻找致富门路、进行感恩教育、办实事解难事”五个方面要求。在办实事经费使用中加普村三大节日“慰问”16560元，村居委会购买窗帘2000元；杰村“三八”妇女节慰问活动经费3000元，“3·28”特困户慰问8600元，村“两委”基层党建经费1万元，村委会大门及阳光棚修缮费4000元，购买会议室遮阳布1050元，两名学生内地上大学资助4000元，购买帐篷经费124600万元（178户×700元）；达琼村为贫困户购买慰问品及节日活动经费等20000元，改扩建暖井及购买发电机、抽水机、导水管70000元，制作宣传栏、横幅等10000元；达桑村购买“三大节日”慰问品20000元，基层组织建设经费10000元，修建牧道70000元。

【特色项目建设】 加加镇4个灾后重建点工作自开工建设以来，成立加加镇灾后重建工作领导小组，建立了镇领导包点机制。加加镇灾后重建工作五个行政村共涉及460户、1621人、6900万元。其中，加普村擦卡列草组、杰村整村215户、770人为新区建设项目（建设中）；达琼村整村、提吾卓那村整村、达桑村整村245户、851人为整村推进项目，此项目已于2016年8月竣工，2016年10月完成搬迁入住。

【农牧工作】 2016年大力推进加加镇农牧产业化，扎实促进社会主义新农村建设，加加镇农牧综合服务中心工作进展顺利，呈现出稳定健康发展的良好势头。

全镇草场面积228.39万亩，其中禁牧面积250.00万亩，草畜平衡面积203.39万亩（含114亩农田面积），于2016年3月顺利通过了2015年草原生态保护补助奖励机制工作区级终验。2015年度加加镇草奖下达资金为494.89万元，（其中，禁牧补助：150万元，草畜平衡补助：303.85万元，村级天然草原监督员补助：41.04万元），资金以一卡通的形式全部兑现给群众。

2015年加加镇草奖生产资料补贴按每户500元的标准，加加镇共381户，共计补贴19.05万元（由于资金下达超额以及政策变动等原因，以政府采购的形式，统一购买牲畜疫病防疫疫苗、药品、饲草料等物资，不再发放现金）。

2016年加加镇国民经济统计数据显示：加加镇牲畜存栏总数为26016头（只、匹），牲畜出栏数为11394头（只、匹）；新生仔畜数为8795头（只、匹），成活率89.6%；成畜死亡580头（只、匹），成畜死亡率在2.2%。

2016年加加镇共发放防抗灾饲草料62吨，其中：饲草47吨、饲料15吨。县农牧综合服务中心配发的价值3万元的兽药、饲草、饲料，也按照标准和要求下发至5个行政村，为加加镇防抗灾工作提供了有力的保障。

2016年8月，加加镇遭受冰雹及强降雨自然天气灾害。据统计：辖区内草场受灾面积15920亩，暖棚圈倒塌31座，受灾191户，665人，道路（牧道、乡村公路）损坏11.3公里，桥梁涵洞损坏4座，防洪坝受损505米，水井损坏20座。

2016年加加镇动物疫病免疫工作，建立有效的村级赤脚兽医考核制度，按照“镇不漏村、村不漏户、户不漏畜、畜不漏针、针不漏量”的防疫原则，建立了免疫卡。

【林业工作】 2016年加加镇林地面积13.39万亩，每亩补助5元，共计66.95万元；加加镇林业专职人员31人，兼职人员22人。

2015年野生动物肇事保险公司赔偿金额已兑现32.26万元；2016年野生动物肇事死亡牲畜数297（头、只、匹），资金方面保险公司还没兑现。

2016年加加镇加强林业资源的管护，强化巡山管护，加强森林防火宣传，镇护林员坚持巡山护林，望山守护，防火防乱砍滥伐等情况的发生。

【水利工作】 2016年，县政府出资5万元对加加镇杰村人畜饮水进行维修；县政府出资90万元为加加镇杰村行列、康萨草组修建一座人畜饮水机井。

【商务工作】 2016年加加镇对5个行政村1825人次

发放碘盐，加普村：3586斤，杰村：6941斤，达琼村：3091斤，提吾卓那村：3608斤，达桑村：2849斤，共计：20075斤。

【科技工作】 2016年加加镇科技特派员人数为10人，每人每年补助：5000元，共计：50000元，补助资金已全部兑现。县科技局按照加加镇需求，每年发放素菜种子，加加镇政府组织科技特派员每年种植蔬菜近1000斤左右。

【发展壮大村集体经济】 2016年，加加镇在上级部门和各驻村工作队的帮助下，投资3万、15万、42万作为启动资金，创办了达琼村餐饮店、加普村互助社、杰村短期育肥等村办经济实体，每年分别盈利8400元、15000元、170000元。总计，加加镇村办集体经济累计投资达到122.2万元。

【精准脱贫】 加加镇2016年建档立卡内贫困户数共计171户，551人（扶贫低保87户299人，一般贫困户84户252人），其中，加加镇杰村71户，250人已于年底实现全脱贫。2016年，县扶贫办为加加镇提供短期育肥项目资金42万元、生态岗位647个，按岗位下发资金共计1941000元。

【新型农村社会养老保险】 新型农村养老保险的出台是从老百姓切身利益出发的，新农保靠自己，靠政府补贴，靠社会发放，考达到年龄后每月领取养老金至终身，是一项利民惠民的好政策。2016年加加镇适龄参保人数为1095人，实际参保人数1035人，达到了94.5%。2016年，共征缴金额103500元，新增参保人数为33人，死亡18人。2016年，加加镇60岁以上人口共计71人，共发放养老保险金130635元。

【民政工作】 2016年，为进一步规范加加镇农村最低生活保障，根据国家、自治区、市、县各项最低生活保障政策的规定和要求，加加镇组织工作人员开展了农村低保入户调查核实工作，经调查核实，加加镇现有低保79户，266人。年内，“三大节日”慰问资金共发放11.82万元，兑现了“今冬明春”缺粮补贴资金11万元。2016年上半年低保物资共发放：大米860袋，面粉1048袋。对困难残疾、重度残疾进行入户需求调查，并发放残疾人两项补贴共56760元。

【计生工作】 年内，计生方面新增一孩双女困难家庭扶助对象8人，孕产妇住院分娩奖励人数17人，共发放奖励金额21140元。

【城镇居民社会养老保险】 城镇居民社会养老保险是为了让居民老有所依、老有所靠从根本上解决居民的养老问题而实施的一个惠民政策。2016年加加镇适龄参保人数为168人，实际参保人数为168人，达到了100%，缴纳金额30100元。

（王　耀）

【领导名录】

县政协副主席、党委书记
　　普琼扎西（藏族）
党委副书记、镇长
　　姜 元 波（5月免）
　　王 银 桂（白族，5月任）
党委副书记、人大主席
　　坚　　参（藏族）
党委副书记、党群办主任
　　次仁卓拉（女，藏族，5月任）
纪委书记　索朗旺珠（藏族，5月免）
　　旦　　珍（女，藏族，5月任）
政法委员、派出所所长
　　格桑顿珠（藏族，5月任）
统战委员、副镇长、人武部部长
　　次仁多吉（藏族）
宣传委员、副镇长
　　拉巴潘多（女，藏族）
组织委员　潘　　多（女，藏族）
副镇长、财务所所长
　　旦　　珍（女，藏族，5月免）
　　德吉卓玛（女，藏族，5月任）
副 镇 长　安 兴 华（5月任）

农牧综合服务中心主任

贡觉罗布（藏族，5月免）

扎西旺堆（藏族，12月任）

夏如乡

【概况】夏如乡位于萨嘎县东南部，乡政府坐落在达孜村，距县城150公里，平均海拔4430米，北接昂仁县切热乡，南与聂拉木县琐作乡相邻，西与旦嘎乡接壤，东南与昂仁县日吾其乡毗邻，东西窄、南北长。以牧为主的半农半牧乡，属典型的高原性气候，空气稀薄，日照充足，昼夜温差大。山势险峻、沟壑纵横，在雅江沿岸道路崎岖，交通条件极为不便。

乡下辖6个行政村（分别为拉亚村、夏如村、岗拉村、达孜村、赤姆村、坚巴夏村）；1个自然村（吴久）。全乡共6个村民委员会，村“两委”班子人数34人，其中一肩挑2人。全乡共14个村民草组或作业组。全乡总面积1210平方公里，其中耕地面积5133.3亩，林地面积26万亩，可利用草场面积90.63万亩，禁牧面积25万亩，载畜量为29081只（折羊单位），年末牲畜存栏数为20356（头、只、匹），据2016年国民经济统计，人均年收入约4820元。

全乡共有586户，2720人，共有52个联户单位，52名户长，其中六个村45个联户单元，45名户长；全乡共有8个党支部，160名党员，其中女性党员43人、预备党员13人、积极分子27人；全乡群众党员123人，预备党员6人，积极分子12人；全乡人大代表43人、县级代表16人、政协委员7人、党代表12人，共青团员214人。全乡在编干部职工52人，其中乡机关干部职工37人，包括公益性1人，临时工2人，乡卫生院4人，包括公益性1人，乡派出所6人，包括辅警1人。驻寺干部4人；全乡在职教职工30人，其中正式教师19人、中职班1人、公益性3人，临时工7人，在校学生263人，3所学前班（分别坐落在拉亚、夏如、达孜三村）。全乡贫困户370户，贫困人口1502人，其中扶贫建党立卡内145户，505人，建党立卡外225户，997人；全乡低保户54户，154人、五保护21人、三老人员8人、残疾人63人。

【基层队伍建设】重视党员发展质量。加强对入党积极分子的教育培养，坚持党员发展标准，认真履行入党手续，全乡共有8个党支部，160名党员，其中群众党员123人。重视村级班子队伍建设。年初乡党委就专门召开了村“两委”班子专题会议，制订完善了村干部考核实施细则，采取开会测评、约谈、走访群众等方法对村干部进行了德、能、勤、绩、廉五个方面的考核。将奖惩与考核结果挂钩，有效调动了村干部的工作主动性和积极性。

【扶贫工作】2016年，夏如乡把精准扶贫作为当前的重点工作，年内，建档立卡内贫困户145户、505人，脱贫户1户6人。建档立卡外225户997人，易地搬迁户数30户（坚巴夏村6户、岗拉村9户、拉亚村15户），受益人数286人；产业扶持94户，将受益人数240人；医疗救助13户，受益人数49人；生态就业岗位771人，发放资金2319000元；信贷扶持16户，受益人数182人；社会兜底14户，23人；拟易地同步搬迁43户、223人。

【“两学一做”专题活动】3月4日，夏如乡党委召开“两学一做”主题活动动员大会，通过“深化五项教育、增进五个意识”主题活动实施方案和工作领导小组，明确活动内容、明确活动内容、目标认为、开展形式、方式步骤、工作安排，为开展专题活动指明方向。各党支部也结合自身召开了专题组织生活会，就如何开展“两学一做”主题活动任务节点做了进一步细化。

【发展壮大村集体经济】以发展壮大村集体经济为突破口，促进农牧民增收。截至年底，夏如乡正在实施的村集体经济有：达孜村采砂场项目，项目资金17万元。拉亚村妇女编织合作社项目，项目资金32万元。拉亚村肉牛短期育肥项目，项目资金20万元。赤姆村羊毛加工项目，项目资金5

万元。

【团委工作】 夏如乡在团建方面十分重视团员的发展和教育工作，将团委工作制度化、经常化、规范化。2016年团员214人，新增团员54人，达到年龄退团的有13人。

【党风廉政建设】 在党风廉政建设和反腐败工作中，夏如乡强化组织领导，成立领导小组，明确领导小组成员职责。分别与6个行政村签订《党风廉政目标责任书》，将各村的党风廉政目标任务细化到个人。

【机关干部作风建设】 加强机关干部作风建设，由乡纪委牵头严格执行考勤制度，要求干部职工严格遵守上下班制度，并将全年考核情况作为干部职工年终考评的重要依据。

【为群众办实事解难题】 12月8日，为帮助贫困户家庭解决越冬口粮问题，夏如乡党委班子组织开展贫困户慰问活动给6个行政村76户贫困户家庭送去了76袋大米、76袋青稞、76袋糌粑。

【维稳工作】 维稳工作是社会经济发展的重要保障，年初乡党委、政府就专门召开维稳工作部署会议，制订维稳工作方案、预案安排部署了全年维稳工作。并结合本乡维稳形势制订信访领域、安全生产、宗教领域、意识形态等五个方面的排查工作台账。

在维稳工作措施上，严格执行24小时领导带班和零报告制度，做到了节假日和周末期间乡党委班子主要领导在岗带班，一半以上干部在岗值班。在重要节庆时段各村组织党员干部、“双联户”户长对各村主要路口、重要交通设施进行24小时轮班巡逻。

【经济发展】 根据2016年国民经济统计全年国民经济总收入1782.11万元，与2015年同比增加20%。其中农业总收入298.63万元，与2015年同比增加12%，农业总收入250.44万元，与2015年同比增加15%。农牧民人均收入从2015年的4300元增长到2016年的4820元，与2015年同比增加12%。

【农业】 2016年夏如乡大力发展特色农牧业，稳步推进农业结构调整，2016年播种良种青稞3174.8亩（喜马拉雅19号、藏青2000、320）；豌豆播种面积为903.1亩；经济作物播种面积866.7亩，其中油菜播种面积为335亩；蔬菜播种面积为266亩；饲草料种植面积451亩。全乡青稞总产量146.6万斤，豌豆总产量33.63万斤、油菜总产量17.24斤、蔬菜总产量51.92万斤，饲草料总产量185万斤（其中青饲料53.5万斤）；化肥48吨，农家肥12720吨。

【牧业】 2016年新生子畜8200（头、只、匹），成活率达91%；牲畜出栏8947（头、只、匹），出栏率达42%；牲畜存栏20356头、只、匹；兑现草原生态保护补助奖励机制资金403.82万元，野生动物肇事资金4.67万元，2016年夏如乡林业生态补偿资金共发放21.78万元，农资综合补贴9.23万元，科技特派员补贴60000元；口蹄疫O（欧）型、亚洲I（哎）型三价灭活疫苗牲畜数为29303（头、只），实免数量为29275（头、只）接种率达99.9%；冬圈夏草种植面积50亩。

【水利】 以项目建设为抓手，加快基础设施建设，筑牢经济发展基础。2016年全乡开工建设水塘、水渠等项目17个，总投资2162.05万元。2016年9月，夏如乡进行乡政府大院饮水设施改造工程。项目总投资18万元，于10月竣工完成。乡政府大院饮水设施改造工程有效解决了乡政府周边饮水问题。

【环境综合整治】 环境整治工作作为夏如乡的重点工作，党委、政府就专门组织召开专题会议，并多次召开专题部署会议，成立以乡党委书记为组长的工作领导小组，制订《夏如乡环境整治督查工作方案》，并与各单位、各村目标责任书，划分片区，责任落实到位。将环境卫生整治作为长效机制来抓，由各单位、各村委和驻村工作队负责定期组织群众对村居及周边环境进行打扫。乡督导组不定期对各单位、各村开展督查，整改不到位的下发整改任务通知单，限期整改。定期组织干部职工和群众学习环境保护法律法规知识，开展环保知识宣传，增强群众爱护环境、爱护家园的意识。

【劳务输出】 劳务输出主要是劳动力转移就业和农牧民技能培训相结合让农牧民群众增加收入，使农牧民群众过上幸福生活。根据2016年国民经济统计数据，2016年夏如乡劳务输出人次1267人/次，劳务输出实现经济收入3883740元。2016年派送120民农牧民群众到市人社局下属的9家培训机构参加太阳能设备维修、创业、装载机、挖掘机、钢筋机、混泥土工、农机维修、藏餐厨师等技能培训。

【教育工作】 教育工作作为夏如乡一把手工程，乡党委书记为主抓且配备了专干工作人员。工作人员经常巡查教育教学计划，教师请销假制度和学生吃、住、学等情况，进一步完善和提高整体教育效率。全乡小学在校生263人、初中在校人数134人，入学率达到了100%。

【卫生工作】 严格建立卫生工作台账，实施村医包村和考评制度，确保村医的管理和用药指导工作，全乡农牧民参合2720人，参合率达到100%，各种疫苗接种率100%，卫生知识宣传10次，门诊人数3415人次，住院人数46人，住院分娩42人。

加强医疗卫生队伍建设，提高诊疗水平，不定时的组织村医务人员在乡卫生院进行培训。让广大人民群众就近就医、安心就医。巩固完善基本药物制度，排查过期药物，保证农牧民放心用药。充分利用民族医药特色优势，提升藏医药服务能力。加强妇幼卫生和优生优育工作，保证孕妇在分娩周期得到有效保障。大力开展健康教育宣传工作，提高群众健康意识。

【妇联工作】 妇联工作是全乡经济稳定发展重要的一个环节，年内，夏如乡妇联主要在“三八”妇女节期间乡党委、政府为各村拨付1000元的活动经费。在“3·28”期间夏如组织开展贫困妇女慰问活动，并送去2000元的慰问金和慰问品。

【新型农村社会养老保险】 新型农村社会养老保险是国家出台的一项惠民政策，是一项好政策，达到年龄后每月就可领取养老金至终身。2016年夏如乡16~59岁应参保人数1482人，实际参保人数1434人。

【民政工作】 夏如乡2016年10月完满完成低保户筛选工作，现有低保户54户，154人。五保户21户，困难残疾人47人，高龄老人16人，重度残疾人16人，2016年发放重度残疾人补助资金21120元，发放高龄老人补助资金21120元，困难残疾人补助资金46860元。

【国土工作】 夏如乡2016年经过实际勘察，为合理利用国土资源，2016年5月，在通过与上级业务部门进行沟通后，开办达孜村采砂场，采砂场正为带动全村脱贫发挥着积极作用。

（李华波）

【领导名录】

党委书记　巴桑次仁（藏族，5月免）
　　　　　拉巴次仁（藏族，5月任）

党委副书记、乡长
　　　　　李 华 波

党委副书记、人大主席
　　　　　尼玛平措（藏族）

党委副书记、组织委员
　　　　　尼玛次仁（藏族，5月任）

统战委员、副乡长，土庆寺管委会副主任
　　　　　米　　玛（藏族，5月任）

纪委书记　王 继 汪（藏族，5月免）
　　　　　边　　珍（女，藏族，5月任）

宣传委员、副乡长
　　　　　次仁曲珍（女，藏族，5月任）

政法委员、派出所所长
　　　　　普琼达瓦（藏族，5月任）

人武部部长、副乡长

贡觉罗布（藏族，5月任）

副 乡 长 王 聚 刚（5月任）

副主任科员

普布多吉（藏族，5月任）

农牧综合服务中心主任

索朗桑布（藏族，12月任）

卫生院院长

次 央（女，藏族，12月任）

旦嘎乡

【概况】 旦嘎乡是“甲谐”文化的发源地。2002年旦嘎乡被自治区人民政府确定为“甲谐”之乡，2008年“甲谐”舞蹈入选为国家非物质文化遗产名录。

旦嘎乡位于萨嘎县东南部，距离萨嘎县城105公里，距日喀则地区431公里，平均海拔4500米，全乡国土面积850平方公里，全年无霜期约150天，高寒缺氧，是典型的高原气候，冻土层为1.7米，下辖3个行政村（分别是旦嘎村、萨当村、坚巴奴村）1个自然村（奴贡村）。2016年末全乡总户数为379户、1640人，其中男823人，女817人，劳动力921人。全乡耕地面积有2470亩，主要适宜种植的农作物有青稞、豌豆、油菜以及土豆、萝卜、白菜、元跟等耐寒作物；全乡可利用草场面积153.6万亩（其中禁牧25万亩、草畜平衡面积128.6万亩），核定年末草畜平衡载畜量21363只绵羊单位，2016年牲畜存栏17410.7个绵羊单位。

乡机关干部职工30名，其中行政13人、事业17人，公益性岗位2人，临时工1人，女13人、男20人，汉族及其他少数民族5人。乡班子成员10人，其中汉族3人、女性2人。平均年龄35岁。完全小学1所，教职工16人，在校学生176人。卫生院1所，医护人员5人（其中医生2人，护士2人，公益性1人）。派出所1座，民警3人，辅警4人。两宗教场所2处，一座寺庙奴贡寺，现有在编僧人10人，驻寺正特派员1名，驻寺干部3人；一座拉康旦嘎拉康，1名在编僧人。辖区共有5个党支部，党员140名，其中男性103名，女性37名。

【经济收入】 全乡农村经济总收入为1544.69万元；农牧民人均纯收入达到6781.6元。第一产收入538.3060万元，第二产业收入176.1500万元，第三产收入830.2400万元。

【项目争取】 年内，向上级部门争取的项目共有8个。投资1500万的旦嘎村水渠，8月初完工；投资37万元的坚巴奴村防洪坝；投资300万的旦嘎村至萨当村的小农建设水渠；旦嘎村和萨当村防抗灾仓库；乡周转房附属项目；投资1.2亿元的219国道至旦嘎乡萨当村的乡村畅通公路建设项目；投资190万的农牧民羊圈170个；投资42万元的旦嘎乡甲谐文化场地建设。

【农牧林业】 通过宣传教育，试点推广等措施，为提高农产效益，在全乡范围内推广播种了喜马拉雅22号和藏青320，促进粮食和饲草产量，收到了群众的热烈欢迎。2016年，旦嘎乡青稞产量136.716万斤，油菜产量2090斤。2016年，牲畜总头数13308（头、只、匹），牲畜出栏率63.8%，子畜成活率90.9%，牲畜死亡率1.2%。2016年种植树木13965棵，600多亩，科学改变了种植方式、改善了大水漫灌式的灌溉方式，有效提高了树木成活率。

【科教文卫】 通过狠抓管理、狠抓教学，2016年，旦嘎乡实现了学校师生安全无事故，学生成绩不断迈上新台阶。

2016年全乡参加合作医疗筹资的人数为1572人，筹资率达到100%。2016年全年，乡、村门诊接诊1391人次，住院26人次。通过县科技局的大力支持下，组织各村科技特派员集中学习2次，在农牧业良种推广、蔬菜温室种植等方面起着“带头老师”的积极作用。

【民生保障】 认真做好医疗、教育、养老、民政等民生基础工作，确保群众基本生活有所改善。

通过走村入户、大力宣传，旦嘎乡2016年新型农村养老保险60岁以下参保912人，缴费金额共计91200元，参保率达100%；城镇参保15人，缴费金额共计1500元。截至年底，全乡参保人员信息已核实完毕并全部录入新系统。截至年底，全乡已完成兑现寿星老人及低保生活补贴折合人民币199104元，残疾人两项补贴34980元，边民补贴146250元，农资综合补贴69049.33元等工作。及时兑现了草原生态保护补助奖励资金，人工种草资金，粮食补贴，生态补偿资金。

【环境卫生整治】 定期组织人员开展辖区道路、河流、乡、村级单位驻地以及群众房屋周边垃圾集中清理工作，并实行门前“五包”制，及时将生活垃圾集中放置垃圾填埋场处置，确保乡容村貌、村容村貌保持整洁，2016年清扫白色垃圾8余次。

【道路交通整治】 年内，动员农牧民群众开展道路交通整治3次。年内，雨季开展多次养路、护路活动。截至年底，贯通3个行政村的柏油路正在施工当中，预计2017年底全乡3个行政村通柏油路。年内同时进行了3条牧业专场道路申报工作。

【社会治安综合治理】 2016年，旦嘎乡综治维稳办公室与旦嘎乡派出所通力协作，利用3月综治宣传月、6月综治宣传周和“9·16”平安宣传日等契机，通过设立宣传点、悬挂横幅、发放宣传资料及宣传图册、开展现场宣讲、接受现场咨询等多种形式，广泛深入开展了普法宣传教育活动。

2016年，旦嘎乡普法宣传工作主要涵盖三个方面内容：宣讲与群众生活密切相关基础性法律，如：《中华人民共和国宪法》《中华人民共和国刑法》《中华人民共和国民法通则》《中华人民共和国劳动合同法》《中华人民共和国道路交通安全法》《中华人民共和国未成年人保护法》《中华人民共和国婚姻法》《中华人民共和国妇女儿童权益保护法》等；宣讲与广大农牧民群众切身利益相关的法律法规，如：《西藏自治区社会治安综合治理条例》《西藏自治区流动人口服务管理条例》《人民调解法》《农牧民日常法律知识》《法律援助条例学习材料》；宣讲与经济发展、社会稳定相关的中央、自治区和日喀则市的大政方针政策，如：党的十八大相关文件精神、中央第六次西藏工作座谈会精神和区、市、县党委关于维护西藏稳定、促进发展的方针政策。2016年，已累计派出工作人员40余人，悬挂横幅20条，接待群众咨询150余人次，宣传活动在群众中引起了良好反响。年内，旦嘎乡党委、政府多次组织综治专干、派出所、卫生院及人大、政协代表对辖区道路、桥梁、施工地、食品安全、消防等方面进行逐一安全隐患大排查。对于排查出的安全隐患，乡党委、政府通过认真研究，提出了切实可行的改进意见，帮助他们整改。

年内，经综合评定，初步评选出2016年度“村级先进双联户”8名，在各村进行了不少于5天的公示，并上报县政法委审批，每户可获得奖金100元，奖金共计1000余元；评选2个“乡级先进双联户”和1个“村级工作先进集体”“乡级先进双联户”每户获得奖金500元，发放兑现奖金11000元；“村级工作先进集体”获得奖金9000元。推荐1个“县级先进双联单元”获得奖金11000元，1个“县级双联户工作先进村”获得奖金9000元。

【村级集体经济】 2014年旦嘎乡旦嘎村成立村级藏鸡养殖场，正式脱掉旦嘎乡村级集体经济为“零”的帽子。2015年坚巴奴村建立了短期育肥，2016年萨当村建立村级蔬菜温室大棚，全乡各村拥有村级集体经济。近年来，虽然乡党委、政府多次专题会议研究发展壮大工作，但是特殊地理环境和群众落后的市场观念，整体发展效益缓慢。截至年底，实现集体经济收入3.88万元，其中坚巴奴村村集体经济收入2.5万元、旦嘎村集体经济收入7100元、萨当村集体收入6700元。

【精准扶贫】 精准识别工作是“打赢脱贫攻坚战”的基础。“基础不牢、地动山摇”，乡党委、乡政府高度重视精准识别工作，专门成立以乡主要领导为组长的工作领导小组，并结合实际制订实施方案。全乡机关干部、各村“两委”干部、村第一书记、“双联”户长、驻村工作队队员组成工作队，先后多次入户统计核实扶贫户信息，保证确定建档立卡户，不漏一户、不多一户，真正做到了“六个精准”。

结合实际、施行政策。根据精准识别结果，结合上级政策，乡党委、乡政府因人制宜确定“九个一批”（发展生产脱贫一批、异地搬迁脱贫一批、生态补偿脱贫一批、发展教育脱贫一批、社会保障兜底一批、转移就业脱贫一批、信贷扶贫脱贫一批、医疗救助脱贫一批、灾后重建脱贫一批）脱贫措施。年内，旦嘎乡产业扶持有81户181人；转移就业82户339人；异地搬迁脱贫84户354人，其中2016年15户；生态补偿解决岗位84户354人（其中野生动物保护员53人、湿地监护员24人、沙化土地监护83人、管护林员70人）教育扶持3户14人、医疗救助脱贫18户96人、社保兜底2户15人、信贷扶贫82户339人、微型基建84户354人。截至年底，已脱贫61户261人。

【**基层党组织建设**】 根据市、县两级基层党组织建设工作部署要求及习近平总书记提出的“抓党建是最大政绩”政治要求，坚持“抓好党建是本职，抓不好党建是不称职，不抓党建是失职”的党建工作理念，4月初召开基层党组织建设工作会议，层层签订目标责任书，为充分发挥党建统领作用成立以党委书记为组长的领导，做到党总揽全局、协调各方的领导核心作用。通过“五位一体”扎实推进党建统领落实，党建带团建、带妇建、带工建工作扎实开展。

旦嘎乡党委在县换届办的统一部署下，以选出忠诚干净担当的好干部，配出结构优功能强的好班子为目标多次召开专题会议，对换届工作进行研究部署，同时为确保换届纪律，成立以乡纪委书记组长的换届风气监督领导小组，对换届个个环节进行监督，确保换届工作的风清气正，并于2016年5月28日，29日分别召开旦嘎乡党员大会和旦嘎乡人民代表大会，会议严格按照换届程序，严谨细致地开展各环节工作，选举产生新一届党委班子、政府班子。“书记”作为党建工作“第一责任人”其工作表现往往决定其党建工作取得的成绩，严格落实书记抓党建工作述职评议考核显得尤为重要，旦嘎乡按照“双述三评”考核评议方式，在各党支部、乡党委中开展了“书记”述职考评工作，整体情况良好。

2016年，旦嘎乡党委严格贯彻落实党建促脱贫工作，不仅落实“3211”结对帮扶行动，同时创新《旦嘎乡“送思想、抓监督、促扶贫、近关系”党建促扶贫攻坚工作措施》，充分带动党员冲先锋的积极性，全面促进贫困户脱贫致富的步伐，进一步增进党群、干群关系，建立了脱贫户后期防返贫长效监督机制。

2016年，旦嘎乡把村干部及后备颁干部的培养教育管理工作放在重要的位置来抓，在严格落实村干部坐班制度的同时为每一名村干部印制出勤登记本，记录出勤情况，培养教育工作紧密结合“万名村干部文化素质提升工程”“两学一做”学习教育，从基础的藏、汉、数开始到习近平系列讲话精神、党章党规的理论学习逐步推进，并多次进行检验考试，取得明显的成效，为2017年村（居）换届工作奠定基础，实现全体村部及后备干部能阅读理解、能懂政策理论、能讲汉语、能写常用文书。

在全面落实好中央和区市基层党建经费的基础上，实行驻村办实事经费中每年拿1万元作为村级组织经费；实施村党支部“第一书记”工作经费保障工程；实施村级组织运行经费提升工程，设立2万元村级党组织保障经费和宣传文化建设专项经费。截至年底，全乡各行政村每年工作保障经费达3万元以上，主要用于村党支部（村委会）正常运转、为民办实事等，做到了专款专用，同时3个行政村均实行三务公开，做到公开内容全面完整、真实可靠。截至年底，旦嘎乡在党员教育培训方面，除了坚持好“三会一课”制度和定期召开党员民主生活会外，乡党委组织举办党员党性教育培训3期，举办农牧民党员培训3期（其中包括1期技能培训），同时针对积极分子、预备党员、党员领导等各类党员干部培训6次，有力促进了全乡党员的党性锻炼和技能技术的提高。为全乡党建工作健康稳定推进打下坚实基础。

【“两学一做”专题教育活动】 旦嘎乡“两学一做”学习教育3月10日在全乡范围内启动，学习教育走在全市、全县前面，做到超前谋划、超前组织，并按照县委“两学一做”协调小组的有力指导下和各支部的共同努力下，以“一弘扬二创新三提高四促进”活动、“手抄党章一百天、感悟党章一百天”活动及“党员干部学在前、干在前”活动为载体全面推动“两学一做”学习教育。截至年底，旦嘎乡举办“两学一做”学习教育专题讨论5次，民主生活会2次，组织生活5次，讲党课10次，撰写心得体会150余篇，观看《永远在路上》《榜样》等一系列影片6部，形成优秀手抄党章作品18张，开展“两学一做”学习教育知识竞赛一次，举办《中国共产党章程》考试一次，《中国共产党廉洁自律准则》《中国共产党纪律处分条例》考试一次，开展党员志愿服务活动20余次。

【妇联计生工作】 组织宣讲团，对各村妇女、机关妇女（包括乡完小、卫生院）开展妇女、儿童健康和法律知识宣讲；组织乡妇女干部、卫生院女职工、各村妇女在“三八”“五一”“五四”节日期间开展环境卫生整治和对养老院的支援服务活动；切实维护妇女、儿童身心健康和合法权益不受侵犯，努力推动妇女、儿童事业的健康发展；2016年成功申报6户“最美家庭”。

【团委工作】 坚持党建带团建工作，不断为党组织输送新鲜血液。2016年推介4名优秀团员入党；在“五四”“六一”“七一”“十一”等节点开展环境美化、志愿服务等形式多样的活动，充分展示青少年群体乐观、向上、积极、活泼的时代接班人风采，并在乡团委的牵头下，协调乡派出所开展“法律进校园”活动，广泛宣传《中华人民共和国预防青少年违法犯罪法》《中华人民共和国未成年人保护法》等法律、法规，有效地预防和减少青少年违法犯罪，为青少年的成长创造良好的环境。

【工会工作】 在萨嘎县总工会的指导下，进一步建立健全工会相关工作制度，建立工会会员档案，及时缴纳会费，开展了形式多样的工会会员活动及慰问活动。截至年底，全乡共有49人加入工会。

【党风廉政建设】 乡党委高度重视党风廉洁建设工作，把他作为全乡一项重要工作来抓，经过认真研究，结合乡镇领导班子换届，重新调整旦嘎乡党风廉政建设领导小组，以乡党委书记为组长，以乡党委副书记、纪委书记为副组长，落实“两个责任”，制订党风廉政建设工作任务分解。年内，党政主要领导上廉政党课1次，开展三次廉政专题研讨会；组织干部职工、村委干部学习《中国共产党廉洁自律准则》和《中国共产党纪律处分条例》，结合各种会议学习《永远在路上》等反腐倡廉形势教育和警示教育18次。加强对党员干部的教育管理，切实做到遵守党的纪律不动摇、执行党的纪律不走样。实行党务、政务、村务公开，广泛接受党员和群众监督。

【规范干部行为】 抓学习教育，筑牢防腐意识，学习教育是干部筑牢拒腐防变思想的有力武器，乡党委充分利用“两学一做”学习教育契机，组织全乡干部职工和村“两委”干部认真学习习近平总书记关于党风廉政建设系列讲话和十八届中央纪委六次全会精神等一系列关于党风廉政建设的内容，截至年底，共集中学习30余次，撰写心得体会150余篇，观看警示教育片3次，撰写观后感40余篇；抓正风肃纪，整改“四风”问题。进一步提高干部的宗旨意识、服务意识、大局意识、团结意识。2016年，党委研究制订《旦嘎乡干部职工积分制管理办法》《机关干部联系群众制度》《机关干部包片包片制度》《机关干部学习制度》等10余项机关干部工作制度，同时建立《党委书记谈话制度》有效带动了干部职工的积极性，同时，严格上下班考勤管理。

【宣传思想】 2016年，乡党委以创建学习型党组织活动为动力，以“两学一做”学习教育为抓手，狠抓干部职工的理论学习，全年共开展《中国共产党章程》、党的十八大、十八届五中、六中全会、西藏自治区第九次党代会、日喀则市一届五次和习近平总书记系列讲话精神等集中学习30余次，撰写心得体会150余篇，观看影片6部，撰写观后感80余篇。

通过机关干部宣讲团、农牧民群众宣讲团和驻村工作队，大力开展宣传党的十八大、十八届五中、六中全会、自治区第九党代会及习近平总书记系列重要讲话精神，宣讲党的各项惠民政策和区、市党委各项决策部署，树立正确的舆论导向，大力开展社会主义核心价值观教育，深化中国梦宣传教育，深入开展“五个离不开”等民族团结教育，有效促进民族团结教育工作，深入揭批十四世达赖集团的反动本质。2016年，在“3·28”百万农奴解放纪念日等重点节日前夕，采取走村入户的宣讲方式，旗帜鲜明、扎实有效深入揭批十四世达赖集团政治上的反动性、宗教上的虚伪性和手法上的欺骗性。先后开展宣讲7次，对辖区群众的宣讲覆盖实现了100%，进而引导广大农牧民群众认清西方势力利用达赖集团对我国进行牵制遏制的险恶用心。

【开展精神文明创建活动】 认真开展文明村、文明户评选工作；大力开展村容村貌和环境卫生整治工作，为建设美丽旦嘎，全乡共开展村容村貌整治5次，开展环境卫生整治6次；利用3月5日学雷锋活动日开展学雷锋活动，向模范学习、向英雄学习；利用春节、藏历新年、赛马节等节日，开展形式多样的活动，引导和促进群众养成良好的文明习惯。

【展示旦嘎良好形象】 2016年，邀请萨嘎县电视台对旦嘎春耕仪式、旦嘎村甲谐艺术等进行拍摄传播，9月初积极配合中央电视台纪录片制作团，对甲谐文化的辉煌历史和传承工作进行记录；注重运用乡村两级文化阵地，积极开展农牧区文化文化建设工作。加强村文化活动室的管理，切实发挥农家书屋的作用；加大文物保护和非物质文化遗产保护工作；圆满完成十八届六中全会和西藏自治区第九次党代会精神宣讲工作，2016年，共上报宣传信息170余期。

（次仁多布拉）

【领导名录】

党委书记　旦增欧珠（藏族）

党委副书记、乡长

薛　云　锋

党委副书记、人大主席

次仁旺加（藏族）

党委副书记、组织委员

王　锡　奎（5月免）

党委副书记、组织委员、主任科员

次仁多布拉（藏族，5月任）

党委委员、纪委书记

尼　　玛（女，藏族，5月免）

顾　　忠（5月任）

党委委员、政法委员、副乡长、人武部部长

扎西达杰（藏族，5月任）

党委委员、宣传委员、副乡长

次仁央金（女，藏族，5月任）

党委委员、统战委员

巴桑多吉（藏族，5月任）

人大副主席

闫　志　惠（5月任）

副乡长　扎西央宗（女，藏族，5月任）

农牧综合服务中心主任

顿　　珠（藏族）

达吉岭乡

【概况】 达吉岭乡位于萨嘎县城西北部，界于国道219沿线，离县城30公里，全乡平均海拔4650米，属高海拔纯牧业乡，达吉岭乡特殊的地质、地理环境形成高山多、平原少的地理结构。高海拔气候形成冬季长、暖季短、风沙大、干旱、强降雪、寒冷的自然环境。全乡5个行政村，7个党支部、全乡346户1286人（其中男726人）劳动力

763人（其中女291人），草场面积186.14万亩，2016年末牲畜存栏总数为13507（头、只、匹），全乡人均收入6279元。

【机构编制】 截至年底，实际在编行政干部16人，事业编制17人（包括乡卫生院5人）。全乡共派驻驻村干部8名，分别派驻热嘎村4名，萨嘎村1名、帕顿村1名、萨拉村1名、鲁嘎村1名。

【政权建设】 达吉岭乡党委下属有7个党支部，党员183名，其中预备党员7名；农牧民党员149名，占全乡农牧民总数的10％。村“两委”班子共有25人，其中热嘎村5人，鲁嘎村5人，帕顿村5人，萨拉村5人，萨嘎村5人，5个“村两委”班子中成员均为党员，妇女成员5人，占成员总数的20％。为加强村级后备干部队伍建设，乡党委及各村党支部高度重视。各村党支部共选拔培养30名思想政治素质好、带富能力强、协调能力强的后备干部，其中，每村有1名女性后备干部，完成各村至少配备5名干部的要求。

【党风廉政建设】 2016年，达吉岭乡以转变作风为重点，把改进作风，提高工作效能作为党建工作的切入点和突破口。加强学习教育，打牢作风建设的思想基础，牢固树立"以人为本、执政为民"的思想和全心全意为人民服务的宗旨观念，大力弘扬求真务实精神，努力培育与促进社会和谐相适应的党的作风。认真落实党风廉政建设责任制，深入学习《廉政准则》，开展反腐倡廉教育活动，注重结合中央“八项规定”，区党委“约法十章”“九项要求”，认真抓好对照检查，有针对性地制订完善制度，规范廉洁从政行为，强化对党员干部的监督，筑牢了拒腐防变的思想防线，有效地预防案件和违规违纪现象的发生；认真抓好党员干部的党性、党风、党纪教育，建立健全党员干部学习教育制度，强化民主监督机制，促进党风廉政建设。同时组织广大党员干部认真学习了党章、廉洁自律准则，学习中央、自治区、市、县有关文件精神。观看党风廉政建设电教片，用典型案例对党员干部进行廉政教育。通过多渠道的宣传教育，增强了党员干部遵纪守法的自觉性。党委统一领导，党政齐抓共管，纪检部门组织协调，部门各负其责，群众支持参与的工作机制进一步健全。进一步规范和完善《党务政务公开制度》《村务公开制度》等，从源头上扼制了违法违纪案件的发生。

【精准扶贫】 达吉岭乡扶贫工作全面按照“六个精准”“九个一批”政策要求，围绕八个到位（组织保障到位、宣传引领到位、贫困识别到位、易地搬迁到位、劳务输出到位、产业扶持到位、生态岗位到位、自选动作到位），举全乡之力、苦干实干，扎实推进，扶贫工作取得显著成效。2016年，全乡“十三五”时期建档立卡贫困户有90户、289人（其中教育扶持39户58人，产业脱贫79户265人，社会兜底4户7人，转移就业25户29人，易地搬迁89户287人，生态脱贫90户289人，微型基建90户289人，医疗救助41户48人，信贷扶贫65户）。在2016年已脱贫32户、112人，计划2017年脱贫38户、116人，2018年脱贫16户、54人，2019年实现100%脱贫。2016年，全乡共实施易地搬迁30户、106人，截至年底，30户已全部入住新房。全乡119名贫困人口分配12个生态岗位，切实解决部分贫困户群众的就业问题。

【产业工作】 达吉岭乡产业发展工作主要结合实际及当前市场需求，重点实施短期育肥项目。2016年，在短期育肥资金122万的基础上，统筹利用萨嘎村、帕顿村、热嘎村三村的45万互助资金，由乡政府出面，集中给各村购买绵羊1626只并年底出售利润达263000元，对贫困户47户、154人，按照各村脱贫人数及实际情况兑现每人1500元到3000元利润分配，为2016年的脱贫户按期脱贫起到重要性作用。

【畜牧业】 2016年，牲畜存栏13507万头（只、匹），牲畜综合出栏率达到98％，新生仔畜成活率达到90%，成畜死亡率控制在8％以内，总增率达到90%。

【安全生产】 大力宣传安全生产方针政策、法律法规和加强安全生产的重大举措，强化全面安全意识，引导群众重视人的生命价值，营造良好的舆论氛围。建立健全相关制度。加强达吉岭乡安全生产工作，落实安全生产责任，建立健全安全生产责任制，抓好日常工作的同时，重视抓好安全防范工作，形成一级抓一级的安全生产责任制。 开展安全隐患排查整治工作。针对日常容易出现问题的道路交通、食品卫生安全等重点环节，组织相关人员开展整治工作，消除安全工作漏点、盲点。特别是在乡完小春季开学之即，乡党委、政府及卫生院、派出所联合开展对学生的食堂、宿舍进行安全大检查活动。

【寺庙管理】 为确保宗教领域绝对安全，派驻寺庙特派员保持在敏感时期全员在岗备勤，在此基础上，根据“属地管理”原则，对本乡寺庙增派乡镇干部进行协助蹲点，全面掌握寺庙动态，严格寺规戒律、严控僧尼外出、排满寺庙活动日程、强化安防措施，加强法制宣传教育，坚持内紧外松，确保辖区寺庙不出问题。

【教育工作】 2016年，学校办学条件、教学水平有大幅提高，教学质量明显改善，素质教育进一步加强。积极开展文化宣传教育活动，繁荣农村文化生活，同时，积极协调县文化局争取文化站相应设备，丰富了干部职工业余生活。充分利用国家的配套资金，改善教育基础设施，加强师德建设，强化教师考评管理，使得教学水平和质量进一步提高。

【文化传承】 围绕构建社会主义核心价值体系，弘扬社会主义先进文化，团结带领全乡的牧民群众认真落实县委、县政府的一系列方针、政策，大力宣传社会主义新农村建设的有利形势，切实转变牧民思想，更新观念，强抓机遇，与时俱进，营造良好的舆论氛围。同时每年坚持组织全乡干部群众，深入开展“3·28”赛马节、“9·1”等文化节日文艺演出活动和精神文明创建活动，使全乡精神文明建设成果显著，不断提高群众的日常文化生活水平。

【卫生事业】 为着力解决社会普遍存在的看病难问题和乡群众看病远、居住分散的实际问题，配强配齐村医和村委医疗室的医疗设备，并实现小病不出村的良好局面，达吉岭乡全面实施新型合作医疗以来，参保率达100%，截至年底，看病总人次230余人，学生看病人次80余人，特殊病转诊1人，下村看病人次47余人，住院11人，药价3784.3元。2016年达吉岭乡每季度组织乡卫生院医务人员，对学校饮食和全乡商户、茶馆进行卫生大检查，确保学校师生和广大群众的生命健康。

【互助资金】 达吉岭乡通过市扶贫办，极力争取65万元，为达吉岭乡热嘎、帕顿、萨嘎三村实施互助资金帮扶工作，成立互助社，按照一户两个担保的原则，实施1000到10000的贷款。拓宽了群众增收的空间，提供群众致富机会。

【社会保障体系】 落实城乡居民养老保险、社会最低保障、五保户、残疾人员生活补助政策，参保率达到100%，基础保障发放率达到100%；巩固和发展农村新型合作医保，群众参保率达到99%以上。

【维护社会稳定】 全面加强和创新社会治理，牢固树立稳定压倒一切的长期作战思想，全面落实上级维稳措施，深化干部驻村、驻寺工作，加强和创新寺庙管理，深入实施“六建”“六个一”“九有”工程，确保宗教和睦、佛事和顺、寺庙和谐；深入推进全乡网格化管理模式，建立健全“先进双联户”创建评选活动长效机制，夯实牧区维稳根基，实现网格化的全覆盖。年内，共组织双联户长，开展15次各项安全隐患排查工作，充分发挥双联户长之作用。截至年底，共开展40余次反分裂宣传教育活动，全面贯彻落实党的民族政策；深入开展民族团结宣传教育活动，广泛开展民族团结创建活动，促进各民族和睦相处、和衷共济、和谐发展，严厉打击达赖集团分裂渗透破坏行动，牢牢把握主动权，反分裂斗争取得重大胜利。建立健全派出所工作机制体制，积极协调乡派出所，强化社会治安综合治理，严厉打击非法组织，加强矛盾纠纷排查调处，强化安全生产管理，遏制道路交通安全事故，深入开展安全隐患排查工作，保障了群众生命财产安全，全面实现社会局势的持续全面稳定，年内，协调乡派出所，组织开展安全隐患排查和矛盾纠纷排查共16余次。

【干部驻村】 年内，共为群众排忧解难500余次，投资16万元为群众解决乡村道路和牧道等基础设施；共投资8万余元解决各村办公设备，切实转变“一村强、一寸弱”的现象，充分利用驻村10万元办实事经费群众解决生产工具和生活必需品，提高群众的生活质量，同时坚持协助配合乡政府和各村开展日常工作，真正树立为民务实的良好形象。

【村办集体经济】 深化“支部+企业”工作模式，带动全村集体经济实体发展工作，依托大学生村官创业项目，继续壮大2013年投资20万元创办的鲁嘎村采石场，提高了一倍多。严格落实《萨嘎县大学生“村官”管理暂行办法》，2012年争取20万元项目资金，创办萨嘎村“便民商店”，并承包给萨嘎村贫困户，截至年底，共收入6万元，比2015年的3万元提高50%，并把村委所得收入进行合理分配，帮助萨嘎村贫困户3户购买牲畜，从而实现脱贫致富。同时考虑市场竞争和境内需求，把萨嘎村便面商店改设成“高原便面馒头店”，截至年底，馒头店月收入达3500元左右，实现大学生村官成长成才和农牧民增产增收的双重效果。县政府、县商务局协调争取5万元周转资金2015年把“便民商店”扩大为“畜产品收购点及副产品综合销售点”，着力解决群众“买难卖难”问题，杜绝出现畜产品低价出售，副业产品高价回收的现象，截至2015年年底收入达到5万余元。按照市场竞争和群众需求、地理环境等因素，利用驻办实事村经费，创办萨拉村“便民商店”，壮大村集体经济的同时为无钱就医、无钱供孩子上学等群众实际困难提供了依靠和便利，截至年底，萨拉村便民商店纯收入达3万余元。

【灾后重建】 “4·25”尼泊尔8.1级地震对全乡群众的房屋受到不同程度的损坏，乡党委、乡政府、乡人大按照突发事件工作应急预案、突发事件工作领导小组成员，及时牵头组织开展受灾统计上报工作，同时细心做好群众安抚和宣传防灾知识的工作，第一时间做到安定民心和掌握严峻形势的工作格局。经过多次下村核实后达吉岭乡受灾程度确定为重度17户、中度246户、轻度22户，并及时对重度17户进行安置转移，保障了群众的生命财产安全，及时兑现达吉岭乡受灾户285户的灾后重建资金427500元。截至年底，全面完成144户的重建工作，取得灾后恢复工作的重大胜利。

【基本草原划定】 严格按照县农牧局对于达吉岭乡基本草原划定工作的指示要求，共投入2万元资金，总里程1500公里（其中徒步旅程1200公里），对全乡乡村公里、国道、乡政府、各村委、卫生院、学校、林地、湿地、基本草原划定、冲刷沟等地共实施6次实地定点取点工作、所定点数共计1.8万个，所定基本草原划定面积为1634447亩，全面完成基本草原划定工作。

（洛　追）

【领导名录】

党委书记　李先栋

党委副书记、乡长

巴　　桑（藏族，5月免）

米玛次仁（藏族，5月任）

副书记、人大主席

米玛次仁（藏族，5月免）

曲　　罗（藏族，5月任）

政法委员、派出所所

旦增扎巴（藏族，5月任）

副书记、组织委员

琼达次仁（藏族，5月任）

宣传委员、副乡长
其美旺姆（女，藏族，5月任）
统战委员、副乡长
次旺多吉（藏族，5月任）
人武部部长、副乡长
索朗加措（藏族，5月任）
纪委书记 琼达次仁（藏族，5月免）
旦增罗珍（女，藏族，5月任）
副乡长 李 奎（5月任）
财务所所长
格桑拉姆（女，藏族）
文化综合服务中心主任
曲英朗杰（女，藏族，12任）
农牧综合服务中心主任
旦增益西（藏族，12月任）
卫生院院长
塔 杰（藏族）

如角乡

【概况】 如角乡位于萨嘎县西北部，东连达吉岭乡、西邻拉藏乡、北靠措勤县江让乡、南与仲巴县布多乡毗邻，乡政府距县城驻地65公里。平均海拔4600多米，总面积1836平方公里，是典型的纯牧业二线边境乡。

乡下辖4个行政村，即嘎琼村（7个草组）、贡热村（2个草组）、卡库村（4个草组）、察让村（3个草组），全乡共16个草组，草场总面积为174.6万亩。2016年全乡总户数277户，总人口1041人，其中女性514人，男性527人。全乡共6个党支部，139名党员，其中农牧民党员96人（正式党员88人，预备党员8人，其中女性党员20人）；机关党员27人（正式党员23人、预备党员4人，其中女性党员11人），积极分子8人；乡完小党支部党员12人（正式党员12人，其中女性党员3人），积极分子3人。2016年全乡国民生产总值为974.3808万元，其中第一产业313.841万元，第二产业153.3万元，第三产业507.2398万元，2016年全乡农牧民人均纯收入为6364.8元。

【机构编制】 如角乡设有业务办公室8个，共有机关干部职工33人。其中藏族干部职工26名，汉族干部职工7名；行政编制14人，事业编制19人；事业编制的乡农牧综合服务中心12人，事业编制的乡文化综合服务中心7人，机关公益性岗位1人，临时工2人。乡派出所共7人，其中辅警2人；乡卫生院医务人员4人，其中临床1名，药师1名，藏医1名，藏药1名。乡完小教职工共18人，其中专任教师14人，炊事员4人。

【基层党建工作】 2016年，全乡共召开3次党务工作者会议；召集村“两委”班子和党员代表共召开4次党建工作专题部署会议，切实解决迫切需要解决的问题4个，与4个村党支部签订党建目标责任书，开展实地督查12次，召开民主生活会2次、组织生活会10次，开展党建专题调研1次，谈心谈话共87人次，接待来访群众130人次、解决矛盾46起，乡党政领导班子经过调研共形成了调研报告9篇。2016年年中和年末乡党委分别召开党员大会共计表彰2个先进基层党组织、6名优秀党员、2名优秀党务工作者、1名优秀村党支部书记、1名村第一书记、4名优秀无职党员、慰问老党员8名。2016年乡党委研究制订下发《如角乡下村调研制度》《党建工作联系点制度》《民主议事决策制度》以及《村干部管理制度》等20项制度，有效提升了乡党委、政府各项工作的规范和效率。

【“两学一做”专题学习】 乡党委书记讲党课共计2次、村党支部书记讲党课8次、第一书记讲党课4次；共召开4次“两学一做”专题会，党员干部撰写“两学一做”心得体会共计198篇；看专题影片2次，撰写体会57篇；每名党员撰写笔记4本，以撰写心得体会的形式促进学习。共计组织村后备干部专题培训43人次；党员培训270人次；无职党员培训78人次；开展无职党员设岗定责工作，从2015年的11个岗位28人调整充实村规民约监督岗、扶贫济困服务岗、草畜平衡监督岗、党风廉政监督岗等14个岗位35人。

按照新进村“两委”班子成员必须具有初中以上学历要求，大力加强对村干部接受“再教育”的力度，学习党和国家的政策、决议、文件；重点加强学习日常小学以及初中课本；学习当代新兴科学知识。村干部从村委会走出来，有计划、有目的地组织村干部到乡机关上班，学习机关日常工作办法以及较为先进的管理办法；村后备干部从家里走出来，将村后备干部组织到村干部的岗位上，学习村内工作以及群众工作做法，让他们尽快熟悉和掌握村委会工作，为2017年的“两委”换届奠定基础。

【成立“党员便民服务商店”】 在四个村均成立“党员便民服务商店”，以廉价实惠的方式给群众提供各类日常生产生活用品，改善群众生产生活条件，千方百计增加村集体经济收入，平均每村年收入达2万元。通过擦让村的妇女编织合作社以及卡库村的“奶渣饼”加工合作社促进村集体经济组织增收。立足本地资源和优势条件，瞄准市场，制订长远发展规划和分期实施方案，在两个合作社建立党小组，推行“支部＋合作社＋牧户”的模式，搭建“三赢平台”，由党支部和党员领办合作社，促进村集体经济的发展。

【开展“每天学习一小时”活动】 开展“讲学习、讲忠诚、正风纪、转作风、提效能”主题活动。在全乡机关党员范围内开展“每天学习一小时”活动。截至年底，每名党员干部利用下班休息时间累计学习49小时；平均每名干部领学3次；撰写笔记97余本。

【改善干部职工生活环境】 2016年，新建周转房48套和一栋伙房，干部职工的住房、生活条件明显改善；新建一做温室蔬菜大棚，种植各类新鲜蔬菜，改善伙食条件，确保干部职工留得住、吃得好、干得好；在乡政府大院内进行绿化，整治“脏、乱、差”的现象，绿化美化生活环境；新建澡堂一座，乡干部职从此不必为洗澡而担忧，给干部职工制造一个舒适的工作生活环境。

【人大工作】 2016年，乡人大工作在县人大常委会的指导下，在乡党委的正确领导下，于5月30日召开如角乡第十四届人民代表大会第二次会议。大会听取和审议了政府工作报告、人大主席团工作报告及财政收支情况报告，全体人大代表在大会上积极行使职权，并提出建议，通过各项决议。依法补选乡人民政府乡长1名、副乡长2名，且全部满票，确保了县委提名人选的依法当选。

先后组织召集人大代表，集中开展学习培训和考察观摩等活动，不断提高代表综合素质，切实加强代表履职能力。

以学习促提高，积极组织乡人大代表进行政治学习。党的十八届五中全会、六中全会召开后，乡人大及时组织人大代表学习党的十八届五中、六中全会精神。在学习过程中，与会人大代表结合工作实际，进行热烈的讨论。加强人大代表的培训学习，提高人大代表政治素养，把握局势，提高履职能力，组织代表们学习《中华人民共和国宪法》《中华人民共和国全国人民代表大会和地方各级人民代表大会选举法》《中华人民共和国全国人民代表大会和地方各级人民代表大会代表法》等内容，及时将上级下发的各文件发放到代表手中，进一步打造“学习型”代表队伍。2016年11月，组织部分乡人大代表考察夏如乡拉亚编织合作社等地，听取相关负责人的情况汇报，通过此次考察活动，既让代表知情知政，又提高了代表履职水平，同时也增强代表的凝聚力。

2016年第十三届人民代表大会第六次会议期间，共收到代表批评、建设、意见20件，会上共答复了12件，会上未能答复的经乡人大整理后，及时提交到乡政府办理。针对乡第十四届人民代表大会一次会议期间代表提出的12件议案、建议和意见，乡人大专门进行规范整理和登记，并根据人民代表大会有关规定，于7月25日召开交办会，由政府将代表的议案、建议和意见逐件落实到有关承办单位。做到件件有答复、事事有回音。乡人大还根据议案、建议和意见的不同内容，对一些重点议案、建议提出具体可行性要求，力抓督促检查，确保提高办理工作进度和质量。切实促进了“人大代表之家”软、硬件建设、制度建设、代表活动常态化建设工作。

【党风廉政建设】 认真落实党委主体责任，将党风廉政建设和反腐败工作与全乡重要工作，做到一同谋划、一同部署、一同落实。制订《2016年党风廉政建设责任制》和《2016年如角乡党风廉政建设和反腐败工作任务分工的通知》，认真贯彻落实县纪委会议、文件精神，要求乡、村两级干部“政治意识、大局意识、核心意识、大局意识”四种意识，明确2016年党风廉政建设工作的重点和要求，规范党风廉政和反腐败工作硬性约束。专门召开严肃换届纪律专题民主生活会，“两委”班子和个人带头做出承诺，严格遵守换届纪律，保证换届风清气正，纪委还遍印“口袋书”和“学习卡”，将换届纪律要求印制成美观醒目、灵巧便捷的小卡片，发给换届相关人员，让其随时随地进行学习，开展专题培训，专门学习相关纪律规定。

先后3次开展惠民资金落实情况专项检查。有效防止党员领导干部私设“小金库”等不良现象发生。进一步规范各村“三公”经费管理，加强对村级财务的监管，全面实行“村账乡代管”，督促村务监督委员会发挥作用。结合“两学一做”认真组织乡村两级干部学习中央“八项规定”《中国共产党章程》和《廉洁自律准则》《纪律处分条例》《党政机关厉行节约反对浪费条例》等相关规定；在周五学习会上，坚持党政“一把手”、乡纪委书记上廉政党课制度；在日常工作中经常与干部开展谈心交心提醒活动；组织党员干部观看《镜鉴》《作风建设在西藏》《管好身边人》等警示教育片。2016年，乡纪委对乡村干部约谈4人（次），促使广大党员干部始终绷紧廉政建设这根弦，坚持从自身做起，从身边小事做起，切实转变工作作风。

【信访工作】 2016年制订信访办公制度4个，设立党政领导干部民情接待日制度，接待来访群众共计20多人次、共解决矛盾20余起。认真排查由于干部失职渎职、违纪违法和侵害群众切身利益行为引发的联名信、集体访、异常访，进行有效化解。加大对信访案例正、反两方面的宣传，引导群众依法依规表达诉求，促进信访秩序好转。此外，要还教育引导农牧民群众要结合实际，选择人民调解、行政调解、仲裁、诉讼等其他维权方式2016年无一上访事件。

【畜牧业】 如角乡草场总面积为1746376亩，可利用面积为1706378亩，实际到户面积为可利用面积的100%。冬春草场面积为596167亩，其中退牧还草面积16万亩；夏秋草场面积为1110211亩，其中禁牧总面积25万亩。全乡土地总面积207.32万亩，草场总面积1746378亩。2016年末全乡牲畜存栏数为19465（头、只、匹），折羊数为35115.8个绵羊单位。全乡载畜量为37343个绵羊单位。截至年底，已达到草畜平衡。

2016年，为落实好市、县春秋防疫会议工作精神，乡农牧综合服务中心共对乡辖区20902（头、只、匹）牲畜注射了疫苗，有效预防了牲畜疫情疫病的发生；乡农牧综合服务中心工作人员深入村、组实地进行GPS定点测量、准确划定草场界限，圆满完成乡辖区基本草划工作。

【林业】 2016年，全乡共有林地24037.21亩，如角乡党委、政府始终重视抓好重点区域安全生态屏障建设，巩固和维持了林地数不减少、不退化。

【合作社发展】 擦让村全村妇女人数83人，全村共有低保户13户、45人。截至年底，共有党员13人，占全村人口总数的6.9%，其中妇女党员2人，妇女团员4人，2014年人均纯收入达到4320元。擦让村妇女业余编制合作社成立于2015年4月，编织社共45名社员，由本村贫困妇女以及编制爱好者组成。此项目无须场地、无须集中劳动，可通过在业余时间编织后集中共存、由乡政府统一收集后集中进行代理销售。编织社经营的物件主要有毛毯、藏式盖毯、各色绣品以及藏式手工艺品等。自正式投入运行至2016年底，已举办集中培训共2次，邀请教师2人次，已卖出352件产品，总收入达6万余元，其中净利润5余万元。分红共计5万余元，其中每户平均分到1100余元，占家庭经济收入的35%。

卡库村“奶渣饼”加工合作社于2015年初成立，通过“村委+户长+牧户+贫困群众”的联合生产经营模式，进行适度规模生产，统一经营管理。卡库村“奶渣饼”加工合作社在经营发展过程中坚持村委主导、户长带动、农户参与、贫困群众投劳的方式，由村委会负责生产设备和技术的提供和原材料的收购，产品的销售、包装、利益分配方式是牧户供应原材料（酥油、奶渣）；贫困群众负责生产、包装。利益分配方式是牧户供应的原材料得到高于市场价10%的价格，贫困群众分到除原材料外95%的利润，剩余5%由村委会管理用于流转资金。截至年底，卡库村“奶渣饼”加工合作社覆盖全村93户，覆盖率达到全村总户数的92.07%，负责生产加工的贫困家庭2户，占全村贫困家庭的20%；共销售230余件产品，总获利1.15余万元，分红共计1万余元，其中每户平均分到5000余元，占家庭经济收入的47%，主要销路面向乡、县干部职工，冬季为销售旺季。

通过擦让村的妇女编织合作社以及卡库村的“奶渣饼”加工合作社促进村集体经济组织增收。立足本地资源和优势条件，瞄准市场，制订长远发展规划和分期实施方案，在两个合作社建立党小组，推行“支部＋合作社＋牧户”的模式，搭建“三赢平台”，由党支部和党员领办合作社，促进了村集体经济的发展。

【精准扶贫】 2016年乡精准扶贫贫困户共有63户215人，其中：产业扶持户26户、86人，转移就业5户、7人，易地搬迁63户、215人，生态补偿63户、215人，医疗救助方面1户、5人，社会保障兜底方面3户、6人，信贷扶持方面9户、9人，微型基建方面63户、215人。

2016年全乡脱贫任务共有3户9人，顺利完成当年上级交办的3户9人的脱贫任务；2016年易地搬迁户共有15户、48人，对15户易地搬迁贫困户实行易地搬迁工程，并对贫困户94人安排生态岗位，兑现生态岗位资金282000元。乡党委、政府十分重视脱贫攻坚工作，及时成立精准扶贫、精准脱贫工作领导小组，对全乡63户、215人贫困人口进行精准识别确认，顺利完成了新确认贫困户建档立卡录入系统工作。

【教育工作】 2016年如角乡完小有18名教职工，其中专任教师14名，炊事员4名；全乡适龄儿童129人（含残疾人），适龄儿童在校生122人，适龄儿童入学率100%，其中残疾适龄儿童由乡完小定期组织开展“送教下乡”活动。如角乡完小始终坚持立德树人，不断开展“送教下乡”活动，努力践行社会主义核心价值观教育；创新教学风格，开展“结对帮扶”活动，努力办出学校特色；引进先进教育技术，利用白板教学，大力推进素质教育。

2016年，如角乡党委、政府始终把教育放在重要位置，不断加强对学校日常各项工作的督导检查力度，非常重视乡完小薄弱学科攻坚工作，不断加强青少年学生的思想教育工作，全乡适龄儿童入学率和在校生巩固率均达到100%。

【民政工作】 2016年，如角乡民政工作人员深入各村组调查核实乡低保人员基本信息及申请救助工作，经调查核实最终确定全乡低保户51户、162人，其中嘎琼村6户14人，贡热村7户23人，卡库村27户92人，擦让村11户33人；2名孤儿，5名五保户（集中供养县养老院），残疾人69人；城乡居民养老保险参保人数573人，参保率为100%，其中享受待遇47人。

如角乡党委政府高度关注弱势群体和救灾工作，不断加强民政保障和救助力度，积极组织人员对全乡69名残疾人的基本信息进行登记造册，及时发放残疾人两项补贴共计9万余元。

【文化工作】 2016年，乡文化综合服务中心在乡党委、政府领导下，以“三个代表”重要思想为指导，紧紧围绕经济建设和改革、发展、稳定的大局，组织开展了一系列宣传宣讲工作。2016年，乡文化综合服务中心先后深入4个行政村对习总书记重要讲话、十八届六中全会精神、自治区第九次党代会及各类支农惠农政策精神进行宣讲，共计宣讲18余次；为增强宣传力度，积极开展村宣讲员培训工作，共对村宣讲员培训2次；积极利用横幅标语、发放手册等方式进行宣传，共张贴横幅宣传标语57幅；编写宣传栏13期。

2016年8月，成功举办第一届伦布雪山文化艺术节，期间开展了文艺演出活动，组织赛马等运动赛事，丰富了全乡农牧民群众的文化生活。伦布雪山文化艺术节举行的各种活动赛事受到广大农牧民群众的喜爱和欢迎。乡文化综合服务中心在重大节日开展庆祝活动的同时穿插宣传宣讲工作，提高了全乡人民的政治素养、道德素质和文化素质，为全乡经济快速发展和社会全面进步提供强大的思想保障和精神动力。

【医疗卫生】 2016年，如角乡卫生院共有医务人员4人，其中临床1名，药师1名，藏医1名，藏药1名。村医共有8名，其中女性2名，男性6名，要培养的村医有3名。

2016年对乡卫生院和村卫生所药品进行全面清理核查，共清查出过期药品品种有29种，价值3968元，对这些过期或失效药品及时进行下架处理，并进行登记。2016年全乡新型农村合作医疗参保率达到99.8%；在乡卫生院住院治疗的贫困户实行100%报销，非贫困户实行90%报销；全年门诊人次2507次，住院人次32人次。2016年全乡7岁以下儿童总数208人，儿童保健管理人数198，管理率为95.19%；全乡5岁以下儿童死亡人数1人，死亡率为2.9%。2016年全乡产妇总数35人，其中建卡35人，建卡率100%；产后访视20人，访视率为100%；住院分娩10人，住院分娩率为33.3%；新法接生10人，新法接生率为33.3%。2016年如角乡卫生院共检查食品安全10次，设置监看教育宣传栏1个，并及时更新内容9次；共检查学校食堂卫生5次，并同时给学生食堂、教室、宿舍、洗手间进行消毒，防止发生突发公共卫生事件；对8名村医先后培训8次。2016年如角乡卫生院按照国家规定于每月月底对全乡所有适龄儿童进行常规疫苗接种，接种率达97%；积极开展传染病预防宣传7次；全年共进行健康体检1040人，健康档案管理人数达1040人，开展健康教育9次，以健康教育讲座为主，并发放各种宣传资料。2016年全乡共有48名高血压患者，乡卫生院为每位高血压患者均建立了健康档案。

【维稳工作】 2016年全乡共有40个双联户长和联户单元，总户数296户，总人数1044人，其中，卡库村19个（乡机关4个）、嘎琼村10个、贡热村5个、察让村6个，有2名女性双联户长。2016年，如角乡按照上级维稳十项措施结合实际制订切实可行的措施，并把各项具体工作任务落实到人，加强对各领域隐患排查力度，对乡完小、寺庙等重点部位，加强监管力度，确保乡辖区“三无”“三不出”，实现全乡社会局势全面稳定、持续稳定、长期稳定的良好局面。

【矛盾纠纷与排查】 2016年，如角乡派出所民警及时掌握辖区治安、民情等动态信息，不断满足新时期群众对公安工作的新要求、新期待；先后深入各村、学校开展法律宣传27次；开展便民服务等活动争做群众贴心人，切实为群众办了一件件“看得见、摸得着”的好事、实事。

2016年，乡派出所在乡党委政府及县公安局的大力支持配合下，成功调解18起矛盾纠纷、民警调解治安案件，达成书面协议2起；在接外警中简易调处、口头调处的36起，实现“发案少、秩序好、社会稳定、群众满意”的目标。

（徐海鹏）

【领导名录】

党委书记　次　朗（藏族，5月免）
　　　　　唐世可（5月任）
党委副书记、乡长
　　　　　赵贤安（5月免）
　　　　　巴　桑（藏族，5月任）

党委副书记、人大主席

索郎曲珍（女，藏族）

党委副书记、纪委书记

旦增普尺（女，藏族）

政法委员、人武部部长、副乡长

普布扎西（藏族）

统战委员、驻寺副特派员

贡嘎南木加（藏族）

组织委员 仓木琼（女，藏族，5月免）

普吉宗（女，藏族，5月任）

宣传委员、副乡长

巴桑琼达（藏族，5月任）

副乡长、派出所副所长

赵树峰（5月任）

派出所副所长

巴吉（藏族）

农牧综合服务中心主任

顿旦（藏族，12月任）

文化综合服务中心主任

德庆（女，藏族，12月任）

卫生院院长

巴桑卓嘎（女，藏族）

完小校长 边巴次仁（藏族，11月免）

米玛（藏族，11月任）

拉藏乡

【概况】 拉藏乡位于萨嘎县西北部，距县城92公里，东连达吉岭乡，西临仲巴县塔玛乡，北靠如角乡，南与雄如乡毗邻，是萨嘎县三个边境乡之一。219国道贯穿全乡，平均海拔高度4670米，国土面积为1200.8平方公里，全乡下辖5个行政村、21个草组。拉藏乡为纯牧业乡，主要经济发展以畜牧业为主。截至年底，全乡共有450户、1633人，其中劳力896人，妇女813人。拉藏乡现有干部职工40名（含乡卫生院），班子成员8名，拉藏乡完小共有教职员工14名。各村党支部干部人数均达到5人以上，平均年龄为43岁。

【经济发展】 2016年，拉藏乡完成国内生产总值达1480.5万元，同比增长2.4%，其中一产1009.4548万元，二产250.2910万元，三产230.7756万元；农牧民人均纯收入达到6389.25元，其中现金收入5111.4元。

【牧业生产】 截至年底，牲畜存栏总数为头20728（只、匹），适龄母畜数为9867头（只、匹）；新生仔畜数为6302头（只、匹），成活数6302头（只、匹），成活率达到89.4%；成畜死亡229头（只、匹），死亡率控制在1.04%以内。加大牲畜出栏力度，全乡牲畜出栏9079头（只、匹），其中活畜出口8087只。狠抓牲畜防疫护工作，五号病、小反刍病免疫率达100%。

【教育工作】 年内，拉藏乡把教育工作放在优先发展的战略地位，以提高入学率为抓手，加大“控辍保学”力度，狠抓师资队伍建设，狠抓教育教学质量，攻坚薄弱学科，教育工作不断取得新进展。截至年底，全乡完小共有168名学生，适龄儿童入学率为100%。认真贯彻落实教育“三包”政策，强化督促检查，切实按照县政府有关规定，认真发放“三包”物资，乡完小学生饮食条件得到明显改善。

【卫生工作】 2016年，认真贯彻执行自治区、地区和县医药卫生事业各项工作。狠抓疾病预防控制、医疗救治和卫生执法监督工作，加大传染病、地方病防治。定期组织医务人员深入各村开展医务就诊工作，群众看病难问题得到有效解决。继续加大村医培训力度，全乡卫生队伍的整体素质得到不断提高。进一步加强了农牧区医疗制度的规范化管理，新型农牧区医疗制度覆盖全乡农牧民，参合率达到100%。

【民政工作】 认真落实低保各项政策，努力实现应保尽保，2016年，拉藏乡享受低保待遇人数为307人，为12名寿星老人发放慰问金4000元，为全乡10名重度残疾人发放慰问金3000元。为确保广大牧民群众安全温暖的过冬，为全乡五个行政村共发放藏棉被60床、军用棉被250床、毛毯50床、藏袍160件、棉大衣300件、男女丝绵上衣100件、绒衣裤、棉衣裤共170件、棉胶鞋150双、毛皮鞋270件、毛雨靴50双、防雪眼镜500副、糌粑50袋。

【新型农村医疗保险】 养老保险覆盖面不断扩大，新型农牧区养老保险覆盖率达到100%，全乡参与养老保险984人，享受养老保险金87人，全年共发放养老金156201元。

【精准扶贫】 2016年，拉藏乡把脱贫攻坚工作作为头等大事和第一民生工程，成立以乡党委书记为组长的领导小组，深入开展建档立卡回头看工作，精准贫困对象，建立健全贫困档案，确定建档立卡内贫困户78户，232人，建档立卡外贫困户154户，549人。社保兜底29户，38人。易地扶贫搬迁73户，其中享受灾后重建项目20户，实际享受易地扶贫搬迁项目53户，截至年底，已经施工完成搬迁入住的有14户，其余39户将在2017年施工建设。2016年，拉藏乡通过采取生态岗位补助、易地扶贫搬迁、短期育肥项目、技能培训、思想教育引导等措施实现脱贫11户，27人。为每名贫困户指派一名村级监督员，要求村级监督人员要严格按照“贫困户十不准”要求，监督指导贫困户的生产生活情况。针对群众中存在的政策认识不深刻、理解不准确等问题，开展政策宣传工作20余次，发放宣传单300余份，切实做到精准扶贫政策人人知晓。为增加贫困户收入，加快推进小康建设，全乡建档立卡内外贫困人口440名设立了岗位，签订岗位职责。截至年底，为110名领岗人发放每人3000元的生态岗位资金。扎实开展“3211”结对帮扶工作，截至年底，乡干部每人每年至少开展2次以上的结对帮扶活动，帮扶工作不仅仅是物资上的帮助，更重要的是思想教育和引导工作。乡扶贫办严格按照干部帮扶情况，真实地进行统计汇总工作。

【小城镇建设暨灾后重建】 拉藏乡被列为特色小城镇建设以来，乡党委、政府高度重视，始终把特色小城镇建设当作当前最重要的工作任务来抓；成立由乡党委书记为组长的工作领导小组，并把各项工作任务分解到人；针对本乡实际制订《拉藏乡特色小城镇建设实施方案》，为全面开展特色小城镇建设提供了强有力的组织保障；加大宣传力度，营造齐抓共管的良好氛围，乡党委共召开三次沿街住户及灾后搬迁户大会，并深入到各住户宣传特色小城镇建设的重要意义，动员全体住户广泛参与到建设中来，要求建设所需的毛石、沙子以及建筑耗材全部有本乡群众自已筹备，并与当地施工队协调统一筹备和运输所需水泥砖，形成党委领导、全民参与的良好氛围。拉藏乡特色小城镇建设涉及144户，其中A型44户，B型51户和国道两侧商品房49户，截至年底，所有住户已经搬迁入住；通过县委、县政府统一安排，并根据本乡实际，已完成道路建设、硬化工程、给水工程、排水工程、照明工程以及环卫工程的规划工作。

“4·25”地震波及全乡465户1841人（包含乡政府所在地商户），各类房屋及部分公共设施不同程度受到损害，拉藏乡共有595间民房不同程度受到损坏，涉及牧民群众382户1403人，其中涉及重建39户179人，维修加固343户1224人。共有3个村委会活动场所不同程度受损，其中久嘎村和亚曲村受损严重，截至年底，全乡343户维修加固已全部完成，重建39户与特色小城镇建设同步进行，也已经完成重建工作。

【综治维稳】 拉藏乡高度重视综治维稳工作，成立以党委书记为组长、分管领导为副组长、相关负责人为成员的综治工作工作领导小组，各村也建立相应的工作领导小组，切实加强对综治工作的领导。形成主要领导负责抓，分管领导具体抓，相关单位配合抓的工作局面。完善了各项工作制度，促进职能作用的发挥。年初与各行政村签订目标责任书，制订周密的应急预案、方案等，切实将维稳工作落到实处。

深入开展反分裂斗争。严格落实县委的安排

部署，努力形成党委领导、群防群治、长期防范的长效机制。大力开展群众性爱国主义教育活动，深入揭批达赖集团在政治上的反动性、宗教上的虚伪性和手法上的欺骗性。充分发挥乡边防派出所的作用，加大对过往车辆及人员的执法检查力度。加强社会面管控工作。健全社会防控体系，加大巡查力度，严密防范和依法打击各类违法犯罪活动，社会治安综合治理工作稳步推进。加强对流动人口的服务和管理，全面掌握社会面动态。狠抓矛盾纠纷排查化解工作，充分发挥信访联络员的作用，大力排查全乡草场纠纷、拖欠民工工资等矛盾纠纷，及时将问题处置在萌芽状态。

【党建工作】 2016年，拉藏乡坚持以围绕中心抓党建，抓好党建促发展的工作思路，扎实有效推进党员队伍的思想建设、组织建设、作风建设和制度建设。健全规章制度，强化工作落实，形成全乡上下抓党建工作的“组合拳”。按县委年初制订的党建10项重点工作要求，结合拉藏乡实际，把党建工作列入对7个党支部考核的重要内容，年初召开班子会议深入分析研究党建工作，认真落实各项目标任务。年内，以开展“两学一做”学习教育活动为载体，完善党员干部学习机制，努力创建学习型党组织，对全乡95名牧民党员分发95本自制学习笔记本，学习内容包括党章、党规、党纪和中央第六次西藏工作座谈会精神，并由乡党委按季度组织检查；深入推行领导干部带头作用，努力提高班子成员的政治思想建设，实行乡主要领导对党员干部谈心谈话10起；严格执行民主集中制，坚持民主议事，党委班子集体研究讨论重大事项25件。2016年，全乡内设7个机构，44项工作内容，实行分解落实到岗、明确到全乡在职35名人员；实行全乡130名党员民主评测、23名村“两委”班子成员民主评测、35名驻村干部民主评测、乡机关46名公务员民主评测和个人述职相结合的量化考核，考核结果与各级干部各领域年终评先评优直接挂钩，以此激励干部开拓创新、务实工作。年内，培训新增入党积极分子17名，新发展党员8名，对全乡137名（其中预备党员7名）实行了2次党组织关系集中排查活动，对边巴等15名人员进行组织关系调出和白玛扎巴等2名人员进行组织关系调入工作；建立健全“服务、帮扶、管理、教育”四位一体的党员服务管理机制：规范了党员入党相关资料，对党员进行动态信息化管理；在藏历新年、春节、“七一”对7名困难党员开展慰问活动，以深入开展精准扶贫工作为契机，充分发挥党员先锋模范作用，建立党员与困难群众一对一帮扶和监管制度；逐步推行“党务、政务、村务”公开工作法，着力规范村级民主管理工作，全面落实好县委组织部关于《基层党组织规范化手册》相关内容；严格实行村干部24小时轮流坐班制度，按实事求是填写村干部《出勤登记册》，在强化村干部管理的同时，促进了村务的有效开展；年内，拉藏乡采取集中学习、以会代训、个人自学等形式，以基础教育、村务管理、思想引导为切入点，组织村干部和村后备干部集中学习2次32天，安排布置学习内容30余项，组织6次集中考试，深入开展了村干部素质能力提升工作，全乡村干部的素质能力得到明显提高；年初，乡党委与各村签订党风廉政建设责任书，把落实党风廉政建设作为村级绩效考核一项重要内容，注重对乡财务和各项惠民利民资金兑现情况的检查；严格落实接待制度，接待上级工作组在乡食堂就餐，切实规范公务用车管理，实行公车按里程报销，用车情况登记备案，严禁公车私用，杜绝出现“四风”和腐败现象；并在全面开展干部队伍建设的同时扎实开展主题教育活动和党员干部守住最后一道防线的主阵地建设工作。

2016年5月29日，拉藏乡召开中共拉藏乡党员大会，选举产生了新一届党委班子和党委书记、副书记、纪委书记；5月31日召开拉藏乡第十二届人民代表大会第一次会议，选举产生乡长、人大主席和2名副乡长；分发自制换届风气宣传200余册，走村入户宣传共计20余次，宣传覆盖率达100%，切实抓好换届宣讲工作，使换届工作深入人心，营造了良好的换届风气；2016年，拉藏乡完成150户灾后重建房屋建设和11户扶贫易地搬迁房屋建设，实现27人的如期脱贫，全乡社会和谐稳定，经济持续健康发展，以畜牧业为重点的产业发展正有效推进。

【党风廉政建设】 不断加强党风廉政建设向纵深发展。继续深入开展党的政治纪律教育，引导党员干部切实增强政治意识、政权意识、责任意识、忧患意识，提高政治敏锐性和政治鉴别力。始终把《惩治和预防腐败体系建设》作为加强反腐倡廉宣传教育工作的一项重要内容，不断丰富教育内容，创新教育形式，增强教育效果。进一步完善以民主集中制为重点的各项制度，规范党委议事规则和决策程序，对重大事项都经集体研究讨论决定，严格执行党内民主的各项规定，从源头上遏制和预防腐败现象的发生。

【精神文明建设】 乡党委、政府高度重视精神文明建设工作，将精神文明建设工作列入重要议事日程，成立以乡党委书记为第一责任人的拉藏乡精神文明建设工作领导小组，乡党委与县委宣传部签订目标责任书后及时制订符合拉藏乡实际的目标责任书，并与各村一一签订，安排部署本乡工作，明确工作任务，细化工作要点，确保拉藏乡精神文明建设工作顺利完成。

严格按照县委组织理论学习的要求，拉藏乡认真组织领导干部安排学习理论知识学习活动，采取集中学习和个人自学相结合，认真落实每周的二、五学习制度，集中学习50余次，学习笔记字数均能达到20000字。通过采取召开村民大会、开展“3·28”西藏百万农奴解放纪念日活动、展示新旧西藏对比画面，设立宣传点宣讲和发放宣传单等多种学习宣传方式对广大牧民群众开展宣传教育，共深入村居开展宣讲10余次。广泛开展“文明户”和“文明村”评选活动，对已达标的文明户和文明村报送到县里予以表彰。引导广大干部群众在具体工作中和日常生活中遵守基本行为准则的基础上，追求更高的思想道德目标。普及科学知识，弘扬科学精神，在全乡范围内形成崇尚科学、反对迷信的良好氛围。持续开展“六提倡、六反对”活动，破除封建迷信、革除大操大办等陋习。积极组织牧民群众开展打扫卫生、义务劳动等活动10余次。在“三八”“3·28”“五一”“五四”“六一”“七一”“赛马节”等期间，拉藏乡积极开展拔河、跳绳、跳舞等丰富的文化体育活动，丰富广大干部职工、牧民群众的文化生活。为各村农家书屋设立专门的管理人员，并做到经常开放，逐步改变广大牧民的精神生活方式。

【产业项目】 拉藏乡现有产业项目：亚曲村山羊养殖基地、玛奇村霍尔巴羊繁育基地、吉拉牦牛畜种改良项目、白绒山羊繁育项目。亚曲村山羊养殖基地于2014年开始投入使用，现有山羊180只，山羊羔80只，其中2016年新生山羊羔70只。2016年牧畜产品收入近10000元，用于两个贫困户日常管理工资。为贫困户增收致富、增加现金收入提供了平台，为他们早日实现脱贫摘帽奠定基础。2016年县农牧局下发的白绒山羊已于近期分配到溪果、亚曲两个村共9个草组，要求每个村必须有2个草组淘汰现有种羊开展白绒山羊繁育，并逐年在全村范围内有效推进，同时，在全乡范围内有效推广白绒山羊，改善各村山羊品种，优化畜牧产业结构，实现牧业增效、牧民增收起到示范带动的作用。玛奇村霍尔巴羊繁育基地于2016年6月开始投入运行，有绵羊232只，现正积极协调引进种羊。吉拉牦牛畜种改良项目于2014年发放到各村各草组共计59头，自吉拉牦牛畜种改良项目实施以来，截至年底，该血统的牛犊共有65头，效益明显，为改良全乡现有的劣质牦牛品种，增加牧民群众的收入提供了支撑。

【安全生产】 拉藏乡按照县委要求毫不动摇强化安全生产工作，成立以政府乡长为组长的安全生产工作领导小组，与各村委会签订目标责任书，指派一名安全生产工作专干，对本辖区内的工程施工、超市、餐饮服务点多次开展了安全排查工作，始终紧绷安全生产这根弦。2016年，拉藏乡共开展安全生产检查10余次。

（普布普赤）

【领导名录】

党委书记 达瓦次仁（藏族，5月免）
黄 光 权（5月任）

党委副书记、乡长
黄 光 权（5月免）
普布扎西（藏族，5月任）

党委副书记、人大主席
普布扎西（藏族，5月免）
格玛扎西（藏族，5月任）

副书记、组织委员、党群综合办主任
顿 珠（藏族，5月任）

宣传委员、副乡长、主任科员
普布普赤（女，藏族，5月任）

统战委员、主任科员
米玛仓决（女，藏族，5月任）

纪委书记 顿 珠（藏族，5月免）
李 小 虎（5月任）

政法委员、副乡长、人武部部长
格玛扎西（藏族，5月免）
白玛扎巴（藏族，5月任）

副 乡 长 彭 波（5月任）
李 飞 洲（5月任）

农牧综合服务中心主任
拉巴次仁（藏族）

卫生院院长
赤列朗杰（藏族，12月任）

昌果乡

【概况】 昌果乡位于萨嘎县西南部，距县城108公里，行政面积为3370平方公里，平均海拔为5370米，边境线长105公里，有国境界碑2个（32#–33#），通外山口5处。昌果乡下辖昌果村、亚卡亚村、日拉村、古郁村4个行政村，21个草组，草场面积2429104亩，牲畜存栏量60031头（只、匹）。截至年底，昌果乡有399户1553人，其中低保户75户208人，五保户11户，建档立卡内贫困户106户330人，建档立卡外贫困户57户、166人，全年牧民人均可支配收入为6025元。

【干部队伍建设】 2016年，全乡有干部职工35名，公益性2名，干部职工平均年龄26岁；4个行政村有村“两委”干部19名，村务监督委员会成员12名。

【廉政工作】 认真落实“党委主体责任、纪委监督责任”，围绕乡党委、政府中心工作，以党员干部为重点，以完善制度为抓手，以强化监督为保证，明确反腐倡廉责任，推进廉政文化建设。加强廉政教育，从源头上预防和解决腐败，保证党员干部高效廉洁；加强制度建设，制订昌果乡党风廉政建设工作分工责任制，进一步完善各项规章制度，坚持以制度管人、管事、管钱，保证权力运行阳光透明；靠实责任，与各村、乡属各单位签订《昌果乡2016年党风廉政建设责任书》，做到层层传导压力，层层落实责任；强化风险防控，昌果乡以权力运行为主线，分析岗位职责、业务流程、制度机制等方面存在的风险，对风险防控工作实施系统化、科学化管理，逐步形成了内部管理有制度、岗位操守有标准、事前预防有举措、综合考核有依据的风险防控管理体系，构建廉政风险综合防控机制。

【党建工作】 抓班子带队伍，强化责任，落实任务，成立党建工作领导小组，层层签订目标责任书，明确工作任务和职责；落实任务，研究制订党建工作计划、党员发展计划、党员学习计划，做到早部署、早安排；拓宽发展思路，寻找扶贫开发项目和致富渠道，帮助群众脱贫致富；从规范干部管理入手，完善设岗定责，实行规范化管理，进一步明确工作分工和职责，确保各项工作规范化有条不紊的运转；开展藏汉“双语”培训，不断解决藏汉干部及群众之间的语言交流障碍，进一步提高办事效率，巩固党群干群关系；开展党员志愿服务活动，结对帮教、助残扶弱，践行为人民服务宗旨；每月按时为全乡9名“三老”人员发放补贴，全年共发放“三老”人员补贴61800元；全乡党员143名，其中牧民党员100

名，新发展党员8名。

【文化工作】 紧紧围绕党委中心工作，以服务基层、丰富广大人民群众的业余文化生活为目标，自加压力，文化工作扎实开展。加强自身建设，不断提升自我，充实业务知识，开展先进性教育，改造思想，清除杂念，增强全心全意为人民服务信念，服务广大群众；加强阵地建设，购买文化设备，装备活动室，丰富图书室，建成会议室、乒乓室、台球室、电子阅览室，极大丰富了百姓的文化生活；组织开展文娱活动，利用节假日期，组织文化站工作人员、牧民群众，开展文体娱乐活动，丰富群众日常生活；加强宣传教育，充分结合“两学一做”，深入四个行政村组织培训全面开展强农惠农、换届前期、精准扶贫、禁止家庭暴力等相关农牧民自身政策宣传；组织文化站工作人员，利用业余时间，开展“一对三”帮教活动，帮助学生提高学习成绩；开展“村干部文化素质能力提升工程”，组织文化站人员，对村干部进行辅导和补习，进一步提高了村干部的汉语水平、综合文化素质和处事能力。

【综治工作】 充分发挥联防队作用，打造“无死角”的维稳网络。建立健全护边员队伍、提高素质能力，根据实际需要开展业务能力培训，推出绩效考核制度，加强官兵的素质能力培养，有效改进了护边员队伍的作风和能力，大大增强昌果乡的维稳能力，确保乡社会局势的持续稳定；充分利用摩托车护边，组成摩托车护边联防队，深入辖区各村、边境各通外山口开展巡防工作，形成移动保护网。高度重视与乡边防派出所的协调联动，定时召开联席会议，建立健全党政军警联动机制，形成维稳合力。积极开展矛盾纠纷排查，制订计划方案，定期开展矛盾纠纷排查，掌握情况，抓早、抓小、抓苗头，钝化矛盾、及时调处、防止激化，消除不安定因素。

【扶贫工作】 全乡拥有贫困户数106户、人数330人，按照因病、因残、因学、缺乏劳力、牲畜少等致贫原因分门别类建档立卡，实行一户一册，一人一卡；紧紧抓住转变方式、强化“造血”、加大投入、整合力量四个关键，突出抓好基础设施建设、易地搬迁、产业扶持、转移就业扶贫措施，按照“一村一策，一户一法”的要求，逐村逐户量身定制帮扶措施，确保帮扶到最需要帮扶的群众、帮扶到群众最需要扶持的地方，实现扶贫工作对策清、措施准；以机制建设为切入点，建立健全考评和脱贫奖励激励机制，严格落实责任，把精准扶贫成效作为干部年度评优的重要内容和标准，健全完善定期督查、专项督查、明察暗访等督查考评制度，传导压力，强化担当；明确责任人、任务、标准、措施和时间节点，做到号准脉、开准方、抓准药，提高帮扶工作的针对性和实效性；全乡全年实现16户50人的脱贫任务。

【农牧工作】 严格按照量质化目标管理的要求，落实岗位责任制，责任到岗，岗位到人，各负其责，层层把关，做到进、出畜检疫率达100%，出证率达100% ；坚持学习与实践相结合，始终坚持学无止境思想，不断加强专业理论知识，并在工作中不断实践，提高综合素质能力；严格按照要求，开展动物疫病注苗工作，做到“乡不漏村、村不漏户、户不漏畜、畜不漏针”，确保不发生动物疫情，新生仔畜的成活率达98%以上；推进动物检疫工作，动物检疫员提前对出栏畜实施临栏检疫，发放动物免疫登记卡，确保实现检疫全覆盖；2016年底全乡牲畜存栏数为34607只（头、匹）。

【教育工作】 2016年，有在校生222人，其中小学生173人，学前生49人，达到适龄孩子上学率100%，巩固率100%，其中在小考统考中亚卡亚村其美卓嘎同学考入内地济南西藏班。

【妇联工作】 针对新时期妇联工作的需要，积极组织乡女干部和各村妇联主任，深入群众家中开展相关法律法规的宣传教育；组建了巾帼志愿服务队，积极开展相关的慰问、义务劳动活动等，开展“三八”国际妇女节慰问困难妇女活动和义务为敬老院老人打扫卫生活动。

【民政工作】 2016年，有低保人口72户，216人，积极为低保和缺粮户发放各类物资，全年共发放救灾帐篷92顶，大米868袋，面粉938袋，糌粑400袋。

【发展壮大村实体经济】 在2015年组建亚卡亚村短期育肥基地的基础上扩大规模，2016年组建古郁村、日拉村短期育肥基地，组建昌果村霍尔巴羊繁育基地，建立昌果乡农牧民农业专业合作社。

【团委工作】 全乡拥有团员67名，其中机关干部团员4名，4个行政村的团支部书记都纳入了村“两委”领导班子；“五四”青年节举办了全乡团员培训会；全年发展新团员4名，推优入党1名。

（王锡奎）

【领导名录】

县政协副主席、党委书记
边巴次仁（藏族）

党委副书记、乡长
王银桂（5月免）
王锡奎（5月任）

统战委员、人大主席
顿　珠（藏族，5月免）
次旺平措（藏族，5月任）

纪检委书记　嘎玛次仁（藏族，5月免）
尼玛拉珍（女，藏族，5月任）

组织委员　次　多（藏族，5月免）
嘎玛次仁（藏族，5月任）

宣传委员、财务所所长、副乡长
普　尺（女，藏族，5月任）

政法委员、人武部部长、副乡长
顿　珠（藏族，5月任）

副乡长　张文涛（5月任）

人大副主席　蔡　顺（6月任）

农牧综合服务中心主任
尼玛坚参（藏族）

卫生院院长　扎西拉宗（女，藏族）

雄如乡

【概况】 雄如乡位于萨嘎县西南部，乡政府驻地距县城32公里，平均海拔4650多米，总面积1765平方公里，属纯牧业二线边境乡。雄如乡下辖孜康、布扎、唐如、嘎康、卓巴布、麻亚6个行政村，22个草组，草场总面积198.9万亩，2016年全乡共有516户，2067人，劳力1151人，劳务总收入255.6万元，人均收入6808.3元，全乡共有干部职工51名，“双联户”单位64个，民兵57名，联防队员27名，辅警员6名。

【干部队伍建设】 雄如乡高度重视干部队伍建设，认真落实县委发展党员工作规划，制订《雄如乡2016年度发展党员工作计划》和《雄如乡2016年党员教育培训计划》，按照发展党员“十六字”方针严把党员入口关，把党员发展工作重点放在那些支持、拥护党的方针政策等先进份子身上。把年龄在35周岁以下、初中以上文化水平的致富能手、退伍青年、外出优秀务工青年等作为培养重点，实行“定向培养”，坚决不发展不识字党员、贫困户党员，2016年，预备党员转正式党员10名、积极转预备党员13名，培养了28名积极分子，吸收了24名入党申请人。截至年底，全乡正式党员168名，其中牧民党员120名，机关党员48名。按照正职1职2备，副职1职1备原则，培养并建立42名村级后备干部队伍。

【对基层党建工作支持力度】 在县财政列支的党建工作专项经费中，乡财政按照立足支部、专款专用的原则，投入7万余元，用于党员教育培训、组织党员活动、购买学习资料、党员表彰奖励、走访慰问、党建阵地建设以及其他与基层党建相关的活动。同时，严格落实村级组织工作经费和党员活动经费，对各村财务支出情况进行检查，并要求各村做好账目明细，确保支出公开、透明、有记录。

【脱贫攻坚工作开展情况】 按照萨嘎县“3211”

干部结对帮扶工作思路，以102户精准扶贫户为结对对象，分别由区高级人民法院、2名县级包乡领导、县直相关单位、乡政府、乡完小和本乡两个施工队组成的135名结对帮扶干部，结对全乡102户贫困户373人，2016年，结对帮扶投入资金4万余元，在一定程度上解决了贫困户的实际困难；同时，对7名考入大学的新生给予8000元的奖励。

雄如乡建档立卡内精准扶贫对象102户、373人，占全乡户数的20.4%、人数的18.2%；建档立卡外贫困户共85户、298人；兜底共有2户、4人；农村低保65户、254人，2016年全乡脱贫10户、44人。

【“两学一做”学习教育活动】 4月1日，召开“两学一做”教育活动动员部署会，成立以乡党委书记为组长的领导小组，并制订学习计划，坚持每周二下午和周五下午。2016年，雄如乡共开展59次学习会，集中观看教育影视片4次，党员干部每人撰写4篇心得体会和2篇观后感，领导班子讲党课活动4次，组织召开了1次组织生活会和2次民主评议党员工作，确保学习教育抓出实效。

年底，召开党员领导干部民主生活会，会前采取“群众提、自已找、互相帮”的办法，查找各自存在的突出问题，撰写了对照检查材料。从县乡网向各单位、乡镇发征求的意见表，同时也向本单位的干部职工发放征求意见表，共收回征求意见表78份，并将征求到意见进行梳理，将意见反馈给了领导干部；会上，班子成员认真地开展了批评和自我批评；会后，制订了整改措施，确保了民主生活会收到实效，达到团结、批评、团结的目的。

【发展壮大村集体经济】 按照市委、市政府、县委、县政府关于产业发展的系列安排部署，雄如乡以发展村集体经济为突破口，促进农牧民增收，通过县直各单位以及驻村工作队的大力支持，孜康村开办了便民超市嘉盛超市，大大降低从康巴籍商人手中高价欠债多的问题，赢得了县委、县政府的高度认可和评价，并要求推广至其他行政村，2016年，孜康村嘉盛超市实现年纯收入5万多元；麻亚村扶贫超市实现年纯收入1.6万元；卓巴布村藏面茶馆、百货超市和小型机动车辆修理厂等实现年纯收入6万多元；村集体经济的发展壮大，拓宽了群众增收致富的观念和致富渠道和门路奠定了坚实的基础；布扎村扶贫施工队劳务输出达70多人次，总收入达36万多，给贫困户创造17万多的收入，使布扎村贫困户增强输出剩余劳力意识，减少布扎村贫困户数量；2016年当如村在村党支部和村第一书记的指导和协助下，多渠道筹集资金24.3万元修建九座温室大棚，通过建立温室大棚解决当如村群众吃菜难的问题，促进当如村经济发展奠定了物质基础；积极组织剩余劳动力，协调施工单位参与雄如乡2016年村级公路和乡附属工程等项目，全乡共投劳人数达568人次，总收入达250多万元。

【团建工作】 雄如乡着重从团员队伍建设方面，重视发展团员工作，积极配合县团委开展团员教育培训，组织开展“五四”入团仪式、学雷锋志愿服务、慰问留守儿童等活动，组织青年志愿者开展了卫生大扫除、法制宣传等系列活动，将团建工作制度化、经常化、规范化，2016年通过培养和引导，吸收团员32名，现有团员49名。

【党风廉政建设】 召开全乡党风廉政建设和反腐败工作会议，安排部署2016年党风廉政建设工作，制订《2016年党风廉政建设工作计划》，层层签订《2016党风廉政建设责任书》，在全乡范围内开展了廉政谈话活动，强化对中央八项规定、《中国共产党廉洁自律准则》《中国共产党纪律处分条例》和典型案例的学习，建立健全了财务管理制度、举报投诉接访制度，继续推行党务、政务公开制度，同时，加大对换届纪律、支农惠农资金的监督检查，强化对节日期间执行中央“八项规定”的监督检查，促使全乡的党风廉政建设工作进一步加强。

【机关干部作风建设】 严格执行上下班考勤制度，严查迟到早退行为，严禁干部职工上班期间上网、到茶馆喝茶等行为；乡主要领导以身作则，坚决杜绝乡干部职工在乡区域内参与或进行

"麻将、金花、藏牌"等赌博活动，机关干部作风建设明显好转。

【维稳稳定】严格落实24小时值班带班工作，成立维稳工作领导小组，特别是在3月份、全国"两会"及重大节日等敏感日期间，安排全乡干部职工及边防派出所官兵进行值班巡逻；强化寺庙管理，与寺庙签订目标管理责任书；加强流动人口服务管理工作，严格实行登记排查制度，对全乡范围内对外来人员进行排查登记，做到底数清、情况明；充分发挥双联户的作用，加强矛盾纠纷排查，做到小事不出村、大事不出乡，把矛盾纠纷解决在基层、化解在当地，最大限度实现无矛盾纠纷上交、无矛盾纠纷激化、无群体性上访；按照"纵向到底，横向到边，上下联动"的要求，以目标管理责任书为依据，层层分解责任，层层落实责任，与村、户共签订9项综治维稳目标责任书，完全做到责任到位、狠抓落实、扎实基础，切实做好"三稳定""四不出"。

【人大工作】在乡党委的领导和支持下，乡人大充分运用法律赋予的职权，认真履行监督职责，组织人大代表积极投身于经济建设、维护稳定等工作，切实抓好代表议案督办工作，进一步提高了办理议案的质量；并于5月29日召开雄如乡第十四届人民代表大会。大会听取和审议了政府工作报告、人大主席团工作报告，全体人大代表在大会上积极行使职权，并提出建议，通过各项决议。依法补选乡人民政府乡长1名、副乡长3名、乡人大主席1名，且全部满票，确保了县委提名人选的依法当选。

【安全生产】严格落实安全生产目标，强化安全生产责任，与各村签订2016年安全生产目标责任书，严格落实安全生产目标管理责任制和各项防范措施，在重大节假日、敏感日期间，组织乡干部职工开展安全生产的宣传教育活动，萨昌公路设立临时检查点深入开展道路交通专项整治行动，并发放交通法规宣传册，多次对雄如乡完小、茶馆、个体户商店食品安全排查，给人民群众创造一个安全、放心、健康的生活环境；同时，全面排查雄如乡各施工单位安全存在的隐患，与乡驻地所有施工队之间签订安全生产合同协议，按照"四个不放过"原则，雄如乡干部职工定期不定期到每个村、草组，对每条公路、每项工程项目、每座桥梁进行排查，尤其对容易引发事故的隐患点，因地制宜制订整改措施，向村民讲解宣传危险路段、桥梁的安全注意事项，较好地做到排查、整治隐患、杜绝新隐患的目的。

【经济发展】2016年，雄如乡紧紧围绕县委、县政府对经济发展的各项要求，全乡完成经济总收入2010.39万元，比2015年增长25.3%，农牧民人均收入6808.3元，比2015年增长15.7%。

【牧业】逐步优化牧业产业结构，突出现代牧业，促进增产增效，坚决落实以草定畜、草畜平衡措施，畜牧业生产稳步发展，2016年末牲畜存栏总数26658头只匹；全面落实强农惠农富农政策，积极兑现各类补偿资金；乡农牧技术人员上山下水、骑马走路，不辞辛苦多次调解乡、村、草组之间各类草场纠纷，圆满完成全乡的基本草原划定工作；年初，乡农牧综合服务中心与各村签订2016年农牧业经济发展目标责任书，并按照责任要求扎实开展春秋两季的防疫工作，按期发放每一季度的牲畜预防疫苗药物，落实各项防控措施，确保了春秋两季不发生重大动物疫情。

【林业】2016年，雄如乡林业总面积46.3万亩，兑现林业补偿费231万元。

【环境综合整治】加大对乡辖区内的环境卫生的综合整治，积极申请各行政村和草组垃圾填埋场项目，定期组织全乡干部职工和各村群众开展卫生大扫除和白色垃圾清理活动，环境卫生得到了极大改善。

【教育工作】2016年，雄如乡完小有教职工17名，小学在校生206名，入学率达99%，初中在校生97名，入学率达96%，高中在校生19名，大学在校生16名，去年考入大学7人，其中考入重点大学2人。

【卫生工作】 2016年医疗卫生工作取得新成效，乡政府、乡卫生院积极开展健康教育宣传工作，广大群众健康知识水平明显提高，有效杜绝了“因病致贫”现象的发生。

【合作医疗】 2016年全乡合作医疗参保人数2035人，应参保人数2046人，占99.5%，缴纳金额34220元。

【妇联工作】 组织开展“三八”妇女节活动，成立全乡巾帼志愿服务队，积极组织开展志愿服务活动，并积极组织全乡妇女干部开展慰问活动。

【新型农村社会养老保险】 2016年，全乡新型农村社会养老保险应参保人数406人，实际参保人数406人，达到100%，缴纳金额181404元。

【民政工作】 深入开展政策宣传工作，先后对全乡范围内的低收入牧户进行家庭经济状况重新核对，确保低保对象的基本数据准确无误，完善低保户的台账资料，切实为雄如乡低保生活救助管理工作奠定坚实的基础。

【国土工作】 完成全乡9处地质灾害点的调查核实工作，并建立健全地址灾害应急预案、群防群治等相关工作机制，广泛宣传宅基地相关政策。开展自救防抗灾应急演习活动，提高广大群众的防灾减灾意识。积极申报当如村洛龙草组、布扎村委会所在地地址灾害点治理项目，排除地质灾害带来的安全隐患，切实保护广大群众财产安全。

【商务工作】 全乡在享受商务工作10万元周转资金两个村委会的基础上，积极与县商务局协调申报剩余4个村委会，解决其他4个村壮大发展村办实体经济资金紧缺问题，落实各村解决10万元资金，共计40万元，切实为壮大各村委会村办实体经济规模和全乡商业市场加快发展奠定坚实的基础；同时，不折不扣地落实碘盐推广工作，乡党委、政府始终高度重视广大群众的食盐安全问题，按照县商务局碘盐推广工作相关文件要求，严格落实每人5袋为标准的发放原则，确保碘盐数量不流失，碘盐发放到实处。

（张　琪）

【领导名录】

党委书记　洛桑南加（藏族）
党委副书记、乡长
　马　军（回族）
党委副书记、人大主席
　边　巴（藏族，5月免）
　普布扎西（藏族，5月任）
政法委员、人武部长、副乡长
　索朗旺堆（藏族）
党委副书记　米玛普尺（女，藏族，5月免）
　强巴康珠（女，藏族，5月任）
统战委员、驻寺特派员
　尼玛次仁（藏族）
纪委书记　米玛普尺（女，藏族，5月免）
　仓　拉（女，藏族，5月任）
宣传委员、副乡长
　米玛旦增（藏族）
人大副主席　张　琪（6月任）
副乡长、党群办主任
　德庆卓嘎（女，藏族，5月任）
副乡长　邓　文（5月任）
农牧综合服务中心主任
　白玛顿珠（藏族）
卫生院院长　次　多（藏族）
乡完小校长　拉巴平措（藏族，11月免）
　穷达次仁（藏族，11月任）

受区（县）级以上表彰的先进集体名录

表1

获奖单位	获奖名称	表彰时间	授予单位
萨嘎县司法局	2011–2015年全国法制宣传教育先进县	2016年	中宣部、司法部
萨嘎县普法办	2011–2015年全国法制宣传教育先进县	2016年	中宣部、司法部
萨嘎县司法局	全国司法行政先进集体	2016年	人力资源社会保障部、司法部
自治区法院驻雄如乡工作队	自治区级优秀组织单位	2016年	自治区党委、自治区政府
努贡寺（旦嘎拉康）管委会	2016年度自治区先进寺管会（特派员机构）	2016年	自治区党委、自治区政府
萨嘎县政法委	全区先进双联户创建活动先进县（区）	2016年	自治区党委、自治区政府
拉藏乡玛奇村工作队	自治区级先进驻村工作队	2016年	自治区党委、自治区政府
拉藏乡久嘎村工作队	自治区级先进驻村工作队	2016年	自治区党委、自治区政府
夏如乡夏如村工作队	自治区级先进驻村工作队	2016年	自治区党委、自治区政府
加加镇杰村工作队	自治区级先进驻村工作队	2016年	自治区党委、自治区政府
雄如乡布扎村工作队	自治区级先进驻村工作队	2016年	自治区党委、自治区政府
昌果乡	西藏自治区综治双联户先进集体	2016年	自治区党委、自治区政府
萨嘎县卫生服务中心	先进驻村（居）工作队	2016年	自治区政府
萨嘎县总工会	全区县（区）六有达标单位	2016年	自治区总工会
萨嘎县总工会	模范职工之家	2016年	自治区总工会
萨嘎县疾控中心	2016年度全区包虫病防治工作先进集体	2017年	自治区疾控中心
自治区藏语委办驻杰村工作队	地市级优秀组织单位	2016年	日喀则市委、市政府

续表1

获奖单位	获奖名称	表彰时间	授予单位
萨嘎县政法委	2016年度日喀则市级先进双联户创建评选工作先进集体	2016年	日喀则市委、市政府
努贡寺（旦嘎拉康）管委会	上半年市级先进寺庙管理机构	2016年	日喀则市委、市政府
库郁寺特派员机构	下半年市级先进寺庙管理机构	2016年	日喀则市委、市政府
旦嘎乡旦嘎村	日喀则市先进基层党组织	2016年	日喀则市委、市政府
公安局驻马琦村工作队	地市级优秀组织单位	2016年	日喀则市委、市政府
夏如乡达孜村工作队	地市级先进驻村工作队	2016年	日喀则市委、市政府
拉藏乡门曲村工作队	地市级先进驻村工作队	2016年	日喀则市委、市政府
昌果乡亚卡亚村工作队	地市级先进驻村工作队	2016年	日喀则市委、市政府
雄如乡唐如村工作队	地市级先进驻村工作队	2016年	日喀则市委、市政府
达吉岭乡热嘎村工作队	地市级先进驻村工作队	2016年	日喀则市委、市政府
昌果乡	日喀则市综治双联户先进集体	2016年	日喀则市委、市政府
萨嘎县委组织部	2016年度全市党建工作三等奖	2017年	日喀则市委组织部
萨嘎县委组织部	2016年度全市党内统计“优秀报表”单位	2017年	日喀则市委组织部
加加镇达琼村	2016年度日喀则市农牧区精神文明建设示范点	2016年	日喀则市精神文明建设指导委员会
萨嘎县法院	党建工作先进集体	2017年	日喀则市法院
如角乡	日喀则市民族团结进步奖	2016年	日喀则市统战部
萨嘎县总工会	2016年全市、县区目标考核第三名	2016年	日喀则市总工会
萨嘎县国税局	优秀单位	2017年	日喀则市国税局
萨嘎县教体局	安全维稳先进单位	2016年	日喀则市教体局
萨嘎县人社局	基金管理工作先进集体	2016年	日喀则市人社局
萨嘎县人社局	综合三等奖	2016年	日喀则市人社局
萨嘎县人社局	2016年度信息工作先进集体	2017年	日喀则市人社局
萨嘎县旅游局	2016年度日喀则市旅游统计先进单位	2016年	日喀则市旅游发展委员会
萨嘎县文广局	萨嘎县2016年度全市文化文物工作先进集体	2017年	中共日喀则市文化局（文物局）党组、日喀则市文化局（文物局）

续表1

获奖单位	获奖名称	表彰时间	授予单位
萨嘎县文广局	萨嘎县2016年度全市民间艺术团先进集体	2017年	中共日喀则市文化局（文物局）党组、日喀则市文化局（文物局）
萨嘎县卫生局	2016年“两降一升”工作先进集体	2017年	日喀则市卫计委
农行萨嘎县支行	2016年度安全保卫工作先进集体奖	2017年	农行日喀则分行
萨嘎县委组织部	2016年全县综治、维稳、双联户综合先进单位奖	2016年	萨嘎县委、县政府
萨嘎县政法委	2016年萨嘎县民族团结进步 模范集体	2016年	萨嘎县委、县政府
萨嘎县司法局	先进驻村工作队	2016年	萨嘎县委、县政府
萨嘎县纪委、监察局	萨嘎县民族团结进步模范集体荣誉称号	2016年	萨嘎县委、县政府
萨嘎县公安消防大队	萨嘎县综治、维稳、双联合综合先进单位	2016年	萨嘎县委、县政府
萨嘎县教体局	县级优秀组织单位	2016年	萨嘎县委、县政府
萨嘎县教体局	民族团结进步模范集体	2016年	萨嘎县委、县政府
萨嘎县教体局	萨嘎县创先争优强基础惠民生活动优秀组织单位	2016年	萨嘎县委、县政府
萨嘎县民宗局	2016年度萨嘎县民族团结模范集体	2016年	萨嘎县委、县政府
萨嘎县民宗局	2016年度萨嘎县综治、维稳、双联户综合先进单位	2016年	萨嘎县委、县政府
萨嘎县卫生局	县级优秀组织单位	2016年	萨嘎县委、县政府
布扎寺特派员机构	上半年县级先进寺管会（特派员机构）	2016年	萨嘎县委、县政府
江查嘎日追特派员机构	下半年县级先进寺管会（特派员机构）	2016年	萨嘎县委、县政府
雄如乡	萨嘎县“2015年度乡镇综合工作一等奖”	2016年	萨嘎县委、县政府
雄如乡	萨嘎县“综治、维稳、双联户”综合一等奖	2016年	萨嘎县委、县政府
雄如乡	萨嘎县“安全生产”工作一等奖	2016年	萨嘎县委、县政府
夏如乡	县级优秀组织单位	2016年	萨嘎县委、县政府
旦嘎乡	综治维稳全县第二名	2016年	萨嘎县委、县政府
旦嘎乡旦嘎村	建党95周年全县先进基层党组织	2016年	萨嘎县委、县政府
旦嘎乡旦嘎村	双联户工作先进村	2016年	萨嘎县委、县政府

续表1

获奖单位	获奖名称	表彰时间	授予单位
加加镇达琼村	萨嘎县庆祝西藏自治区成立50周年文艺调演鼓励奖	2016年	萨嘎县委、县政府
加加镇达琼村	2016年度县级双联户创建评选工作	2016年	萨嘎县委、县政府
拉藏乡溪果村工作队	县级先进驻村工作队	2016年	萨嘎县委、县政府
雄如乡嘎康村工作队	县级先进驻村工作队	2016年	萨嘎县委、县政府
雄如乡卓巴布村工作队	县级先进驻村工作队	2016年	萨嘎县委、县政府
雄如乡麻亚村工作队	县级先进驻村工作队	2016年	萨嘎县委、县政府
雄如乡孜康村工作队	县级先进驻村工作队	2016年	萨嘎县委、县政府
夏如乡赤姆村工作队	县级先进驻村工作队	2016年	萨嘎县委、县政府
达吉岭乡萨拉村工作队	县级先进驻村工作队	2016年	萨嘎县委、县政府
加加镇加普村工作队	县级先进驻村工作队	2016年	萨嘎县委、县政府
加加镇达琼村工作队	县级先进驻村工作队	2016年	萨嘎县委、县政府
昌果乡	萨嘎县综治双联户先进集体	2016年	萨嘎县委、县政府
昌果乡	萨嘎县统战民宗工作二等奖	2016年	萨嘎县委、县政府
萨嘎县司法局	共青团工作先进青年文明号单位	2016年	萨嘎县委、县政府、团县委
萨嘎县卫生服务中心	民族团结进步模范集体	2016年	萨嘎县政府
农行萨嘎县支行	2016年萨嘎县民族团结进步模范奖	2016年	萨嘎县政府

说明：由于各单位资料提供不全，可能有遗漏

受区（县）级以上表彰的先进个人名录

表2

姓　名	性别	民族	工作单位	获奖名称	表彰时间	授予单位
高志平	男	汉族	萨嘎县委组织部	2016年度全国机构编制工作先进工作者	2017年	中央编办
米玛普芝	女	藏	自治区法院	自治区级先进驻村工作队员	2016年	自治区党委、自治区政府
巴桑	女	藏	自治区法院	自治区级先进驻村工作队员	2016年	自治区党委、自治区政府
赵晓联	男	汉	自治区法院	自治区级先进驻村工作队员	2016年	自治区党委、自治区政府
杨志龙	男	汉	自治区法院	自治区级先进驻村工作队员	2016年	自治区党委、自治区政府
洛桑朗加	男	藏	自治区公安边防总队	自治区级先进驻村工作队员	2016年	自治区党委、自治区政府
扎西罗布	男	藏	日喀则市扶贫办	自治区级先进驻村工作队员	2016年	自治区党委、自治区政府
旦增益西	男	藏	日喀则市扶贫办	自治区级先进驻村工作队员	2016年	自治区党委、自治区政府
益西曲珍	女	藏	夏如乡	自治区级先进驻村工作队员	2016年	自治区党委、自治区政府
尼玛次仁	男	藏	夏如乡	自治区级先进驻村工作队员	2016年	自治区党委、自治区政府
次仁平措	男	藏	拉藏乡	自治区级先进驻村工作队员	2016年	自治区党委、自治区政府
扎西顿珠	男	藏	拉藏乡	自治区级先进驻村工作队员	2016年	自治区党委、自治区政府
云丹拉姆	女	藏	拉藏乡	自治区级先进驻村工作队员	2016年	自治区党委、自治区政府
达瓦普尺	女	藏	旦嘎乡	自治区级先进驻村工作队员	2016年	自治区党委、自治区政府
尼玛伦珠	男	藏	如角乡	自治区级先进驻村工作队员	2016年	自治区党委、自治区政府
次旦多吉	男	藏	如角乡	自治区级先进驻村工作队员	2016年	自治区党委、自治区政府
玉珠桑珠	男	藏	加加镇	自治区级先进驻村工作队员	2016年	自治区党委、自治区政府
曲英朗杰	女	藏	达吉岭乡	自治区级先进驻村工作队员	2016年	自治区党委、自治区政府
达娃	女	藏	萨嘎县民宗局	自治区级先进驻村工作队员	2016年	自治区党委、自治区政府
占堆	男	藏	萨嘎县教研室	自治区级先进驻村工作队员	2016年	自治区党委、自治区政府
贵桑	男	藏	萨嘎县民宗局	2016年自治区优秀涉宗干部	2016年	自治区党委、自治区政府
多吉	男	藏	萨嘎县强基办	自治区先进工作者	2016年	自治区党委、自治区政府
次仁多吉	男	藏	加加镇	2016年度全区第一批优秀村党支部第一书记	2016年	自治区党委
格玛扎西	男	藏	拉藏乡	2016年度全区第一批优秀村党支部第一书记	2016年	自治区党委
普布	男	藏	萨嘎县发改委	西藏自治区“最美家庭”	2016年	西藏自治区寻找“最美家庭”活动领导小组

续表2

姓名	性别	民族	工作单位	获奖名称	表彰时间	授予单位
斯朗卓玛	女	藏	萨嘎县文广局	西藏自治区“最美家庭”	2016年	西藏自治区寻找“最美家庭”活动领导小组
欧珠旺姆	女	藏	自治区法院	地市级先进驻村工作队员	2016年	日喀则市委、市政府
次登罗布	男	藏	自治区法院	地市级先进驻村工作队员	2016年	日喀则市委、市政府
杨涛	女	汉	自治区法院	地市级先进驻村工作队员	2016年	日喀则市委、市政府
任卫军	男	汉	自治区法院	地市级先进驻村工作队员	2016年	日喀则市委、市政府
索朗次仁	男	藏	自治区法院	地市级先进驻村工作队员	2016年	日喀则市委、市政府
李玉善	男	汉	自治区公安边防总队	地市级先进驻村工作队员	2016年	日喀则市委、市政府
张文超	男	汉	自治区公安边防总队	地市级先进驻村工作队员	2016年	日喀则市委、市政府
益西桑布	男	藏	自治区编译局	地市级先进驻村工作队员	2016年	日喀则市委、市政府
格桑卓嘎	女	藏	日喀则市扶贫办	地市级先进驻村工作队员	2016年	日喀则市委、市政府
陈祖江	男	汉	萨嘎县公安局	地市级先进驻村工作队员	2016年	日喀则市委、市政府
普扎	男	藏	萨嘎县政协办	地市级先进驻村工作队员	2016年	日喀则市委、市政府
次仁曲扎	男	藏	萨嘎县文广局	地市级先进驻村工作队员	2016年	日喀则市委、市政府
贵桑	男	藏	萨嘎县民宗局	2016年日喀则市民族团结先进个人	2016年	日喀则市委、市政府
琼拉	女	藏	萨嘎县卫生服务中心	地市级先进驻村工作队员	2016年	日喀则市委、市政府
扎西达杰	男	藏	旦嘎乡	地市级先进驻村工作队员	2016年	日喀则市委、市政府
边久罗布	男	藏	加加镇	地市级先进驻村工作队员	2016年	日喀则市委、市政府
旦增	男	藏	加加镇	地市级先进驻村工作队员	2016年	日喀则市委、市政府
拉巴旦增	男	藏	如角乡	地市级先进驻村工作队员	2016年	日喀则市委、市政府
索朗旺堆	男	藏	如角乡	地市级先进驻村工作队员	2016年	日喀则市委、市政府
顿珠	男	藏	拉藏乡	日喀则市优秀党务工作者	2016年	日喀则市委、市政府
次珠旦增	男	藏	夏如乡	地市级先进驻村工作队员	2016年	日喀则市委、市政府
旦增罗珍	女	藏	达吉岭乡	地市级先进驻村工作队员	2016年	日喀则市委、市政府
江巴	男	藏族	萨嘎县委组织部	2016年度全市组织信息工作先进个人	2017年	日喀则市委组织部
邓鹏	男	汉族	萨嘎县委组织部	2016年度全市组织网宣工作先进个人	2017年	日喀则市委组织部
赤列	男	藏	萨嘎县法院	2016年度全市法院优秀法院	2017年	日喀则市法院

续表2

姓　　名	性别	民族	工作单位	获奖名称	表彰时间	授予单位
拉巴潘多	女	藏	萨嘎县检察院	日喀则市检察系统2016年先进个人	2017年	日喀则市检察院
平措琼拉	男	藏	萨嘎县达吉岭乡派出所	优秀辅警奖	2016年	日喀则市公安局
吴坚次旦	男	藏	萨嘎县工商局	优秀党员	2016年	日喀则市工商局
吴坚次旦	男	藏	萨嘎县工商局	优秀公务员	2016年	日喀则市工商局
扎西普赤	女	藏	萨嘎县国税局	先进个人	2017年	日喀则市国税局
达瓦顿珠	男	藏	萨嘎县完小	市级优秀教师	2016年	日喀则市教育局
尼玛平措	男	藏	如角乡	日喀则市先进德育个人奖	2016年	日喀则市教育局
次仁曲珍	女	藏	夏如乡	日喀则市最美大学生村官荣誉称号	2016年	日喀则市委组织部
次仁普尺	女	藏	萨嘎县脱贫攻坚指挥部	日喀则市2016年度脱贫攻坚先进个人	2017年	日喀则市脱贫攻坚指挥部
石达平普赤	女	藏	农行萨嘎县支行	农行日喀则分行优秀运营主管	2016年	农行日喀则分行
索朗达杰	男	藏	自治区法院	县级先进驻村工作队员	2016年	萨嘎县委、县政府
土　　登	男	藏	自治区法院	县级先进驻村工作队员	2016年	萨嘎县委、县政府
郭毓琼	女	汉	自治区法院	县级先进驻村工作队员	2016年	萨嘎县委、县政府
达娃顿珠	男	藏	自治区法院	县级先进驻村工作队员	2016年	萨嘎县委、县政府
格桑达瓦	男	藏	自治区法院	县级先进驻村工作队员	2016年	萨嘎县委、县政府
彭光世	男	汉	自治区公安边防总队	县级先进驻村工作队员	2016年	萨嘎县委、县政府
格玛吴坚	男	藏	自治区公安边防总队	县级先进驻村工作队员	2016年	萨嘎县委、县政府
次仁曲培	男	藏	自治区公安边防总队	县级先进驻村工作队员	2016年	萨嘎县委、县政府
尹吉亮	女	汉	自治区编译局	县级先进驻村工作队员	2016年	萨嘎县委、县政府
贵　　吉	男	藏	日喀则市扶贫办	县级先进驻村工作队员	2016年	萨嘎县委、县政府
漆　　浪	男	汉	日喀则市扶贫办	县级先进驻村工作队员	2016年	萨嘎县委、县政府
格桑平措	男	藏	萨嘎县法院	县级先进驻村工作队员	2016年	萨嘎县委、县政府
曲　　珠	男	藏	萨嘎县检察院	县级先进驻村工作队员	2016年	萨嘎县委、县政府
边　　旦	男	藏	萨嘎县司法局	县级先进驻村工作队员	2016年	萨嘎县委、县政府
央　　吉	女	藏	萨嘎县妇联	县级先进驻村工作队员	2016年	萨嘎县委、县政府
达　　宗	女	藏	萨嘎县工会	县级先进驻村工作队员	2016年	萨嘎县委、县政府
加　　参	男	藏	萨嘎县教育局	县级先进驻村工作队员	2016年	萨嘎县委、县政府

续表2

姓　　名	性别	民族	工作单位	获奖名称	表彰时间	授予单位
次旺塔庆	男	藏	萨嘎县组织部	县级先进驻村工作队员	2016年	萨嘎县委、县政府
贡觉曲加	男	藏	萨嘎县宣传部	县级先进驻村工作队员	2016年	萨嘎县委、县政府
旦增顿珠	男	藏	萨嘎县宣传部	县级先进驻村工作队员	2016年	萨嘎县委、县政府
曲　　珍	女	藏	萨嘎县民政局	县级先进驻村工作队员	2016年	萨嘎县委、县政府
多杰群培	男	藏	萨嘎县民宗局	2016年优秀涉宗干部	2016年	萨嘎县委、县政府
廖建飞	男	藏	萨嘎县民宗局	2016年优秀公务员	2016年	萨嘎县委、县政府
达　　曲	女	藏	萨嘎县人社局	县级先进驻村工作队员	2016年	萨嘎县委、县政府
西　　热	男	藏	萨嘎县农牧局	县级先进驻村工作队员	2016年	萨嘎县委、县政府
次仁央吉	女	藏	萨嘎县文广局	县级先进驻村工作队员	2016年	萨嘎县委、县政府
普　　布	男	藏	萨嘎县发改委	萨嘎县民族团结进步模范个人荣誉称号	2016年	萨嘎县委、县政府
潘　　多	女	藏	萨嘎县林业局	县级先进驻村工作队员	2016年	萨嘎县委、县政府
德　　吉	女	藏	萨嘎县强基办	县级先进工作者	2016年	萨嘎县委、县政府
安　　莉	女	汉	萨嘎县卫生服务中心	县级先进驻村工作队员	2016年	萨嘎县委、县政府
贡觉多吉	男	藏	萨嘎县后勤服务中心	县级先进驻村工作队员	2016年	萨嘎县委、县政府
次仁多布拉	男	藏	拉藏乡	县级先进驻村工作队员	2016年	萨嘎县委、县政府
阿旺扎西	男	藏	拉藏乡	县级先进工作者	2016年	萨嘎县委、县政府
金　　定	男	汉	拉藏乡	县级先进驻村工作队员	2016年	萨嘎县委、县政府
曲珠次仁	男	藏	旦嘎乡	县级先进驻村工作队员	2016年	萨嘎县委、县政府
德吉央拉	女	藏	旦嘎乡	2016年度优秀扶贫专干	2017年	萨嘎县委、县政府
顿　　珠	男	藏	旦嘎乡	县级先进驻村工作队员	2016年	萨嘎县委、县政府
巴　　桑	女	藏	雄如乡	县级先进驻村工作队员	2016年	萨嘎县委、县政府
旦　　真	男	藏	雄如乡	县级先进驻村工作队员	2016年	萨嘎县委、县政府
次仁潘多	女	藏	如角乡	县级先进工作者	2016年	萨嘎县委、县政府
旦增普尺	女	藏	如角乡	萨嘎县第一批优秀村党支部第一书记	2016年	萨嘎县委、县政府
普　　尺	女	藏	夏如乡	县级先进工作者	2016年	萨嘎县委、县政府
次旺巴旦	男	藏	夏如乡	县级先进驻村工作队员	2016年	萨嘎县委、县政府
拉　　罗	男	藏	昌果乡	县级先进驻村工作队员	2016年	萨嘎县委、县政府

续表2

姓　　名	性别	民族	工作单位	获奖名称	表彰时间	授予单位
旦　　珍	女	藏	加加镇	县级先进驻村工作队员	2016年	萨嘎县委、县政府
格桑卓嘎	女	藏	加加镇	县级先进驻村工作队员	2016年	萨嘎县委、县政府
张生容	女	汉	加加镇	县级先进工作者	2016年	萨嘎县委、县政府
索朗旺堆	男	藏	达吉岭乡	县级先进驻村工作队员	2016年	萨嘎县委、县政府
边巴次仁	男	藏	昌果乡	萨嘎县优秀党务工作者	2016年	萨嘎县委、县政府
普　　尺	女	藏	昌果乡	萨嘎县优秀党务工作者	2016年	萨嘎县委、县政府
丹增平措	男	藏	萨嘎县交通局	2016年度县级优秀公务员	2016年	萨嘎县委、县政府
欧　　珠	男	藏	萨嘎县法院	2016年度县级优秀公务员	2016年	萨嘎县委
普　　琼	男	藏	萨嘎县法院	2016年度县级优秀公务员	2016年	萨嘎县委
扎西拉宗	女	藏	昌果乡	2016年度县级优秀公务员	2016年	萨嘎县委
巴桑吉巴	女	藏	昌果乡	2016年度县级优秀公务员	2016年	萨嘎县委
阿旺多杰	男	藏	昌果乡人民政府	2016年度县级优秀公务员	2016年	萨嘎县委
拉巴罗杰	男	藏	昌果乡人民政府	2016年度县级优秀公务员	2016年	萨嘎县委
候　　荣	男	汉	萨嘎县政法委	2016年度县级优秀公务员	2016年	萨嘎县政府
欧坚桑珠	男	藏	萨嘎县政法委	2016年度县级优秀公务员	2016年	萨嘎县政府
顿　　珠	男	藏	萨嘎县政法委	2016年度县级优秀公务员	2016年	萨嘎县政府
达娃卓嘎	女	藏	萨嘎县财政局	民族团结奖	2016年	萨嘎县政府
楚　　多	女	藏	萨嘎县环保局	2016年度县级优秀公务员	2016年	萨嘎县政府
其美拉姆	女	藏	萨嘎县环保局	2016年度县级优秀公务员	2016年	萨嘎县政府
达　　宗	女	藏	萨嘎县工会	2016年度县级优秀公务员	2016年	萨嘎县政府
格玛扎西	男	藏	拉藏乡	优秀党员	2016年	萨嘎县政府
拉巴次仁	男	藏	拉藏乡	2016年度县级优秀公务员	2016年	萨嘎县政府
赤列朗加	男	藏	拉藏乡	2016年度县级优秀公务员	2016年	萨嘎县政府
顿　　珠	男	藏	拉藏乡	2016年度县级优秀公务员	2016年	萨嘎县政府

说明：由于各单位资料提供不全，可能有遗漏

全县脱贫攻坚工作会议上的讲话

县委书记 顿 珠

（2017年3月29日）

这次会议是县委、县政府决定召开的一次十分重要的会议。会议的主要任务是，全面贯彻落实习近平总书记系列重要讲话精神特别是关于精准扶贫工作的新理论、新思想、新要求，深入贯彻落实中央扶贫开发工作会议、区市两级脱贫攻坚工作会议精神和吴英杰书记、张延清书记重要讲话精神，全面总结2016年脱贫攻坚工作情况，安排部署2017年脱贫攻坚重点任务，进一步统一思想、落实责任，聚焦问题、精准施策，推进我县脱贫攻坚取得新的更大突破。

刚才，边巴罗杰同志通报了全县2016年脱贫攻坚工作情况，回顾总结了全县脱贫攻坚工作取得的成绩，科学分析了存在的困难问题，对当前和下一步工作进行了安排部署，部署很全面、要求很具体，我完全同意，请大家抓好落实。县委、县政府与昌果、如角、达吉岭乡分别签订了2017年脱贫攻坚目标责任书；昌果、达吉岭两乡及宣传组、劳力转移组分别作了经验交流及表态发言，讲的都很好，希望大家认真学习、充分借鉴，进一步坚定信息、振奋精神，全力以赴地做好脱贫攻坚各项工作。

下面我讲三点意见。

一、全面客观、实事求是，科学总结全年工作

2016年是脱贫攻坚首战之年，全县各级各部门认真贯彻落实党中央关于脱贫攻坚工作的大政方针政策和区党委、市委关于脱贫攻坚工作的一系列决策部署要求，坚持把脱贫攻坚作为一号工程，紧紧围绕“到2019年全县脱贫摘帽、2020年全面建成小康”的目标，深入实施精准扶贫、精准脱贫基本方略，举全县之力、集全县之智，砥砺奋进、攻坚克难，脱贫攻坚工作实现首战告捷，超额完成了年度目标任务。全县实现脱贫794人，完成与市委、市政府签订责任目标的163%，加加镇杰村整村脱贫，得到了市考核组的充分肯定。

（一）组织领导不断加强。及时调整充实扶贫开发领导小组，成立脱贫攻坚指挥部，下设办公室和相关专项小组，专门组建产业脱贫和易地扶贫搬迁工作专班，各乡镇配备扶贫专干16名，充实了扶贫工作力量，形成了县、乡、村三级上下贯通、横向到边、纵向到底的责任体系。

（二）推进机制不断完善。制订出台《关于打赢脱贫攻坚战的实施方案》《“十三五”时期脱贫攻坚规划》等一系列政策文件，为脱贫攻坚工作提供了有力遵循。11个专项组围绕加快贫困地区发展、增加贫困人口收入等方面，分别制订产业精准扶贫、易地扶贫搬迁、生态补偿、转移就业等专项规划，为有力有序推进脱贫攻坚定了扎实基础。制订《萨嘎县县脱贫攻坚工作考核办法》《萨嘎县“3211”结对帮扶工作考核办法》，促进了工作任务、工作责任有效落实。

（三）工作措施不断优化。大力发展扶贫产业，县本级注入风险补偿基金500万元撬动精准扶贫小额利息贷款落地，垫资1000万元成立萨嘎县扶贫开发公司，与西美公司达成投资8000万元的非地产业项目合作协议，为产业发展打下了坚实基础。实施易地扶贫搬迁，紧密结合灾后重建完成153户481人建档立卡贫困人口易地搬迁任务。实施教育扶贫，成立教育“圆梦”基金，不断加大转移就业力度，贫困群众自我发展能力得到进一步提升。强化生态补偿、医疗救助、社会保障等政策兜底，确保困难群众“不掉队”。

（四）社会参与不断深入。全县1073名干部职工参与“3211”结对帮扶工作，捐资捐物折合人民币约57万元，形成了全员抓扶贫的良好工作格局。各驻村工作队积极为贫困群众做好事、办实事、解难事，带动群众脱贫致富。加大脱贫攻坚宣传力度，通过多角度、全方位、广覆盖的广泛宣传，唱响了主旋律，凝聚了正能量，形成了“人人关心扶贫、人人支持扶贫、人人参与扶贫”的浓厚氛围。

总体来看，我县脱贫攻坚工作开局良好、成效显著。这些成绩，是以习近平同志为核心的党中央亲切关怀的结果，是区党委、市委坚强领导的结果，也是县委、县政府团结带领全县各族干部群众共同努力的结果。在这里，我代表县委、县人大、县政府、县政协，向辛勤工作在脱贫攻坚战线上的同志们和长期以来关心、支持、帮助我县脱贫攻坚事业的社会各界人士表示衷心的感谢！

在看到成绩的同时，我们必须清醒地认识到，我县脱贫攻坚仍面临一些突出的困难和问题。全县真正贫困户数多于指标数，同步实现脱贫难度仍然较大。在开展建档立卡“回头看”过程中，通过摸底调查、走访入户，全县实际共有贫困人口6666人，但由于指标原因，真正纳入建档立卡的贫困人口只有2834人，还有3832人在卡外，此部分群众如何按期脱贫仍是一个难题；产业发展暂未形成规模，贫困农牧民转移就业难度仍然较大。全县目前的产业项目无论是投资上还是规模上都还较小，加之基础设施薄弱，产业项目暂时未能形成规模覆盖，产业效益未能进一步发挥，制约了贫困农牧民在多方面、多渠道、多领域增加收入；产业配套还未完全跟上，搬迁户“不离乡不离土”就近就业创业难度仍然较大。虽然通过上级的关心关怀，全县共有551户、1873可实现易地搬迁，加之灾后重建、整村推进等项目，可基本实现贫困户家家住新房的美满目标。但由于产业配套还未完全跟上，搬迁户的后续发展、就近就业创业问题仍然亟待解决；基础设施建设长期落后，彻底消除脱贫致富障碍难度仍然较大。我县属偏远高海拔地区，贫困人口大多数分布在交通不畅的偏远乡村，群众行路难、饮水难、灌溉难、看病难、上学难等问题十分突出。如在交通方面，“村村通”工程目前只能通到村委会所在地，村与村之间、组与组之间、户与户之间很多还没有通公路，由于交通不畅，存在农牧民群众信息相对闭塞，本地商品难以及时销售到市场等问题；传统和新增致贫因素交织交错，彻底杜绝返贫问题难度仍然较大。我县属自然灾害多发地区，返贫机率高，稳定脱贫难度大。残疾、疾病、灾害、多子女、缺少劳动力、收入来源单一等复杂致贫因素交织交错，其中任何一个因素出现扩大或问题，极易出现返贫现象。全县教育基础薄弱，群众孩子“出不去”，贫困代际传递的问题突出。县域经济发展内生动力不足，从根本上改变脱贫主体主观意识难度仍然较大。萨嘎属典型的投资拉动型经济，经济总量小、本级财政收入低，有限的财力无法满足脱贫攻坚需要。村级集体经济薄弱，贫困户自身脱贫观念差，部分脱贫主体主观意识不强，等靠要思想严重。部分干部作风不正，工作中存在“慢、推、拖”现象。

这些问题，我们务必要引起高度重视，站在对党、对历史、对人民负责的高度，采取超常规手段，下决心、下功夫、下大力气加以解决，推动脱贫攻坚工作不断迈上新台阶、取得新突破。

二、突出重点、突出关键、全力推进脱贫攻坚

2017年是脱贫攻坚承上启下、全面突破的关键之年，面对要完成171户、565人的脱贫摘帽任务，要率先实现昌果乡、如角乡整乡摘帽任务和达吉岭乡热嘎村整村摘帽任务，唯有撸起袖子加油干、甩开膀子向前冲。结合萨嘎实际，就是要突出重点、突出关键，更加注重工作的针对性、聚焦性和有效性，盯紧目标提速、集中力量突破，着力解决薄弱环节和突出问题。

（一）突出扶贫产业。产业是经济发展的核心，也是脱贫攻坚的关键。张延清书记主持日喀则工作以来，高度重视产业发展工作，在市委一届五次全委会上提出了“6677”的工作思路，决心大力发展七大产业。县委坚决贯彻落实市委的决策部署，统筹考虑萨嘎县情，作出七大产业中着重发展珠峰有机种养殖业的重要决策，这与张延清书记在我县调研时提出的打造“霍尔巴羊”经济圈思路不谋而合。要以全市“6677”工作思路为总领，紧紧围绕打造“霍尔巴羊”经济圈，着力推动牲畜短期育肥和人工种草基地建设，加大畜产品反季节销售力度，逐步改变传统放牧模式，实现牧业产业大发展、大转型，切实把资源优势转化为经济优势、发展优势，转化为促进贫困群众增收致富的动力。要按照“立足实际、因地制宜，错位竞争、差异发展”的工作要求，不断完善自身发展思路，既要让贫困群众不离家、不离土就能融入产业发展、过上幸福生活，也不要局限于当地，在资源受限的情况下积极发展易地扶贫产业项目，通过入股分红等形式实现增收。要强化利益联结机制，无论是以“产业园区+龙头企业+基地+贫困户”形式，还是“市场主体+贫困户”等形式，都要让贫困群众真正从扶贫产业中受益，从扶贫产业中提升，从扶贫产业中致富。

（二）突出易地搬迁。习近平总书记强调，要把搬迁脱贫工作做好，帮助搬迁群众解决好生产生活困难，更好地融入当地社会。我县还有许多贫困群众居住条件、生存环境差，要解决好这部分群众的脱贫问题，易地搬迁是最好的出路。要处理好找准搬迁对象和尊重群众意愿的关系，要按照 “规划先行，政府主导，统筹推进”的原则，决不能搞“一刀切”，采取“强迫式”“运动式”搬迁；要处理好扶贫搬迁向城镇聚集和向生产资料富裕、基础设施相对完善地区集聚的关系，充分依托“4·25”地震灾后重建、特色小城镇、小康示范村建设、县城拓展区建设等平台，因地制宜确定安置方式，合理解决搬迁规模；要区分轻重缓急，有序组织实施，严把时间节点，确保让贫困群众早日住上安全舒适的住房。要真抓实干狠抓落实，明确路线图、时间表、责任人，带着责任、带着感情认认真真抓工作，扎扎实实抓推进，进一步加强对项目实施、资金使用和搬迁成效的监督考核，确保易地搬迁各项目标任务落到实处。要强化配套基础设施建设，合理布局产业项目，加大转移就业力度，让困难群众有持续稳定的收入，确保真正实现搬得出、稳得住、有事做、能致富的目标。

（三）突出边境脱贫。我县是边境县，尽快让边境地区贫困群众脱贫，不仅是一个经济问题、社会问题、而且关系到边防的巩固。必须坚持守边固边与兴边富民相结合，把稳民守边作为边境扶贫开发的基本战略，确保边民富裕在边境、安心守边防。要坚持边境扶贫与富民固边相结合，高起点、高标准制订3个边境特色小城镇建设规划，深入推进兴边富民行动，加快边境地区基础设施建设和产业发展，尽快改善边民的生产生活条件，让边民安得下、守得住、能致富，让“山这边”比“山那边”过得更好。要坚持边境扶贫与对外贸易相结合，紧紧抓住国家“一带一路”战略机遇，积极稳妥推进对外开放，尽快恢复原有边贸市场，推进边民互市贸易，以边贸带动扶贫，努力走出一条富有萨嘎特色的边贸扶贫路子。

（四）突出生态补偿。萨嘎地处雅江上游，是重要的雅江源头生态保护区。要立足生态优势，坚持扶贫开发与生态保护并重，处理好保护生态和富民利民的关系，结合现行生态效益补偿机制、草原生态保护补助奖励机制、防沙治沙、湿地保护与恢复、坡耕地综合整治、退牧还草、水生态治理等重大生态工程，通过落实生态保护政策性岗位，使有劳动能力的建档立卡贫困人口、农村低保人口通过参与生态环境保护和建设，让贫困群众吃上“生态饭”，实现体面的、有尊严的脱贫。

（五）突出教育发展。扶贫必扶智，让贫困地区的孩子接受良好教育，是扶贫开发的重要任务，也是阻断贫困代际传递的重要途径。近日，国务院印发了《国家教育事业发展“十三五”规划》，明确提出了要全面推进教育精准扶贫、精准脱贫，让贫困家庭子女都能接受公平有质量的教育，并提出了一系列优惠政策，为推进教育扶贫提供了有力支持。我们要牢牢抓住机遇，大力改善办学条件，逐步提升教学质量，尽快补上教育这块短板，绝不让我们的孩子输在起跑线上。要不断提升建档立卡贫困家庭及低保家庭生源在区内外高校就读的资助保障能力，实施教育精准扶贫资助贫困学生“圆梦”行动，使贫困家庭学生有更多机会接受高质量的教育，为他们改变命运、实现出彩创造条件。要结合开展“四四”、“五五”主题活动为契机，加强群众观念转变教育，引导群众牢固树立“宁愿苦干、不愿苦熬”的思想，自力更生、艰苦奋斗，依靠勤劳双手实现脱贫致富，奔向繁荣富裕的美好明天。

（六）突出转移就业。实现贫困户短期内增收致富，劳务输出是一个有效抓手。要把具备劳动能力的贫困人口组织起来，按照其接受教育的程度统筹使用各类培训资源，以就业为导向，创新培训模式，强化培训组织管理，开展好订单定式培训，加大到企业、工厂、工地、田间地头等一线实地培训力度，进一步提高贫困人员外出务工水平，做到“培训一人、就业一人、脱贫一户”。要充分利用易地搬迁、灾后重建、小城镇化建设、雄昌公路等重点项目建设的有力契机，采取多种措施，因地制宜，积极组织农牧民施工队伍，广泛投身基础建设领域，推动劳务输出工作顺利有序发展，有效拓宽群众增收渠道。

（七）突出社会保障。吴英杰书记指出，脱贫攻坚是一场不留锅底、不留尾巴、不留退路的战役，到2020年时，现行标准下贫困群众必须全部脱贫，否则就不能体现社会主义制度的优越性。要按照动态管理、应保尽保的原则，进一步完善农村最低生活保障制度，对符合最低生活保障条件的贫困人口，给予最低生活保障补助，并逐步提高补助标准，实现低保标准和扶贫标准相统一，让贫困人口中完全或部分丧失劳动能力的人通过社会保障兜底脱贫。同时，对于已经稳定脱贫的，要有序退出，社会保障决不能保出一批懒汉。要把医疗救助作为脱贫攻坚的重要手段，成立全县医疗救助基金，加强医疗救助与基本医疗保险、大病保险、慈善救助有效衔接，落实好困难群众的基本医疗保障、重特大疾病医疗报销和医疗救助政策，逐步提高贫困人口医疗救助标准，降低其医疗费用支出，确保贫困群众看得上病、看得起病、看得好病，解决好因病致贫、因病返贫问题。

（八）突出多方帮扶。脱贫攻坚工作，没有局外单位、没有局外人。要全员参与脱贫攻坚，继续深入党建脱贫、援藏脱贫、社会脱贫等活动。狠抓党建脱贫，各驻村工作队要认真完成好“5+3”重点工作任务，促进各项扶贫政策到户到人、扶贫措施精准落实；要深入开展“3211”干部结对帮扶活动，勤走访、常看望，及时帮助贫困群众解决实际困难，不断巩固各级单位抓扶贫工作的良好格局。狠抓援藏脱贫，坚持对口援藏资金项目向扶贫领域倾斜、向改善贫困乡村基础设施建设条件倾斜、向增强贫困乡村“造血功能”倾斜，推动贫困群众早解困、真脱贫、能致富、奔小康。狠抓社会脱贫，持续深入开展“百企帮百村”活动，鼓励民营企业积极承担社会责任，充分激发市场活力，发挥资金、技术、市场、管理等优势，通过资源开发、产业培育、市场开拓、村企共建等多种形式到我县投资兴业、培训技能、吸纳就业、捐资助贫，参与脱贫攻坚，发挥辐射和带动作用；积极倡导“我为人人，人人为我”的全民公益理念，引导广大社会成员通过爱心捐赠、志愿服务、结对帮扶等多种形式参与扶贫，凝聚起全社会团结互助的正能量。

三、强化领导、强化保障，凝聚工作强大合力

坚持党的领导，集中力量办大事，这是我们最大的政治优势。脱贫攻坚没有退路，是必须坚决完成的硬任务。各级各部门要把脱贫攻坚的重大责任时时放在心上、牢牢扛在肩上，凝聚起脱贫攻坚的强大合力。

（一）层层压实责任。各乡镇党政一把手要落实好第一责任，对各乡镇的脱贫攻坚负总责，亲自抓，主动抓，把工作和精力放在脱贫攻坚上，切实把“中央统筹、自治区负总责、市县抓落实、乡村具体实施”的工作体制落到实处。要继续落实完善各类脱贫攻坚考核办法，严格落实脱贫攻坚工作责任制，层层签订责任书，逐级立下军令状，突出任务分解，完善推进办法，严格落实脱贫攻坚工作责任制，确保各项脱贫攻坚措施落地见效，坚决打赢脱贫攻坚战。

（二）增强工作合力。脱贫攻坚是一项系统工程，涉及面广、影响面宽，各乡镇各部门要加强协调配合，齐抓共管，更好地整合资源和要素，加大各口子资金整合集中投向扶贫开发力度，形成专项扶贫、行业扶贫、社会扶贫、金融扶贫、援藏扶贫互为支撑的大扶贫工作格局。各乡镇、部门要把脱贫攻坚作为头等任务、重要工作，按照各自职能分工，抓好所承担的脱贫攻坚工作，真正形成上下链接、左右联动、加大倾斜、合力推动的运行机制，确保脱贫任务按时完成。

（三）确保廉洁扶贫。我县虽然高寒缺氧、条件艰苦，但在党风廉政建设和反腐败工作中没有任何特殊性。脱贫攻坚使命光荣、责任重大，大家要带头讲忠诚、讲实干、讲担当、讲奉献，树立廉洁从政、作风优良的良好形象。扶贫资金是贫困群众的“保命钱”，决不允许任何形式的跑冒滴漏。要不断完善、规范扶贫资金使用机制、管理办法，公开公示、阳光运行，确保扶贫资金用到贫困群众身上。对挤占、挪用、截留、贪污扶贫资金和扶贫善款善物、违反规定干预插手工程的行为“零容忍”，发现一起查处一起，始终保持高压态势，努力形成强大震慑。

（四）加强宣传引导。充分发挥传统媒体和新兴媒体作用，讲好萨嘎脱贫攻坚故事，弘扬主旋律、凝聚正能量，积极营造“人人关心扶贫、人人支持扶贫”的浓厚氛围，努力形成铺天盖地的宣传效果。利用电视、广播、报纸、网络、微信等平台、大力宣传各项政策措施和先进典型，向全社会展示县委、县政府团结带领全县各族干部群众“决战贫困、实现小康”的风采，以各类脱贫典型特别是身边人、身边事激励贫困群众解放思想，充分激发干部群众脱贫致富的信息与动力。

同志们，脱贫攻坚责任大、任务艰巨、使命光荣。让我们紧密团结在习近平同志为核心的党中央周围，在市委、市政府的坚强领导下，以优良的作风，担当的精神、扎实的工作，继续向贫困宣战、持续向贫困发力，坚决打赢脱贫攻坚战这场输不起的战役，为全面建成小康萨嘎作出新的贡献，以优异的成绩迎接党的十九大胜利召开！

索 引

说 明

一、本索引采用主题分析法编制。索引范围包括篇目、类目、部(门)目、条目等。

二、本索引按主题词首字汉语拼音音序(同音按音调)排列,若首字拼音相同则按第二字音序排列,以此类推。

三、索引款目后的数字表示内容所在的页码,数字后的拉丁字母(a、b)表示栏别(从左至右)。

四、篇目、类目、部(门)目用黑体字。

A

B

C

D

E

F

G

H

J

K

L

M

N

P

Q

R

S

T

W

X

Y

Z

中共萨嘎县委员会

2016年4月18日，县委书记顿珠到县城拓展区调研灾后重建工作

2016年8月27日，县委副书记、政府党组书记、县长郭光成参加农牧民子女考入大学欢送暨助学金发放仪式

2016年9月2日，县委常务副书记张崇，县委副书记、常务副县长卢百超，县委常委、副县长韩若文考察达吉岭水源规划情况

2016年8月16日，县委副书记、常务副县长卢百超到夏如乡考察

2016年2月29日，县委常委、政法委书记、公安局局长侯荣到雄如乡督导检查维稳工作

2016年8月19日，县委常委、组织部部长边巴对村干部文化素质提升考试进行监督

2016年9月7日，县委常委、宣传部部长米玛督导检查驻村工作

萨嘎县人民代表大会

常务委员会

2016年10月19日，日喀则市人大常委会副主任辛春弟（右三）到萨嘎县调研

2016年9月4日，萨嘎县人大常委会党组书记、主任阳艺代表萨嘎县人大常委会作人大工作报告

2016年6月24日，萨嘎县人大常委会党组书记、主任阳艺到旦嘎乡实地监督灾后重建工作进展情况

2016年8月3日，萨嘎县人大常委会副主任巴桑次仁组织县人大代表对加加镇达琼村民房建设项目进行考察监督

2016年11月7日，萨嘎县人大常委会组织县级人大代表职能培训

2016年12月20日，萨嘎县人大常委会召开人大班子民主生活会

2016年11月21日，萨嘎县人大常委会副主任平措主持召开常委会第二次会议

萨嘎县人民政府

2016年8月27日，县委副书记、政府党组书记、县长郭光成发放贫困学生助学金

2016年11月15日，县委副书记、常务副县长卢百超到雄如乡羊毛加工厂调研

2016年12月21日，县委常委、副县长次仁旺拉到昌果乡小康示范村建设选址进行实地勘察

2016年9月3日，县委常委、副县长韩若文到拉藏乡调研

2016年12月20日，县委常委、副县长李志涛主持召开环保工作交流会

2016年11月25日，副县长张斌到拉藏乡卫生院调研

2016年8月21日，副县长边巴罗杰到旦嘎乡旦嘎村调研青稞推广情况

2016年6月13日，副县长潘克祥到昌果乡卫生院检查指导医疗垃圾分类处理情况

2016年12月13日，副县长普布旦增主持召开萨嘎县团队式支教教师工作总结专题会

2016年9月27日，副县长贡桑曲珍到如角乡卡库村调研

中国人民政治协商会议

萨嘎县委员会

2016年7月7日，萨嘎县政协党组书记、主席吴顿到夏如乡完小调研

2016年6月20日，萨嘎县政协党组成员、副主席次朗到如角乡卡库村“结对认亲”

2016年8月5日，召开基层医疗卫生队伍建设座谈会

2016年9月2日，召开二届政协委员集体谈话会

2016年9月3日，召开政协第二届萨嘎县委员会第一次会议主席团第二次会议

2016年9月2日，政协委员观看《镜鉴》警示教育片

2016年9月4日，召开政协第二届萨嘎县委员会第一次会议选举会

中共萨嘎县纪律检查委员会（监察局）

2016年7月17日，日喀则市委常委、纪委书记马陵田（左三）到萨嘎县检查指导工作

2016年4月15日，县委常委、纪委书记加措组织纪委、监察局干部传达学习上级文件精神

2016年7月8日，县委常委、纪委书记多布杰到各乡镇了解工作开展情况

2016年8月3日，召开萨嘎县党风廉政建设警示教育暨严禁党员领导干部违规大操大办工作部署会

2016年3月28日，召开2016年度全县党风廉政建设暨纪检监察工作会议

2016年7月22日，召开萨嘎县第三季度党风廉政建设暨“两个责任”推进部署会议

2016年7月28日，萨嘎县纪委、监察局组织全县干部职工观看教育警示片《永远在路上》

中共萨嘎县委办公室

2016年5月27日，日喀则市委副秘书长多吉东智（左二）到萨嘎县督查指导档案工作

2016年7月29日，县委理论中心组学习研讨会

2016年8月3日，县委办党支部组织召开"不忘初心、真抓实干，做合格党员"专题研讨会

2016年11月29日，县委办人员讨论工作事项

2016年11月3日，萨嘎县"讲学习、讲忠诚、正风纪、提效能"主题活动动员部署大会

萨嘎县人民代表大会常务委员会办公室

2016年11月5日，萨嘎县人大常委会组织县级人大代表对廉洁自律和人大代表依法履职进行培训

2016年11月21日，萨嘎县人大常委会办公室工作人员为常委会第二次会议做记录

2016年9月2日，萨嘎县人大常委会办公室工作人员为萨嘎县第十三届一次会议与会代表分发会议材料

2016年9月3日，萨嘎县人大常委会办公室工作人员组织第十三届人大常委会第二次会议与会代表观看宣传栏

2016年9月2日，召开萨嘎县第十三届人大二次会议

萨嘎县人民政府办公室

2016年11月28日，政府办公室工作人员陪同县委副书记、政府党组书记、县长郭光成下乡调研

2016年12月15日，政府办公室副主任巴桑罗布接待来访群众

2016年12月15日，政府办公室副主任巴桑罗布检查指导办公室工作

2016年10月11日，政府办公室主任科员次旦查阅资料

2016年11月26日，政府办公室副主任科员德庆旺姆在下载政务信息

中国人民政治协商会议
萨嘎县委员会办公室

2016年6月15日，日喀则市政协党组成员、副主席边巴（左三）到萨嘎县政协办督导检查政协换届工作

2016年3月31日，政协办公室主任格桑作一届五次会议提案工作报告

2016年9月2日，萨嘎县政协二届委员到县人大政协会议室陆续报道

2016年9月3日，二届政协委员观看萨嘎县发展历程图片展

2016年9月4日，县政协举办政协第二届萨嘎县委员会第一次会议委员培训班

2016年12月12日，召开支部专题研讨会

2016年9月6日，县委副书记、常务副县长卢百超参加第二届萨嘎县委员会第一次会议提案交办会

中共萨嘎县委组织部（编办）

2016年11月3日，萨嘎县召开"讲学习、讲忠诚、正风纪、转作风、提效能"主题活动动员部署大会

2016年6月24日，夏如乡干部为农牧民党员进行"两学一做"专题学习教育辅导

2016年8月27日，组织部举行村干部素质提升培训班结业典礼

2016年7月1日，萨嘎县公安局举行"两学一做"学习教育知识竞赛活动

2016年7月29日，萨嘎县召开"两学一做"学习教育第二专题研讨会

2016年12月9日，县委召开党建述职评议会

中共萨嘎县委 宣传部

2016年9月8日，县委常委、宣传部部长米玛到如角乡嘎琼村了解群众思想工作

2016年6月15日，萨嘎县委宣传部副部长边巴看望慰问结对帮扶户

2016年4月5日，萨嘎县文化市场综合执法大队队长贡觉曲加到商铺检查娱乐厅营业执照

2016年1月8日，萨嘎县农牧民群众在县城主要街道购买年货

2016年8月21日，萨嘎县宣传党支部在萨嘎县电视台召开专题学习会

2016年3月28日，萨嘎县全体干部职工举行升国旗仪式

2016年3月28日，萨嘎县举行“五下乡”文艺演出活动

中共萨嘎县委统战部

2016年12月14日，中国佛教协会西藏分会副会长、日喀则市佛协会会长班典顿玉到萨嘎县开展爱国爱教宣讲活动

2016年12月19日，县委常委、统战部部长巴多到昌果乡看望慰问归国定居藏胞

“九有”工程惠及萨嘎县布扎寺

2016年6月17日，召开萨嘎县统战民族宗教工作会议

2016年12月5日，召开萨嘎县2016年和谐模范寺庙暨爱国守法先进僧人表彰大会

萨嘎县民族宗教事务局

2016年5月6日，自治区民委党组成员、副主任拉巴次仁（右四）到萨嘎县督导检查“4·25”寺庙灾后恢复重建工作

2016年12月14日，日喀则市民宗局党组成员、副局长扎西顿珠（右排右三）带领统战民宗考核组到萨嘎县听取2016年度统战民宗工作汇报

2016年12月24日，县委统战部副部长普多、县民宗局副局长多杰群培带队考核组到七乡一（镇）、六个驻寺机构开展2016年度考核工作

2016年3月26日，县民宗局局长贵桑到辖区寺庙检查指导工作

2016年1月12日，民宗局联合县发改委、交通局、财政局等验收组，开展“兴边富民项目”自查自验工作

2016年10月28日，先进民族团结进步集体和个人合影

中共萨嘎县委政法委员会

2016年3月13日，日喀则市副市长姚常雨（右三）到萨嘎县布扎寺检查综治工作

2016年4月17日，县委常委、政法委书记侯荣在吉隆县与吉隆县常务副书记何正德签订边民协议

2016年12月24日，县委书记顿珠主持召开综治工作会议

2016年7月16日，政法委工作人员为夏如乡拉亚村联户增收示范点挂牌

2016年9月16日，政法委工作人员在县城开展平安建设宣传活动

萨嘎县人民法院

2016年7月9日，日喀则市中级人民法院党组成员、副院长央珍（左二）到萨嘎县人民法院检查指导工作

2016年8月3日，西藏自治区高级人民法院副院长勇扎（右二）到萨嘎县人民法院检查指导工作

2016年11月13日，日喀则市中级人民法院党组成员、副院长康春生（左三）到萨嘎县人民法院考评、指导工作

2016年9月20日，日喀则市中级人民法院立案庭庭长拉巴次仁（右二）到萨嘎县人民法院调研立案、涉诉信访工作

2016年11月14日，萨嘎县人大常委会党组书记、主任阳艺到萨嘎县人民法院检查指导工作

萨嘎县人民检察院

2016年7月29日，西藏自治区人民检察院党组副书记、常务副检察长汪留国（左二）到萨嘎县人民检察院查看“4·25”地震后房屋受损情况

2016年7月30日，院党组看望慰问达吉岭乡鲁嘎村结对帮扶对象

2016年7月30日，党组书记、检察长尼琼为帮扶对象送去日常生活所需物品

2016年11月22日，萨嘎县人民检察院召开“三亮三比”专题会

2016年3月28日，县检察院干警在“3·28”百万农奴解放纪念日法制宣传活动中为群众发放宣传单

萨嘎县总工会

2016年10月1日，工会主席达宗到县22道班公安一级检查站慰问民警

2016年4月25日，工会主席达宗慰问环卫工人

2016年4月28日，工会主席达宗到旦嘎乡慰问农民工

2016年10月1日，工会主席达宗到加达电站慰问一线职工

2016年3月10日，工会工作人员在县文化广场开展法制宣传活动

2016年8月25日，工会组织在档困难职工进行免费体检

萨嘎县妇女联合会

2016年7月12日，妇联主席央吉检查指导“妇女之家”示范点工作开展情况

2016年3月5日，萨嘎县妇联副主席确吉到旦嘎乡走访慰问贫困单亲母亲

2016年5月29日，妇联为贫困学生发放“爱心妈妈”物资

2016年11月8日，唐如村“大地之爱、母亲水窖”开工

2016年3月7日，妇联组织开展“三八”维权周法制宣传活动

2016年8月5日，萨嘎县警务站妇女儿童维权岗挂牌成立

2016年7月19日，法律讲堂进牧场宣讲

共青团萨嘎县委员会

2016年7月14日，团县委书记米玛其美慰问贫困学生

2016年5月20日，自治区团委组宣部部长刘传磊（中）到萨嘎县羊毛加工厂调研

2016年9月12日，团县委书记米玛其美到奴贡寺慰问僧尼

2016年3月12日，萨嘎县青年志愿服务队植树活动

2016年5月4日，举行萨嘎县青年杯足球赛

2016年8月14日，团县委工作人员看望留守儿童

萨嘎县发展和改革委员会

2016年8月3日，日喀则市委副书记、常务副市长陈来尼玛（前排右二）到萨嘎县检查灾后重建工作

2016年7月12日，日喀则市副市长罗布松拉（前排右二）到萨嘎县达吉岭乡检查灾后重建工作

2016年5月5日，县委书记顿珠到拉藏乡检查民房基础开挖情况

2016年8月31日，发改委主任普布组织施工单位召开灾后民房重建阶段总结会议

2016年5月18日，发改委组织开展施工单位观摩交流活动

2016年10月29日，萨嘎县“4·25”灾后重建工作汇报会

2016年10月14日，发改委联合住建局开展灾后重建民房初验工作

萨嘎县商务局

2016年5月7日，县委常委、副县长朴珠满在党政综合三楼会议室主持召开旅游服务中心招标现场会

2016年5月7日，商务局局长普次在招标现场讲解本次招标的相关规划及事宜

2016年11月23日，商务局局长巴桑次仁在农牧民购买的家电家具发票上签字

2016年7月5日，商务局副局长次旦普赤到加加镇提布卓纳村慰问结对帮扶户

2016年12月28日，萨嘎县政府职能部门和招商引资企业方代表到加加镇实地踏勘

2016年12月29日，萨嘎县政府职能部门和招商引资企业代表专家到加加镇选址光伏电站建设地

2016年12月24日，招商引资水资源调查组到如角乡实地查看

萨嘎县财政局

2016年5月15日，财政局局长唐世可到夏如乡达孜村慰问困难群众

2016年7月10日，财政局副局长拉顿组织学习“两学一做”精神

2016年3月24日，日喀则市人社局副局长次旺多吉（右三）一行到萨嘎县财政局检查指导工作

2016年3月14日，财政局副局长次顿到格桑街组织开展法制宣传活动

2016年7月21日，财政局财务人员在便民服务大厅进行账目核对

2016年11月8日，财政局老会计传帮带，让新人尽快熟悉财政业务

萨嘎县交通运输局

2016年5月25日，日喀则市交通运输局工作组到萨嘎县对达吉岭乡帕顿村公路进行实地审查

2016年7月12日，副县长边巴罗杰到夏如乡调研农村公路、牧道公路及寺庙公路情况

2016年8月2日，日喀则市交通运输局工作组到萨嘎县夏如乡坚巴夏村转场公路进行实地审查

2016年3月11日，日喀则市交通运输局派设计单位到萨嘎县境内公路灾后重建项目进行实地踏勘

2016年1月1日，日喀则市交通运输局工作组到萨嘎县对旦嘎乡公路进行实地审查

2016年7月30日，萨嘎县交通局派遣装载机到夏如乡至拉亚村公路进行保通工作

2016年8月29日，日喀则市交通局建设科、养护科及规划科组成工作组到萨嘎县夏如乡调研农村公路水毁情况

萨嘎县科学技术局

2016年11月13日，副县长贡桑曲珍到昌果乡检查科技项目后期工作（霍尔巴繁育基地）

2016年11月9日，副县长贡桑曲珍、县中学校长次朗参观中学科技馆

2016年12月25日，科技局局长普琼考核科技特派员年度工作

2016年11月9日，萨嘎县中学科技馆开馆仪式

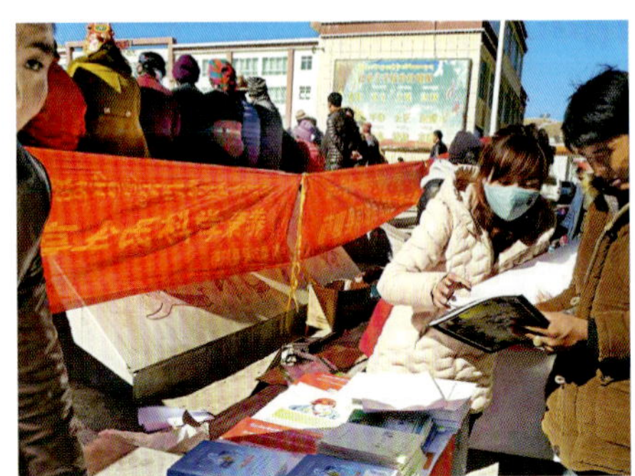

2016年11月15日，科技局工作人员在县广场开展科普宣传活动

夏如乡拉亚村妇女编织合作社

2016年10月16日，科技局引进仲巴县霍尔巴绵羊

萨嘎县教育(体育)局

2016年9月12日，自治区教工委副书记、教育厅党组书记普布次仁（前排右一），日喀则市教育局局长索旺（前排左一）到萨嘎县调研

2016年12月2日，县委书记顿珠在萨嘎县举办教育“圆梦”基金启动仪式上作讲话

2016年9月10日，县委书记顿珠主持召开县中小学教师座谈会

2016年11月13日，组织召开县中学、县完小、幼儿园及县教体育局各科室工作汇报会

2016年12月2日，组织职称评定工作领导小组召开2016年一级职称推荐评审专题会

萨嘎县司法局

2016年7月6日，副县长潘克祥出席法治副校长聘任仪式并讲话

2016年4月18日，萨嘎县团委书记米玛其美和司法局联合开展“青春自护，平安假期”法治宣传活动

2016年7月13日，司法局局长白珍带领工作人员到拉藏乡灾后重建施工工地进行法制宣传

2016年7月6日，司法局局长白珍联合人社、信访部门工作人员到施工地排查纠纷

2016年7月6日，向萨嘎县法治副校长颁发证书及合影

2016年9月21日，萨嘎县普法办、司法局、法院、妇联、工会联合到萨嘎县昌果乡苦郁村开展“法律大讲堂”进乡村活动

2016年6月5日，萨嘎县普法办工作人员到夏如乡拉亚村开展法治宣传活动

萨嘎县公安局

2016年9月3日，日喀则市委书记张延清（左一）到萨嘎县公安局22道班公安一级检查站检查指导工作

2016年12月29日，县委常委、政法委书记、公安局局长、督察长侯荣到拉藏乡看望慰问帮扶对象

2016年11月3日，萨嘎县公安局召开“讲学习、讲忠诚、正风纪、转作风、提效能”主题活动动员部署会

2016年8月19日，萨嘎县公安局交警大队干警到拉藏乡开展恶劣天气道路交通管理应急工作

2016年6月11日，萨嘎县公安局民警参加歌咏比赛

2016年3月28日，萨嘎县公安局民警在县城开展武装巡逻

萨嘎县民政局

2016年8月12日，县委副书记、政府党组书记、县长郭光成检查指导民政救灾仓库开展工作情况

2016年7月31日，县委副书记、常务副县长卢百超慰问驻军部队官兵

2016年5月13日，副县长普布旦增到各乡镇查看民政救灾仓库使用情况

2016年1月15日，副县长普布旦增走村入户看望贫困户家庭情况

2016年3月28日，民政局工作人员与“五保”集中供养中心老人一起欢度百万农奴解放日

2016年10月1日，民政局工作人员在萨嘎县中心广场开展科学防灾减灾宣传教育活动

2016年5月13日，消防大队官兵在“五保”集中供养中心开展消防安全防范实施方案演练

萨嘎县人力资源和社会保障局

2016年9月23日，日喀则市人社局党组副书记、局长旦增加布到萨嘎县检查指导就业再就业服务工作和社会保障工作开展情况

2016年6月17日，副县长潘克祥带队到如角乡检查基层劳动社会保障公共服务平台规范化建设情况

2016年4月15日，人社局农保工作人员、财务人员发放全县第四季度城乡居民社会养老保险金

2016年9月7日，日喀则市人社局工作组到萨嘎县检查社会保障资金归集、管理、使用情况

2016年11月25日，人社局工作人员到日喀则市新星技术学校对农牧民进行钢筋、混泥土工技能考核

2016年6月24日，人社局工作人员到如角乡擦让村举行农牧民羊毛编织技能培训开班仪式

2016年12月17日，人社局开展厨师技能培训班，共培训农牧民群众45人

萨嘎县国土资源局

2016年5月9日，副县长潘克祥安排部署地质灾害防治和农村宅基地确权登记相关工作

2016年7月4日，国土局局长次旦到加加镇检查冲沙沟情况

2016年9月18日，国土局、住建局、公安局联合到加加镇泥石流隐患点和群众作交流

2016年5月10日，国土局工作人员同规划作业技术队到昌果乡开展采石采砂专项整治

2016年5月8日，国土局工作人员同规划作业技术队到雄如乡境内调查采石采砂专项整治

2016年3月13日，国土、林业、环保联合到布扎村布扎草组打击私挖乱采整顿违规开采

萨嘎县环境保护局

2016年9月14日，日喀则市环保局副局长邱东军（左五）一行到萨嘎县验收自治区级生态村

2016年8月4日，日喀则市环保局副局长罗布（左五）一行到萨嘎县检查指导环境保护工作

2016年7月5日，副县长潘克祥组织施工单位技术人员就雅江二期项目进行实地技术交流

2016年6月14日，萨嘎县环保局局长阿琼与各乡镇签订年度环境保护目标责任书

2016年6月13日，萨嘎县开展建筑领域环境综合整治工作

2016年11月3日，环境保护宣传进校园

萨嘎县住房和城乡建设局

2016年7月3日，副县长普琼到如角乡检查“4·25”灾后重建工作

2016年4月10日，县环保局局长阿琼到新区垃圾填埋场检查指导工作

2016年4月18日，住建局工作人员到达吉岭乡实地勘察建筑用地

2016年8月7日，住建局工作人员到加加镇实地勘察“4·25”灾后重建选址

2016年8月7日，住建局工作人员到实地勘察“4·25”灾后重建选址

2016年9月10日，住建局工作人员到雄如乡实地指导房屋建设

萨嘎县水利局

2016年6月9日，日喀则市水利局质检站站长李志涛（左三）到萨嘎县检查指导人饮工程建设情况

2016年5月25日，水利局局长普达瓦到夏如乡调研人饮工作开展情况

2016年10月4日，日喀则市水利局工作组一行到萨嘎县雄如乡验收防洪堤工程

2016年9月15日，日喀则市水利局工作组一行到萨嘎县检查指导旦嘎灌区工程建设情况

2016年5月12日，水利局工作人员对加达电站进行检查维修

2016年4月5日，水利局工作人员到库郁寺寺庙检查饮水工程

萨嘎县农牧局

2016年7月4日，日喀则市农牧局局长索朗多吉（右三）到萨嘎县验收草原生态补助奖励机制建设工作

2016年5月12日，副县长普琼到夏如乡赤姆村检查暖圈项目

2016年8月21日，副县长边巴罗杰到旦嘎乡旦嘎村检查青稞推广情况

2016年8月23日，副县长边巴罗杰到农牧民合作社调研

2016年9月2日，农牧局组织召开动物包虫病防治工作培训会

2016年8月15日，农牧局技术员指导农牧民除病虫害

萨嘎县文化广播电影电视局

2016年6月11日，副县长张斌、副县长潘克祥参观萨嘎县非物质文化遗产展厅

2016年7月5日，萨嘎县民间艺术团工作人员到夏如乡拉亚村拍摄“甲谐”舞蹈

2016年3月28日，萨嘎县民间艺术团工作人员在加加镇达琼村欢庆“百万农奴解放纪念日”

2016年3月28日，萨嘎县民间艺术团工作人员在县文化广场演出

2016年5月10日，萨嘎县民间艺术团工作人员在县大礼堂举行“甲谐”演出

2016年2月1日，萨嘎县民间艺术团工作人员到旦嘎乡开展节日慰问、文艺下乡活动

2016年7月15日，萨嘎县格萨尔王非物质文化遗产代表传承人伦珠在达琼村演出

萨嘎县卫生局

2016年2月7日，中华慈善基金总会秘书长徐镱轩（左一）、中国武警总医院院长郑静晨（左二）到萨嘎县看望慰问藏族退休干部索朗卓玛

2016年2月6日，中国武警总医院院长郑静晨（右三）、中华慈善总会秘书长徐镱轩长（后排左三）到萨嘎县看望包虫病贫困户

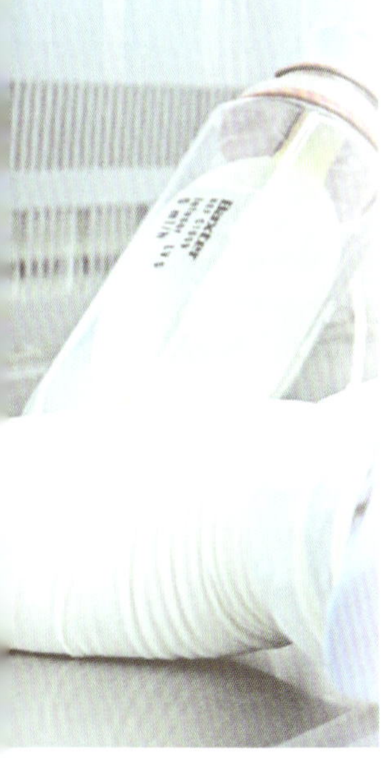

2016年2月4日，自治区疾控中心主任李斌（右一）到萨嘎县疾控中心检查指导包虫病及疾控工作开展情况

2016年12月27日，日喀则市卫计委副主任尼玛次仁（左二）一行到萨嘎县开展年终考核工作

2016年7月14日，副县长张斌到各乡镇卫生院督导检查卫生工作

2016年8月10日，山东省精神卫生专家到萨嘎县筛查重性精神病患者

萨嘎县卫生服务中心

2016年10月28日，自治区人大教科文卫委员会副主任次仁平错（前排右三）到萨嘎县卫生服务中心检查指导工作

2016年8月18日，日喀则市卫计委副主任罗布（中）到萨嘎县卫生服务中心检查指导工作

2016年2月4日，北京302解放军医院领导到萨嘎县筛查包虫病

2016年7月20日，卫生服务中心主任扎西慰问结对帮扶对象

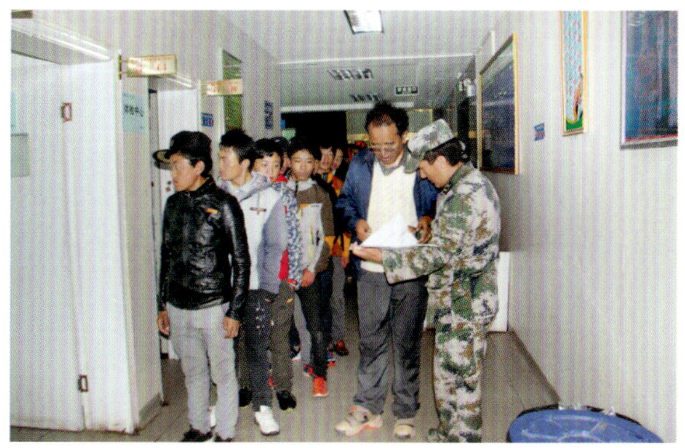

2016年8月14日，卫生服务中心征兵体检

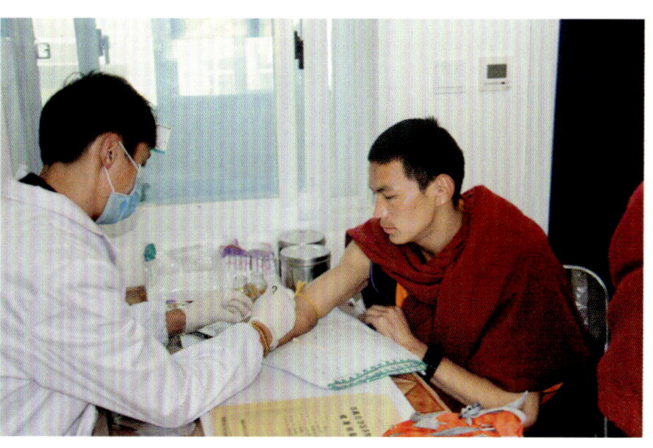

2016年6月6日，卫生服务中心免费为僧尼体检

萨嘎县食品药品监督管理局

2016年3月7日，食药局开展春季开学期间学校及周边商店食品安全专项检查

2016年3月13日，春季开学之前，食药监管部门工作人员到乡镇学校检查食品安全工作

2016年3月19日，食药局工作人员到各乡镇检查“无证”“未过户食品经营证”进行核实

2016年4月7日，食药局工作人员在辖区各食品经营店检查索证索票是否齐全

2016年4月2日，食药局工作人员对县城诊所、药店进行药品专项检查

2016年4月13日，食药局工作人员对辖区内各餐饮服务店开展摸底调查

2016年8月1日，食药局工作人员为商户发放萨嘎县第一张“食品经营许可证”

萨嘎县藏语文工作委员会办公室

2016年5月12日，自治区藏语委办（编译局）党组副书记、主任（局长）洛布（左二），自治区藏语委办（编译局）常务副主任（副局长）普布桑珠（右二），日喀则市藏语委办（编译局）党组副书记、主任（局长）次仁（右一）参加萨嘎县基层翻译培训班结业典礼

2016年5月12日，自治区藏语委办（编译局）党组副书记、主任（局长）洛布（左二），自治区藏语委办（编译局）常务副主任（副局长）普布桑珠（右二），日喀则市藏语委办（编译局）党组副书记、主任（局长）次仁（右一）为结业学员颁发结业证书

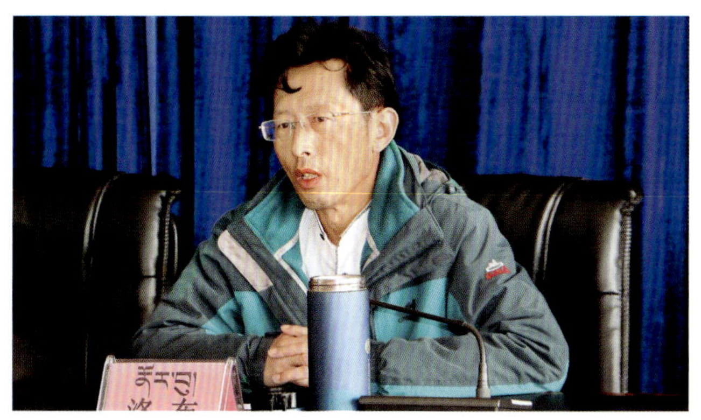

2016年5月10日，自治区藏语委办（编译局）党组副书记、主任（局长）洛布在政府电视电话会议室向学员开展专题讲座

2016年5月11日，县委常委，组织部部长边巴向学员说明培训要求和注意事项

2016年5月14日，组织开展萨嘎县干部职工藏汉“双语”培训

萨嘎县安全生产监督管理局

2016年8月11日，安监局局长洛多与相关单位到各娱乐场所检查火灾隐患问题

2016年6月21日，安监局局长洛多到拉藏乡灾后重建施工工地向施工人员讲解安全知识

2016年5月18日，安监局局长洛多到达吉岭乡灾后重建施工工地排查安全隐患

2016年3月3日，安监局局长洛多为群众发放宣传资料，并对群众讲解有关安全生产法律法规

2016年10月26日，安监局局长洛多与相关部门到各乡人员集中点附近排查电杆拉线

安监局组织开展“6·16”安全生产宣传咨询日活动，安监局局长洛多给群众发放宣传资料、并跟群众讲解关于安全生产方面法律法规及群众疑难问题

2016年10月12日，安监局工作人员到乡镇考核2016年度安全生产各项工作

萨嘎县林业局

2016年3月29日，县政协党组书记、主席吴顿，林业局副局长潘多到夏如乡检查指导生态保护工作

2016年6月20日，副县长普琼到雄如乡检查指导防沙治沙工程项目建设情况

2016年4月20日，副县长普琼到雄如乡检查植树造林情况

2016年4月15日，林业局局长普次到拉藏乡检查防沙治沙设计交点情况

2016年4月10日，萨嘎县夏如乡农牧民群众植树造林

2016年8月10日，林业局工作人员到夏如乡兑现2016年林业直补资金

2016年4月15日，林业局局长普次到旦嘎乡旦嘎村检查指导2016年“拉萨周边”防护林工程建设情况

萨嘎县旅游局

2016年6月10日，旅游局局长付红梅带领相关部门工作人员检查旅游饮食工作

2016年3月24日，旅游局局长付红梅向家庭旅馆负责人传达相关文件精神

2016年5月2日，旅游局局长付红梅陪同相关单位负责人对县城内饭店检查食品安全

2016年3月5日，旅游、卫生、安监、消防等单位联合安排部署安全生产工作

2016年8月14日，萨嘎县参加珠峰旅游文化节参赛选手德西娜姆展示个人才艺

萨嘎县 扶贫开发领导小组办公室

2016年7月12日，副县长边巴罗杰到贫困户家中了解情况

2016年8月22日，扶贫办主任达娃次仁下乡检查脱贫攻坚工作开展情况

2016年5月18日，扶贫办主任达娃次仁指导放线工作

2016年10月17日，萨嘎县开展扶贫日宣传活动

2016年12月2日，萨嘎县举办教育“圆梦”基金启动仪式

2016年12月5日，萨嘎县脱贫攻坚指挥部召开2017年易地搬迁工作专题部署会

萨嘎县创先争优强基础惠民生活动领导小组办公室

2016年2月5日，自治区高级人民法院党组书记、院长索达（中右一）到雄如乡麻亚村检查指导驻村工作

2016年12月20日，自治区高级人民法院党组书记、院长索达（右二）到萨嘎县雄如乡检查驻村工作

2016年7月10日，自治区编译局驻加加镇杰村工作队开展村干部文化素质提升课

2016年7月1日，自治区高级人民法院驻雄如乡布扎村工作队组织布扎村贫困户管理使用温室大棚

2016年7月1日，自治区高级人民法院驻雄如乡麻亚村工作队组织全村党员开展重温入党仪式活动

2016年2月22日，日喀则市扶贫办驻萨嘎县达吉岭乡萨嘎村工作队开展“三大节日”慰问品发放仪式

2016年12月15日，自治区高级人民法院驻雄如乡唐如村工作队为学龄儿童发放文具用品

萨嘎县 加加镇

2016年3月10日，自治区人大常委会副主任、日喀则市委书记丹增朗杰（左二）到加加镇检查指导工作

2016年9月21日，团市委副书记巴顿（右二）走访慰问加加镇贫困户

2016年6月18日，日喀则市旅游局党组副书记、纪检组长强巴丁真（左一）一行到加加镇检查指导换届工作

2016年3月17日，县委副书记、县长李运生到加加镇检查指导灾后重建工作

2016年4月29日，县委常委、组织部部长边巴，县人大常委会副主任平措，公安局政委次旺扎西一行到加加镇调研摸底换届前期工作

2016年6月27日，县委常委、纪委书记多布杰到加加镇调研纪检监察队伍建设情况

2016年5月29日，召开加加镇第十四届人民代表大会第一次会议

萨嘎县 夏如乡

2016年1月31日，县委书记顿珠到夏如乡慰问干部职工

2016年7月7日，县政协党组书记、主席吴顿到土庆寺检查指导重建工作

2016年4月17日，县委副书记、县长李运生到夏如乡检查指导工作

2016年6月26日，县委常委、纪委书记多布杰到夏如乡调研

2016年3月8日，夏如乡召开妇女节职工座谈会

2016年5月4日，夏如乡举办“青春高歌、和谐农村”主题文艺活动

2016年3月28日，夏如乡完小庆祝“西藏百万农奴解放纪念日”活动

萨嘎县 旦嘎乡

2016年9月26日，旦嘎乡党委书记旦·欧珠对转场牧道的修建进行前期调研

2016年7月5日，旦嘎乡党委书记旦·欧珠组织宣讲团在辖区各村、学校、寺庙巡回宣讲习近平总书记在建党95周年讲话精神

2016年3月28日，旦嘎乡举行西藏百万农奴解放纪念日活动暨2015年工作总结大会

2016年8月18日，旦嘎乡以“两学一做”学习教育为契机，建立村干部学习长效机制，并严格逐项落实各项学习任务

2016年7月1日，旦嘎乡组织老党员、机关党员、群众党员开展重温入党誓词活动

2016年6月12日，旦嘎村民间甲谐艺术人在草坪上排练“甲谐”

萨嘎县 达吉岭乡

2016年6月10日，日喀则市副市长罗布松拉（左四）到萨嘎县达吉岭乡检查指导脱贫攻坚工作

2016年11月29日，县委常委、宣传部部长米玛到达吉岭乡传达西藏自治区第九次党代会会议精神

2016年6月8日，县人大常委会副主任巴桑次仁、副县长边巴罗杰到达吉岭乡检查灾后重建工作开展情况

2016年12月2日，达吉岭乡副乡长、统战委员次旺多吉到昔日达吉岭寺检查安全隐患

2016年10月1日，达吉岭乡易地搬迁工程建设完工

2016年10月8日，乡政府举行灾后房屋恢复重建入住仪式

萨嘎县如角乡

2016年5月29日，乡党委书记唐世可组织召开全乡党员代表大会

2016年10月14日，如角乡副乡长、乡政法委员、人武部部长普布扎西主持召开学生安全问题家长会

2016年7月2日，如角乡干部职工开展“3211”结对帮扶慰问活动

2016年7月15日，如角乡纪委组织召开党风廉政专题学习会议

2016年11月1日，如角乡基层党组织书记述职评议会召开

2016年11月30日，如角乡干部职工为乡完小学生捐赠衣物

萨嘎县 拉藏乡

2016年7月25日，副县长普布旦增到拉藏乡检查指导农牧工作

2016年11月10日，县委常委、宣传部部长米玛到拉藏乡开展十八届六中全会、自治区第九次党代会精神宣讲活动

2016年5月17日，拉藏乡十四届人大第一次会议上代表合影

2016年11月23日，拉藏乡建成后的小城镇暨灾后重建房屋

2016年10月30日，举行灾后房屋重建入住仪式

萨嘎县 雄如乡

2016年7月31日，县委书记顿珠到雄如乡检查防汛工作

2016年7月12日，县政协党组书记、主席吴顿到雄如乡调研

2016年5月10日，乡党委书记洛桑南加组织召开换届党员大会

2016年6月30日，乡党委书记洛桑南加主持召开“七一”表彰大会暨“两学一做”学习会

2016年6月26日，雄如乡党员志愿服务队到县敬老院开展服务活动

2016年12月12日，雄如乡召开脱贫摘帽会议

萨嘎县 昌果乡

2016年12月14日，日喀则市副市长罗布松拉（前排左二）、萨嘎县副县长边巴罗杰到昌果乡亚卡亚村短期育肥基地考察

2016年12月14日，日喀则市副市长罗布松拉（左四）到昌果乡检查指导民政扶贫工作

2016年11月8日，县政协副主席、乡党委书记边巴次仁组织召开专题活动动员部署会

2016年12月3日，组织召开村干部述职述廉会议

2016年5月30日，新当选党委委员与党员代表合影

2016年5月6日，人工种草客土改良

萨嘎县电力有限公司

2016年9月2日，电力有限公司经理巴桑次仁、副经理巴桑旺堆在县城巡检变电站

2016年8月10日，电力有限公司经理巴桑次仁到雄如乡宣传农村安全用电知识

2016年10月2日，电力有限公司技术人员在加大电站巡检机组运行

2016年11月3日，萨嘎县电力有限公司新建营业厅

2016年4月5日，电力有限公司技术人员检修加大电站3号机组

2016年5月2日，电力有限公司技术人员到雄如乡农牧户家中排除安全隐患

萨嘎县中学

2016年9月12日，自治区教育厅教工委副书记、教育厅党组书记普布次仁（左五）一行到萨嘎县中学督导检查工作

2016年9月10日，县委书记顿珠到萨嘎县中学慰问教职工

2016年5月1日，萨嘎县中学举办第九届校园运动会

2016年11月15日，萨嘎县中学举办校园诗歌朗诵比赛

2016年10月20日，萨嘎县中学学生在中心广场参加首届文化节跳“甲谐”舞蹈

2016年3月28日，组织学生在萨嘎县文化中心观看西藏新旧对比图片

萨嘎县完全小学

2016年10月7日，鉴湖同修爱心团队向萨嘎县完小发放爱心捐赠物

2016年11月4日，萨嘎县完小党员教师捐助贫困学生

2016年5月5日，组织学生计算机打字比赛

2016年11月11日，萨嘎县完小藏汉书法比赛

2016年4月5日，萨嘎县完小成立足球兴趣小组

2016年11月26日，萨嘎县完小组织冬季爬山比赛

2016年11月11日，萨嘎县完小汉语组组织开展活动

萨嘎县公安消防大队

2016年3月15日，消防大队教导员薛安对寺庙僧人进行消防安全知识培训

2016年3月26日，消防大队教导员薛安陪同日喀则市消防支队支队长加阿次登（右一）考察新建消防队站用地

2016年9月22日，消防大队教导员薛安带领联合检查组对萨嘎县加油站开展消防安全检查

2016年3月3日，消防大队官兵在县文化广场开展消防宣传活动

2016年11月4日，消防大队官兵在县城富友宾馆开展灭火救援演练

2016年2月7日，消防大队官兵开展“两节”夜间巡逻

2016年4月4日，消防大队官兵对县城绿化树苗进行灌溉

萨嘎县公安边防大队

2016年9月4日，日喀则市委书记张延清（左三）到萨嘎边防大队辖区检查指导工作

2016年11月9日，萨嘎边防大队开展党的十八届六中全会专题学习会

2016年3月6日，萨嘎边防大队官兵到县敬老院开展学雷锋活动

2016年9月15日，中秋节二线检查站官兵坚守岗位

2016年7月31日，雄如边防派出所官兵帮助辖区受灾群众抢救物资

2016年7月31日，雄如边防派出所官兵为辖区铺设排涝管道

武警萨嘎县中队

2016年3月20日，武警萨嘎县中队组织授装仪式

2016年3月7日，22道班执勤官兵换岗

2016年6月8日，武警萨嘎县中队在加加镇开展“六共活动”

2016年5月12日，武警萨嘎县中队组织体能训练

2016年9月4日，武警萨嘎县中队战士在县中学组织开展学生军训

萨嘎县国家税务局

2016年5月1日，萨嘎县国税局干部指导纳税人自行开具第一张“营改增”增值税发票

2016年7月13日，萨嘎县国税局“无悔的青春、不忘的初心 、未改的信念”

2016年5月8日，召开萨嘎县“营改增”试点纳税人座谈会

2016年5月20日，萨嘎县“营改增”政策解读培训会

2016年10月20日，萨嘎县国税局干部到达吉岭乡萨拉村结对认亲帮扶

2016年11月23日，萨嘎县国税局全体干部职工参加民主生活会

萨嘎县工商行政管理局

2016年7月23日，在县工商局集中非公党员开展“两学一做”教育学习活动

2016年5月12日，工商局党员干部集中学习党章、手抄党章活动

2016年10月8日，萨嘎县工商局颁发首张“五证合一”营业执照

2016年3月15日，工商局执法人员开展“3·15”宣传活动

2016年10月16日，工商局干部为结对帮扶家庭发放慰问品

2016年8月9日，萨嘎县工商局获得青年文明号称号

日喀则市交通运输局加加公路段

2016年11月16日，自治区交通厅厅长索郎（中）一行到萨嘎县看望、慰问一线职工

2016年12月22日，党支部书记格桑旺堆看望慰问退休职工

2016年2月21日，段长彭海带领保通组人员对受灾路段进行抢通

2016年2月15日，段长彭海带领保通组对省道205线雪灾路段进行抢险保通，救助被困农牧民车辆

2016年5月10日，养路工对国道216线边沟进行清理

2016年5月18日，养护工放线整治路肩，达到公路畅、洁、美

2016年10月5日，组织干部职工为一线困难职工捐款

中国邮政集团公司

西藏自治区萨嘎县分公司

2016年4月1日，分拣员、乡邮员卸包裹

2016年3月31日，营业员在金融台工作

2016年4月1日，乡邮员分拣邮件

萨嘎县邮政分公司营业厅

中国移动通信集团西藏有限公司
萨嘎县分公司

2016年9月5日，县移动分公司经理德庆卓嘎对营业员开展培训业务知识

2016年10月11日，移动公司工作人员在萨嘎县旦嘎乡开展营销活动

2016年12月10日，萨嘎县移动公司员工欢度新年

2016年11月13日，移动公司工作人员到加加镇达琼村开展营销活动

2016年12月25日，移动公司工作人员到县养老院慰问老人

2016年12月28日，萨嘎县年终全体员工聚餐

中国联合网络通信有限公司
日喀则市分公司萨嘎县营业部

2016年5月17日，联通营业部开展存话费送手机活动

营业厅工作人员受理业务

用户挑选终端

萨嘎县联通营业部办公楼

中国电信集团公司 日喀则分公司萨嘎县电信局

2016年5月17日，全体员工合影

2016年7月9日，电信局工作人员在机房检查线路运行情况

2016年10月1日，新装修的萨嘎县电信营业厅

2016年12月3日，工作人员在拉藏乡新村安置点安装光缆标志

2016年10月20日，工作人员为农户办理业务

2016年9月25日，萨嘎县电信局新建职工之家

中国农业银行股份有限公司萨嘎县支行

2016年12月16日，农行萨嘎县支行行长与全体员工交流工作

2016年3月28日，农行萨嘎县支行工作人员开展办理理财、信用卡、农户磁条卡换卡等活动

2016年1月3日，农行萨嘎县支行工作人员举办一年一度“春天行动”

2016年10月26日，农行萨嘎县支行在营业室举行防爆演练

2016年7月21日，农行萨嘎县支行营业室员工为农户办理磁条卡换卡业务

2016年10月25日，农行萨嘎县支行组织全体员工开展消防演练

西藏自治区烟草公司
日喀则市公司萨嘎配送中心

2016年8月15日，烟草公司客户经理次旦多吉帮教零售户学习网上订货

2016年8月24日，烟草公司客户经理次旦多吉到夏如乡市场调研

2016年8月15日，烟草公司客户经理次旦多吉为零售客户填写客户服务手册

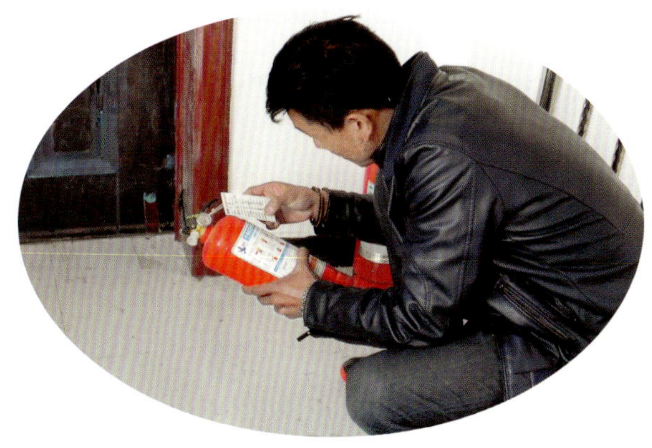

2016年3月12日，烟草公司安全员检查消防器材

2016年6月24日，萨嘎县烟草公司工作人员粘贴明码标价

2016年6月25日，烟草公司工作人员检查标签

2016年12月25日，萨嘎县烟草公司组织零售户召开座谈会

魅力萨嘎
舞蹈以藏族舞为主，是一种载歌载舞的民族舞蹈，舞姿丰富多彩，活泼洒脱，气势粗犷，表现了藏族人民豪放、刚强、坚毅的性格。